DIE GRAUE EDITION
MICHAEL HAUSKELLER (Hrsg.)
KUNST DER WAHRNEHMUNG

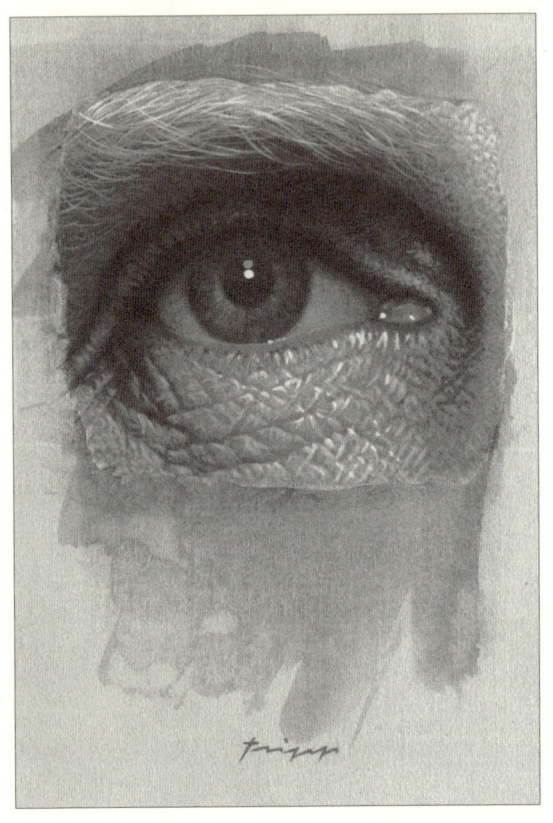

Jan Peter Tripp, „Ein Auge", 2000, Acryl auf Leinwand/Holz, 60 x 40 cm

MICHAEL HAUSKELLER (Hrsg.)

DIE KUNST DER WAHRNEHMUNG

BEITRÄGE ZU EINER PHILOSOPHIE
DER SINNLICHEN ERKENNTNIS

DIE GRAUE EDITION

DIE GRAUE REIHE 36

Schriften zur Neuorientierung in dieser Zeit
Herausgegeben von Prof. Dr. Walter Sauer und
Dr. Dietmar Lauermann in Zusammenarbeit mit der
Prof. Dr. Alfred Schmid-Stiftung, Zug/Schweiz

© 2003 Die Graue Edition
Prof. Dr. Alfred Schmid-Stiftung, Zug/Schweiz
SFG-Servicecenter Fachverlage GmbH, D-72127 Kusterdingen
ISBN 3-906336-36-0
Alle Rechte vorbehalten. Printed in Germany
Schutzumschlag und Frontispiz: Werbe-Gilde Bock, Baden-Baden
Abbildung © Jan Peter Tripp, 2003
Satz und Druck: Wesel Kommunikation, Baden-Baden
Buchbinderische Verarbeitung: G. Lachenmaier, Reutlingen

Inhalt

Vorwort 7

Alfred Bast
Von der Entdeckung des offen Sichtlichen
oder Die Sprache der Dinge 9

Gernot Böhme
Leibliches Bewusstsein 35

Hans-Joachim Fischer
Annäherung und Distanzierung
im Wahrnehmungsprozeß 51

Thomas Fuchs
Was ist Erfahrung? 69

Mins Minssen
Wahrnehmungen auf See 88

Albrecht Grözinger
„Und siehe!"
Kleine theologische Schule der Wahrnehmung 108

Henk Verhoog
Biotechnologie und die Integrität des Lebens 130

Michael Hauskeller
Das unbeweisbare Dogma von der Existenz
des Nachbarn.
Über die Wahrnehmung des anderen 157

Michael Huppertz
Die Kunst der Wahrnehmung in der Psychotherapie 177

Rudolf zur Lippe
Eine Kunst der Wahrnehmung.
Askese und neue Entfaltung   201

Horst Rumpf
Vom Bewältigen zum Gewärtigen.
Wahrnehmungsdriften im Widerspiel   228

Gert Selle
Im Raum sein.
Über Wahrnehmung von Architektur   261

Jean-Paul Thibaud
Die sinnliche Umwelt von Städten.
Zum Verständnis urbaner Atmosphären   280

Stefan Majetschak
Die Modernisierung des Blicks.
Über ein sehtheoretisches Motiv am Anfang
der modernen Kunst   298

Marlene Schnelle-Schneyder
Die Stillen Bilder als Schule des Sehens.
Die Entwicklung der Photographie im Kontext
von Kunst und visueller Wahrnehmung   329

Eva Schürmann
So ist es, wie es uns erscheint.
Philosophische Betrachtungen ästhetischer Ereignisse   349

Annette Tietenberg
Das uneingelöste Versprechen einer unmittelbaren
Wahrnehmung
oder Wie die Minimal Art in Verruf geriet   362

Biobibliographische Angaben   381

Vorwort

Sinnliche Wahrnehmung ist nichts Selbstverständliches, das heißt, wir nehmen in der Regel nur einen Teil dessen wahr, was wir wahrnehmen könnten. Was wir jeweils wahrnehmen, hängt von einer ganzen Reihe von Faktoren ab. Es hängt davon ab, was wir wahrzunehmen erwarten, welche Vormeinungen wir uns gebildet haben, von unseren Erfahrungen und den Formen unseres Sprechens (sowohl den allgemeinen, die uns unsere Muttersprache zur Verfügung stellt, als auch den individuellen Sprachgewohnheiten). Es hängt ab von der Aufmerksamkeit, die wir einer Sache widmen, von Konzentration und der Bereitwilligkeit, uns dem, was da ist, zu öffnen. Es hängt davon ab, was uns interessiert, was wir erfahren oder erkennen möchten, und ob wir glauben, daß die Wahrnehmung für die Erkenntnis, die wir suchen, unverzichtbar oder wenigstens wegweisend ist.

Können wir das Wesen der Dinge, das Wesen der Kunst, das Wesen der Moral, ja das Wesen der Erkenntnis selbst, durch rationale Überlegung allein erfassen oder bedarf es dazu der sinnlichen Wahrnehmung? Wie wichtig, wie fundamental ist in allen Bereichen unseres Lebens die Wahrnehmung? Wie wichtig ist es (und inwieweit ist es möglich), unsere Wahrnehmungsfähigkeit zu schulen, uns ins (richtige, bessere, reichere?) Wahrnehmen einzuüben, oder mit einem Wort: die *Kunst der Wahrnehmung* zu erlernen?

Der vorliegende Band ist dem hier grob umrissenen Fragenkomplex gewidmet. Die Beiträge stammen von Autoren aus verschiedenen Disziplinen mit unterschiedlichen Arbeitsgebieten und Interessensschwerpunkten. Die Vielfalt der Perspektiven soll die umfassende Bedeutung eines sinnlich-wahrnehmenden Zugangs zur Welt dokumentieren.

Michael Hauskeller   *Darmstadt, im Dezember 2002*

Alfred Bast

Von der Entdeckung des offen Sichtlichen

oder
Die Sprache der Dinge

„Der goldene König sagte zum Manne: Wie viel Geheimnisse weiß du? – Drei, versetzte der Alte. – Welches ist das wichtigste? fragte der silberne König. – Das offenbare, versetzte der Alte".

Das Märchen, J. W. v. Goethe

Alfred Bast, Zeichnung (Ausschnitt) Bleistift auf Bütten, 2001

Zeichnen Sie ein Ei

„Zeichnen Sie ein Ei", sagte der Professor zu dem Kunststudenten. „Ein weißes Ei, das auf einem weißen Papier vor einer weißen Wand liegt. Zeichnen Sie es auf ein weißes Papier mit Bleistift." „Was für eine banale Aufgabe", dachte sich der Student und machte sich daran, die Sache ironisch zu lösen.

Er legte ein weißes Ei auf ein weißes Papier vor der weißen Wand, wählte einen großen Zeichenbogen aus weißem Papier, spannte ihn auf ein Zeichenbrett, spitzte sich drei harte Bleistifte, der weichste hatte die Stärkte 4H, und betrachtete nun, was er da vor sich hatte. Von rechts kam Licht durch das schmale Fenster seines Dachzimmers. Er war vorbereitet, zur Handlung bereit.

Der Blick aus dem Fenster

„Das Bild wirkt immer als ein Ganzes. Es wird in seiner gesamten Komplexität wahrgenommen: im Augen-Blick."

Momentan schreibe ich diese ersten Zeilen am Fenster im zweiten Stock eines Hauses in Berlin-Kreuzberg. Ich schaue in eine Straßenzeile, in ein Tal. Unten der Asphalt, grau wie ein Fluss. Am Rande aufgereiht, wie farbige Kiesel, parkende Autos. Kastanien wachsen links und rechts des Straßenufers. Ihre Kronen reichen nicht ganz auf die Höhe meines Aussichtspunktes und so sehe ich zwischen den Häuserzeilen, wie zwischen schroffen senkrechten Felsen, das Grün nach hinten zu sich verdichten, sodass die graue Straße unter den Laubwolken verschwindet.

Es ist ein lichter Morgen und die Sonne zeichnet die Silhouette der linken Häuserfront auf die rechte, deren obere Stockwerke jetzt hell beschienen sind.

Um diesen Eindruck zu beschreiben, bedarf es der Zeit und der selektiven Wahrnehmung. Auch wenn ich das vor Augen Liegende zeichnen wollte, wie der Student das Ei, müsste ich es neu schaffen. Ich würde es in einem zeitlichen Prozess verflüssigen und Schritt für Schritt durchwandern, würde in das Offensichtliche hineingehen wie in eine unbekannte Landschaft um sie zu ergründen und zu durchdringen.

Die Wahrnehmung würde handeln, zöge sich Wanderstiefel an und nähme ein Seil mit für die steilen Strecken.

Der Student wird diese Wanderung unternehmen. Wir begleiten ihn.

Das Objekt

Der fragt sich, vor seinem Stillleben sitzend:

„Das Ziel ist sichtbar vor Augen. Warum sollte ich das zeichnen? Um am Ende eine Nachahmung, um ein Abbild zu erreichen? Das alles sehe ich im Augen-Blick und ein Klick der Kamera lichtet es ab im Bruchteil einer Sekunde." Denn die Tradition des Zeichnens nach einem Vor-Bild ist verpönt.

Das war nicht immer so. Leonardo da Vinci empfahl zuerst das Kopieren nach guten Meistern und dann erst das Zeichnen nach der Natur. Es war üblich, dass die Künstler über Kopieren und Nachahmen lernten. Allerdings nicht geistlos, wie Leonardo in seinen Prinzipien deutlich macht, indem er schreibt: „Der Maler, der mit Routine und nur dem Auge nach malt, aber ohne nachzudenken, ist wie ein Spiegel, der alles vor ihm Befindliche abbildet, ohne etwas davon zu wissen." Diese anstrengende und fruchtbare Tradition der geistvollen und – Leonardo spricht immer wieder davon – liebevollen Tätigkeit verlor ihren Erkenntnischarakter und stagnierte später im akademischen Drill mit dem Ziel der möglichst objektiven und naturalistischen Wiedergabe. Den Bedarf nach solchen Reproduktionen deckte seit der Mitte des 19. Jahrhunderts mehr und mehr die Fotografie ab. Die bildende Kunst befreite sich vom Zwang des sichtbaren Vorbilds und den traditionellen Aufgabenstellungen gleichermaßen. In ihrer Selbstsuche und Selbstfindung brachte sie die (extremen) inneren Prozesse in Individuum und Gesellschaft zum Ausdruck. Natur und Umwelt tauchen in der Kunst erst wieder verstärkt durch die zunehmende Bewusstwerdung der ökologischen Zusammenhänge Ende des 20. Jahrhunderts auf. (Denken wir an die Steinkreise von Richard Long, die Eichen-Aktion von Josef Beuys, die Blütenstaubquadrate von Wolfgang Laib, die sich jedoch alle mehr mit der Substanz der Natur als mit deren Gestalten befassen. In den intelligenten und sensiblen Arbeiten von Goldsworthy wird Substanz und Gestalt kongenial thematisiert.)

In der Kunst sind die Innenkräfte gefragt. Nichts ist delegierbar, denn es handelt sich nicht nur um Konzepte, sondern um Realisationen, bei denen die Körperintelligenz entscheidend beteiligt ist. Dieser schöpferische Realisierungsweg bewirkt (fast nebenbei) Erlebnisreichtum erster Güte, doch er verlangt auch den höchsten Preis: Aufmerksamkeit und Zeit und eben die Hand, die Handlung, die körperliche Tat. Dass der Student eben dabei ist, eine solche Erlebnis- und Entdeckungsreise zu unternehmen, das wusste er noch nicht.

Vom Zeichnen

Er umreißt zunächst, nach Überwindung der hohen Anfangsschwelle, mit leichten großzügigen Bewegungen die Form des Eis. Die Hand kreist über dem weißen Blatt. Sirrend bewegt sich der Bleistift über die jungfräuliche Oberfläche des Papiers – ein weißer Ozean der Möglichkeiten, der anregt und auch ein wenig ängstigt – zarte Spuren hinterlassend, die sich langsam verdichten. Es ist fast nichts zu sehen. Die harten Minen geben nur wenig Grafit ab.

Nicht allein die Hand, der ganze Körper, bewusst und im Rhythmus der Zeichenbewegungen atmend, konzentriert sich auf die runden Bewegungen, fühlt sich in diese Form ein, die sich von innen nach außen zu höchster Spannung dehnt. Wach, mit allen Sinnen, wird die Figur gleichsam eingeatmet um dann, aus dem ganzen Körper heraus, durch den Schwung der zeichnenden Hand als Linie wieder ausgeatmet zu werden.

Die Proportion des Ei-Ovals zeichnet sich nun deutlicher ab und wird behutsam präzisiert. Denn es geht zunächst nur um diese ovale Form, in welcher Größe sie auf dem weißen Blatt erscheinen soll und wo sie platziert ist. Alles andere, Farbe, Struktur und Hell-Dunkel wird ausgeblendet, nein! nicht ausgeblendet, alles wird in diesen ersten Schwung der Formfindung mit hineingesogen.

Dann innehalten. Schauen. Das Ei ist kein Oval! Es hat zwei verschiedene Rundungen. Er beginnt das ohnehin einfache Objekt auf die Grundformen Kreis und Strahl zu reduzieren, entdeckt die Kugel im Ei und schätzt die nach unten geneigte Achse des Eikörpers ab. Dann zeichnet er ein Kreuz, dessen Schnittpunkt im Mittelpunkt der großen Kugel liegt. Es durchstößt mit einer Linie die hermetische Kreisfigur. Schließlich skizziert er den zweiten Kreis am Ende der geneigten Achse leicht auf das Papier. Damit hat er den fast unsichtbaren ovalen Liniennebel strukturiert.

Was der Zeichner in sich aufnimmt und unmittelbar in intelligentes Körperempfinden umsetzt, wie ein Tänzer die Musik in Bewegung, das drückt sich aus, wird sichtbar.

Was mit dem ganzen Körper empfunden wird und sich als sensible Spannung in der Hand versammelt, das prägt die Spur des Bleistifts ins Papier: exakt diesen Zustand. Die Linie beschreibt nicht das Objekt, sie ist, von diesem inspiriert, mit ihm identisch. Und darüber hinaus: erinnert diese Kurve nicht an die Welle von Hokusais Holzschnitt, an Schneckenhäuser und die Schwungfedern von Vögeln?

Hier sind die elementarsten Gestaltungskräfte wirksam: Kreuz und Kreis, Punkt, Strahl und Bogen – und lassen obertonreich etwas von den großen Zusammenhängen der Formen untereinander ahnen.

Dialog mit dem Sichtbaren

„Als guter Realist muss ich alles erfinden"

Alex Colville, kanadischer Maler

Dieses körperliche Ergreifen des Gesehenen durch das Zeichnen verändert auch die Wahrnehmung, ändert den Blick und wird in einer – vielleicht kann man sagen: „rückkoppelnden Wahrnehmung" – immer differenzierter gelesen.

Welche Nuancen der Schatten! Was für ein Lichtverlauf auf dem weißen Köper, welche subtile Farbigkeit! Die ironische Distanz hat sich unmerklich verloren und der Student gerät unversehens in ein begeisterndes Erlebnis, einen Entdeckerrausch, der in seine Zeichnung, die er immer ernster nimmt, mit einfließt und sie steigert.

Dass diese vermeintliche Fleißarbeit, die nicht im genialen Nu – zwischen Lust und Laune – zu bewältigen war, sondern Disziplin, Kontinuität, Arbeitsrhythmus und langen Atem erforderte, sich fast unmerklich in ein Staunen verwandelte, aus dem sich dann ganz neue Wahrnehmungsaspekte eröffneten, war eine Überraschung mit nachhaltigen Folgen.

Kontext

Durch den Zeichenprozess wächst das Motiv langsam aus dem begrifflichen Kontext heraus. Es wandelt sich vom identifizierten Objekt zum offenen Phänomen, entfernt sich immer mehr aus seinem bekannten Bezug und reduziert sich in einem Übergangsstadium auf Farbe, Form und Struktur, bevor es dann wieder mit neuem Sinn begriffen und aufgeladen wird. Dieser Vorgang löst das Bekannte sanft und stetig aus dem gewohnten Zusammenhang (ohne dass es nötig wäre, diesen in Frage zu stellen oder zu zerstören) und macht, als natürliche Folge des Zeichenprozesses, den Sinn wieder empfänglich für: *das Wunder im Vertrauten.*

Da wird dieses profane weiße Hühnerei nun mit einem Mal ein Archetyp, ein wirklicher Repräsentant der kosmischen Urform. Da wird dieses alltägliche Ding leicht zum Symbol des Alls, zum Ausdruck des Werdens. Diese perfekte Form, dieses göttlich-natürliche Design, diese verdichtete Unendlichkeit, sie beginnt sich zu äußern und tritt über die geöffnete intuitive Wahrnehmung in Kontakt mit den wachen Sinnen.

Doch nicht wie im Märchen, dass es plötzlich zu sprechen anfinge und damit von einem eigenen subjektiven Inneren kündete. Nein, nicht so. Sondern durch das tätige Anschauen tritt etwas in Resonanz mit dem Zeichner. Das Motiv, es motiviert, regt an, weckt die Neugierde. Eine Lustbereitschaft entsteht, das so Vertraute noch einmal wie ein Kind, wie ein Außerirdischer, mit neuen Augen zu betrachten, als gälte es den letzten Blick zu tun vor dem großen Abschied.

Das andere Begreifen

Das Ei ist, durch die handelnde Aufmerksamkeit, von einem Ding zu einem Tor geworden! Ein Tor, das in eine vertraute Landschaft führt, die dennoch nie betreten wurde. Mit den

Vermögen, die in der linken und rechten Gehirnhälfte lokalisiert sind, wird nun diese Landschaft durchwandert: Schritt für Schritt. Bild und Denken, Denken und Bild – bildnerisches Denken. Allerdings ohne die Dominanz des Begrifflichen, aber auch ohne dessen Ausschluss. Der bildnerische Prozess wirft nebenbei Erkenntnisgewinne ab, die sich der Zeichner in sein Arbeitsbuch notiert.

Da ist zu lesen:

– „Im Ei verbinden sich zwei gegensätzliche und komplementäre Qualitäten: Kreis und Strahl."

– „Das Ei ist eine vollkommene Kugel – mit einer Richtung. Evolution pur!"

– „Eine Form, die zugleich Ruhe und Bewegung ist."

– „In der Eiform selbst zeigt sich, was seine Bestimmung ist. Zwei Brennpunkte also. *Zwei*. Der Ur-sprung, die Ur-teilung in einer Gestalt."

– „Was passiert mit dieser perfekten Form im weiteren Verlauf? Bis zu einem gewissen Moment ist sie Brutstätte und zugleich schützende Hülle, nur um dann, wenn diese Aufgabe erfüllt ist, zu zerbrechen! Man mache sich das klar: die vollkommenste Form wird, wenn sie ihrem Zweck gerecht wird, zerstört. Wenn nicht, wird aus dem ehemaligen Schutzraum, in dem das Werdende ungestört wachsen konnte, eine Gefängniszelle, in der das Gehegte an seinem eigenen Wachstum erstickt! Erinnert das nicht an Entwicklungsprozesse in anderen Zusammenhängen? Solche Vorgänge finden sich doch bei näherem Hinschauen in der eigenen Existenz, zwischen den Generationen, in politischen Parteien und religiösen Bewegungen und nicht zuletzt bei Künstlern wieder, die sich von erfolgreicher Findung nicht mehr lösen können, obwohl sie merken, dass dadurch ihre innere Karriere stagniert. Wie oft geschieht es, dass reife Entwicklungen durch die Wahrung der Form versanden. Und wie oft geschieht die Umkehrung: unreife Kräfte sprengen die Form, bevor die innere Entwicklung abgeschlossen ist."

Schließlich steht in dem begleitenden Werkbuch noch ein Satz, der hierher gehört: „Jeder Teil-Schritt, sogar jeder einzelne Strich beim Zeichnen muss das ganze Bild atmosphärisch enthalten."

Später zeigte sich ...

Kein Ei entstand, sondern eine Zeichnung. Auch keine Zeichnung von einem Objekt, sondern eine Zeichnung durch ein Objekt. Nicht nur die Zeichnung ist das eigentliche Ergebnis, sondern die Erkundung selbst, das tätige Verweilen bei einem Ding, das keinerlei Neuigkeitswert besitzt und in seiner allgemeinen Bekanntheit ohne jede Exklusivität ist. Und doch: was für eine Entdeckung! Denn das Sichtbare, zunächst so vertraut in seiner Erscheinung, steigert sich durch die gerichtete und handelnde Aufmerksamkeit zum Geheimnis, zur unbekannten, verschlüsselten Wirklichkeit bis zum Schock des Daseins als solchem.

Wenn es nur um ein Abbild ginge, dann wäre das Zeichnen dieses Objekts ein Umweg gewesen (angesichts der digitalen Kameras und der PCs, die zur Verfügung stehen). Doch weil das Sichtbare durch die uferlose Reproduzierbarkeit seiner Oberflächen und Außenseiten entwertet ist ins allzeit Verfügbare und damit Gewohnte und Gewöhnliche, bekommt solch tätiges Anschauen und Durchdringen der dinglich-sichtbaren Welt – mit den ältesten, einfachsten und zugleich aktuellsten Mitteln: der sinnlichen Wahrnehmung, dem Sehen und Handeln aus der gesamten Körperintelligenz – einen neuen Wert! Besonders vor dem Hintergrund virtueller Realitäten.

Wirklichkeit

„Nicht hinter den Dingen liegt das Geheimnis, sie sind es selbst!"

So hat der Kunststudent die Klarsichtfolie durchstoßen, die ihn von den immanenten Qualitäten der sichtbaren Wirklichkeit trennte. Bis dahin war sie ihm bloß Oberflächenerscheinung, Schein: Kulisse für wichtigere Events. Dann entdeckte er sie als Ausdruck kosmischer Wirkkräfte und erkannte ihre universellen Zeichen und Skulpturen.

Er schmeckt nun auch, was er sieht, und versteht Leonardos wichtigstes Elixier besser: die Liebe zu den Dingen und zur Erkenntnis.

Ein Tannenzapfen zum Beispiel ist nicht mehr nur ein Tannenzapfen, sondern ein humorvolles und grandioses Gebilde, eine hochattraktive Plastik, pulsierend zwischen Werden und Vergehen, ein Doppelwirbel, dessen rhythmische Gliederung in vielen anderen Gestalten, etwa einer Ananas, oder auf den Schuppen farbiger Fischkörper weiterschwingt.

Oder eine Blüte: die einfache Wicke zum Beispiel, tarnt sich als Unkraut oder niedlich-harmloses Blümchen für's Poesiealbum, doch bei gründlicherem Schauen wird sie zum künstlerischen Thema. Hochpotent! Wird zum Film. Absolut sehenswert – mit Prädikat! Denn in diesen wirbelnden Fünfstern zeichnet sich die Bahn der Venus um die Erde ein.

Eine Blüte, einen Zweig, einen Stein betrachten heißt also: unmittelbar in den Kosmos blicken. Tatsächlich. Nicht als romantische Metapher.

Die Verdichtung des Zeitprozesses zum Augenblick

Es verdichteten sich die Linien, Schattierungen, Strukturen, die Übergänge und Aussparungen, die Lichter und Schatten zum Bild – das seinem Vor-Bild mehr oder weniger entspricht – aber schon deshalb etwas ganz anderes ist und enthält als die bloße Nachahmung oder Verdoppelung, weil es durch ein wahrnehmendes und handelndes menschliches Bewusstsein hindurchgegangen ist.

Der Prozess ist abgeschlossen.

Wieder ist da ein Bild. (*Das Bild wirkt immer als ein Ganzes. Es wird in seiner gesamten Komplexität wahrgenommen: im Augen-Blick.*) Wie der Blick auf das Stillleben oder der aus dem Berliner Fenster. Der gesamte Zeitprozess, sein Anfang und Ende, sind eingeschmolzen in die Gleichzeitigkeit. Das ist die ungeheure Magie der gezeichneten und gemalten Bilder, dass sie den zeitlichen Prozess ihrer Entstehung (auch wenn es sich um Jahre handelt), mit einem unmerklichen Ruck in die Gleichzeitigkeit, in das Gegenwärtigsein, in den Augen-Blick heben.

Hat das Bild – das Resultat eines Prozesses ist und doch mehr als dessen bloße Spur – nun die Kraft, den Betrachter zu einem Wahrnehmungsprozess zu verführen, in dem er sich selbst, am Bild entlang, durchwandert? Findet der Betrachter die Zeit um am Seil seiner Aufmerksamkeit sich auf die Reise zu begeben? Oder reicht ihm die Außenseite, die Interpretation, die Klassifikation in Stilrichtung und Marktwert? Das ist freigestellt.

Nun soll noch ein letzter Aspekt zur Sprache kommen, der wohl am schwierigsten zu beschreiben ist, aber doch wesentlich dazugehört. Das wird eine Skizze werden und ein Wagnis.

Die Innenwahrnehmung des Zeichners

Durch das Zeichnen erweitert sich nicht nur der Gegenstand der Betrachtung zu einem Erkenntnisprozess, sondern auch der Zeichner selbst.

Der Zeichenprozess als körperbewusster Vorgang ist *zugleich* ein permanenter Entscheidungsprozess, der sich im Zeichner vollzieht.

Indem er nach außen schaut mit der Absicht, auf das Motiv handelnd zu reagieren, erlebt er sich selbst sehr intensiv. Er nimmt seine Blockaden, seine Motivationskräfte, seine Lust und Ungeduld, seine Zögerlichkeit und Genialität, seine Unzufriedenheit und seine Befriedigung unausweichlich – bis zur Schmerzgrenze deutlich – wahr. Er sieht also, wenn er zeichnet, nicht nur nach außen auf Objekt und Papier, sondern gleichzeitig das, was in ihm geschieht. Da sieht er nicht nur das Bekannte und Überschaubare, sondern, durch dieses hindurch, hält er Ausschau nach der Intuition und sucht Verbindungen dahin aufzubauen. Denn von dort kommen die (überraschenden) Antworten, die kreativen Lösungen und damit: Schübe von Lust und Glück. Doch nicht selten wandert er lange durch Nacht und Wüste, bis ihn, erschöpft und zermürbt (und eben dadurch gut vorbereitet), ein fruchtbarer Blitz der Ein-Sicht trifft. Ein Blitz, der ihm zugleich die Richtung weist und die nötige Wegzehrung liefert.

Also nicht nur das gewählte Motiv, auch der Zeichner selbst ist das Objekt seiner Aufmerksamkeit. Notgedrungen. Unvermeidlich sich ausgeliefert, denn er ist der Handelnde, der nicht vor sich selber fliehen kann ohne sofort den Betrug zu durchschauen. Da ist die Enge, die die Freiheit birgt.

Das Wagnis

„Wahrnehmung ist ein schöpferischer Akt. Meist vollzieht er sich unbewusst: in den Tiefen unzugänglicher Nähe."

Was sieht der Zeichner, wenn er differenzierter nach innen schaut und die Reflexe seiner Empfindungen und Wirkungen seines Denkens anschaulich erfährt? Sein Ich? Das Selbst? Und: wer ist es denn, der da zeichnet? In der Moderne führte diese Frage zu einer intensiven, experimentierfreudigen Suche nach der wirklichen Identität. Die Erforschung des Inneren wurde selbst zum zentralen künstlerischen Agens. Auch wohl deshalb trat die sichtbare Welt, das Dingliche und Gegenständliche, in den Hintergrund, weil die Frage des Menschen nach sich selbst immer dringlicher gestellt wurde und wird.

Doch wie beim Zeichnen des Eies ist der Wahrnehmende nicht an der Oberfläche allein interessiert und daran, sich darin selbst zu bespiegeln. Er versucht vielmehr, durch die Spiegelungen hindurch zu gelangen.

Er registriert, dass seine Empfindungen und Assoziationen, die durch den zeichnerischen Prozess auftauchen, die Wahrnehmung beeinflussen wie klimatische Bedingungen, wie Wetterlagen. Er sieht nicht nur, was er weiß, sondern was er existentiell ist!

Scheinbar unausweichlich ist da dieses ständige kreislaufartige Produzieren und Reproduzieren der Deutungen und Bewertungen in Gang, mit denen alles – die Geschehnisse in der Welt, die eigene Person, die andern – gesehen, interpretiert, kommentiert, bewertet und fixiert wird.

Das Ich verliert, je näher es betrachtet wird, seinen dinglichen, eindeutig identifizierbaren Charakter. Stattdessen: Schichtungen, Hüllen, vibrierende Membrane, die auf alles reagieren, was mit ihnen irgendwie in Resonanz steht. Und was steht nicht mit ihnen in Resonanz? Durch diese Resonanz wird permanent eine Art magnetischer Ringnetze mit je eigenen Schwerkraftfeldern instand gehalten. Bestehend aus hochvirulenten Konditionierungen durch Geschlecht, Nationalität, Sprache, Alter und gesellschaftliche Stellung, in denen alle Eigenschaften, alles Wissen, alles Erinnern der Person und des Kollektivs gespeichert sind. Dies alles scheint um ein unbekanntes Zentrum angeordnet, das die unüberschaubare Vielfalt zusammenbindet und zugleich davon verdeckt wird.

(Sein Gesicht, er betrachtete es flüchtig in der Fensterscheibe, ist es nicht auch wie die Oberfläche des Eies, in dem Vorgänge stattfinden, die nichts mit dem äußeren Erscheinungsbild zu tun haben?)

Wenn das wache Interesse des Zeichners sich durch diese aufgefächerten inneren Weiten dem wirklichen oder vermeintlichen Kern – der Mitte – zuzuwenden versteht ohne sich in seinen Labyrinthen zu verirren, wenn es ihm gelingt, dorthin seine Aufmerksamkeit zu richten, wo er die Quelle der Intuition vermutet, verlieren – wie bei der zeichnerischen Wahrnehmung des Objekts – die vertrauten begrifflichen Deutungen und Selbstidentifikationen nach und nach ihre Anziehungskraft, ihre vorherrschende Wirkung. Von der Peripherie, den „Ich-Membranen" aus gesehen erscheint der Kern oder die Mitte wie ein Punkt, um den sich alles dreht. Doch dieser ist räumlich nicht zu bestimmen. Nähert sich ihm der Zeichner (oder müsste ich nicht sagen: der Wahrnehmer?), so erweist er sich zunächst eher als ein nahrhaftes potentielles Feld, dottergelb möglicherweise, oder als eine Wärmequelle vielleicht. Spätestens jetzt entdeckt er die schockierende Wechselwirkung. Da ist keine Trennung zwischen dem Zielobjekt und ihm. Er selbst ist das Ziel und der Weg dorthin. Sein Interesse an all dem ist das Interesse des Ganzen – das er ist – an ihm – der er natürlich auch ist. Der Atem stockt. Oder genauer: Einatmen und Ausatmen fallen zusammen. Er entdeckt den dimensionslosen Punkt, von dem er ahnt, dass dies der paradoxe schöpferische, eben der springende Punkt ist. Mit Zeichenblock und Bleistift springt er auf ihn zu und dieser ihm entgegen. Eine Schale aus Spiegeln bricht auf. Das ist nicht beschreibbar. Da ist nur Lachen. Augenblicklich findet – dramatisch-sanft – die Umstülpung des gesamten Zeit-Raum-Gefüges statt. Das Ich, wie es bisher erschien, mit seinen Ringen und Schichten wird Innenraum, während der Mittelpunkt sich als dimensionslose Gegenwärtigkeit erweist, die all das Vertraute in sich birgt, es zugleich umschließt und durchpulst. Das Sichtbare steht dann nicht mehr im dualen Gegensatz zur formlosen oder geistigen Energie, sondern wird davon durchdrungen und belebt, ja ist dessen stofflicher Ausdruck. Das Dingliche gleicht dann einer stehenden Welle, durch die das Wunder strömt. Woher aber diese Gestalten kommen, diese stehenden Wellen? Das bleibt offen.

„Was ist das größte Geheimnis?, fragte der silberne König den Alten. Das offenbare, erwiderte jener."

„Die Sprache der Dinge", Tisch, 2002

DAS SPIEL

Im Atelier des Zeichners sammelt sich – vom Ozean des Unscheinbaren – Strandgut: Steine, Blätter, Blüten (auch die welken), Stöcke, Flechten, Federn, Samenkapseln und Früchte. Sie wurden und werden gezeichnet und als temporäre Installationen zu Reihen und Spiralen, zu Ringen und Figuren gelegt.

Aus ihrem gewohnten Kontext gelöst, stehen die Dinge für neue Kombinationen zur Verfügung. Wie Worte, die sich aus alten Texten lösten und sich auf den Weg machten um andere Verbindungen einzugehen.

Nein, die Gegenstände werden dabei nicht mit symbolisch-begrifflicher Festlegung befrachtet, unter deren Gewicht sie abgleiten ins Banale, sondern sie bleiben immer, was sie sind: Stein, Ast, Knospe, Frucht: *Phänomene des Seins*.

Doch ist es möglich, sie durch spielerische Aufmerksamkeit zum Glühen zu bringen, bis sie Funken schlagen, mit denen die intuitive Wahrnehmung entzündet und die Imagination entfacht wird.

So entstand das Spiel, das sich auch als ein Instrument erweist um jenes ständige Projizieren, das meist unbewusst und unablässig am Werk ist, ins Wahrnehmbare und damit Gestaltbare zu heben: federleicht, frech und mühelos, ohne schweres, tiefschürfendes Gerät.

Der erste Schritt

Auf dem weißen Tisch liegt ein weißes Ei.

Die Menschen um den Tisch sind konzentriert. Es wird nicht gesprochen. Nonverbale Kommunikation ist die verabredete Spielregel.

Gelingt es, die Aufmerksamkeit auf das Ei zu richten und zugleich wahrzunehmen, was dieses an Empfindungen, Assoziationen, Erinnerungen auslöst? Das ist die Aufgabe, die Forderung.

Dann, nach einer gewissen Zeit, legt der Spielleiter einen anderen Gegenstand neben das Ei: einen kleinen Löffel. Was ändert sich? Welche Interpretationen tauchen auf? Nach einer Weile (wie lange das dauert, muss abgespürt werden) wählt er ein anderes Objekt aus den vielen, die auf dem Tisch liegen. Er nimmt den Löffel weg und legt eine Feder neben das Ei. Was ändert sich? Ändert sich das Ei? Doch das bleibt mit sich identisch und doch ist alles anders. Noch ein Wechsel: Die Feder wird durch den schweren Hammer ersetzt. Der liegt jetzt neben dem Ei. Hammer und Ei: was für ein Paar! Das Ei wirkt plötzlich bedroht. Alle Teilnehmer empfinden das. Es ist nicht nötig, das auszusprechen.

Die Wirkung gleicht einem Marionettentheater. Da ist der Spieler und die Holzpuppe und die Fäden: alles zu sehen. Und doch verwandelt sich die Puppe in ein Wesen. Alle merken, dass der Spieler spricht und nicht die Puppe, dass seine Hand das Kreuz mit den Fäden bewegt. Und doch ist es die Puppe, von der alles ausgeht.

Wenn die Illusion nackt ist, ohne Tarnung, und damit ohne Täuschungsabsicht (und deshalb keine Illusion mehr), dann transformiert sich die Wirklichkeit um in Poesie. Der Zuschauer wird dabei nicht überstülpt mit Effekten, wird nicht von Scheinwelten eingesogen, sondern ist selbst schöpferisch. Er erschafft mit, durch seine eigene Vorstellungskraft, was er erlebt.

So wie die Puppe bleibt auch das Ei auf dem Tisch immer mit sich identisch. Und doch ändert es sich durch bloße Nachbarschaft mit einem andern Gegenstand, löst bei den Teilnehmenden jeweils ganz verschiedene Assoziationen und Projektionen aus.

„Die Sprache der Dinge", Ei und Löffel, 2002

„Die Sprache der Dinge", Ei und Feder, 2002

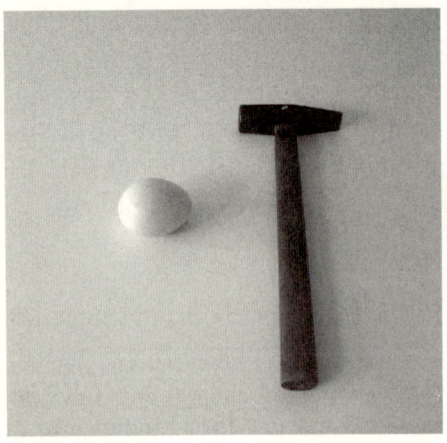

„Die Sprache der Dinge", Ei und Hammer, 2002

Die Konstellation, die sich aus den beiden Dingen ergibt, erzeugt eine Atmosphäre. Es ist, als wären beide plötzlich in ein farbiges Licht getaucht, das durch ihr Zusammensein aufscheint und in dem sie baden. Sie bilden zusammen eine spezifische „atmosphärische Frequenz".

Der zweite Schritt

Die zehn, fünfzehn Frauen und Männer bringen sich ein. Sie legen nun auch etwas von sich selbst zu den andern Dingen auf den Tisch: eine Uhr, ein Handy, einen Ring, die Scheckkarte, was auch immer. Sie werden nun gebeten, selbst ein Paar mit den vorhandenen Dingen zu legen, das für sie harmonisch ist.

Das Spektrum ist groß. Da liegt ein verschmutzter Arbeitshandschuh, der Dollarschein, die Rose, einige unterschiedliche Edelsteine, Kronenkorken, ein Herz aus rotem Schaumstoff, das schmale gelbe Bändchen mit Rilkegedichten, das zerbrochene Sektglas, Batterien, Schneckenhäuser, Stofftiere und Plastikautos. Kurz: künstliche Sachen und natürliche Dinge.

Allen Gegenständen ist gemeinsam, dass sie Produkte und Ergebnisse von oft langen und komplexen Prozessen sind: Wachstumsprozessen bei Naturobjekten, rationalen Entscheidungsprozessen bei den hergestellten Dingen. In einem simplen Plastiklöffel etwa stecken detaillierte Kenntnisse über Material, Stabilität und Form. Das „Wegwerfprodukt" ging durch viele Entscheidungen, bis ein Exemplar hier auf dem Tisch gelandet ist.

Dieser gesamte Entscheidungsprozess ist in den Dingen gespeichert wie in einem Akku. Das bestimmt ihre „atmosphärische Frequenz". (Wie verschieden die sein kann, wird deutlich, wenn neben diesem dünnen weißen Plastiklöffelchen ein gediegener silbernen Kaffeelöffel liegt.)

Ein Mitspieler legt als harmonisches Paar zwei technische Dinge zusammen: Arbeitshandschuh und Hammer zum Beispiel. Jemand anderes wählt Natur: Stein und Feder, und noch eine dritte Wahl: Rilkebüchlein und rotes Herz aus Schaumstoff.

Vielfältig sind die Variationsmöglichkeiten. Manche legen zweimal – dreimal. Immer wieder kommen neue Ideen, angeregt durch die Wahl der anderen.

Dann die Anregung des Spielleiters: „Legen Sie bitte ein disharmonisches Paar, eines mit möglichst wenig Gemeinsamkeiten."

Das ist nicht so einfach, wie es zunächst scheint. Ist die Batterie neben dem Ei disharmonisch? Es sind doch beides Speicher! Vielleicht Handy und Adlerfeder? Nichts wird kommentiert. Die Kommunikation zwischen den TeilnehmerInnen definiert sich allein über das Handeln mit den Dingen, die immer mehr zu Trägern von wechselnden Bedeutungen werden. Die Sinne sind hellwach.

Der dritte Schritt

In einem weiteren Schritt wird noch ein Gegenstand hinzugenommen. Drei Dinge befinden sich jetzt im quadratischen Spielfeld. Wer will, kann eines austauschen. Die duale Spannung ist aufgelöst, das atmosphärische Feld offener. Jedes Ding kann nun nach zwei Seiten hin wirken, sich durch zwei Gegenüber definieren. Dadurch entstehen Geschichten. Da ist sofort was los, wie bei einem Paar, das sein erstes Kind bekommt.

Die Anregung wird angenommen. Intuitiv springen die Funken von einem zum andern und erzeugen eine dichte, prickelnde Spannung im Raum. Manchmal gibt jemand durch die Wahl eines Dinges dem Geschehen eine so überraschende Wendung, dass alle hell auflachen.

In dem Spielquadrat liegen der schmutzige Arbeitshandschuh, das rote Schaumstoffherz und ein Zigarettenstummel. Sie sind die Protagonisten eines Drehbuches, eines ganzen Romans, dessen Möglichkeiten in dieser Konstellation vibrieren. Wird der Arbeitshandschuh ausgetauscht, etwa mit dem zerbrochenen Sektglas, dann ändert sich sofort die ganze Geschichte: zerbrochenes *Sektglas–Zigarettenstummel–Schaumstoffherz*. Die Tristesse hält Einzug, erzählt wortlos von überspannter und enttäuschter Beziehung. Und doch – immer wieder ist das zu betonen – bleiben es die vertrauten Dinge aus dem Alltag. Und wohl auch deshalb, weil sie so bekannt sind wie Filmstars (und vielleicht auch so begabt), können sie die verschiedenen Rollen mühelos einnehmen ohne sich dabei zu ändern.

Schon nimmt jemand das Schaumstoffherz heraus und legt den Hammer dazu: *Hammer – Kippe – kaputtes Sektglas.* Da ist keine depressive Stimmung mehr wie zuvor, sondern pure Aggression, Wut gegen was auch immer: den übermäßigen Alkohol, das Rauchen, oder ruft das noch etwas ganz anderes wach?

Die weiteren Schritte

In einem nächsten Schritt (nicht alle möglichen Schritte sollen beschrieben werden, denn der Ablauf nach den ersten vier Stufen wird aus der realen Situation bestimmt) werden die TeilnehmerInnen gebeten, nachdem sie durch das Spiel mit allen Dingen, die zur Verfügung stehen, vertraut sind, ihren Favoriten zu wählen und in das Spielfeld zu legen.

Da befinden sich dann 10 bis 15 Dinge, wild durcheinander, im Spielfeld.

Die Aufgabe ist nun, diese in eine Ordnungsfigur im Raum zu bringen. Es gilt, eine Komposition mit allen Elementen, die nun nicht mehr ausgetauscht werden können, zu finden. So, dass alle Beteiligten damit einverstanden sind, also niemand mehr ändernd eingreift. Das ist spannend, kann dauern und gelingt nicht immer.

In dieser Spielstufe wird erfahren, was Komposition ist. Da sind alle Teile und die Grundfläche vorgegeben (ähnlich der Situation, wenn jemand eine neue Arbeit beginnt und sich auf die Bedingungen, die nicht zu ändern sind, einstellen muss). Da geht es dann um den intelligenten und kreativen Umgang mit den vorhandenen Qualitäten, die auf dem Tisch, in Gestalt von völlig unterschiedlichen Dingen, repräsentiert sind. *Es geht um eine Architektur der Kräfte.*

Hier wird erlebt, dass die unterschiedlichsten Kräfte – repräsentiert durch die Dinge – in einer Komposition so angeordnet werden können, dass jedes Ding seinen Platz findet. Wenn es stimmt, dann erzeugen die Teile gemeinsam ein Ganzes, in dem sie zugleich notwendig und integriert sind. Die bekannte Wahrheit wird dabei erlebbar: Das Ganze ist mehr als die Summe seiner Teile. Aber nicht nur das. Das Ganze wirkt auch auf die Teile zurück, diesen Orientierung und Sinn gebend. Gelingt das, dann steht die Gestaltung unter Strom, dann wirkt ein unsichtbarer Kreislauf, der alle Teile erfasst und durchpulst.

Das erweist sich nicht nur optisch-visuell als stimmige Anordnung, sondern mehr noch als eine atmosphärische Wirkung, die von einer solchen gelungenen Zusammenstellung ausgeht.

Das Spiel kann, je nach Konzentration, bis zu zwei Stunden dauern. Auch anschließend wird darüber nicht gesprochen. Das gehört zur Abmachung, denn nur so wirken diese Bilder in den tiefen Schichten des inneren Schauens weiter und werden nicht durch zu frühe verbale Festlegungen gestoppt.

Wahrnehmung wahrnehmen

Wahrnehmung ist ein Rundum-Geschehen, in dem Innen und Außen, Objekte und Betrachter, gleichermaßen miteinbezogen sind.

Der Gegenstand des Interesses und der Betrachter sind ein unzertrennliches Paar.

Auch wenn es zunächst so scheinen mag, dass die Wahrnehmung ein passiver Vorgang sei, bei dem es einen Beobachter gibt, der von seinem Sessel aus auf die Mattscheibe des Geschehens schaut, erweist sich: dem ist nicht so. Wahrnehmung ist ein aktiver Vorgang und sie ist (potentiell) schöpferisch. Schöpferisch aber erst dann, wenn der unbewusste Automatismus des Projizierens bewusst und damit gestaltbar wird.

Wie die Fledermaus ständig Schallwellen aussendet und sich an deren Echo orientiert, so sendet ein menschlicher Wahrnehmungsorganismus permanent Projektionen aus. Ebenso wenig, wie die Fledermaus sieht, was sie ortet, erkennt auch der proji-

„Die Sprache der Dinge", Spielmoment, Berlin 2002

zierende Mensch nicht, was er sieht, sondern nur inwieweit und in welcher Weise es mit ihm in Beziehung steht.

Was mit der Person (und ihrer komplexen Struktur) in Resonanz tritt, das bewirkt unmittelbar Reaktionen, die gleich in zwei Hauptrichtungen hin geprüft werden, bevor sie sich in zahlreichen Assoziationen verzweigen und auflösen.

Einmal, ob die Echos bestätigend und damit identitätsstiftend sind oder ob sie bedrohen und angreifen. Die positiv interpretierten Resultate werden ausgebaut und verteidigt, die negativen ausgesperrt und bekämpft. Das ist normal (aber nicht genug!) und geschieht ständig in der eigenen Persönlichkeit, in der Familie, in Gruppen, bei Nationen. Das Muster ist zur Genüge bekannt. (Es beansprucht gelegentlich, die unveränderliche, unabweisbare „harte" Wirklichkeit zu sein, dabei alles andere auf Wunschgebilde, Idealisierung, Träumerei reduzierend.) Aus dieser gettoisierenden Wechselwirkung, die wie ein Perpetuum mobile unablässig in Gang ist, gäbe es kein Entkommen, wenn da nicht noch etwas anderes wäre. Etwas, das nicht in Resonanz tritt mit den festlegenden dualistischen Klassifikationen (die sich als mehr oder weniger haltbare Konstruktionen und Verabredungen erweisen). Etwas, das eine komplexere Ordnung, einen größeren Zusammenhang kennt, in dem alles zu einem sinnvollen Ganzen gehört, wie bei einer gelungenen Komposition, wo jedes Mosaiksteinchen notwendig ist um das Ganze, das Bild, zu schaffen.

„Das Bild wirkt immer als ein Ganzes. Es wird in seiner gesamten Komplexität wahrgenommen: im Augen-Blick."

Das Ganze, das Bild! Natürlich!

Wohl deshalb begnügt sich der wache und forschende Sinn nicht mit den Angeboten, die Teilungen, Parzellierungen und Zersplitterungen der Welt als die einzig gültige Realität zu akzeptieren. Denn jede Anschauung, jeder Augen-Blick, weist auf die Ganzheit und nicht zuletzt auf die einheitliche Gestalt des wundervollen blauen Planeten hin, den wir bewohnen.

Die Spannung zwischen der inneren Wahrnehmung – als permanenter Spaltungsprozess, der den Projektionskreislauf instand hält – und der gleichzeitigen Erfahrung der einheitlichen Kraft der äußeren Bilder setzt einen Erkenntnisprozess in Gang, in dem sich die unbewusste Projektionsautomatik Schritt für Schritt zur bewussten schöpferischen Wahrnehmung wandelt.

Das bewirkt einen Innenraum der Stille, eine Art Vakuum, das auf Impulse frei und kreativ zu reagieren versteht. Ein Vakuum, das keine Mischung, kein Kompromiss, keine „fifty-fifty-Mitte" – also nicht mittelmäßig – ist, sondern von anderer Qualität. Wie Gold vielleicht, auf das Magnetfelder weder anziehend oder abstoßend wirken.

Dabei werden Entscheidungsprozesse nicht umgangen. Denn jede schöpferische Handlung basiert auf Unterscheidung und schließt deshalb notwendigerweise den „Ja-Nein-Entscheidungsprozess" mit ein.

Der Zeichner kennt die Ja-Nein-Entscheidungen als schrittweises Vorgehen. Ohne diese wäre keine Entwicklung, keine Gestaltung, möglich. Der Ja-Nein-Prozess ist jedoch kein Selbstzweck. Es geht dabei immer um ein Drittes, um *eine* Sache, um *eine* Idee, um *ein* Bild. Wird, was leider viel zu oft passiert, der wertneutrale Ja-Nein-Prozess von dem Gut-Böse-Prinzip okkupiert, stagniert die weitere Entwicklung. Dann versickert das schöpferische Potenzial, das sich aus dem Spannungsfeld von Ja-Nein ergibt, in den verminten Trennungsgräben humorloser, fundamentalistischer Rechthaberei.

Aus dem schöpferischen Umgang mit den Ja-Nein-Entscheidungen ergibt sich im Weiteren folgerichtig die Komplementariät. Also die Anerkennung gegensätzlicher Qualitäten als ergänzende, gleichberechtigte Kräfte. Durch das Zusammenwirken der extremen Pole, wie bei Licht und Dunkel, entstehen die Farben. Sie bilden zwischen sich, ohne an eigener Brillanz zu verlieren, nahtlose Übergänge. Und ist nicht das Licht selbst paradoxes Zugleich der Gegensätze Energie und Materie?

„Ein Bildschaffender muss ebensoviel von Bildauflösung wie von Bilderzeugung verstehen."

Wir sahen: Bilder werden zwar als Ganzheiten wahrgenommen, doch auch durch das Projizieren eingeordnet und fixiert, so, dass sie ihre universelle Dimension verlieren und auf Schilder, Etiketten und Klischees reduziert werden. Dadurch erstarren sie und gefrieren in Interpretationen ein. Durch die zeichnerische und handelnde Betrachtung, so erfuhr es der Student und später die Teilnehmer beim Spiel mit den Dingen, werden die eingefrorenen Bedeutungen aufgetaut und flüssig gemacht, damit neue Bilder entstehen, in denen erneut das Herz des Seins pulsiert.

„Zeichnen Sie ein Ei", sage ich – eine Generation später – zu der Kunststudentin. „Ein weißes Ei, das auf einem weißen Papier vor einer weißen Wand liegt. Zeichnen Sie es auf ein weißes Papier mit Bleistift."

Gernot Böhme

Leibliches Bewusstsein

1. Einleitung

Man kann wohl sagen, dass der Schmerz das Paradigma leiblichen Bewusstseins ist. Keine andere Erfahrung macht uns so zwingend deutlich, dass wir nicht nur einen Körper haben, sondern Leib sind. Doch im Schmerz ist zugleich eine Tendenz mitgegeben, sich vom Leib zu distanzieren und ihn zum Körperding zu veräußerlichen: das ist die erste Maßnahme der Schmerzbewältigung. Das ist ein trauriges Ergebnis für den Anfang, zeigt es doch, dass uns Leibbewusstsein gerade dort geläufig ist, wo wir eigentlich nicht Leib sein wollen. Es muss zugleich ein weiteres trauriges Faktum an den Anfang dieser Überlegungen gestellt werden: nämlich dass wir zunächst und zumeist, nämlich im durchschnittlichen Leben in unserer Zivilisation nicht Leib sind, oder besser gesagt: uns qua Leib nicht bewusst sind. Das hat tief gehende Gründe in dem, was wir unter Bewusstsein verstehen oder auch hier besser: was wir zunächst und zumeist als Bewusstsein kennen und praktizieren. Daraus folgt, dass man praktisch – und das heißt durch Übungen – seine Einstellung zum Leib verändern muss, will man zum Leibbewusstsein gelangen und nicht nur von ihm qua Schmerz überfallen werden.

2. Leib und Bewusstsein

Es ist kaum aussichtsreich, sagen zu wollen, was Bewusstsein ist. Das liegt wohl daran, dass derjenige, der die Antwort geben sollte, jedenfalls bei Bewusstsein sein muss und deshalb den

Zustand der Bewusstheit, aus dem er spricht, nicht selbst mit einem anderen Zustand seiner selbst konfrontieren kann, um ihn davon definierend abzugrenzen. Nur von außen könne man Kriterien angeben, sagt man, ob ein Mensch bei Bewusstsein sei, nämlich dass er wahrnimmt und auf Anrede reagiert. Immerhin ist letzteres Kriterium aufschlussreich. Beim Menschen jedenfalls unterstellt man für den Zustand der Bewusstheit, dass der betreffende Mensch aktuell in der Lage ist, zum Ausdruck zu bringen, wie ihm zumute ist. Die Kriterien, mit denen man von außen beurteilt, ob jemand bei Bewusstsein ist, verlangen also, dass der betroffene Mensch eine Sicht *von innen* hat und artikulieren kann, d. h. gerade gegenüber der Objektivität, mit der man ihn sieht, seine Subjektivität behauptet. Aber gleichwohl ist es für den Betroffenen nicht möglich zu sagen, was es für ihn selbst bedeutet, bei Bewusstsein zu sein, insofern er nämlich dieses Selbst, als das er spricht, also das Ich, nur als bewusstes kennt. Es wären allenfalls die Erfahrungen aus Übergangsprozessen, also etwa des Einschlafens oder des Aufwachens, zum Bewusstsein kommen oder das Bewusstsein verlieren, heranzuziehen. Von daher stammt wohl auch die metaphorische Rede von Bewusstsein als einer Art Licht, besser gesagt einer Helle, als Grundlage dafür, dass einem etwas erscheint[1] bzw. für das Gefühl, selbst dazusein.

Es ist auch gar nicht nötig, dass wir allgemein sagen, was Bewusstsein ist, da es uns ja auf eine spezifische Bewusstseinsveränderung ankommt. Auf dem Wege dazu werden aber auch einige Charakteristika von Bewusstsein deutlich werden. Wir müssen dazu von unserem durchschnittlichen und vertrauten Bewusstseinszustand ausgehen. Dieser Zustand besteht darin, dass uns *etwas* bewusst ist. Er ist so dominant, dass man glaubte, darin ein Wesensmerkmal von Bewusstsein überhaupt gefasst zu haben. Nach Husserl ist Bewusstsein intentional, d. h. es hat seinen Gegenstand. Diese, wie sich zeigen wird, äußerst eingeschränkte Form von Bewusstsein wird noch weiter verengt dadurch, dass Bewusstsein als ein Akt des Vorstellens aufgefasst wird. Diese Verengung sei am Beispiel des Sehens verdeutlicht: Wenn ich eine Tür sehe, dann wird das in der Philosophie, beispielsweise bei Kant, so verstanden, dass ich eine Anschauung von der Tür habe, wobei Anschauung eine Vorstellung ist, eine Repräsentation: Die Tür, was immer sie an sich sein mag, wird in meinem Bewusstsein durch eine Anschauung *Tür* repräsentiert. Nun ist es kein Zweifel, dass es solche Modi des *Türbewusstseins* gibt, das sieht man ja schon daran, dass man sich auch Türen bei geschlossenen Augen vorstellen kann bzw. auch Gegenstände, die es überhaupt nicht gibt. Es ist also nicht zu leugnen, dass Bewusstsein sehr häufig heißt, sich etwas vorstellen, ja es mag sogar das dominante Bewusstsein sein, zumal in einer Epoche, in der sich das Leben wesentlich in Bilderwelten abspielt. Aber dass mir die Tür bewusst ist, kann eben auch heißen, dass ich bei dieser Tür selbst bin, dass mein Bewusstsein in den Raum auslangt. Auch ein solches Bewusstsein ist natürlich intentional, aber es kommt ohne innere Repräsentanten aus. Dass es nicht das Haben einer Vorstellung ist, sondern das Sein bei etwas[2], zeigt sich an dem dynamischen Charakter des Sehens. Das Sehen selbst wendet sich seinem Gegenstand in wechselnder Weise zu, also wechselnd beispielsweise in Bezug auf die Intensität der Aufmerksamkeit, das Interesse, die Perspektive usw. und der Gegenstand selbst taucht auf und kann verschwinden, in seinen Konturen qua Tür schwanken und überhaupt in seinem ephemeren Dasein sich – etwa durch die Beleuchtung – wechselnd präsentieren. Wir sehen also bei einem solchen Beispiel, das durchaus noch als intentionales Bewusstsein zu verstehen ist, dass es sich genau genommen um ein Sein bei ... handelt. Sehen ist also in diesem Modus die vom Subjekt her artikulierte Weise einer Kopräsenz.

Dieser zweite Typ des Sehens stellt gegenüber dem vertrauten konstatierenden Sehen – ich sehe ein Haus – bereits eine merkliche Modifikation des Bewusstseins dar. Das Bewusstsein ist kein Akt mehr, sondern vielmehr ein Verweilen, und dadurch wird die Ich-Instanz bereits deutlich abgeschwächt und diffus. Es ist schon erstaunlich, wie in den klassischen Theorien des

Sehens die leibliche Anwesenheit als Voraussetzung des Sehens übergangen werden konnte. Aber faktisch ist ja der Akt des Sehens auch derart, dass dabei der Leib übersprungen wird, gerade die Intentionalität ist ein Wegblicken von der Leiblichkeit. Im verweilenden Sehen dagegen dämmert bereits das Bewusstsein der eigenen Anwesenheit. Auf diesem Wege fortschreitend kommen wir zu Wahrnehmungsweisen, die primär ein Sich-zum-Raum-hin-Öffnen sind. Das lässt sich besser als beim Sehen beim Hören erfahren. Das Hören kann ein Hinauslauschen ins Nichts sein, ein Sein in der Stille, von dem sich dann etwa ein Ton oder ein in der Nacht bellender Hund artikulierend abhebt. Von solchen Erfahrungen her kann man die Wahrnehmung als Modifikation der eigenen Anwesenheit verstehen. Damit sind bereits die ersten Schritte auf dem Wege, das Bewusstsein zum Dasein zu bringen, vollzogen. Das intentionale Bewusstsein, das ein Bewusstsein von Gegenständen ist, hat immer schon das Leibliche übersprungen und sich im Gegenstand verloren. Wenn aber Wahrnehmung als Modifikation der leiblichen Anwesenheit verstanden und vor allem erfahren wird, dann kehrt das Bewusstsein quasi vom Gegenstand zurück und durchtränkt das eigene Dasein selbst.

Zunächst aber geht es um die Besonderheiten des Leibbewusstseins. Das intentionale Bewusstsein zerfällt gewissermaßen in den Subjekt- und den Objektpol, es ist ein bewusstes Ich, das sich des Gegenstandes bewusst ist. Diese Differenz gibt es beim Leibbewusstsein nicht, oder besser gesagt, bei einem entwickelten Leibbewusstsein nicht. Dabei steigt das Bewusstsein in den Leib hinab und ist dann weder das Bewusstsein eines Ich noch das Bewusstsein eines Gegenstandes. Eine gespürte Leibesinsel – wie etwa die der Hand – ist nicht zu beschreiben durch den Satz *Ich spüre meine Hand*, vielmehr ist das, was gespürt wird, nämlich die Hand, nichts anderes als das Spüren selbst und ist auch nicht das Spüren eines Ich, das die Hand zum Gegenstand hätte, sondern nichts als das bewusste Hand-Sein. Aber ein solches Bewusstsein ist nicht alltäglich, sondern muss eingeübt werden.

3. Übungen

Man könnte ja glauben, dass die intensive Beschäftigung mit dem Körper, das Bemühen um Schönheit, gute Figur, Fitness *Leibbewusstsein* zu einem Grundzug gegenwärtigen Lebensgefühls gemacht hätten. Das ist aber nicht der Fall, vielmehr ist die Aufmerksamkeit, die man dem Körper schenkt, ist der Kult um den Körper, geradezu eine Verlängerung und Verstärkung der Leibvergessenheit. Das spiegelt sich auch in der Theorie. Es ist erstaunlich, wie wenig Leiberfahrungen Bücher, die explizit dem Thema Körper gewidmet sind, enthalten. Das Wissen vom eigenen Körper und das Bewusstsein, das man von sich selbst qua Körper hat, ist medien- oder blickvermittelt, es basiert nicht auf leiblichem Spüren. Ebenso ist das aktive Körperbewusstsein, das im Sport entwickelt wird und das ja zu einer hohen funktionalen und emotionalen Identifikation mit dem eigenen Körper führt, durch Leibvergessenheit bestimmt: es ist ja gerade auf die Leistung und die Perfektion körperlicher Verrichtungen gerichtet. Man kann zwar auch hier mit Merleau-Ponty von einem inkarnierten Ich sprechen, aber es ist ein Ich, das sich gegenüber dem Körper als Willensinstanz durchaus bewahrt und ihn selbst zu einem vollkommenen Willensinstrument macht. Das heißt aber nicht, dem Leibsein sein Recht geben oder sich selbst als Leib verstehen. Es bleibt also dabei: auch im Blick auf die modernen Körperpraktiken gilt, wie allgemein für die durchschnittliche Lebensweise in der technischen Zivilisation: Leibbewusstsein ist etwas, das erst durch explizite, übende Zuwendung zum Leibe gewonnen werden muss.

Das Spektrum der Angebote für solche Übungen ist groß. Allgemein kann man sagen, dass neben dem Körperkult sich gegenwärtig auch eine breite Bewegung der Wiederentdeckung des Leibes entwickelt hat. Auch diese Entwicklungen gehören zur technischen Zivilisation. Sie sind gewissermaßen der Schatten oder die Kehrseite der Technisierung des Lebens: Der Körper wird freigesetzt, weil er zur Arbeit und zum Krieg nicht mehr gebraucht wird; der Leib wird wiederentdeckt, teils weil er sich auf dem Gipfel seiner Verdrängung von selbst meldet – wie in den gerade für moderne Lebensweisen charakteristischen vegetativen Dystonien – teils weil er auf dem Gipfel der Entfremdung und des Außersichseins explizit gesucht wird. Das Spektrum der Praktiken, die im Prinzip zum Leibbewusstsein führen können, ist wie gesagt groß. Dabei ist zu denken an Yogapraktiken, Thai Chi, Chi Gong, autogenes Training, Feldenkraismethode, Alexandertechnik, Gerda-Alexander-Methode und vieles mehr. Ich werde von all dem nur zwei Gruppen von Übungen besprechen, weil sie am einfachsten und *reinsten*, das heißt ohne viel Metaphysik oder sonstigen ideologischen Überbau auf Leibbewusstsein zielen, und zwar einerseits das autogene Training und Verwandtes, andererseits Atemübungen. Mit den Atemübungen wird ein wichtiger Teil der Übungen mitthematisiert, die zum Yoga gehören. Sie stehen beim Hatha-Yoga ja im Zentrum bzw. bilden die vierte Stufe – pranayama – des achtgliedrigen Yogaweges.[3] Mit den Atemübungen werden wir also ein zentrales Stück der Yogapraktiken berücksichtigen. Anderseits bilden sie eine Gruppe von Übungen, die vom autogenen Training zu unterscheiden sind, insofern zu letzterem zwar auch eine *Atemeinstellung* gehört, eine bewusste Atemregulierung aber abgelehnt wird.[4]

Das autogene Training bietet als europäische Methode für Menschen der westlichen Zivilisation, d. h. für die primären Leser dieses Buches, den gangbarsten Weg zum Erreichen und zum Verständnis des Leibbewusstseins. Es ist in vieler Hinsicht asiatischen Praktiken, insbesondere dem Yoga, verwandt[5], enthält jedoch nicht so viele fremde und befremdliche, kulturgeschichtliche und sprachliche Voraussetzungen wie der Weg des Yoga. Darüber hinaus stellt das autogene Training eine gangbare Brücke vom intentionalen Bewusstsein zum nichtintentionalen Bewusstsein dar, und das zeichnet es gerade für unseren Zusammenhang aus.

Ich hatte schon darauf hingewiesen, dass in der westlichen Philosophie Bewusstsein wesentlich und fast ausschließlich als intentionales Bewusstsein verstanden wird, d. h. als ein Bewusstsein von etwas. Das hängt natürlich auch mit dem vorherrschenden Bewusstseinstyp zusammen, d. h. damit, dass wir zunächst und zumeist bewusst sind in dem Sinne, dass uns etwas bewusst ist. Das trifft auch für den eigenen Leibkörper zu. Daran muss man anknüpfen, davon muss man ausgehen, und genau das tut das autogene Training. Das autogene Training hat bekanntlich seinen Ursprung in Hypnosetechniken und wird ja auch als Technik der Selbsthypnose oder Selbstsuggestion dargestellt und benannt.[6] Das heißt aber, dass es vom gegenständlichen und sogar vorstellenden Bewusstsein ausgeht und quasi indirekt mit Hilfe dieses Bewusstseins eine Umorganisation des Leibes bewirkt, um schließlich so ein Leibbewusstsein zu erreichen. Dieser indirekte, aber gerade für den europäischen Menschen natürliche Weg zum Leibbewusstsein hat etwas Paradoxes und ist zwar nicht in der Praxis, jedoch in der Theorie nicht leicht zu verstehen. Wie kommt es, dass mein Fuß tatsächlich warm wird, wenn ich mir vorspreche, *mein Fuß wird warm*? Man ist geneigt zu sagen, das sei *Einbildung,* und man sagt damit vielleicht das Richtige, versteht es aber falsch: das Warmwerden ist nämlich keineswegs eine Fiktion, sondern ein Fakt: der Fuß wird wirklich warm.

Dass diese Vorgänge uns paradox und rätselhaft erscheinen, liegt an einer Verkennung der leiblichen Bedeutung von Bildern und Reden, also an unserem habituellen Cartesianismus: Bilder und Worte werden der res cogitans zugeordnet und damit wird ihre Wirkung auf die res extensa ganz rätselhaft.

Es lohnt sich, bei diesem Punkte etwas zu verweilen, zumal die Zustandsänderung des Leibes durch Worte und Bilder auch für die Sexualität bzw. leibliche Liebe von Bedeutung ist. Die Formation des Leibes durch Bilder hat sicher einen phylogenetischen Ursprung. Es handelt sich nämlich im Prinzip darum, dass ein Mensch aufgrund gewisser Anblicke in eine bestimmte leibliche Disposition versetzt wird. Das wird in unserer naturgeschichtlichen Herkunft die Disposition zu Angriff oder Flucht oder auch sexueller Aktivität gewesen sein. Mit dieser Anlage arbeiten sichtlich noch heute die suggestiven Methoden, nur dass sie sie inzwischen kulturell weiter ausgebaut haben, sodass der entsprechende Mechanismus dann auch auf konventionelle Bilder und schließlich auch auf Worte anspricht. In der älteren, noch im 18. Jahrhundert üblichen Rede von der Einbildungskraft als einem aktiven Vermögen konnte man diese Prozesse sehr schön beschreiben. *Etwas einbilden* hieß danach, sich selbst oder jemand anderen durch Worte oder Bilder in eine bestimmte leibliche Disposition bringen. Adam Bernd, in dessen eigener Lebensbeschreibung dieses Denken noch lebendig ist, spricht davon, dass die Einbildungskraft „den Leib figuriret nach dem Bilde, das der Mensch im Gehirne hat".[7] Er entwickelt diese Theorie, um dadurch krankhafte Zustände, die traditionell als Besessenheit oder als Heimsuchung durch den Teufel beschrieben wurden, rational, und das heißt also als Wirkung der Einbildungskraft zu erklären. Dafür zeigt er, dass diese Phänomene der *Einbildung* in Situationen des Begehrens oder der Bedrohung im Alltagsgeschehen durchaus geläufig sind. Am eindrucksvollsten ist seine Schilderung des sexuellen Begehrens:

„Am besten kann diese Sache mit dem Exempel von den Gliedern erläutert werden, so zur Fortpflanzung des menschlichen Geschlechts bestimmt. Jede Liebe strebt nach der Vereinigung mit der geliebten Sache, dieselbe zu ihrem Wohlsein und Erquickung zu gebrauchen, und anzuwenden. Nachdem nun das Gut ist, nach dessen Vereinigung ich strebe: und nachdem die Art und Weise ist, nach welcher ich mit der geliebten Sache kann vereiniget werden, nach dem dehnen sich auch die Glieder des Leibes und sinnlichen Werkzeuge aus, und setzen den Menschen in den Stand, des erkannten Guten durch die Vereinigung teilhaftig zu werden."[8]

Das autogene Training arbeitet nun mit diesem *Figurieren* des Leibes durch Vorstellungen, seien es nun Bilder oder Worte. Es wird dabei ein Schwere- und Wärmegefühl in den Gliedern, in der Herzgegend und in der Gegend des Sonnengeflechtes erreicht und ferner eine Kühle des Kopfes. In Schmitzscher Terminologie könnte man sagen, dass die entsprechenden Leibesinseln aktiviert werden. Das Ziel ist dabei eine allgemeine Ruhigstellung und Tiefenentspannung. Sie wird zu therapeutischen Zwecken angestrebt. Für uns dagegen ist an dem Verfahren zweierlei bedeutsam. Erstens werden ausgehend von Vorstellungen einzelner Bereiche des Leibes – seien diese nun bildhaft oder verbal – die entsprechenden Leibesinseln aufgefunden und dann, auch unabhängig von den Vorstellungen, *gespürt*. Ich nenne dies das Absteigen des Bewusstseins in den Leib. Zweitens ist charakteristisch die Kühlung des Kopfes, was die dominante Stellung gegenüber dem Leibgeschehen abschwächt: „Durch die Konzentration *Stirn angenehm kühl* wird der Kopf als das geistig steuernde Zentrum aus dem übrigen Körperbereich herausgenommen."[9] Auf diesen Punkt ist noch zurückzukommen, weil dieser, die Unterstufe des autogenen Trainings abschließende Schritt nicht zu einer Auflösung der Ich-Instanz, sondern vielmehr zu einer Ablösung vom übrigen Leibgeschehen führt. Der Körper wird „von dem kühl abkonzentrierten Kopf gewissermaßen getrennt erlebt".[10]

Dieser Weg des autogenen Trainings kann zur Auffindung weiterer Leibesinseln und damit der Ausbreitung leiblichen Bewusstseins fortgeführt werden. Das ist die Methode der *Einfühlung* nach Inge Moser. Dabei wird auch der Kopf nur noch als eine Leibesinsel unter anderen (auch mit Wärmetönung gespürt), wobei aber durch Atemübungen zuvor die Gedankenleere erreicht sein muss (siehe unten). Von da ausgehend werden im Spüren Verbindungen zwischen den Leibesinseln aufgesucht bzw. hergestellt und für *Energie*strömungen geöffnet. Das ist zunächst noch ein leibimmanentes Geschehen. Es kann zu einem ganzleiblichen Bewusstsein führen oder auch im Sinne des autogenen Trainings zu einer ganzleiblichen Imagination des daliegenden Körpers. Schließlich sollte nicht unerwähnt bleiben, dass die Methode der Einfühlung auch zu einer Erweiterung des leiblichen Bewusstseins auf die *Welt* fortgeführt werden kann, und zwar dadurch, dass das leibliche Bewusstsein in bestimmten Leibesinseln, insbesondere der Herzgegend, des Sonnengeflechtes, des Kopfes, der Kundalini-Gegend zu einem empfangenden Bewusstsein wird, wodurch dann, wie man sagt, das Einströmen kosmischer Energien oder des Ki möglich wird.

Zusammenfassend ist zu sagen, dass das so erreichte Leibbewusstsein kein Bewusstsein *vom* Leibe ist, sondern das Bewusstsein des Leibes in seinen Leibesinseln selbst bzw. das bewusste Sein dieser Inseln.

Die Atemübungen unterscheiden sich vom autogenen Training vor allem dadurch, dass sie nicht zur Auffindung bzw. Aktualisierung von Leibesinseln dienen. Auch hier handelt es sich um ein Herabsteigen des Bewusstseins in den Leib, nur wird das Bewusstsein dadurch nicht das Bewusstsein einer Leibesgegend, sondern eines Prozesses, nämlich des Atmens. Das ist im Grunde bereits bei der Atemregulierung, wie sie im autogenen Training vorkommt, der Fall, d. h. bei dem einfachen Mitgehen mit dem natürlichen Atem und seiner Beruhigung. Man erfährt sich selbst darin nicht als ein Etwas, und sei es auch nur ein Halbding wie eine Leibesinsel[11], sondern als Prozess. Das ist eine außerordentlich wichtige Erfahrung, und insbesondere für uns unter der Perspektive der Erfahrung des Leibes als der Natur, die wir selbst sind. Im Atmen erfahren wir uns in besonderer Weise als Natur, nämlich als lebendige Natur. Es gibt wohl keine Erfahrung, in der wir so unmittelbar mitvollziehen, dass wir leben, d. h. Wesen sind, deren Existenz an das Weitergehen eines Prozesses geknüpft ist bzw. die dieser Prozess selbst sind. Natürlich ist diese Erfahrung wieder besonders deutlich im Negativen, d. h. unter der Drohung, dass dieser Prozess auch aussetzen könnte. Bei Atemnot, sei es nun bedingt durch äußere Umstände wie etwa Smog oder aber durch asthmatische Krämpfe, wird das Ringen um Atem unmittelbar als Ringen um Leben erfahren. Aber auch im positiven Falle, das heißt im ruhigen Mitgehen mit dem Atem, wird das Bewusstwerden des Atmens als bewusste Lebendigkeit erfahren. Das ist besonders der Fall, wenn bei tieferem Hineingehen in den Atem die Umstellung von *ich atme* zu *es atmet mich* gelingt bzw. sich einstellt. Diese Rücknahme des Ich ist verbunden mit der beglückenden Erfahrung, vom Atem getragen zu werden. Ich nenne sie eine Naturerfahrung, weil darin die eigene Existenz als gegeben und getragen von etwas, was tiefer liegt als das Ich, erfahren wird. Das Atmen ist aber auch in einem anderen Sinne eine exemplarische Erfahrung der eigenen Natur, nämlich insofern darin die Angewiesenheit auf Luft, im weiteren Sinne auf den Austausch mit dem Kosmos gegeben ist.

Die bewusste Atemregulierung, oder besser gesagt, das bewusste Atmen, hat aber eine noch besondere und über das, was im autogenen Training erreicht wird, hinausgehende Bedeutung. Ich habe schon darauf hingewiesen, dass im autogenen Training durch die Suggestion des kühlen Kopfes eine gewisse Rücknahme der Ich-Instanz bewirkt wird. Das bedeutet aber nur, dass das Ich gewissermaßen in die Beobachterposition zurücktritt und damit der Leib aus seiner Funktionalisierung befreit wird und quasi in die Selbsttätigkeit entlassen. Die bewussten Atemübungen dagegen haben in allen asiatischen Praktiken neben der Regulierung des Atmens selbst die Funktion, den Abbau der Ich-Instanz einzuleiten, und das heißt, zunächst dessen Selbsttätigkeit als Subjekt von Gedanken, Vorstellungen, Wünschen aufzulösen. Die bemerkenswerte Erfahrung in der Atemübung besteht nämlich darin, dass es unmöglich ist, gleichzeitig das Bewusstsein im Atmen zu halten und distinkte Gedanken zu denken. Wenn ich sage *distinkte,* dann drücke ich mich vorsichtig aus: es mögen noch Gedanken in unbestimmter Weise *vorschweben* und das Atembewusstsein ist in der yogischen Stufenleiter ja auch noch fern vom Ziel. Es ist eben nicht Samadhi, das Bewusstsein des Nichts oder der All-Einheit, sondern es ist Leibbewusstsein. Aber dies ist es im ausgezeichneten Sinne, weil es mit der weitgehenden Auflösung der Ich-Instanz verbunden ist: das Ich ist in den Leib hinabgestiegen.[12]

4. Die leibliche Basis von Bewusstsein

Leibbewusstsein ist nicht-intentionales Bewusstsein, und das heißt, es enthält nicht die Differenz von Subjekt und Objekt. Dem Übenden ist das aus Erfahrung evident. Theoretisch behält es aber etwas Paradoxes, weil Bewusstsein gewöhnlich als ein mentales Phänomen angesehen wird. Die Behauptung von leiblichem Bewusstsein dagegen impliziert ein Konzept von Bewusstsein, nach dem es ein Zustand des Leibes selbst ist. Hermann Schmitz hat im Zuge seiner Bemühung um eine Überwindung der Introjektion bzw. wie er glaubt, einer *Widerlegung* der Introjektion[13], versucht zu zeigen, dass Bewusstsein – jedes Bewusstsein – genuin mit Leiblichkeit zusammenhängt. Sein Ansatzpunkt dafür ist, dass bei einem Menschen Bewusstsein schwindet bzw. er das Bewusstsein verliert, wenn die leibliche Ökonomie, das heißt also das Verhältnis von Spannung und Schwellung, aus dem Lot gerät. Sowohl bei einem Übermaß an Spannung, die jede Weitungstendenz vernichtet, also etwa bei extremen Schreckerfahrungen, setzt das Bewusstsein aus, wie auch umgekehrt in *privativer Weitung*, das heißt bei einem Ausgleiten der Weitungstendenz durch Wegfall der Spannung. Letzteres ist etwa beim Einschlafen der Fall oder auch in extremen, sei es nun durch Übung, sei es durch Medikamente herbeigeführten Entspannungslagen. Schmitz schließt daraus, dass die normale leibliche Ökonomie eine Voraussetzung für Bewusstsein ist. Umgekehrt stellt er fest: „Jedes leiblich spürbare Verhältnis zu Enge und Engung – sei es leise oder schnürende Beklommenheit oder schwellendes Andringen gegen die engende Spannung oder privative Weitung, wobei gerade im Erhobensein aus der Enge diese als das Zurückgelassene noch spürbar ist – induziert aber affektives Betroffensein."[14] Affektives Betroffensein sei aber implizites Selbstbewusstsein, und daraus folge dann, dass Bewusstsein im subjektiven Sinn in jedem Fall Selbstbewusstsein sei. Dieser Beweis ist zu schön, um wahr zu sein. Er würde nämlich zeigen, dass ein normaler Leibtonus (in Schmitz' Terminologie: leibliche Ökonomie) nicht nur notwendige, sondern auch hinreichende Voraussetzungen für Bewusstsein ist, sodass man Bewusstsein geradezu mit einem gewissen Leibzustand identifizieren könnte. Nun zeigt sich aber, dass gerade ein mittlerer Leibtonus sich im Alltagsleben gerade nicht bemerkbar macht, das heißt ins Bewusstsein vordringt, und andererseits sind gerade solche Bewusstseinszustände gewöhnlich, die zwar einen bestimmten Zustand der leiblichen Ökonomie zur Voraussetzung haben mögen, aber gerade kein Bewusstsein dieses Zustandes sind. Selbst im autogenen Training bleibt ein Ich-Bewusstsein erhalten, das sich selbst als reine überleibliche Beobachterposition gegeben ist. Es bleibt also dabei: Leibbewusstsein ist keineswegs Bewusstsein überhaupt, sondern vielmehr ein ganz besonderer Bewusstseinszustand. Er kann durch ein herabsteigendes Bewusstsein in den Leib gewonnen werden. Dabei ist mit einer Abschwächung oder gar Auflösung des Ich-Bewusstseins zu rechnen. Gerade deshalb aber stellt sich die Frage nach der Beziehung von Leibbewusstsein und affektiver Betroffenheit.

5. Vertrautheit mit sich

Wir können zwar nicht sagen, dass leibliches Bewusstsein eo ipso affektive Betroffenheit mit sich bringt. Das folgt auch daraus, dass das Spüren von Leibesinseln keineswegs immer durch die leibliche Ökonomie von Spannung und Schwellung charakterisierbar ist. Wenn das der Fall wäre, dann könnte man mit Schmitz allerdings geltend machen, dass in der Engungstendenz oder vielmehr, wie Schmitz an der soeben angegebenen Stelle sagt, im Verhältnis *zu* Enge und Engung mitgegeben ist, dass es in diesem Spüren um mich, um meinen Leib geht. Aber gerade in dem Auffinden von Leibesinseln durch das autogene Training sind diese nicht durch die leibliche Ökonomie gegeben, sondern vielmehr durch das Wärmegefühl, selbst wenn dieses physiologisch durch eine Veränderung des Tonus zustande kommt. Aber in jedem Fall erzeugen die leiblichen Übungen, die zum Leibbewusstsein führen, eine Vertrautheit mit sich – und die ist die Voraussetzung für alles weitere, also von der positiven, und das heißt lustvollen Leibbeziehung bis hin zur Integration des Leibes in das eigene Selbstbewusstsein. Die Vertrautheit mit der eigenen Leiblichkeit ist zunächst das Erschließen eines Erfahrungsraums, nämlich der Mannigfaltigkeit der Leibesinseln, ihrer potenziellen energetischen Verbindungen und des Atmens als dynamischen Lebensvollzuges. Auf dieser Basis werden dann die Leibesinseln als Regungsherde erfahrbar, d. h. erkannt und anerkannt, und der Atem selbst als Lebenswirklichkeit. Das Erreichen von Leibbewusstsein bewirkt eine Einstellungsänderung, nämlich die Bereitschaft, die leibliche Wirklichkeit von Emotionen anzuerkennen, bzw. dass die affektive Betroffenheit durch Emotionen ihre Wirklichkeit in leiblichen Regungen hat. Schmitz ist dem in seinem Band *Der Gefühlsraum*[15] ausführlich nachgegangen. Dabei ist es ihm insbesondere gelungen, den Sinn der homerischen Anatomie – wenn man so sagen darf – zu rekonstruieren.[16] Ich will mich hier für solche Einsichten auf Alexander Lowen, den Begründer der Bioenergetik, beziehen. Lowen betont, dass der Körper[17] ohne Gefühl tot sei: „Der emotional tote Mensch ist nach innen gewandt: Seine Gedanken und Phantasien ersetzen Gefühle und Taten." Man werde auf diese Weise blind „für die Realität des körperlichen Lebens und der körperlichen Gefühle", und dann kommt der entscheidende Satz, mit dem er auf die leibliche Wirklichkeit von Emotionen hinweist: „Es ist nämlich der Körper, der vor Liebe vergeht, vor Furcht erstarrt, vor Zorn bebt und sich nach Wärme und Kontakt sehnt."[18] Auf der Basis des Leibbewusstseins, das ja auch die Bioenergetik herbeiführen will, vollzieht sich diese Anerkennung der leiblichen Regungen als emotionaler Wirklichkeit. Gewöhnlich nämlich werden sie entweder als mehr oder weniger lästige Begleiterscheinungen der *an sich* seelischen Gefühle betrachtet oder gar überhaupt übergangen. Mit dieser Anerkennung der Leibesinseln als

Orte, an denen affektive Betroffenheit spürbar wird, bahnt sich eine Umwertung der menschlichen Leiblichkeit überhaupt an. Der Leib wird aus seiner Funktionalisierung, die ihn noch als *fungierender Leib* beherrschte, entlassen und als Medium emotionalen Lebens erfahren. Damit werden Redeweisen, die gewöhnlich als metaphorische verstanden werden, zu sachgemäßen Beschreibungen. Wenn mir etwa vor Trauer das Herz schwer wird, dann ist damit die Weise beschrieben, wie ich Trauer erfahre. Wenn mir der Schreck in die Glieder fährt, dann ist auf die leibliche Schreckerfahrung selbst gewiesen. Wenn ich aufatme, weil eine Last von mir genommen ist, dann ist sowohl das Aufatmen als Erfahrung sich lösender Lebendigkeit wie auch der Lastcharakter, etwa einer Sorge, in seiner leiblichen Wirklichkeit anerkannt. Was man hier mit *Herz*, *Gliedern* und *Atem* meint, sind dann nicht mehr die physiologisch-anatomischen Bestandteile des Körpers oder deren Funktionen, sondern sind die erfahrenen Leibesinseln und der Lebensstrom, die bzw. der man selbst ist. Das Selbstbewusstsein integriert die leibliche Wirklichkeit. Wenn ich sage, ich bin es selbst, dann meine ich nicht mehr nur das isolierte Akzentrum und den verantwortlichen Autor von Gedanken und Taten, sondern mich selbst in meiner leiblichen Wirklichkeit. Auf dieses Ich-selbst wird man sich beziehen müssen, wenn man moralische Fragen die leibliche Existenz betreffend entscheiden will. Denn es geht ja dann nicht nur um den Körper als Vehikel unserer gesellschaftlichen Existenz und Erscheinung, und es geht auch nicht nur darum, ob ich mich als verantwortliche Person bewähre, sondern darum, was ich als Mensch bin. Und mein Menschsein entscheidet sich hier gerade durch die Frage, wie ich die Aufgabe, Leib zu sein, bewältige.

---

[1] Es ist bemerkenswert, dass Platon in seiner sorgfältigen Analyse des Wahrnehmungsvorgangs diese Voraussetzung nicht berücksichtigt. Er sagt zwar, dass es noch eines Dritten bedarf, damit das, was wahrgenommen werden kann, auch wirklich wahrgenommen werden kann, und dass was wahrnehmen kann, diese Möglichkeit auch aktuell ausüben kann, nämlich des Lichtes – das wäre quasi eine Voraussetzung auf Seiten des Objektes, aber dass es auch auf Seiten des

Subjektes eine entsprechende Voraussetzung gibt, nämlich das Bewusstsein, erwähnt er nicht. (Politeia VI, 507c-508a).

[2] Es kann sein, dass Heideggers Vermeiden des Terminus *Bewusstsein* in *Sein und Zeit* daran liegt, dass er vom Bewusstsein qua Repräsentation ausging. Sein Existential des *Seins bei* ... ist aber wiederum zu weit, weil es ja durchaus auch das unbewusste Hantieren mit Zeug umfasst.

[3] Berufsverband deutscher Yogalehrer (Hrsg.), Der Weg des Yoga. Handbuch für Übende und Lehrende, Petersberg: Verlag Via Nova, 3. Aufl. 2000, S. 75 bzw. 98.

[4] J. H. Schultz, Das Originalübungsheft für das autogene Training (bearbeitet von Klaus Thomas), Stuttgart: Georg Thieme Verlag, 23. Aufl. 2000, S. 40: „Zahlreiche asiatische Versenkungsmethoden beginnen damit, die Atmung absichtlich umzustellen. Beim autogenen Training dagegen soll die Aufmerksamkeit nur dem natürlichen Atemrhythmus folgen." Vgl. auch J. H. Schultz, Das autogene Training (konzentrative Selbstentspannung) Stuttgart: Georg Thieme, 10. Aufl. 1960, S. 78 f.

[5] Zu Verwandtschaft und Unterschieden siehe einerseits *Das autogene Training*, a.a.O., S. 296–305, andererseits *Der Weg des Yoga*, a.a.O., S. 352.

[6] Siehe *Das Originalübungsheft*, a.a.O., Einführung und *Das autogene Training*, a.a.O. Kap. 1.

[7] Adam Bernd, Eigene Lebens-Beschreibung, München: Winkler 1973, S. 185.

[8] A.a.O., S. 158.

[9] Übungsheft, a.a.O., S. 44.

[10] Das autogene Training, a.a.O., S. 191.

[11] Zum Begriff des Halbdings siehe Hermann Schmitz, System der Philosophie, III, 5, Bonn: Bouvier 1978, § 245.

[12] Man könnte sagen, dass die Übungen zur Gewinnung des Leibbewusstseins die Freudsche Maxime *Wo Es war, soll Ich werden* umkehren: *Wo Ich war, soll Es werden*.

[13] An dieser Stelle können wir Hermann Schmitz im Zuge des Vorrangs der Praxis naturgemäß nicht folgen: Die Introjektion ist keine falsche Theorie, vielmehr die adäquate Beschreibung einer bestimmten Organisationsform des Menschseins. Als solche kann Introjektion nicht widerlegt werden, allenfalls unter der Perspektive, dass sie eine äußerst eingeschränkte Weise des Menschseins darstellt, überwunden werden.

[14] Hermann Schmitz, System der Philosophie III. 2. Der Gefühlsraum, Bonn: Bouvier 1969, § 146: Das Wesen des Bewusstseins, S. 82.

[15] Band III. 2. des Systems der Philosophie, Bonn: Bouvier 1969.

[16] Siehe Hermann Schmitz, System der Philosophie, Band I. 1. Der Leib, Bonn: Bouvier 1965, § 79–80.

[17] Nach unserer Terminologie müsste es Leib heißen.

[18] Alexander Lowen, Bioenergetik als Körpertherapie. Der Verrat am Körper und wie er wieder gutzumachen ist, Reinbek: Rowohlt 1998, S. 15.

Hans-Joachim Fischer

Annäherung und Distanzierung im Wahrnehmungsprozess

1. Teil: Jaqueline lässt die Kröte fallen

Begegnung

Die Lehrerin zieht das schützende feuchte Laken von der Transportbox und öffnet den Deckel. „Eine Kröte!", entfährt es einem der Kinder, die im Halbkreis gespannt verfolgen, wie die Lehrerin die Kröte vorsichtig aus ihrer Behausung holt. „Kann ich mal, kann ich den Frosch mal auf die Hand nehmen?" Jan, der Kais Hand hält, löst – gegen Kais Widerstand – den Griff, um beide Hände zu einer Schale zusammenzulegen. Kai steht mit skeptischem Blick, mit geschürzter Oberlippe, sich halb hinter Jan verbergend. „... und dann küssen, Jan!", scherzt Timo, seinen Arm Jan entgegenwerfend, um gleich darauf wieder zurückzuweichen und die Arme ineinander zu verschränken. „Iiih ... !" Timos Bemerkung zwingt Nina in eine Geste der Abscheu.

Inzwischen trägt die Lehrerin die Kröte in den Händen. Einzelne Kinder nähern sich, um sie vorsichtig zu berühren. „Wie fühlt sich das an?" „Iiih ... schön fühlt sich das an." Erregtes Kichern unter den umstehenden Kindern. Jan zieht sein T-Shirt aufgeregt an den Mund, um sich die Lippen zu wischen. Peter, der die ganze Zeit dicht neben der Lehrerin gestanden hat, verzieht den Mund zu einem komisch-angeekelten „Ääh", als er die Kröte loskrabbeln sieht, wobei er sich für einen Augenblick zur Seite wegdreht. „Wo habt ihr sie denn gefunden?", fragt

Jan. Seine Hand nähert sich der Kröte, verharrt, zögert, als wieder Bewegung in die Kröte kommt, als die Lehrerin beruhigend ihre Handmuschel auflegt, legt einen spitzen Finger an die Kröte, der gleich wieder zurückzuckt, um es noch einmal – wieder zuckend – zwei-, dreimal zu probieren, immer noch zaghaft, aber nicht mehr schreckhaft. Von der Seite nähert sich Gigi. Auch ihr Finger zuckt bei der ersten Berührung. Als sie die Hand zurücknimmt, reibt und befühlt sie – den Blick unverwandt auf die Kröte gerichtet – die Kontaktstelle ihres Fingers. Als die Lehrerin beruhigend ihre Hand über die Kröte legt, gehen Jans Hände nebenan unwillkürlich mit, wieder eine bergende Schale formend.

Nachdem auch Jo Anne einen kurzen Kontakt genommen hat, nähert sich Janina von der Seite. Ein-, zweimal streicht der Finger über den warzigen Rücken, bevor sich die Handmuschel anlegen möchte. Die Geste des Anlegens wirkt sanft, zart, geradezu zärtlich, nicht zögerlich, sondern achtsam abwartend – völlig gelöst, nahezu ohne Eigenspannung möchte die Hand sich anschmiegen, nicht greifen, sondern umschließen. Die Annäherung erfolgt unendlich langsam, bietet sich an, bevor sie die Kröte findet. Behutsam kommt auch die zweite Hand, beide Hände umhüllen die Kröte, geben ihr einen neuen Halt, einen neuen Schutz, als sich die Hände der Lehrerin vorsichtig entziehen. Janina führt die Hände zur Brust, wo sie die Kröte anlegt, den Kopf gesenkt, den Oberkörper, die Arme eingewölbt – ganz Gefäß, schützende, bergende Hülle. Noch immer hält die Lehrerin ihre Hände dicht bei Janina, eine zweite Schale, ein zweites Gefäß formend inmitten des dichten Ringes schauender Kinder, die Janina und die Kröte wie ein drittes Gefäß umschließen. Jo Anne, die gleich neben Janina steht, faltet ihre Hände, als Janina die Kröte nimmt, um sie in der gleichen Geste des Empfangens an ihre Brust zu nehmen. Aufgeregtes Gelächter der Umstehenden, als sich die Kröte an Janinas Brust emporstemmt, als sie in ruckhaften, linkisch erscheinenden Bewegungen immer wieder vorstößt. „Haah …" In einem hörbaren Seufzer entlädt sich Janinas Spannung, als die Lehrerin die Kröte zurücknimmt, um sie Jaqueline auf die Hände zu legen. Janina kratzt sich am Ohr, reibt mit dem Handrücken ausgiebig die Nase, bevor sie die Hände verschränkt und in ein strahlendes Lächeln geht, das nicht mehr enden will. Gleich wird sie den Kopf zur Seite legen, so wie man sich niedrig macht, wenn man etwas Niedlichem nahe kommen möchte, erneut eine sich anschmiegende Geste, die auf Anähnelung geht.

Auch Jaqueline führt die Hände mit der hineingegebenen Kröte an die Brust, seitlich angelegte Schalen bildend, eine, die unten trägt, eine, die nach vorne abschirmt, den Kopf tief heruntergebeugt, flankiert von Diana und Janina, die abermals ihre Hände schalenförmig zusammengelegt hat. Jaqueline hebt die Kröte noch höher an ihrer Brust, legt den Handteller schützend an, als sich die Kröte aufrichtet. Als die eine Hand damit beginnen will, den Krötenrücken sanft zu kraulen, stößt die Kröte in einer plötzlichen Bewegung aus der Tragehand empor. Erschreckt fliegen beide Hände auseinander, suchen dann hilflos einen Weg nach unten, wo die Kröte, von einem Aufschrei aller begleitet, zu Boden gefallen ist. Konfus suchen Jaquelines Hände Halt an der Hüfte, gehen dann, die Kleidung raffend nach vorne, als ob sie sich zwischen Stoff und Beinen vergraben möchten, gehen wieder zur Hüfte, um an der Kleidung zu ziehen, um zu ordnen, was nicht mehr in Ordnung gebracht werden kann...

Jetzt ist die Reihe an Diana, die Kröte zu berühren. Sie wagt nur einen flüchtigen, spitzen Fingerkontakt, einmal, zweimal, bevor beide Hände erschreckt zurückfahren, die Handteller in Kopfhöhe abwehrend nach vorne gerichtet, den Kopf, den Oberkörper mit zurücknehmend. „Eeh...!" In Dianas Lächeln mischen sich Ekel und Angst. Mehrere Kinder berühren die Kröte jetzt nacheinander. Sabrina, die mit Pia und Sandra etwas abseits steht, berührt die Kröte mit langem Arm, um die Distanz dann vorsichtig zu verkürzen. Auch Robert nimmt eine kurze Berührung, hält danach die Handschalen unter die

Kröte, so als wolle er sie in Empfang nehmen, beugt sich dabei dicht über die Kröte, um jedoch schnell, fast fluchtartig, wieder zurückzuweichen. Als die Kröte zu Dimitrios kommt, streckt sich an seiner Rechten der Zeigefinger, während die Linke zur Nase geht, um sie zuzukneifen. Wie kein anderer Finger ist der von Dimitrios vorangestreckt, die anderen krampfhaft zurückgebogen, um sie ja nicht zu gefährden. Ein spitzes, schnelles Antippen, sogleich flieht der Finger zurück, nähert sich ein zweites Mal, eine zweite, flüchtige Berührung, der ganze Oberkörper zuckt zusammen, dennoch ein abermaliges Streifen der Kröte, bevor sich der Finger eilig in Sicherheit bringt. Dimitrios weicht zurück, erst jetzt löst sich die Linke von der Nase, während der Kontaktfinger an der Kleidung abgestreift wird, um danach vorsichtig berochen zu werden.

Aneignung

Jan begegnet der Kröte mit geöffneten Händen. Die Geste[1] drückt aus, dass er die Kröte halten, tragen, empfangen möchte. Der Leib wölbt sich ein, wölbt sich zur bergenden Schale, zum Gefäß, das sich öffnet, um hineinzunehmen. Die Geste kommt aus dem ersten Eindruck,[2] aus den Empfindungen, die sich einstellen, als die Lehrerin die Kröte behutsam aus ihrem Kasten nimmt. In der Geste der geöffneten Hand geben die Empfindungen der ersten Begegnung Resonanz. Aus der Resonanz gewinnt die Begegnung neue Impulse, möchte fortgesetzt werden, näher, dichter herangeholt, in die Hand genommen werden. In der Geste ordnet sich die Empfindung, wird die Begegnung, die Kröte qualifiziert, indem sie gewissermaßen auf den eigenen Leib gebracht wird. Deshalb ist die geöffnete Hand mehr als nur ein neuer Ort, eine neue Form der Begegnung. In ihr ist alles enthalten, was die erste Begegnung wesentlich qualifiziert.

Die Geste Jans kommt aus dem ersten Eindruck. Sie kommt aber auch aus früheren Begegnungen, aus einer gelebten geteilten Kultur des gestischen Ausdrucks und der Organisation des Leibes. Sie kommt aus einem lebendigen, lebensgeschichtlich gerichteten und gestimmten Selbst. Deshalb ist die Geste der geöffneten Hand in der Begegnung der Kinder mit der Kröte nicht flüchtig, episodisch und einmalig, sondern wiederholt sich in ähnlichen Formen. Sie wiederholt sich bei Jan, Jo Anne und Janina als eine begleitende Geste, die nicht selbst empfängt, sondern die andere Begegnung mit- und nachvollzieht. Bei Jaqueline, vor allem aber bei Janina steigert sie sich in mehreren Phasen und Stufen der Annäherung, als sie die Kröte über die Berührung, die Umschließung der Hand, die Heranführung an die Brust und die Einwölbung des Körpers immer dichter gewinnt. Die Geste der geöffneten Hand geht tendenziell auf körperliche Verschmelzung, auf An-, ja Einverleibung. Damit spielt auch Robert, als er so tut, als ob er die Kröte annehmen möchte, nur um so deutlicher seine Ablehnung, ja seine Flucht ausleben zu können.

Nicht alle Kinder gehen in die Geste der geöffneten Hand. Jans erste wirkliche Annäherung geschieht mit gespitztem Zeigefinger. Der Zeigefinger kommt nicht entschlossen, sondern zögerlich, zuckt zurück von der Berührung, die er doch sucht. Wundt deutet das Zeigen als ein unvollendetes Greifen. Die Kinder bewegen sich zwischen Zeigen und Greifen, als sie den Zeigefinger an die Kröte legen: Jan, Gigi, Jo Anne, Diana, Sabrina und Robert. Sie suchen, wagen Nähe, Berührung, wahren aber auch Distanz. Die Geste ist ambivalent. Oft fällt die Berührung spitz und knapp aus, gewinnt manchmal an Nähe, wenn sie in ein Streifen, ein Streicheln geht. Dass sie zurückzuckt, zeigt, dass der Leib sich ausgesetzt fühlt, ins Risiko gesetzt. Dass es in der Begegnung um die Bewahrung des Leibes geht, um seine Abgrenzung, ja Abschottung vor gefährlichen Einflüssen, macht Dimitrios deutlich, als er bei der Berührung die Nase verschließt. Dass die Geste der Abgrenzung sich gelegentlich in der Annäherung nicht aufheben, sondern bestätigen möchte, zeigen Diana und Robert, die Nähe, Berührung suchen, um daraus Flucht, Abwehr und Distanzierung zu motivieren. Immer wieder aber folgt der ersten Berührung eine zweite, die an Nähe gewinnt, Grenzen zurücknimmt, wie bei Jan, dessen Berührungen von Mal zu Mal sicherer werden, oder bei Sabrina, die aus der Distanz einer Armspanne kommt, um sie zu überwinden.

Noch stärker als die Geste des gespitzten Zeigefingers nimmt sich jene zurück, die jede Berührung vermeidet, so wie bei Kai, der anfangs sogar in Deckung geht, oder bei Peter, der sich angeekelt wegdreht. Dennoch kommt auch Kai so nahe, dass er bei Jan Halt und Deckung suchen muss, dennoch kommt Peters Abwendung aus einer Hinwendung. Jedes Kind sucht seine Annäherung, seine Abgrenzung. Darin gibt es auf eigene Weise der ersten Begegnung Resonanz. Die Resonanz kommt aus dem Eigenen eines gestimmten, gerichteten Selbst. Sie gewinnt die Begegnung, die Kröte, wesentlich aus dem Eigenen. Die Resonanz geht aber nicht nur auf die eigene Begegnung. Sie geht auch auf die Begegnungen der anderen Kinder. Die eigene Geste antwortet nicht nur der Kröte, sie antwortet auch den Gesten der Anderen. Jan antwortet Kai, als er ihm seine Hand entzieht. Timo antwortet Jan, als er ihn scherzhaft aus sich selbst herausstößt, um ihn dem Kuss der Kröte auszuliefern. Die die Bewegung der geöffneten Hand begleitend mitvollziehen, gehen in die Geste des anderen Kindes, weil sie, nahe an seiner Begegnung, seinem Eindruck, seiner Empfindung, von seiner Geste mit-, und nachgezogen werden. Wie die Gesten der Kinder sich der Kröte nähern und auf Distanz gehen, so einigen, vereinigen sie sich untereinander und gewinnen Abstand und Abgrenzung. Die Begegnung der Kinder mit der Kröte löst ein vielfältiges Echo aus, Resonanzen, die einander überlagern, verstärken und brechen. Die Aneignung der Kröte erfolgt so aus einem Mit- Neben- und Gegeneinander kommunizierender Gesten und Resonanzen, erfolgt als ein sozialer Prozess.

Entfremdung

Als Janina die Hand wölbt, um sie der Kröte sanft anzulegen, beginnt sie damit, die Kröte hineinzunehmen. Alles an der Bewegung ist gelöste, entspannte Behutsamkeit. Nicht deshalb ist die Bewegung auf der Hut, weil sie um die eigene Grenze fürchtete. Die um die eigene Grenze fürchten, zucken, spannen den Körper im Abdrehen und Zurückbeugen. Die gelöste Behutsamkeit Janinas gilt nicht der eigenen, sie gilt der anderen, der fremden Grenze. Deshalb muss sie sich aus dem Eigenen lösen, um das Andere zu finden: die andere Form, an die sich die Hand anschmiegt, das andere Gewicht, das allmählich erspürt wird, die andere Angst, die sanft ertastet wird, der weiche, harte andere Körper, die andere Bewegung, der Raum gegeben wird. Die Geste der Erleichterung, die Janina am Ende ausdrückt, gilt weniger der Rettung des Selbst, das aus der Begegnung unversehrt herausgekommen ist, es gilt der Bewahrung des Anderen, der Unversehrtheit der Kröte, der geglückten Begegnung, die das Fremde gewonnen hat, ohne es zu verletzen. Die Öffnung, die aus dem Eigenen kommt, ins Eigene hineinholen möchte, hat das Fremde dennoch gefunden, weil es die Resonanz des Anderen gesucht hat. Darin wird die Begegnung über die eigene Resonanz hinausgeführt, dass sie die andere Resonanz auf die eigene Annäherung hineinholt, einverleibt, sich darin selbst entfremdet, dem Anderen ähnlich wird.

Darin ist Jaquelines Begegnung mit der Kröte gescheitert. Wie kein anderes Kind außer Janina hat sie die Begegnung mit der Kröte gesucht und ausgehalten. Wie Janina hat sie die Kröte in die Geste der geöffneten Hand genommen. Aber in der Bewegung ist nichts Tastendes, Hinhorchendes. Sie geht zu glatt, zu selbstgewiss, ist in sich geschlossen. Sie ist geschlossene, fertige Antwort auf das begegnende Andere. Auch als Jaqueline beginnt, die Kröte zu kraulen, erfolgt weniger eine Hinwendung zum Anderen, als die Anwendung eines lange vertrauten Schemas. Deshalb ist Jaqueline völlig überrascht, als bei der Kröte plötzlich das Fremde, Andere durchbricht. Das Fremde war nicht vorgesehen, hatte in der geschlossenen Geste Jaquelines keinen Platz. Deshalb sprengt es jetzt die Begegnung. Deshalb fliegen die Hände erschreckt auseinander, unfähig, die fremde Resonanz anzunehmen. Das Fremde kann sich nicht eindrücken, die kurze Spürung hinterlässt dass Eigene, das nur auf sich selbst aus war, irritiert und konfus. Dennoch: In der Konfusion der eigenen Resonanz gelangt das Fremde zum ersten Mal zur Spürung. Die nächste Annäherung wird sich nicht mehr damit begnügen können, am Anderen nur das Eigene auszuleben.

Jaquelines Annäherung scheitert zunächst, weil sie, obwohl sie sich scheinbar weit öffnet, dennoch im Eigenen geschlossen bleibt. Dagegen ist Dimitrios, der sich die Nase zuhält, der zusammenzuckend alle Poren verschließt, der in der Begegnung mit der Kröte scheinbar alles abdichtet, dennoch in jeder Faser des Eigenen auf das Fremde hin gespannt. Anders als Jaqueline hat er in der ersten Begegnung das Fremde längst erspürt. Weil es bedrohlich wirkt, zieht es ihn in die Geste der Abgrenzung. Die Abgrenzung schützt vor Entfremdung, vor der Infiltration des Fremden in die eigene Empfindung. Bliebe es bei der Abgrenzung, dann erhielte das Eigene sich unversehrt, ohne jeden weiteren riskanten Bezug auf die fremde Welt. Freilich käme es dann auch nicht über sich hinaus, die fremde Welt bliebe außerhalb, unerschlossen. Aber Dimitrios verschließt sich nicht völlig. Der Zeigefinger öffnet eine kleine Luke. Auch wenn er später abgewischt, gereinigt wird, so wird er dennoch berochen. Alles ist darauf aus, den Kontakt zu minimieren. Reduziert auf einen Punkt, ein einziges Molekül, wird die Berührung, das Eindringen des Fremden dennoch gewagt. Dimitrios ist noch weit davon entfernt, sich dem Fremden der Kröte zu öffnen. Darin unterscheidet er sich von Janina. Seine Geschlossenheit ist jedoch nicht die von Jaqueline. Sie ist nicht mehr selbstgenügsam im Eigenen befangen, sondern bereits – wenn auch abwehrend – auf das Andere, Fremde gerichtet.

Wahrnehmung

Wahrnehmen heißt Nähe, physische Nähe gewinnen. In der gewonnenen Nähe berührt der eigene Leib das Andere. Die Berührung drückt sich ein, im Anderen wie im Selbst, stößt an, bringt den angestoßenen Leib ins Schwingen, löst Empfindung als Resonanz der Berührung aus. In der eigenen Empfindung findet sich das Andere als Resonanz der Berührung. In der Empfindung und Resonanz aber findet sich auch das Eigene eines gestimmten, gerichteten Leibes. Der Eindruck des Anderen wird in die eigene Stimmung, in die eigene Richtung genommen. Darin ist Wahrnehmung Aneignung, ja Einverleibung eines Anderen. Im Eindruck wird die Berührung auf die Form des eigenen Leibes gebracht. In den Gesten des Leibes geht die Resonanz wieder nach außen, bedeutet das Andere als Ausdruck der eigenen Empfindung.

Wahrnehmen heißt, etwas anderes in die eigene Empfindung, die eigene Resonanz, die eigene Geste zu nehmen. In der Geste geht die Wahrnehmung wieder nach außen, in eine neue physische Nähe, sucht einen neuen Kontakt, eine neue Berührung, einen neuen Eindruck. Im Prozess der Wahrnehmung positioniert, ordnet sich der Leib in immer neuen Gesten, in immer neuen Bedeutungen auf etwas anderes hin. In immer neuen Antworten auf das Andere drückt er aus, was ihm am Anderen wichtig und wesentlich ist. Dazu gehört, dass er im Anderen mehr findet als einen Spiegel des Selbst. Die eigene Resonanz trifft im Anderen auf die andere Resonanz, auf eine Antwort, die die eigene Geste über sich hinausführt. Dimitrios wird bemerken, dass seinem Finger, mit dem er die Kröte berührte, kein abscheulicher Geruch anhaftet. Janinas Hand hat jetzt ein Gefühl für die ruckhaften Bewegungen der Kröte, wenn sie sich an ihrer Brust emporstemmt. Jeder neue Eindruck trägt so auch die Antwort, die Resonanz des Fremden auf die eigene Geste. Insofern ist Wahrnehmung Aneignung und Entfremdung gleichermaßen. Aneignung und Entfremdung, Eigenes und Fremdes verschmelzen im Resonanzkreis der Wahrnehmung. Wahrnehmung findet immer darin ein natürliches Ende, dass vom Anderen nichts mehr zurückschwingt, das die eigene Resonanz noch wesentlich über sich hinausbringen könnte. Insofern geht Wahrnehmung auf Identifikation, auf eine Identität des empfindenden Leibes mit dem, was er an Fremdem im Anderen zu finden vermag.

Wahrnehmung findet aber auch darin ein natürliches Ende, dass der eigene Leib sich aus der Begegnung zurückzieht, dass er damit aufhört, Gesten hervorzubringen, die auf fremde Antworten, auf neue Eindrücke des Fremden aus sind. Der Rückzug ist immer da angebracht, wo die Wahrnehmung nicht bereichert, sondern bedrängt, ja gefährdet. Nicht alles ist dem eigenen Leib zuträglich. Abgrenzung und Rückzug sind deshalb ebenso konstituierende Bewegungen der Wahrnehmung wie die der Annäherung. Wahrnehmend muss sich der Leib auf die Welt einlassen. Weil er in der Welt Genuss und Ekel, Gedeihen und Verderben findet, ist die Wahrnehmung eine zutiefst ambivalente Bewegung. Auf leibliche Nähe, Anähnelung, Vereinigung gerichtet, wird sie doch immer wieder zurückschrecken, Schutz und Distanz suchen, wo es unangenehm oder gefährlich wird. Die rechte Balance zwischen Weltgewinn und Selbstverlust zu finden und zu halten, darin liegt die Herausforderung der Wahrnehmung.

Wäre Dimitrios auf sich alleine gestellt, so würde er wohl nicht einmal die kleine Luke des gespitzten Fingers öffnen. Die existenzielle Angst, sich in und an der fremden Welt zu verlieren, überschattet die Begegnung mit der Kröte. Die Begegnung allein kann diesen Konflikt nicht mildern. Sie ist angewiesen auf äußeren Halt. Was anderes könnte wohl der Annäherung an eine fremde bedrohliche Welt besseren Halt geben als die gemeinsame Annäherung, ein Konzert der Gesten, in denen das einzelne Kind, wie Kai, Deckung finden kann, in denen sich die schwierige Annäherung an die Kröte auch daraus motiviert, darin dem anderen Kind nahe zu kommen. Auch die kommunizierenden Resonanzen der Kinder gehen darauf, einander ähnlich zu werden. Deshalb folgen die Kinder einander in ihren Gesten, in denen sie der Kröte auf verschiedene Weise nahe kommen. Deshalb regen, stoßen sie einander an, ihre Grenzen schrittweise zu überschreiten, in immer neuen Grenzgängen Entfremdung zu wagen und sich dadurch auf neue Weise zu gewinnen. Dass dabei die Geste der Lehrerin, der Halt, der Ansporn, das Vorbild des Erwachsenen von besonderer Bedeutung ist, braucht nicht eigens betont zu werden. In der Geste der Lehrerin, die in der Geste Janinas ihre Fortsetzung findet, erhält die Begegnung mit der Kröte eine Bedeutung, die über die ambivalente Wahrnehmung der Kinder hinausweist. Auch das Fremde, der eigenen Annäherung ausgesetzt, ist verletzlich. Auch die Kröte empfindet die Begegnung und gibt ihr Resonanz, eine fremde Empfindung, eine fremde Resonanz, etwa wenn sich der Krötenleib aufbläht, als sich die Kinder nähern – gleichwohl eine Resonanz, die in die eigene Empfindung, in die eigene Deutung, in die eigene Annäherung aufgenommen werden muss, wenn das Fremde nicht verfehlt werden soll. Die eigene Antwort auf das Fremde steht so auch in der Verantwortung vor dem Fremden.

2. Teil: Jessica wurde gefangen

Zuordnung

Jessica wurde gefangen. Michel und Michael hatten Bianca, Melanie und Daniela ihre Hüpfseile entrissen, um mit ihnen auf Mädchenjagd zu gehen. Jessica, die ihnen ahnungslos über den Weg lief, wurde an eine Stange gebunden. Unterstützt durch Özkan wehrten sie alle Befreiungsversuche der Mädchen ab. Im Eifer des Gefechts aber wurde Jessica immer fester gebunden, sodass sie allmählich Luftnot bekam. – Der Vorfall ist später Gegenstand eines Gesprächs im Klassenkreis. Am Ende nehmen die Kinder dabei Bezug auf eine „Schulordnung", eine in „Kisten" gegliederte Sammlung von Ereignissen aus dem Schulleben, die noch im Entstehen ist (Abb. 1).

Prügel-Kiste	
– Jungen haben sich aus Spaß geprügelt → Ernst. – Luft abgedrückt, an die Tür geworfen – sich prügeln, kratzen …	– Freunde finden – nicht streiten – nicht prügeln – vom Schlagen abgehalten – trösten, wo einer weint …

Andere ärgern	
– Junge hat Spielgerät abgenommen – beim Spielen geärgert – fangen, wenn man nicht will – in der Toilette geärgert …	– mit Freunden gespielt – Freunde finden – ganz normal gespielt – mit dem Seil gehüpft …

Abb. 1: Auszug aus der „Schulordnung"

Strittig ist, ob die Behandlung Jessicas ein Fall von „Ärgern" oder gar von „Prügeln" darstellt. Hier ein Auszug aus dem Gesprächsprotokoll:

Dirk: „Ich hab was gefunden bei der ‚Andere-ärgern-Kiste'. Bei dem Streit von Mädchen und von Michel und Michael könnte man hier hinschreiben ‚Junge hat Spielgerät abgenommen und danach mit dem Spielgerät gepeitscht und gefesselt'." *René* macht einen anderen Vorschlag: „Junge hat einem die Luft abgedrückt." ... *Özkan*: „‚Die Luft abdrücken' – das steht doch schon hier." Die Kinder erkennen, dass „Luft abgedrückt" unter „Prügeln", nicht aber – wie *Dirk* vorgeschlagen hat – unter „Ärgern" eingeordnet wurde. „Aber nicht mit 'nem Seil!", hält *Dominik* dagegen, von *Dirk* unterstützt: „Das war auch nicht ‚Luft abgedrückt', also das ham se ja mit'm Seil gemacht." Der Lehrer fragt nach: „Mit 'nem Seil – also dann ist das doch etwas anderes als ‚Luft abdrücken'?" *Dirk* überlegt: „Das passt eigentlich in beide Sachen rein, weil hier, wie's hier steht ‚Junge hat Spielgerät abgenommen' – und das hat der Michael und der Michel ja auch gemacht. Und da steht hier zum Beispiel ‚Luft abgedrückt' – das hat der auch irgendwie …" – „Falsch gefesselt!", ergänzt *Dominik*. „Ja", bestätigt *Dirk*, „und dabei hat die Jessica ja sehr wenig Luft halt gekriegt." … *Niels* schaltet sich ein: „Eigentlich, eigentlich hatten, wie se's Problem mit Jessica da hatten, glaub ich, kann man zu der ‚Ärger-Kiste' machen, weil garantiert wollten se die nur ärgern. Oder (an *Dominik* gewandt) wie bezeichnest du das?" *Dominik*: „Ärgern." „Ist das beim Ärgern geblieben?", möchte der Lehrer wissen. „Was wollten se sonst damit erreichen?", fragt *Niels* zurück. *Dirk* gibt zu bedenken: „Man kann's ja in beide reinschreiben." Der Lehrer fasst zusammen: „Gut. Wir haben jetzt drei Vorschläge, wo wir's hintun sollen: in die ‚Prügel-Kiste', in die ‚Ärgern-Kiste' und in beide." „Das ist doch nicht ‚Ärgern'", protestiert *Özkan*, „das ist doch ‚Prügeln'. Da kann sich einer verletzen, und das ist gar nicht ‚Ärgern'." „Aber sie *wollten* ja ärgern", hält *Niels* dagegen, „was wollten die denn sonst damit erreichen?" *Dominik*: „Die ham ja selbst gesagt ‚Fangt ihr uns mit den Seilen!'. Das ham se gemacht…" … *Niels*: „Also ich find's, weil was wollen se sonst damit erreichen? Weil einfach so verkloppen, das is ja nicht gut. Aber ärgern – irgendwie passt das dazu. Weil, weil was, was wollten die?" – an *Michael* und *Michel* gewandt – „Was, wollt ihr se ärgern oder wollt ihr se nur schlagen? Was wolltet ihr eigentlich erreichen damit?" – immer stockender – „Wenn's passiert ist, ja, wenn's passiert, wenn's passiert, ham se auch, hat der Özkan auch vielleicht Recht. Aber… puh…, na ja…". … *Dirk* äußert sich nachdenklich: „Ja, vielleicht haben wir hier zwei unterschiedliche Welten – von den Mädchen und von den Jungs, weil die Jungen wollten se, auch wie der *Niels* gesagt hat, sehr wahrscheinlich ärgern. Die Mädchen ham sehr wahrscheinlich mehr angenommen und denken, dass se verprügeln." …

Identifizierung

Als die Kinder damit beginnen, den Kampf um Jessica in die Kisten ihrer Schulordnung einzusortieren, vollziehen sie einen entscheidenden Schritt, sich aus der Kampfbewegung zu lösen, in der sie über weite Strecken des Gesprächs noch befangen waren. Kampfgespräche leben anfangs noch aus den Eindrücken, Empfindungen und Bewegungen des Kampfes. Deshalb fallen sie immer wieder in die Geste des Kampfes, in die Geste des Angriffs und der Verteidigung. Von solchen Gesten haben die Kinder mittlerweile jedoch Abstand gewonnen. Sich lösen heißt hier, dem Kampf nicht länger Resonanz zu geben, nicht länger aus den Empfindungen und Bewegungen des Kampfes zu leben. Sich lösen heißt, aus der lebendigen Dynamik des Kampfes herauszutreten, dem Kampf gegenüberzutreten, ihn als Gegenüberstehendes, als Gegenstand zu gewinnen, heißt Abstand und Distanz zu gewinnen, um aus der Distanz in Ruhe zu überblicken und zu ordnen, was einen mitreißt und gefangen nimmt, wenn man sich allzu nahe darauf einlässt.

Gelöst, distanziert, nicht mehr im Geschehen, sondern außerhalb, weggezogen, abstrahiert, lässt sich Standpunkt beziehen, um von da aus einen perspektivischen Blick zu nehmen.[3] Die „Kisten" der Schulordnung, die die Kinder hervorholen, „Prügel-Kiste" und „Andere-ärgern-Kiste" sind solche Orte, Standpunkte, aus deren Blickwinkel das ferne Kampfgeschehen einmal als Ärgern, ein andermal als Prügeln erscheint. Im Gespräch umlaufen die Kinder ihre Kisten, nehmen mal den einen, mal den anderen Standpunkt ein, um zu prüfen, von welchem sich aus der bessere Einblick nehmen lässt. „Junge hat Spielgerät abgenommen und danach mit Spielgerät gepeitscht und gefesselt" – „Junge hat einem die Luft abgedrückt". Nicht nur alles Leben, fast alles, was den wirklichen Kampf um Jessica ausmacht, ist diesen hölzernen, spröden Formulierungen abhanden gekommen. Und dennoch geben sie den Kindern Anlass, sich mit großem Ernst darüber auseinanderzusetzen. Der begrifflich-abstrahierende Blick ist nicht beliebig. Er möchte gewinnen, was wichtig und wesentlich an seinem Gegenstand erscheint. Der Gewinn setzt voraus, dass man sich nicht mehr in jedem beliebigen Detail verliert. Was ist Abstraktion anderes als die Suche nach dem wirklich Wichtigen und Wesentlichen?

Die Alternative „Ärgern" oder „Prügeln" zwingt die Kinder, ihre Standpunkte genau zu identifizieren und zu unterscheiden. „Luft abdrücken", ein unstrittiger Fall von „Prügeln", erfasst für Dominik nicht wesentlich, was den Kampf um Jessica ausmachte. Es lässt außer Acht, dass hier ein Seil im Spiel war. Gewissermaßen am Seil entlang gewinnt er einen alternativen Blick: „Falsch gefesselt" identifiziert den Kampf der Jungen wesentlich als „Fesseln" und damit als Fall von „Ärgern". „Luft abdrücken" wird da eher zu einer unwesentlichen Randerscheinung, zu einem technischen Fehler, einem ungewollten Nebenprodukt, das nicht das Eigentliche der Handlung ausmacht. Was das Eigentliche des Fesselns, des Ärgerns, ja implizit jedes Handelns ausmacht, bringt Niels auf den Begriff: „ ... garantiert wollten se die nur ärgern." Wichtig und wesentlich erscheint das, was einer tut, nur vom Standpunkt seines Willens aus. Etwas zu tun ist identisch damit, etwas zu wollen.

„ ... Da kann sich einer verletzen, und das ist gar nicht ‚Ärgern'." Özkan bezieht – wie Niels – einen Standpunkt, von dem nicht nur der Kampf um Jessica, sondern alles Handeln überblickt werden kann. Als einer der Hauptakteure tief in das Kampfgeschehen verstrickt, hat er mittlerweile so viel Abstand gewonnen, dass er sogar die Position Niels' mit überblickt. Von dieser Position aus – so Özkan – bleibt Niels verborgen, was wichtig und wesentlich ist: das, was bereits Dominik zur Seite geschoben hatte, der Blick darauf, was durch eine Handlung möglicherweise angerichtet wird. Etwas zu tun ist identisch damit, was es in der Welt anzurichten vermag.

Weit außerhalb des Kampfes gewinnen Niels und Özkan eine Ansicht, die zeigt, was an ihm wesentlich ist. Das Ringen um die rechte Ansicht führt, obwohl es sich vergegenständlichend vom Leben löst, letztlich doch wieder zurück ins Leben. So wie sich die „Schulordnung" der Kinder zunächst vom Leben löst, um es in Kisten und Tabellen sortieren zu können, die dann dem Leben ordnend weiterhelfen sollen. Diesen Bezug zum Leben werden die Kinder später dadurch sichtbar machen, dass sie „darf" und „soll" in ihre Schulordnung hineinschreiben. In diesem Sinne ringen Özkan, Niels und die anderen Kinder darum, einen Standpunkt zu gewinnen, von dem aus sie ihr Leben in Ordnung bringen können. Daraus zieht die Auseinandersetzung ihren Ernst. Anders als die lebendigen Kampfpositionen bedürfen die Standpunkte des Ordnens jedoch keiner Finten, keiner Deckung. Man kann, muss sie offen legen. Die Auseinandersetzung zielt nicht mehr auf Sieg oder Niederlage, sie zielt darauf, die richtige Ansicht zu gewinnen. Deshalb verliert Niels nichts, als er seinen Standpunkt zugunsten der Ansicht Özkans relativiert. Deshalb bemüht sich Dirk, der als erster Position bezieht, im Verlaufe des Gesprächs immer mehr darum, die Positionen zu vermitteln, am Ende dadurch, dass er eine Art Meta-Blick auf unterschiedliche subjektive Weltsichten gewinnt: Was eine Sache wesentlich ist, hängt davon ab, wie sie gesehen wird.

Wahrnehmung

Wahrnehmen heißt auch, Distanz zu gewinnen – nicht jene physische Distanz, die man sucht, wenn man vor einer Bedrohung flieht oder Schutz sucht. Auch sie spielt in der Wahrnehmung eine Rolle. Hier geht es jedoch um ein Heraustreten aus der leiblich-lebendigen Bezugnahme, ein Abstrahieren, das anstatt auf Berührung, auf Vergegenständlichung geht. Diese Wahrnehmung sucht ihren Gegenstand jenseits aller lebendigen Eindrücke, jenseits der Resonanz, die der Eindruck der Welt im Leib auslöst, jenseits aller Gesten, die dem Eindruck der Welt Antwort geben, um darin zugleich neue Eindrücke zu suchen oder zu vermeiden. Der distanzierte Blick zieht sich auf

Standpunkte außerhalb zurück, wo einen nichts mehr berührt, von denen aus die Welt jedoch perspektivisch in den „Blick" genommen werden kann. Weil der Horizont des fernen Blicks weit über seinen Gegenstand hinausgeht, kann er vergleichen und unterscheiden. Er kann seinen Gegenstand z. B. als einen Fall von Ärgern mit anderen Bewohnern der „Andere-ärgern-Kiste" gleichsetzen, kann ihn als einen Fall von „Falsch gefesselt" von allen Fällen „Luft abgedrückt" unterscheiden, obwohl Jessica tatsächlich in Luftnot geriet. Gerade dadurch gewinnt der ferne Blick seinen Gegenstand, dass er über ihn hinaus die ganze Welt perspektivisch erfasst. Der ferne Blick gewinnt seinen Gegenstand allgemein. Er ist in der Lage, etwas zu identifizieren, indem er es mit allem gleichsetzt, was ihm in wesentlichen Belangen ähnelt. Wie die Wahrnehmung auf Identifikation geht, wenn sie sich der Welt nähert, als Identifikation des besonderen Leibes mit seiner besonderen Welt, so geht sie auf Identifikation, wenn sie sich löst und distanziert, auf Identifikation der Welt im Horizont eines Allgemeinen.

Wie die Bewegung der Annäherung, so ist auch die der Distanzierung durchaus ambivalent: Sich einzulassen, die Berührung des Fremden auszuhalten ist ebenso schwierig, wie loszulassen, zurückzutreten, um einen neuen Horizont zu gewinnen. Wie die Kinder von der Berührung der Kröte immer wieder zurückzucken, so fällt auch das Kampfgespräch um Jessica, wo es sich scheinbar gelöst hat, immer wieder zurück in die Gesten des Kampfes. In der Wahrnehmung Dominiks und Niels mag durchaus noch ein Rest lebendiger Kampfbereitschaft mitschwingen. Beide Bewegungen, Annäherung und Distanzierung müssen jedoch zusammenkommen, wenn die Wahrnehmung gelingen soll. Was könnte der distanzierte Blick auf das Kampfgeschehen schon identifizieren, wenn er nicht aus der Nähe des gelebten Kampfes käme? „Da kann sich einer verletzen …" Özkans Wahrnehmung geht abstrahierend in die Allgemeinheit der begrifflichen Identifikation des Handelns mit seinen Folgen. Aber sie kommt zugleich aus der lebendigen Geste Jessicas, die eindrucksvoll ihre Angst und Einsamkeit schilderte, als sich die Seile an ihrer Brust immer enger zusammenschnürten. Auch wenn die Standpunkte der Vergegenständlichung das Leben transzendieren, so müssen sie doch an den Empfindungen und Bewegungen des Lebens hängen. Wie anders könnten sie sich als wichtig und wesentlich erweisen? Auch die gelöste Wahrnehmung bleibt letztlich dem Leben verhaftet. – Umgekehrt muss auch die Annäherung an die fremde Kröte darauf gerichtet sein, Lösung und Distanz zu gewinnen. Wenn es nicht gelänge, die Eindrücke und Empfindungen, die Gesten zu objektivieren, bliebe die Annäherung in sich befangen. Dimitrios bliebe befangen in seiner Geste des Zurückzuckens, Janina in der Geste fürsorglicher Behütung. Der Blick muss hinausgreifen über die Begegnung, gewiss auch durch neue, andere Begegnungen, aber auch durch ein ordnendes Verallgemeinern, das sowohl den Abstand des fremden Lebens zum eigenen begrifflich zu ermessen, als auch den Zusammenhang zu identifizieren vermag.

---

[1] Vgl. Christoph Wulf, „Geste," in: Ders. (Hg.), Vom Menschen. Handbuch Historische Anthropologie, Weinheim und Basel 1997, S. 516–524.

[2] Vgl. Jens Soentgen, „Die Beschreibung von Eindrücken", in: Zwischenschritte: Beiträge zu einer morphologischen Psychologie, 16. Jg. 1997, Heft 1, S. 76–84.

[3] Vgl. A. I. Goldman, „Die Identität von Handlungen", in: Georg Meggle (Hg.), Analytische Handlungstheorie, Bd.1: Handlungsbeschreibungen, Frankfurt am Main 1977, S. 332–353.

Thomas Fuchs

Was ist Erfahrung?

Zur Kunst der Wahrnehmung gehört es, ein Gefühl für Stil, Charakter und Eigentümlichkeit der Dinge zu entwickeln, eine sensiblere und nuanciertere Erfassung der Wirklichkeit auszubilden. Vor aller Vermittlung von Wissen und Fertigkeiten bedeutete „Bildung" im ursprünglichen Gebrauch des 18. Jahrhunderts die seelische und geistige Ausbildung der Sinne, der Organe der ästhetischen Wahrnehmung der Welt.[1] Im Umgang mit den Werken der Kunst und Literatur, aber auch in der Begegnung mit der Natur sollte sich der „Sinn" für das Schöne oder Erhabene entfalten, ein kultivierter „Geschmack" bilden und Kennerschaft entwickeln.

Wahrnehmung wird aber in besonderem Maß zur Kunst, wenn sie auch ein *Können* beinhaltet und zu einem geübten, geschickten Umgang mit ihren Gegenständen befähigt. Die Einheit von verfeinerter Wahrnehmung und geübtem Handeln ist das, was wir gewöhnlich als die *Erfahrung* bezeichnen, über die jemand verfügt. Diese bedarf jedoch nicht notwendig einer kultivierten „ästhetischen Erziehung". So erzählt Michel Serres in seinem Buch „Die fünf Sinne" von einem alten Hochseefischer, der zeitlebens ohne Karten und Navigationsinstrumente die Nordmeere befuhr. Auf die Frage eines Verwaltungsbeamten, wie er sich denn auf See überhaupt zurechtfinde, antwortete er nach einigem Nachdenken mit folgendem Beispiel:

„So fährt man nach Saint-Pierre: fahre so lange Richtung untergehender Sonne, wie du im Wasser eine bestimmte kleine Alge treiben siehst; wenn dann das Meer sehr, sehr blau wird, halte dich etwas links, da kannst du gar nicht irregehen; das ist die Gegend, wo die kleinen Tümmler sich mit Vorliebe aufhalten, wo es eine starke Nordströmung gibt, wo der vorherrschende Wind nur schwach, in leichten Böen bläst und die Dünung stets kurz ist, dann kommt das große graue Rechteck und dann die Gegend, in der man den Kurs der großen Eisberge kreuzt; wenn man sie sieht, liegt da die erste Bank, unter dem Wind."[2]

Wo also die Seekarte nur eine homogene Fläche zeigt, sah der Kapitän das Meer als eine vielgestaltige, lebendige Landschaft, „einen gerieften, changierenden, getigerten, chinierten, gestreiften, hochgradig differenzierten Körper".[3] Seine lebenslange Erfahrung ließ ihn sozusagen „mehr wahrnehmen" als eigentlich zu sehen war – als trüge das Meer ein Gesicht, in dem er zu lesen vermochte. Was er da beschrieb und seit seiner Kindheit kannte, hatte er in keiner Schule gelernt noch jemals aus dem Mund eines Menschen gehört, „denn den beiden Kapitänen, auf deren Schiffen er gefahren war, kam den lieben langen Tag kein Wort über die Lippen".[4] Es wäre ihnen wohl auch schwer gefallen, ihr Wissen überhaupt in geeignete Worte zu bringen. Und doch hatte er es von ihnen gelernt, „erfahren".

Elemente von Erfahrung

Betrachten wir anhand des Beispiels einige Elemente dessen, was solche Erfahrenheit ausmacht:

1) Erfahrung erwirbt man durch *Wiederholung*. Denn sie bezieht sich nicht auf einmalige Ereignisse oder Erinnerungen, sondern auf das Wiederkehrende, Ähnliche, Typische; sie stellt einen Extrakt aus vielen Einzelerlebnissen dar.
2) Erfahrung resultiert somit aus erlebten *Situationen* – „Erfahrungen" – d. h. unzerlegbaren Einheiten leiblicher, sinnlicher und atmosphärischer Wahrnehmung. Im Erlebnis des Meeres, des Windes, der Schiffsbewegung wirken Sehen,

Hören, Tasten, Geruch, Gleichgewichtssinn u. a. synästhetisch zusammen. Die Analyse dieser Erfahrung in Einzelmomente führt nicht mehr zurück zum ganzheitlichen Wahrnehmungseindruck, der die Situation ausmacht.[5]

3) Situationen sind zentriert auf den Leib: Der Erfahrene bewegt sich nicht im abstrahierten Raum der Landkarte oder der Geographie, sondern im Raum der *„Landschaft"*, strukturiert durch leibliche Richtungen, rechts und links, hier und dort, Nähe und Ferne, Zentrum und Horizont.[6]

4) Die situative Einheit der Erfahrung schließt die Beweglichkeit des Leibes ein: „Erfahren" ist eine *Tätigkeit*. Erst der Gestaltkreis von Wahrnehmung und Eigenbewegung, von „Bemerken" und „Bewirken" vermittelt die persönliche Kenntnis der jeweiligen Materie und erlaubt schließlich den geschickten Umgang mit ihr.[7]

5) Erfahren bedeutet andererseits auch ein *Erleiden*, nämlich Begegnung mit dem Fremden, Unbekannten, Anderen; daher hat sie es mit dem *Widerstand*, der Widrigkeit der Dinge zu tun. Erfahren ist, wer gelernt hat, Gegenkräfte zu überwinden oder ihnen auszuweichen, Umwege zu gehen, Hilfsmittel zu gebrauchen und Listen zu finden.

6) Dabei entwickelt der Erfahrene einen besonderen Sinn für Charakter, Stil und *Physiognomie* seines Gegenstandes. Seine Wahrnehmung wird einerseits reich an Unterscheidungen und Nuancen, andererseits erweitert sie sich oft um einen „siebten Sinn", ein Gespür oder Vorgefühl, also eine intuitive, ganzheitliche Erfassung der Atmosphäre einer Situation.

7) Dieses Wahrnehmen, Wissen und Können des Erfahrenen ist immer nur unvollständig in Worte zu fassen. Als *„implizites Wissen"* aktualisiert es sich im praktischen Vollzug, lässt sich jedoch in diskursiven oder axiomatischen Sätzen nicht hinreichend aussagen. Erfahrung kann daher auch letzlich nur durch Vorbild gelehrt und durch Nachahmung erlernt werden.

Überblicken wir noch einmal die Momente, die „Erfahrung" ausmachen, so können wir zwei Bedeutungen des Begriffs unterscheiden: Er bezeichnet einmal die erlangte Fähigkeit oder *Disposition* des „Erfahrenen", zum anderen die *Erlebnisse*, in denen sich diese Disposition gebildet hat. Der Begriff hat somit die zeitliche Struktur des Perfekts: *Erfahrung haben* heißt *Erfahrungen gemacht haben*. Diese zeitliche Doppelstruktur entspricht genau dem Phänomen: Erfahrung bildet einen Auszug aus einer Vielzahl ähnlicher Erlebnisse – Erfahrungen – und integriert sie zu einer Disposition, die einem „Gespür", einem gefühlten Wissen und Können gleichkommt. Aristoteles sah in dieser Erfahrenheit den Ursprung der Kunst.[8]

Erfahrung bedeutet andererseits mehr als bloßes Gewohnt- oder Vertrautsein durch unproblematische Wiederholung. Genuine Erfahrung entsteht erst durch Versuch und Irrtum, ja durch „Widerfahrnisse". Sie erfordert den Mut, über das schon Bekannte hinauszugehen, sich den Wechselfällen und Gefahren einer noch unvertrauten, fremden Umgebung auszusetzen. Daher kann man auch niemandem seine persönlichen Erfahrungen abnehmen. Erfahren werden heißt Widerstände selbst kennenzulernen und sie in das eigene Wissen und Können aufzunehmen. Wer erfahren ist, weiß schließlich, wo er mit seiner Aktivität ansetzen und wie den Widerstand des Materials geschickt nutzen muss, um sein Ziel zu erreichen.

Ein antikes Paradigma solcher Erfahrung stellt die Odyssee dar. Ihr Held ist der *„polytrópos"*, wörtlich der „Vielgewandte" ebenso wie der „Verschlagene", den es auf seinen Irrfahrten an viele Orte verschlagen hat, und der dadurch gewandt, geschickt und listenreich *(polyméchanos)* geworden ist. Als geübter Seefahrer ist Odysseus so vertraut mit seinem Schiff, dass es förmlich zu einem Teil seines eigenen Leibes geworden ist; er spürt die Kräfte der Strömung oder des Windes an winzigen Veränderungen und kann ohne Überlegung auf sie reagieren. Aber die Irrfahrten sind auch Auseinandersetzungen mit den Widernissen der Feinde und Götter. Odysseus muss nicht nur das Schiff geschickt durch die Strömungen steuern, vielfältige Umwege finden, Schiffbrüche überstehen, sondern auch den Launen der Götter und Heroinen entkommen, improvisieren, sich verstellen, „niemand" werden, um Polyphem zu täuschen, ja ins Totenreich selbst hinabsteigen. Solche Herausforderungen und Gefahren sind es, in denen Erfahrung reift.

Nach diesen ersten Überlegungen wollen wir näher untersuchen, was Erfahrensein und Erfahrenwerden ausmacht. Dies wird uns zu der Frage weiterführen, inwiefern wir in der Gegenwart von einem Verlust an Erfahrung sprechen können.

Erfahrung als implizites Wissen

Erfahrung bedeutet ein intuitives Wissen, Kennen oder Können, das sich nicht eindeutig in Sätzen aussagen oder in ein axiomatisch aufgebautes System bringen lässt. Es ist kein theoretisches, sondern ein praktisches Wissen, das uns zur Selbstverständlichkeit geworden, „in Fleisch und Blut" übergegangen ist. Somit gehört die Erfahrung letztlich dem Leibgedächtnis an, das heute meist als „prozedurales" oder „implizites" Gedächtnis bezeichnet wird – ein Gedächtnissystem für automatische Bewegungsabläufe, eingespielte Gewohnheiten ebenso wie vertraute Wahrnehmungsgestalten oder Situationen.[9] Dieses Gedächtnis entlastet unsere Aufmerksamkeit von einer Überfülle von Details und ermöglicht den unreflektierten Lebensvollzug. Merleau-Ponty hat in seiner „Phänomenologie der Wahrnehmung" dargestellt, wie der Leib und die Sinne dadurch zum *Medium* werden, durch das uns die Welt zugänglich und verfügbar wird.[10] So richtet sich die Aufmerksamkeit etwa beim Lesen oder Schreiben nicht mehr auf die einzelnen Buchstaben oder Fingerbewegungen, sondern direkt auf die intendierten Worte. Das erworbene Schriftwissen ist »in den Fingern« und steht uns automatisch zur

Verfügung, ohne noch explizit präsent zu sein. Auch vertraute Instrumente oder Vehikel schließen sich als Medien dem Leib an: Der Blinde nimmt seine Umgebung vermittels seines Stockes wahr (und zwar an dessen Spitze, nicht an der Hand); der geübte Autofahrer hat sich das Fahrzeug „einverleibt", also ein Gefühl für seine Maße und sein Fahrverhalten entwickelt, so wie der erfahrene Seemann ein Gefühl für sein Schiff. Der Leib, die Sinne bzw. das Instrument treten als Medien in den Hintergrund und werden transparent für die Wirklichkeit.

Vertrautheit der Wahrnehmung beruht ferner auf dem Wiederkennen von Mustern, auf der Wiederkehr des Ähnlichen: Etwas „erinnert" an etwas anderes, sieht ihm gleich, kommt einem bekannt vor. Man sieht einen Menschen, der einem anderen ähnelt; man erkennt in Wolken oder Tintenklecksen Figuren aufgrund ihrer verwandten Gestalt. Es gibt eine Familienähnlichkeit in Physiognomie und Haltung, aber auch die Ähnlichkeit von Melodien, Baustilen, Landschaftsformen usw. Mit der Erfahrung wächst der Sinn für das Ähnliche. „Die Kunst entsteht dann, wenn sich aus vielen durch die Erfahrung gegebenen Gedanken eine allgemeine Annahme über das Ähnliche bildet" – so Aristoteles.[11] Der erfahrene Diagnostiker erkennt mit einem Blick das Gesicht eines Leberkranken oder die Haltung eines Depressiven, weil er nach vielen Begegnungen das Gemeinsame in Physiognomie, Stil oder Bewegungsgestalt zu sehen vermag. Der erfahrene Staatsmann erkennt ähnliche politische Konstellationen und schöpft daraus ein Gefühl für den richtigen Zeitpunkt des Handelns. Erfahrung bildet den „Ähnlichkeitssinn" und beruht somit, wie Walter Benjamin schreibt, auf der Einheit des gelebten Lebens:

„Erfahrung(en) sind gelebte Ähnlichkeiten. Kein größerer Irrtum, als Erfahrung im Sinne der Lebenserfahrung nach dem Schema derjenigen konstruieren zu wollen, die den exakten Naturwissenschaften zugrundeliegt. Nicht die im Lauf der Zeiten festgestellten Kausalverknüpfungen, sondern die Ähnlichkeiten, die gelebt wurden, sind hier maßgebend."[12]

Erfahrung ist also, so sehr sich die Naturwissenschaft seit der Neuzeit auf sie beruft, etwas ganz anderes als das Sammeln von Daten nach einem vorgefassten Schema oder die Erforschung von Kausalzusammenhängen mittels experimenteller Anordnungen. Erfahrung erwächst vielmehr aus der Einschmelzung oder *Implikation* von Erlebnissen in ein leibliches Wissen und Können, das sich nicht explizit darlegen, sondern immer nur in der passenden Situation aktualisieren lässt.[13] Man kann dieses gefühlte Wissen nur mit der Wendung *„wie es ist..."* oder *„wie es sich anfühlt..."* umschreiben, z. B. „wie es ist, Walzer zu tanzen", „wie sich der Ton beim Drehen in der Hand anfühlen muss", „wie sich eine Mitralklappenstenose anhört". Es ist also ein *Wissen, wie...*, nicht ein *Wissen, dass...* Es bleibt der Person nicht äußerlich, als bloßes Bescheidwissen oder als beliebig applizierbare Technik, sondern es geht ein in den persönlichen Stil, der ihr Wahrnehmen, Urteilen und Handeln prägt. Daher lässt sich auch weder das Geschick eines erfahrenen Handwerkers noch die diagnostische Intuition eines Arztes dem Lernenden diskursiv vermitteln – er muss es selbst, „am eigenen Leib" erfahren, indem er den Erfahrenen nachahmt und so ähnliche Erfahrungen macht.

Erfahrung als ganzheitliche Wahrnehmung

Erfahrung verändert die Wahrnehmung. Der Erfahrene besitzt die Fähigkeit, Muster und Gestalten auch dort „herauszukennen", wo andere gar nichts sehen. Der geschulte Blick erkennt die spezifische Physiognomie der vertrauten Muster, er unterscheidet das Charakteristische vom Uncharakteristischen, das Wesentliche vom Unwesentlichen. Auf einem Röntgen- oder Ultraschallbild sieht der Laie nur wirre Flecken, der Arzt hingegen die anatomischen Strukturen. Der erfahrene Kriminalist erkennt an einem Fall die „Handschrift" eines Täters oder eines Tätertypus. – Über diese Gestaltbildung hinaus befähigt Erfahrung zu einer ganzheitlichen Wahrnehmung, in der leibliche, synästhetische und atmosphärische Momente vereinigt sind. Die Erfahrung des Seemanns, seine Erinnerung, sein Wissen und Können sind durchdrungen von optischen, akustischen, taktilen und olfaktorischen Eindrücken. In seiner Wahrnehmung des Meeres, des Windes, der Schiffsbewegung wirken Sehen, Hören, Tasten, Geruch, Gleichgewichtssinn u. a. synästhetisch zusammen.

Erfahrung wird aber erst dadurch zu praktischem Wissen, dass sie Wahrnehmungs- *und* Handlungsvermögen in sich vereinigt. Die synästhetische Wahrnehmung ist zugleich eine synergische, sie schließt die Beweglichkeit und *Responsivität* des Leibes ein.[14] Alle Eindrücke enthalten nämlich immer schon „Umgangswerte" und „Aufforderungscharaktere": Wir sehen z. B. aufgrund früherer Tasterlebnisse die Schwere, Härte, Nässe oder Trockenheit der Dinge mit, ohne dafür noch eigens des Tastsinnes zu bedürfen. Der Rhythmus einer Walzermelodie ruft schon beim Hören auch die passenden Schrittfolgen im Leibgedächtnis wach. Das heißt: *Die früheren Handlungserfahrungen wohnen der Wahrnehmung als Möglichkeiten inne.* Das rauhe Holz, das glatte Glas, der harsche Schnee oder die nasse Straße – jedes Ding sagt uns schon in einem Anblick, wie es sich anfühlt oder wie es zu handhaben ist. Die spezifische Erfahrung verfeinert diese Wahrnehmung: Der Handwerker erkennt beim Prüfen des Materials, zu welcher Bearbeitung es tauglich ist. Der Seemann auf dem Meer „sieht es der Situation an", wie das Segel zu setzen und das Steuer auszurichten ist. Er spürt die Kräfte der Strömung oder des Windes förmlich am eigenen Leib und kann ohne Überlegung auf sie reagieren.[15]

Erst der Gestaltkreis von „Bemerken" und „Bewirken", Wahrnehmen und Bewegen erlaubt den geschickten Umgang mit den Dingen. Diese sensomotorische Verknüpfung ist ein wesentlicher Teil des Leibgedächtnisses. Man kann ihr Prinzip an einem Experiment illustrieren: Übt man auf einem Klavier eine bestimmte Tonfolge, so bildet sich mit der Zeit eine Koppelung der akustischen und motorischen Sequenzen aus. Es genügt dann, die Melodie zu hören, um auch die entsprechenden

Bewegungsmuster der Finger aufzurufen. Die Melodie hat also für das Leibgedächtnis gewissermaßen die zusätzliche Bedeutung einer Bewegungssequenz erhalten. Drückt man umgekehrt die erlernten Tasten auf einem stummen Klavier, so werden gleichzeitig die dazugehörigen Töne mitvorgestellt; die Tastenbewegungen evozieren jetzt unmittelbar Töne. Diese sensomotorische Koppelung lässt sich auch neurophysiologisch nachweisen, nämlich an der gleichsinnigen Aktivierung der entsprechenden akustischen und motorischen Zentren im Gehirn.[16] Ein Instrument zu erlernen, vermittelt deshalb eine intensivere Wahrnehmung von Musik: es steigert die Responsivität des Leibes, weil in das Hören nun die gesamte Leiblichkeit einschließlich ihrer differenzierten Motorik einbezogen ist. Die Wahrnehmung ist damit leiblich tiefer verankert oder „inkarniert".

Erfahrung und Intuition

Die synästhetische und sensomotorische Einheit der Erfahrung erlaubt es, komplexe Situationen holistisch zu erfassen: ihre Färbung, Stimmung, Atmosphäre und Bedeutsamkeit. So entwickelt der Erfahrene schließlich einen „siebten Sinn", ein Gespür oder Vorgefühl, eine intuitive Wahrnehmung von Situationen. Nehmen wir ein Beispiel aus dem medizinischen Bereich: Der erfahrene Psychiater richtet sich bei der Diagnose nicht nur nach einzelnen Symptomen, Befunden und Verlaufsdaten, sondern nach dem Gesamteindruck, den er von einem Patienten und seiner Lebenssituation gewinnt. Oft wird er sehr rasch, schon im ersten Kontakt eine Hypothese über die vorliegende Erkrankung bilden. Und je mehr seine Erfahrung wächst, desto präziser erfasst er zugleich die charakteristischen Einzelphänomene. Viele intuitive Diagnosen resultieren gerade aus der Art der *Störung* der sonst gewohnten Kommunikation, etwa in der Begegnung mit einem schizophrenen Patienten: Es entsteht das eigentümliche Erlebnis einer atmosphärischen Dissonanz, einer mangelnden „Passung" der leiblichen Kommunikation. In der Befremdung des Psychiaters, in seiner mangelnden Möglichkeit zur Einfühlung spiegelt sich die Selbstentfremdung des Kranken. Kein Film oder Lehrbuch kann dieses eigene Erleben einer Diagnose und ihres besonderen Kolorits ersetzen.[17]

Das Gleiche gilt in noch höherem Maß für die Psychotherapie. In der Achtsamkeit auf die non-verbale Kommunikation, auf die subtilen Zwischentöne des Gesprächs, vor allem aber auf die Empfindungen, Gefühle und Impulse, die der Patient in ihm wachruft, erfährt der Therapeut viel mehr von dessen Situation, als der verbale Dialog vermitteln kann. Diese so genannte „Gegenübertragung" des Therapeuten enthält auch leibliche und atmosphärische Momente: Veränderungen des Atemrhythmus', Enge-, Spannungs- oder Schmerzempfindungen, Regungen des Unbehagens, des Befremdens, der Trauer oder Peinlichkeit, die sich während des Gesprächs einstellen – all dies gibt wichtige Hinweise auf die Beziehungsdynamik, die der Patient implizit und unbewusst konstelliert. Der erfahrene Therapeut nimmt an sich selbst wahr, welche Gefühle und Impulse den Patienten bewegen. Eine psychotherapeutische Ausbildung ist insofern auch eine Form der Selbstbildung zu einem Wahrnehmungsinstrument.

Intuition schließt die ganzheitliche Beurteilung einer Situation und der eigenen Handlungsmöglichkeiten ein. Wer erfahren ist, der vermag eine komplexe, undurchsichtige, nicht in allen Elementen und Einzelheiten erkennbare Lage zu durchschauen. Er gelangt auch dort zu einem Urteil, wo die notwendigen Einzelfakten nicht vollständig vorliegen, wo der diskursive Verstand auf Uneindeutigkeiten oder Lücken trifft und Zweifel nicht auszuräumen vermag. Der Erfahrene erkennt die Gesamtgestalt, das Wesentliche oder Charakteristische einer Situation; er findet selbst dann zu einer sicheren Einschätzung und Entscheidung, wenn sich keine deutliche, explizierbare Lösung anbietet. Daher bewährt sich Erfahrung gerade in krisenhaften, gefährlichen oder uneindeutigen Lagen, die sich nicht berechnen lassen – etwa in der Beurteilung der Suizidgefährdung eines lebensmüden Patienten.

Kant sah in der Urteilskraft jenes „besondere Talent ...", welches gar nicht belehrt, sondern nur geübt sein will", weil das Vermögen, allgemeine Kenntnisse und Regeln auf den konkreten Fall anzuwenden, letztlich vom „Mutterwitz" abhängig sei, „dessen Mangel keine Schule ersetzen kann". – „Ein Arzt daher, ein Richter oder ein Staatskundiger kann viel schöne pathologische, juristische oder politische Regeln im Kopfe haben ... und wird dennoch in der Anwendung derselben leicht verstoßen, entweder, weil es ihm an natürlicher Urteilskraft (obgleich nicht am Verstande) mangelt, ... oder auch darum, weil er nicht genug durch Beispiele und wirkliche Geschäfte zu diesem Urteile abgerichtet worden" (KrV, A 133 f./B 172 f.). Erfahrung und damit Urteilskraft entsteht also erst, wenn sich das explizite oder abstrakte Wissen mit konkreten Situationen verknüpft, deren Unschärfe, Mannigfaltigkeit und Uneindeutigkeit gerade den Blick für das Wesentliche schult. So wächst das zunächst nur äußerlich Gelernte mit der persönlichen Wahrnehmung zusammen. Allerdings deutet Kants Begriff des „Mutterwitzes" oder der „natürlichen Urteilskraft" ganz zu Recht an, dass die grundlegende Fähigkeit zu solcher Intuition wesentlich in der frühen Kindheit angelegt wird – nämlich in der Zeit der intensivsten ganzheitlich-leiblichen Wahrnehmung – und sich später, durch die „Schule", nur noch begrenzt vermitteln lässt.[18]

Erfahrung und Widerfahrnis

Wie also wird man erfahren? – Indem man Erfahrungen *sammelt*, allerdings nicht nur angenehme, sondern auch überraschende, störende, enttäuschende oder verletzende. Erfahrungen sind das, was einem auf der Fahrt begegnet oder „widerfährt". Das kann mit „Gefahr" verbunden sein, ja man kann wie Odysseus Schiffbruch erleiden. Erfahrung ist insofern immer auch Begegnung mit dem Fremden, Anderen, Widerständigen. „Jede Erfahrung, die diesen Namen verdient, durchkreuzt eine Erwartung", schreibt Gadamer.[19] Erfahren werden heißt sich mit Widerständen und Störungen auseinanderzusetzen, sie zu überwinden und diese Arbeit in das eigene Wissen und Können aufzunehmen. Wer nur in seinem vertrauten Umkreis bleibt, der kann keine neuen Erfahrungen machen.

Überraschungen, Enttäuschungen, Widerfahrnisse verändern uns, weil wir ins Stocken kommen, neue Wege finden und umlernen müssen. Erfahrung entsteht durch Versuch und Irrtum, so wie schon ein Kind durch viele Versuche, Fehler und Erfolge gehen oder sprechen lernt. „Aus Schaden wird man klug", „gebranntes Kind scheut das Feuer" – angemessenes Handeln orientiert sich wesentlich an nachdrücklichen Erfahrungen, die Warnsignale im Gedächtnis verankern, sodass man Gefahren rechtzeitig antizipiert und vorteilhaftere Wege wählt. Darin liegt freilich eine Dialektik: Erfahrung macht auch vorsichtig. Sie tendiert letztlich dazu, Erfahrungen im Sinne von Widerfahrnissen zu vermeiden. Daher kann die Klugheit des Erfahrenen auch zu einer Routine werden, die „nichts Neues unter der Sonne" kennt und in der Wiederholung des Bekannten erstarrt.

Dilthey sah in der Wirklichkeit das, was uns einen Widerstand entgegensetzt.[20] Sie erschließt sich in ihrer Fülle nur durch eine immer wieder neu zu überwindende Fremdheit, Unvorhersehbarkeit und Widerständigkeit. Wirklichkeitserfahrung beruht auf dem Gestaltkreis von Selbstbewegung und wahrgenommener *Gegenwirkung* der Umwelt, auf dem „beantworteten Wirken".[21] Umgekehrt schwindet die Erfahrung der Wirklichkeit in dem Maß ihrer „Eingängigkeit", der Reibungslosigkeit, mit der sie kontinuierlich in unsere Sinne einströmt und unsere bewusste Wahrnehmung unterläuft. Je mehr Widerstände umgangen oder aus dem Weg geräumt, je mehr Schwellen eingeebnet und Grenzen aufgelöst werden, desto geringer die Möglichkeit, Erfahrung zu sammeln.

Der Verlust von Erfahrung

Die gesellschaftliche Entwicklung der Gegenwart erscheint durch einen solchen Verlust an originärer Erfahrung charakterisiert, der abschließend an einigen Beispielen aufgezeigt werden soll.[22]

(1) Als *Entsinnlichung* lässt sich ein Prozess bezeichnen, in dessen Verlauf unmittelbare Erfahrungen durch vermittelte ersetzt werden, in dem synästhetische Wahrnehmungen schwinden und der leibliche Kontakt mit der Wirklichkeit verlorengeht. Die Welt büßt damit ihren sinnlichen, leibhaftigen Charakter ein und wird schemenhafter. Bergwanderer kennen das unterschiedliche Erleben der Natur, wenn sie einen Berg selbst besteigen oder aber mit der Seilbahn hinauffahren. Hier wird das Erlebnis blasser, denn ihm fehlt die motorische, taktile und atmosphärische Dimension.

Solche Entsinnlichungen finden wir in der Kulturentwicklung ubiquitär, etwa in der Abfolge: offenes Feuer – Kohleherd – Gasherd – Elektroherd – Mikrowelle. Oder: Wandern – Kutsche – Dampflok – Elektrolok – Magnetschwebebahn. Oder: Federkiel – Füllfederhalter – Kugelschreiber – mechanische Schreibmaschine – PC. Mit diesen Entwicklungen ist jeweils ein Schwinden von Kräften verbunden, die als widerständig und damit als wirklich erlebt werden. Der Gestaltkreis von Bewegung und Wahrnehmung, die Basis der Realitätserfahrung, reduziert sich auf ein Minimum: den Knopfdruck oder die Maustaste. Vielfältige Instrumente der Beschleunigung und Automatisierung ersparen langwierige körperliche Annäherungen. An ihre Stelle treten magisch-illusionäre Simultaneitätserlebnisse – ein Knipsen, Switchen, Zappen, Anklicken, das augenblicklich das Gewünschte herbeiholt – und unleibliche, schwerelose Bewegungen, also ein Gleiten, Schweben, Fliegen, Surfen, das mühelos zum Ziel führt. All diese Entsinnlichungsprozesse erzeugen womöglich ein Erleben von geradezu magischer Omnipotenz, sie reduzieren jedoch die leibliche Auseinandersetzung mit der Wirklichkeit.

Vergleichen wir dies mit einigen typischen Tätigkeiten in agrarisch oder handwerklich strukturierten Gesellschaften, etwa dem Wandern, Pflügen, Jäten, Hobeln, Meißeln: In solchen Bewegungen werden immer auch Gegenwirkungen spürbar, die Erfahrung ermöglichen. Auch Kommunikation und Verkehr erforderten ursprünglich die mühsame Überwindung von Entfernungen und vielfältigen Hindernissen auf dem Weg. Solche leiblich erfahrenen Wege sind heute zunehmend überflüssig geworden. Nicht nur Verkehrsmittel, auch virtuelle Kommunikation, Datenautobahnen, Television und Telepräsenz haben sie ersetzt. Die großen Bildungsromane handelten von Wegen und Umwegen, von Reisen und Wanderjahren, die nötig waren, um den Protagonisten am „Erfahren" der Wirklichkeit reifen zu lassen. Stattdessen verkündet die Bundesregierung stolz: „Columbus musste viele Jahre reisen, um die Welt zu entdecken. Unsere Schüler brauchen dafür nur einen Vormittag im Internet"[23] – als könnte man sich so die Anstrengungen und Umwege der Erfahrung sparen.

(2) Ebenso schwindet authentische Erfahrung in dem Maß, wie uns die Welt als *Bild* zubereitet, ja unter ihren medialen Abbildern zum Verschwinden gebracht wird. Wir leben in einer Gesellschaft, die wie keine vor ihr von Bildern überflutet ist. Sie vermögen unseren Blick zu bannen, die Wahrnehmung hypnotisch abzusättigen und uns aus der leiblichen Gegenwart zu entführen. Resultat dieser Entwicklung ist das, was Günter Anders den *medialen Idealismus* nannte: Die Wirklichkeit verwandelt sich in ein Schauspiel. „Die Welt ist nun meine geworden, meine Vorstellung, ja sie hat sich, wenn man das Wort ‚Vorstellung' einmal im Doppelsinne: nicht nur im Schopenhauerschen, sondern im Theatersinne, zu verstehen bereit ist, in eine „Vorstellung für mich" verwandelt."[24] Der Zuschauer bleibt dabei passiver Empfänger; seine Welt ist gewissermaßen nur noch Vorstellung, nicht Wille. Verwöhnt und gefüt-

tert mit Bilderkost regrediert er in einen Zustand oraler Abhängigkeit.

Der Sehsinn unterliegt dieser Gefahr in besonderem Maß: Gerade die visuelle Wahrnehmung bedarf der Beteiligung der anderen Sinne und der Bewegungsorgane des Leibes, um sich mit konkreter Erfahrung zu sättigen. Ohne die Einbettung in eine synästhetische, atmosphärische Gesamtsituation, ohne die sensomotorische Auseinandersetzung mit dem Gesehenen bleibt die Wahrnehmung unwirklich; sie „inkarniert" sich nicht. Eine Flut von reinen Bildern, denen keine reale, leibliche Begegnung entspricht, hinterlässt keine bleibenden Eindrücke, umso mehr aber eine Leere, die eine Sucht nach immer neuen Bildern erzeugt.

(3) Schließlich geht eine wesentliche Gefährdung der Erfahrung von der *szientistischen Infragestellung der Lebenswelt* aus. Die naturwissenschaftliche Mechanisierung, Atomisierung, schließlich Digitalisierung des Weltbildes bedeutet letztlich die Zerlegung lebendiger Bewegungen, wahrgenommener Gestalten und intuitiv-ganzheitlicher Erfahrungen in Einzelmomente. Mit der Ausbreitung naturwissenschaftlichen Denkens in die Sphäre der Lebenswelt tritt dieses analytisch erzeugte und intersubjektiv überprüfbare Wissen zunehmend an die Stelle persönlicher Erfahrung. Was man selbst erlebt hat, zählt immer weniger; Sinne und Gefühl werden ihrer Täuschbarkeit und Begrenztheit überführt. Wir lernen ihrem Zeugnis zu misstrauen und vernachlässigen ihre Ausbildung zugunsten kognitiver oder simulierter Zugänge zur Welt. Das explizite, reflektierte *Wissen dass ...* verdrängt das implizite *Wissen wie ...* Oder um an die eingangs geschilderte Episode anzuknüpfen: Seekarten ersetzen das Erfahren des Meeres.

Damit verbunden ist eine Entwirklichung der primären Erfahrung, die sich fortwährend als Illusion oder Projektion überführen lassen muß: Die Sonne geht gar nicht auf, sondern der Erdboden bewegt sich; die Vögel begrüßen nicht den Morgen, sondern signalisieren nur ihre Reviergrenzen; der Schmerz ist nicht im Fuß, wo wir ihn spüren, sondern im Gehirn; und die erotische Anziehung ist nur die Wirkung eines biologischen Programms zur Verbreitung der eigenen Gene. Schon das Kind soll lernen: „Was ich wahrnehme, ist eigentlich etwas ganz anderes." Man muss den Sinnen misstrauen und das Experiment an ihre Stelle setzen – dieses Erziehungsziel prägt weitgehend die moderne Schulpädagogik. Statt die Wahrnehmung zu schulen, wird ihre Gültigkeit in Abrede gestellt.

„Experiment", „Experte", „Expertise" – auch diese einmal von der persönlichen Erfahrung (lat. *experientia*) abgeleiteten Begriffe sind heute längst szientistisch umgedeutet. „Experte" ist der Spezialist, der viel gelesen und erforscht, doch nichts erfahren hat, der nur ein eng umgrenztes Gebiet übersieht und sich sonst aus allem heraushält. Experte ist der Genetiker, der das natürliche Verhalten seiner Versuchstiere nicht mehr kennt, der Sozialforscher, der statistische Verfahren beherrscht, aber keine Menschenkenntnis hat. Der Experte arbeitet mit Präparaten, Büchern, Daten, Tabellen und beruft sich gerne auf die „Empirie" seiner Verfahren, die aber mit Erfahrung im ursprünglichen Sinn nichts mehr gemein hat.

So wird auch der Arzt in der technisierten Medizin immer mehr zu einem „Experten", der zwar in seinem Spezialgebiet über die jeweils modernsten Erkenntnisse und Techniken verfügen muss, aber gerade dadurch als Person austauschbar wird: Die Diagnose-Algorithmen, Checklisten und Therapieschemata der jeweiligen Fachgesellschaften treten an die Stelle der persönlichen Erfahrung. Der jeweils neueste wissenschaftliche „state of the art" ist aber eher das Gegenteil von ärztlicher Kunst. Denn Wissenschaft und Erfahrung sind zweierlei: Wo die Wissenschaft die Person zu einem bloßen Vollzugsinstrument allgemeiner Erkenntnisse degradiert, geht gerade die Urteilskraft verloren, die Kant als entscheidendes Vermögen des erfahrenen Arztes, Richters oder Staatsmannes identifizierte. Nur diese persönliche Erfahrung wird uns aber veranlassen, uns auch in kritischen Situationen ihm anzuvertrauen.

Die hier nur skizzenhaft beschriebenen Tendenzen zu einem Verlust an Erfahrung bedeuten daher nicht nur eine Entfremdung von der Lebenswelt; sie äußern sich sozialpsychologisch auch in einer zunehmenden Verunsicherung, Ich-Schwäche und in einem Verfall persönlicher Autorität. Denn wer keine authentischen Erfahrungen mehr macht, verliert das Vertrauen in seine eigenen, intuitiven Kompetenzen und wird abhängig von Experten, Ratgebern, Statistiken, Apparaten. Er entwickelt nicht die nötige Ausdauer und Frustrationstoleranz, um angesichts von Widerständen und Rückschlägen beharrlich zu bleiben, und wird letztlich lebensuntüchtig. Er erwirbt sich nicht die persönliche Autorität, die ihn den Wechselfällen des Lebens souverän begegnen und für andere wirklich vertrauenswürdig werden lässt.

Sich mit der Wirklichkeit sinnlich und handelnd auseinanderzusetzen und so durch die Praxis die *Kunst der Wahrnehmung* wieder zu erlernen, ist daher heute nicht etwa nur eine Frage des ästhetischen Lebensgenusses, sondern eine für unsere Gattung lebenswichtige Erfordernis. Denn *homo sapiens* ist nicht der mit allen möglichen Informationen ausgerüstete Experte, sondern wortwörtlich der „schmeckende Mensch" (lat. *sapere* = schmecken, wissen) – also das Wesen, das einen besonderen „Geschmack" oder ein „Gespür" für komplexe Situationen besitzt, und das gerade durch ein implizites, intuitives Erfahrungswissen das Leben zu meistern versteht. Wenn wir aber die persönliche Erfahrung verlieren und uns stattdessen nur noch auf Landkarten verlassen, so werden wir in kommenden Stürmen einen schweren Stand haben.

Anmerkungen

[1] „Die Thiere werden durch ihre Organe belehrt, sagten die Alten; ich setze hinzu: die Menschen gleichfalls, sie haben jedoch den Vorzug, ihre Organe dagegen wieder zu belehren." – Goethe an Humboldt, 17.3.1832. – Vgl. zum Bildungsbegriff die Übersicht von Lichtenstein 1971.

[2] Serres 1993, S. 337.

[3] Ebd.

[4] Ebd.

[5] Vgl. zu diesem Begriff der Situation als ganzheitlichem Eindruck Schmitz 1990, S. 65–68.

[6] Die Unterscheidung von „Landschaft" und „Geographie" geht zurück auf Straus (1956, S. 335).

[7] Vgl. zum Gestaltkreis v. Weizsäcker 1986, zu „Bemerken" und „Bewirken" v. Uexküll 1973.

[8] „Aus der Erinnerung entsteht nämlich für die Menschen Erfahrung; denn viele Erinnerungen an denselben Gegenstand bewirken das Vermögen *einer* Erfahrung, und es scheint die Erfahrung der Wissenschaft und Kunst ähnlich zu sein. Wissenschaft aber und Kunst gehen für die Menschen aus der Erfahrung hervor." – Aristoteles, Metaphysik A1, 981a.

[9] Vgl. dazu Schacter 1999, S. 263 ff., sowie Fuchs 2000b.

[10] Merleau-Ponty 1966, bes. S. 172 ff.

[11] Aristoteles, Metaphysik A1, 981a.

[12] Benjamin 1985, S. 88.

[13] Vgl. dazu das Konzept des „impliziten Wissens" bei Polanyi (1985).

[14] Diesen Begriff prägte Waldenfels für das leibliche Antworten und Reagieren (Waldenfels 2000, S. 370 ff.).

[15] V. v. Weizsäcker (1986, S. 9, 18) bezeichnete diese automatisierte leibliche Umsetzung von Wahrnehmung in Bewegung als *optokinetische* bzw. allgemeiner *sensomotorische Kohärenz*.

[16] Vgl. dazu die Forschungen von E. Altenmüller am Institut für Musikphysiologie in Hannover; die Publikation der Ergebnisse war bei Abschluss des Manuskripts noch in Vorbereitung (Bangert, M. W., Parlitz, D., Altenmüller, E. O.: Mapping Perception to action in piano practise: Evidence for a right anterior audio-motor interface. Unveröff. Ms.).

[17] Vgl. hierzu Kraus 1991, Fuchs 1996.

[18] Vgl. zur frühkindlichen Wahrnehmung Stern 1998, insbes. S. 74–93, 220 ff. sowie Fuchs 2000a, S. 206, 326 ff.

[19] Gadamer 1960, S. 338.

[20] Dilthey 1924.

[21] Vgl. Willi 1996, S. 11 ff.

[22] Die folgenden Überlegungen habe ich ausführlicher in meinem Buch *Zeit-Diagnosen* entwickelt (Fuchs 2002, bes. S. 167 ff., 191 ff.).

[23] Initiative von Bundeskanzler Schröder „Schulen ans Netz"; vgl. DIE ZEIT, 30.3.2000, S. 7.

[24] Anders 1956, S. 112.

Literatur

Anders, G. (1956), Die Antiquiertheit des Menschen. Bd. I: Über die Seele im Zeitalter der zweiten industriellen Revolution.

Aristoteles (1982) Metaphysik. Übs. v. H. Bonitz. Meiner, Hamburg.

Benjamin, W. (1985), Zur Erfahrung. In: Fragmente vermischten Inhalts zur Moral und Anthropologie, in: Gesammelte Schriften, Bd. 6, S. 88. Suhrkamp, Frankfurt.

Dilthey, W. (1924), Beiträge zur Lösung der Frage vom Ursprung unseres Glaubens an die Realität der Außenwelt und seinem Recht (1890). Ges. Schriften Bd.V. Teubner, Leipzig.

Fuchs, T. (1996), „Leibliche Kommunikation und ihre Störungen", in: Zeitschrift für klinische Psychologie, Psychopathologie und Psychotherapie 44, S. 415–428.

Fuchs, T. (2000a), Leib, Raum, Person. Entwurf einer phänomenologischen Anthropologie. Klett-Cotta, Stuttgart.

Fuchs, T. (2000b), Das Gedächtnis des Leibes. Phänomenologische Forschungen 5, S. 71–89.

Fuchs, T. (2002), Zeit-Diagnosen. Philosophisch-psychiatrische Essays. Die Graue Edition, Zug/Schweiz.

Gadamer, H.-G. (1960), Wahrheit und Methode. Tübingen.

Kraus, A. (1991), Phänomenologische und symptomatologisch-kriteriologische Diagnostik. Fundamenta Psychiatrica 5, S. 102–109.

Lichtenstein, E. (1971), Bildung. In: J. Ritter (Hrsg.) Historisches Wörterbuch der Philosophie. Bd. 1, S. 922–937. Wissenschaftliche Buchgesellschaft, Darmstadt.

Merleau-Ponty, M. (1966), Phänomenologie der Wahrnehmung. De Gruyter, Berlin.

Polanyi, M. (1985), Implizites Wissen. Suhrkamp, Frankfurt.

Schacter, D. L. (1999),Wir sind Erinnerung. Gedächtnis und Persönlichkeit. Rowohlt, Reinbek.

Schmitz, H. (1990), Der unerschöpfliche Gegenstand. Grundzüge der Philosophie. Bouvier, Bonn.

Serres, M. (1993), Die fünf Sinne. Eine Philosophie der Gemenge und Gemische. Suhrkamp, Frankfurt.

Stern, D. N. (1998), Die Lebenserfahrungen des Säuglings. 6. Aufl., Klett-Cotta, Stuttgart.

Straus, E. (1956), Vom Sinn der Sinne. 2. Aufl. Springer, Berlin Göttingen Heidelberg.

Uexküll, J. v. (1973), Theoretische Biologie. Suhrkamp, Frankfurt/M.

Waldenfels, B. (2000), Das leibliche Selbst. Vorlesungen zur Phänomenologie des Leibes. Suhrkamp, Frankfurt.

Weizsäcker, V. v. (1986), Der Gestaltkreis. Theorie der Einheit von Wahrnehmen und Bewegen. 5. Aufl. Thieme, Stuttgart.

Willi, J. (1966), Ökologische Psychotherapie. Hogrefe, Göttingen.

Mins Minssen

Wahrnehmungen auf See

Der Ursprung der eher betulichen und geläufigen Warnung „Wasser hat keine Balken" mag auf das zunächst noch ungemilderte Entsetzen zurückgehen, mit dem frühe Schiffsleute konfrontiert waren, als sie zum ersten Mal kein Land mehr sahen, die Nacht hereinbrach und mit ihr die Furcht, dort draußen über den in der Finsternis verborgenen Kreisrand der Erde ins Nichts zu fallen. Das Meer kann immer noch als entsetzlich wahrgenommen werden. Nikolaus Gelpke, Chefredakteur und Verleger der Zeitschrift „mare", erzählte kürzlich in Kiel zur Eröffnung einer fotografischen Ausstellung über das Segeln von einer vollkommen schwarzen Nacht in einem Segelboot in der Biskaya. Alle Sterne waren durch eine Schlechtwetterfront abgeschirmt worden. Es gab keine Trennlinie mehr zwischen Himmel und Meer, ja, es gab weder Himmel noch Meer zu sehen, nicht einmal die Wellen, in die das Boot hineinfuhr. Das Boot fuhr Berge hinauf und Täler hinunter, die man nicht sah, nur der Wind heulte und das Wasser rollte tosend unter dem Schiffchen durch. Irgendwann, in einem Zustand des Ausgeliefertseins, verlor Gelpke beim Hinunterfahren die Gewißheit des Umkehrpunktes. Nicht, wann es wieder hinaufgehen würde, war die Frage, sondern ob es wirklich immer wieder hinaufgehen würde oder irgendwann nur noch hinab in eine saugende Schwärze. Demut habe er in dieser Nacht gelernt. Von Beherrschung der Situation konnte keine Rede sein.

Aus einer Korrespondenz mit Franz Günter Rose, Kapitän und Diplom-Wirtschaftsingenieur für Seeverkehr gebe ich ein dem vorigen Erlebnis verwandtes wieder: Eine „Erscheinung ist mir in Erinnerung, bei der ich mich immer ungemütlich fühlte: Bei bestimmten Wetterlagen zu beginnender Dämmerung verschwindet die Grenzschicht zwischen Himmel und See, der Horizont. Beides bildet dann eine Einheit von gleicher Farbe und Struktur. Man weiß nicht, wohin man schauen soll. Es ist irritierend, den Ort nicht zu wissen, wo ein mögliches Schiff zu suchen wäre oder Ähnliches. Diese Unbestimmtheit vermittelt ein Gefühl, als ob das Schiff in die See hineinfährt oder in den Himmel."

Eine ganz andere Art der Erfahrung eröffnet sich einem Kind, wenn es, gut behütet, zum ersten Mal auf einem Schiff auf See ist und diese nicht zu grob daher kommt. „So ist an diesem Morgen das Schiff unterwegs – der knarrende und knirschende Schoner mit seinen Masten, Klüverbäumen und Pardunen, seinem Bugspriet, seinem Ruder und seiner Ankerwinde, seiner Kajüte und Kombüse. All diese neuen Wörter mit ihren glücklichen Namen! Und das Ganze in einem durchdringenden Geruch von Pech und Pumpenwasser, von Fisch und Salz und Kombüsenrauch. Und das ist das Meer, das blauschwarze, grüne und weißschäumende, mit seinen Tausenden von tuschelnden und zischelnden Wellenmäulern." So beschreibt William Heinesen eine in Poesie gefaßte Wahrnehmung einer Kindheitsepisode von den Färöern.[1] Der Kapitän ist der Vater des Kindes. Er steht gottähnlich am mächtigen Ruderrad des Schiffes und scheint alles im Griff zu haben.

Alles im Griff zu haben, jedenfalls in den Pausen zwischen den großen Tankerunglücken, scheint auch das Merkmal moderner Großschiffahrt zu sein. Ein Übermaß an Entsetzen oder naive Freude an Wind und Wellen ist nur selten ihre Sache. Die Schiffsführung steht nicht mehr am Ruder, das macht der Matrose von den Philippinen, und das Ruder ist kein Rad, sondern ein Joystick, ein kleines Hebelchen. Die Schiffsführung tut das, was heute alle machen, im Reisebüro, beim Dichten, bei der Lagerverwaltung. Die Schiffsführung starrt auf einen Bildschirm. Darauf ist die elektronische Seekarte abgebildet mit den sich verändernden Positionen des Schiffes, und das Radarbild liefert den umgebenden Schiffsverkehr dazu. Bald kann auch der Matrose den Steuerhebel loslassen, denn das Schiff, das die offene See erreicht hat, wird nun nach Satellitensignalen automatisch gesteuert. Der Kurs dazu ist auf dem Computer eingestellt und wird durch diesen im Weiteren überwacht. Auf einer gut ausgestatteten Yacht geht es, was die Navigation anlangt, nicht anders zu. Die Erfolge der Digitalisierung der Schiffsüberwachung für die Sicherheit von Schiff und Mannschaft sind durchaus eindrucksvoll und erstrecken sich auch auf Situationen, in denen es trotz aller Navigationshilfen zum Seeunfall gekommen ist. Beim Drücken der SOS-Taste an einem modernen Funkgerät wird die Position des Havaristen automatisch mitgefunkt, ohne daß ein durch Brand oder Wassereinbruch überforderter Schiffsführer sie noch bestimmen und eingeben müßte. Notrufe werden in den Empfangsanlagen in der Nähe befindlicher Schiffe gespeichert, so daß kein Kapitän mehr sagen kann, er habe den Notruf nicht gehört und darum keine Hilfe geleistet. Geht der Havarist unter, schwimmt eine Boje auf, die ebenfalls automatisch die Position des Unglücksortes funkt. Auch die Traditionsschiffe, alte Arbeitsschiffe unter Maschine oder Segeln, die noch aus musealen Gründen, mit einem Auftrag in der Jugendarbeit oder in Touristencharter fahren und die Küstengewässer verlassen, werden meist entsprechend nachgerüstet.

Die Entwicklung in der aktiven Handelsschiffahrt geht aber nicht nur weiter, sondern in eine andere Richtung, nämlich die einer Seefahrt ohne Seeleute. Ein Freund, der hier in Kiel in einer Firma für Navigationstechnik arbeitet, berichtete von einer Fahrt, auf der eine Automatik auch für das An- und Ablegemanöver des Schiffes vorgeführt wurde, bei der Sensoren den Abstand zur Kaimauer messen, und die Zeit scheint nicht fern, wo mit geeigneten Transpondern ausgerüstete Frachter ohne Besatzung von Land und Weltall aus über See gesteuert werden.

Das heißt, es wird in gar nicht zu ferner Zeit womöglich keinen

Brotberuf mehr geben, in dem man, ob man will oder nicht, mitbekommt, wieviel Nuancen in der Erfahrung von Wind und Salzwasser liegen zwischen sommerlicher Brise und Orkan, spiegelglatter See und haushohen Wellen. Vor kurzem löste sich der Verband der Kap Hoorniers auf, der Segelschiffskapitäne, die noch mit Ladung Kap Hoorn umrundeten, und einer der alten Herren war mit dem Fernsehteam auf Feuerland und mahnte zur Langsamkeit mit der Feststellung „Ja, nun läuft meine Nase schneller als meine Beine." Und bevor in einigen Jahrzehnten der letzte Containerschiff-Kapitän mit einer ähnlichen Bemerkung das Ende eines Berufsstandes umreißt und es nur noch auf Kreuzfahrtschiffen und schwimmenden Seniorenwohnanlagen Kapitäne als oberste Animateure gibt, soll auf die eigenartige Faszination von Wind und Wasser und den damit verbundenen Reichtum an wahrzunehmenden Phänomenen gedeutet werden.

Eigene Erfahrungen, die meine Affinität zum Thema begründen, verdanke ich direkt und indirekt zum großen Teil dem Kapitän und Seefahrtslehrer Dr. Werner von Unruh. Von Unruh macht sich auch um die Erhaltung denkmalswürdiger Schiffe verdient, über die er des öfteren selbst das Kommando übernimmt. Eines seiner Projekte, die Erhaltung des ausgemusterten Kieler Fördefahrgastschiffes „MS Stadt Kiel", [2] das auf Grund seiner Initiative unter Denkmalschutz gestellt wurde, hatte ich in einem städtischen Gremium, so gut ich konnte, unterstützt. Auf der „Stadt Kiel" lernte ich das Steuern größerer Schiffe, was mir unter anderem auf zwei Reisen zugute kam, die ich auf dem Dreimaster „Thor Heyerdahl"[3] im Herbst 1984 und 1986 machte. Die erste Reise führte durch die Nordsee und den Ärmelkanal von Cuxhaven nach Cherbourg, die zweite von Brest durch die Biskaya nach Lissabon. Entsprechend der Jahreszeit waren beide Reisen von Starkwind und Sturm begleitet. Es gab auf der „Thor Heyerdahl", wie auf Traditionsseglern üblich, kein Ruderhaus, sondern das Ruder stand frei auf dem erhöhten Achterdeck, der „Poop". So befand ich mich mittendrin in den Phänomenen, die sich an Wind und Wasser zeigten. Eine solche Situation ist sehr verschieden von der eines Beobachters, der zu einem Phänomen Abstand halten kann, offenbare sich dieses Phänomen nun in der Maserung seines Schreibtisches oder im Schattenwurf eines Stückchens Kreide, das er am ausgestreckten Arm ins Licht hält.

Was den Wind angeht, so will ich im folgenden zunächst ins Bewußtsein bringen, was sich an Beobachtungen hinter den zu Zahlen geronnenen Angaben der Windstärken verbirgt, die der Wetterbericht des Radios angibt. Dies gibt mir Gelegenheit, mit der verbreiteten Vorstellung aufzuräumen, die heutige Windstärkenskala mit der Maßeinheit Beaufort spiegele des Admirals Beaufort Windbeobachtungen wider. Zunächst einmal ist der Wind ein reizvolles Objekt für die Kunst der Wahrnehmung, weil dieses Phänomen an sich selbst völlig unsichtbar ist, und sich so dem dauernd vorherrschenden Gesichtssinn entzieht und nur in seinen mittelbaren Auswirkungen auf Wasser, Wolken, Zweige, Schiffe und Luftballons, Geräusche und Töne zum Vorschein kommt.[4] Die Entstehungsgeschichte der Windstärkenskala rolle ich von hinten auf: 1994 erschien am Kieler Institut für Meereskunde eine Doktorarbeit mit dem Titel „Eine neue Beaufort-Äquivalentskala".[5] Der Titel deutet bereits an, daß es schon vorher solche Skalen gab und es zukünftig weitere geben wird. Eine Beaufort-Äquivalentskala wird dazu benutzt, von Seeleuten nach Beobachtung geschätzte Windstärken, angegeben mit einer Zahl zwischen 1 und 12 und der Einheit Beaufort auf von Wissenschaftlern akzeptierte Meter pro Sekunde umzurechnen. Warum mißt man dann nicht gleich und schätzt immer noch? Das liegt daran, daß die Meteorologen auf See nicht genügend Wetterschiffe haben und zur Unterstützung auf eine freiwillige Flotte aus Handelsschiffen (VOF, Voluntary Observing Fleet) angewiesen sind. Deren Nautiker halten ihr Schiff nicht an, um die wahre Windgeschwindigkeit zu messen und womöglich noch um die Windströmungen, die sich an Aufbauten und Container bilden, zu korrigieren, sondern werfen in Fahrt nur mal kurz einen Blick auf die See, um aus deren Erscheinungsbild einen Beaufort-

Wert zu schätzen und den weiterzugeben. Lindau verarbeitete für seine Doktorarbeit 228.210 Schätzwerte dieser Art, eine Zahl, die man sich nicht merken muß, allenfalls erinnern: irgendwie viel.

Nun kommt die Überraschung: Den Begriff Windstärke und die Nennung von Zahlen dafür („figures to denote the force of the wind") erfand zwar Beaufort, nicht jedoch das Gewinnen solcher Zahlen aus der Beschaffenheit der Erscheinungen an der Oberfläche der See. Während unsere heutige Windstärkenskala auf direkten Beobachtungen der See beruht, auf die weiter unten eingegangen wird, liefen die Beaufortschen Einstufungen eher aufs Messen und Zählen hinaus. Beaufort muß seine Skala um 1805 entworfen haben, aber schriftlich erhalten ist sie erst in einem Memorandum von 1831, das Beaufort an den Kapitän Fitzroy schickte, der mit dem Schiff „Beagle" zu einer Forschungsfahrt aufbrach. Unter den Expeditionsteilnehmern befand sich ein bis dahin unberühmter Mann namens Charles Darwin. Zu den Aufgaben Fitzroys gehörte auch das Beschreiben von Strömungs- und Windverhältnissen und deren Untersuchung auf eine mögliche regelhafte Verläßlichkeit hin, wie sie zum Beispiel die Passatwinde aufweisen. Die Nützlichkeit solcher Erkenntnisse für die Schiffahrt braucht nicht weiter erläutert zu werden. Wie aber sollte Fitzroy den Wind messen? Nun gab es durchaus schon Meßgeräte zu diesem Zweck: Platten, die vom Wind aus der Lotrechten herausgedrückt wurden und deren Ablenkung man maß, aber auch schon Propeller- und Flügelinstrumente als Vorläufer der heutigen Schalen-Anemometer. Mit allen diesen Geräten hatte man das Problem, daß die Fahrt des Schiffes, von dem aus gemessen wurde, auf störende Weise in dem Ergebnis enhalten war. Beaufort hatte nun eine glänzende Idee: Das Schiff selbst wird zum Meßinstrument. Dazu muß man sich auf einen Schiffstyp bestimmter Größe und Besegelung einigen, und an Hand dieses jedermann in der britischen Marine geläufigen Kriegsschiffes erläutert Beaufort seine Skala: Ist der Wind so, daß ein solches Schiff unter vollen Segeln gerade eben Fahrt macht, nennen wir das Windstärke 1. Dies ist streng genommen noch keine Messung, hinter der immer eine Rechnung oder ein Vergleich mit etwas Drittem steht, sondern die Erfahrung eines unmittelbar den Sinnen gegebenen Phänomens. Das Auge sieht im Kielwasser des Schiffes ein leichtes Kräuseln, die Hand am Ruder spürt einen geringen Druck. Windstärke 2 wird aber schon gemessen. Sie repräsentiert den Zustand, bei dem das Schiff, weiter unter voller Besegelung, vor dem Wind 1 bis 2 Knoten läuft, was mit einer Leine festgestellt wird, die in definierten gleichen Abständen geknüpfte Knoten enthält und an ihrem Ende ein mit Blei beschwertes Holzstück, das Logscheit, trägt. Das Logscheit wird über Bord geworfen, die Leine rauscht aus, und nun zählt man die Knoten, die in einer bestimmten gemessenen Zeitspanne über die Bordwand laufen. Bei einer Geschwindigkeit des Schiffes, immer noch unter allen Segeln, von 3 bis 4 Knoten, wird die Windstärke als 3 festgesetzt, bei 5 bis 6 Knoten als Windstärke 4. Irgendwann wird der Wind für das Segeln unter Vollzeug zu stark, und nun werden zur Bestimmung der Windstärkenzahl die Reffs gezählt, die man zur Verkürzung der Segel stecken muß. Windstärke 11 ist die, bei der man nur noch Sturmsegel fahren kann, Windstärke 12 aber ist von Beaufort wieder an einem allgemein verständlichen Phänomen orientiert: Es ist die Windstärke, bei der alle Leinwand reißen würde („that which no canvas can withstand"). Deswegen hört die Beaufortsche Skala in ihrer ursprünglichen Form mit der Windstärke 12 auf.

Die Beaufortsche Skala konnte nur solange überleben, so lange es den Schiffstyp gab, der als Meßstandard diente. Dann verlor die Skala ihre Grundlage, und daran mag es liegen, daß in den Berichten aus der großen Zeit der schnellen Großsegler zwischen 1850 und dem ersten Weltkrieg auch keine Zahlen für Windstärken genannt werden, soweit ich das überblicken kann, sondern die Winde werden eben als Brise, kräftiger Wind, Sturm, Orkan und dergleichen bezeichnet. Dennoch haben wir heute wieder und noch eine Beaufortskala, und die verdanken wir der naturwüchsigen phänomenologischen Begabung des Kapitäns P. Petersen, der sie erst 1927 erfand,[6] in Zeiten ausgefeilter Windgeschwindigkeitsmeßtechnik, die die Anschauung und genaues Hinhören aber anscheinend nicht überflüssig gemacht hat. „Aufgrund längerer Erfahrung wird es aber dem Nautiker möglich sein, eine annähernd richtige Einschätzung der Windrichtung und Windstärke zu erlangen, wenn er einen Blick auf die See wirft", stellt Petersen zu Anfang fest. Die Windrichtung stimmt mit der Wellenrichtung überein, vorausgesetzt, der Wind hat nicht kürzlich gedreht oder es herrscht eine Gegenströmung. Man kann also auf freier See meist an den Wellen ablesen, woher der Wind weht. In den Mündungsgebieten der Flüsse ist es anders, zumal, wenn noch Gezeitenströme dazu kommen. Bei „Wind gegen Strom" können die Wellen zudem sehr steil und dadurch gefährlich werden. Nun zu den von Petersen definierten Windstärken: Windstärke 1 beschreibt er so: „Es bilden sich kleine, schuppenförmig aussehende Wellen, ohne jedoch Schaumkämme zu setzen". „Schuppenförmig" scheint bereits als außerordentliches Wort hervor in einem Berufsstand, dem im allgemeinen Wortkargheit und im Speziellen rein technisch geprägtes Vokabular nachgesagt werden. Windstärke 2 erkennt man unter anderem daran, daß der Schaum nicht weiß, „sondern von glasigem Aussehen" ist. Bei Windstärke 4 wird erstmals auch der Eindruck erwähnt, den das Ohr empfängt: „Die sich brechende See verursacht ein mehr kurz anhaltendes Rauschen." Bei 5 Windstärken wird daraus „ein beständiges Murmeln", bei Windstärke 6 geht das Brechen der See „unter mehr dumpfem Geräusch vor sich", bei 8 Windstärken wird angemerkt: „Das bekannte Rollen der See beginnt." Dieses Rollen wird bei 10 Windstärken „stark und stoßartig", bei 11 Windstärken, bei denen das Beaufortsche Kriegsschiff nur noch unter Sturmsegeln fuhr, „zum Getöse; die See ist mit weißem, streifenförmig zur Windrichtung liegendem Schaum bedeckt, und der Wind verweht die Kante zu Gischt". Windstärke 11 markiert gleichzeitig das Ende einer von Petersen beigefügten Seegangstärkentabelle von 1 bis 9: „Die Wellenberge werden so hoch, daß in Sicht befindliche Schiffe so tief in die Wellentäler hineinsinken, daß sie sich zeitweilig aus Sicht verlieren." Wie bei Beaufort findet die Windstärkenskala auch bei Petersen ein natürliches Ende mit Windstärke 12, aber hier ist es nicht reißende Leinwand, die dem zielgerichteten Segeln ein Ende macht, sondern der Blick auf die „örtliche Einwirkung des Windes auf die See" wird getrübt: „Von der Gewalt des Windes wird die Luft mit dem Gischt des verwehten Meerwassers so angefüllt, daß keine Fernsicht mehr ist."

Es ist bitteres Unrecht, daß Petersen als Schöpfer der heutigen Windstärkenskala in Vergessenheit geraten ist, und die von ihm definierten Windstärken immer noch hochmütig den normannischen Namen des britischen Admirals Francis Beaufort tragen, anstatt den schlichten, an unseren Küsten sehr verbreiteten ihres norddeutschen Kapitänsvaters, dessen Grab man nie finden wird, um ihn mit einem Sträußchen Strandnelken zu ehren, in der Menge all der anderen ruhenden Petersens. Es ist auch schade, daß Petersens Methode in der berufsmäßigen Frachtschiffahrt nur noch in ihrer visuellen Ausprägung angewandt wird. Der Nautiker wirft von der Brücke aus noch immer einen Blick auf die See, aber ihr Murmeln, Rauschen und Rollen hört er nicht mehr. Die Brückenfenster sind dick verglast, die Klimaanlage zischt, die Lüfter der Computer sirren, und irgendwelche losen Teile rappeln unentwegt in Resonanz mit der zigtausend PS starken Maschine.

Petersens Verdienst ist es, daß er die Wassererscheinungen als Stellvertreter für den unsichtbaren Wind entdeckt hat und sie beschrieb mit einer Genauigkeit, die jedem Lehrbuch der Phänomenologie Ehre machen würden, mit der dem Gegenstand angemessenen Sprachmächtigkeit eines Dichters und mit dem Sinn des nüchternen Nautikers für die weitreichende Bedeutung und Nützlichkeit seiner Beobachtungen.

Ein origineller Vorschlag, nicht nur eine ungefähre Windstärke, sondern die Windgeschwindigkeit selbst mit Hilfe der Sinne zu bestimmen, geht auf den Physiker V. Strouhal zurück. Er fand heraus, daß die von ihm so genannten Reibungstöne, das sind die Töne, die der Wind macht, wenn er um einen gespannten Draht herum pfeift, in ihrer Höhe außer von der Drahtdicke in sehr einfacher Weise von der Windgeschwindigkeit abhängen.[7] Hört man zum Beispiel zwischen zwei aufeinanderfolgenden Pfeiftönen an demselben Draht das Intervall der nächsthöheren Oktave, bedeutet das eine Zunahme der Windgeschwindigkeit auf das Doppelte, ein Ereignis, das in Böen schnell eintreten kann. Die Stärke dieser Methode läge darin, daß man nicht nur mittlere Windgeschwindigkeiten bestimmen könnte, wie mit den trägen Anemometern, sondern auch momentane Änderungen des Windes. Strouhals Methode der Windgeschwindigkeitsbestimmung mit dem Gehör hat meines Wissens die Seefahrt niemals erreicht. Man brauchte dazu auch erstens Seeleute mit einem gewissen Gehörtraining, zweitens Batterien unterschiedlich dicker Drähte, denn bei geringen Windgeschwindigkeiten ist nur an den dünneren etwas zu hören, und auch hier brauchte man Resonanzkörper. Ich bin an anderer Stelle auf die Strouhalschen Versuche und ihre Folgerungen eingegangen.[8] Drähte, um die der Wind pfeifen kann, gibt es auf Schiffen genug. Vor allem in Yachthäfen kann man hören, daß sich ab etwa 6–7 Windstärken ein Pfeifen um die Stagen und Wanten, Drahtseile, mit denen der Mast gehalten wird, vernehmen läßt. Es hört sich etwas unheimlich an, und die Erfahrung nimmt es auch als Warnung. „Bei 7 Windstärken läuft man ein und nicht aus", sagen Segler, die zum Vergnügen segeln.

Die in ihrer Entstehung noch ohne Absicht getanen phänomenologischen Beobachtungen an Wind und Wellen werden in ihrer Vielzahl dadurch zu nautischen Wahrnehmungen, daß sie auf einen Nutzen und eine Regelhaftigkeit hin befragt werden im Dienste der Schiffahrt. Die Kunst ist, einerseits einen guten Wind fürs schnelle Vorankommen auszunutzen und andererseits gefährliche Winde vorauszuahnen, um ihnen auszuweichen oder das Schiff und die Mannschaft auf sie vorzubereiten.

Beim guten Wind ist nicht nur eine genügende Stärke gefragt, sondern auch eine gewisse Stetigkeit bezogen auf die Richtung, was vor allem die Passatwinde so schätzenswert machte. Neben der großen Himmelsrichtung spielen die kleinräumigen Richtungen relativ zur Fahrtrichtung des Schiffes eine Rolle. Das beginnt mit der groben Einteilung in Luv und Lee, der Windseite und der dem Wind abgewandten Seite des Schiffes, das mit achterlichem Wind (vor dem Wind, der direkt von hinten schiebt), raumem Wind (schräg von achtern), halbem Wind (von querab), oder hoch am Wind segelt, der im letzteren Fall schräg von vorn kommt und endet mit dem sprichwörtlich widerständigen „Wind von vorn", gegen den das Schiff kreuzen muß, wieder möglichst hoch am Wind. Der Rudergänger steuert dabei „voll und bei" mit einem Auge auf dem Kompaß, damit der Kurs einigermaßen „bei"behalten wird, mit dem anderen Auge zu den Segeln, die nicht einfallen dürfen und gerade eben noch „voll" stehen müssen. Bei schwachem Wind wird Ausschau gehalten nach einer Brise, die sich durch eine gekräuselte Fläche auf dem sonst glatten Wasser zu erkennen gibt, bei starkem Wind auf gefährliche Böen, die sich meist durch heranjagende schwarze Teppiche aufgerauhten Wassers verraten, bevor sie in die Segel fallen. Die Beobachtung der Wolken würde ebenfalls hierhergehören, aber meteorologische Wahrnehmung verdient einen gesonderten Beitrag.

Die Übergänge zwischen einem guten und gefährlichen Wind sind ziemlich fließend, und so wird meist mit dem Wegnehmen oder Reffen der Segel noch zugewartet und das schon aufziehende schwere Wetter so lange wie möglich für die gute Fortbewegung genutzt. Sehr schön ist das wiedergegeben in den Erinnerungen von Seeleuten, die der frühere Leiter des größten Seemannsheims in Deutschland, Jürgen Ruszkowski, gesammelt und herausgegeben hat. Hervorzuheben sind die Erinnerungen des Kapitäns Alfred Tetens, der später, nach einer Verwundung im Kampf mit Südseeinsulanern, an Land dem Hamburger Senat als „Wasserschout" diente, was bedeutete, daß ihm die Seefahrtsangelegenheiten der Stadt unterstanden. In einem seiner Berichte aus dem Jahre 1865 sehen wir morgens um acht in der Südsee Tetens auf Deck der Brigg „Vesta" den Kaffee vom Steward entgegennehmen: „Wie der braune Trank oben auf Deck mundet, umgeben von der Pracht des Meeres, wie vergnügt man da sein Stückchen pfeift und mit welchem Behagen man die Hände reibt! Allein die Beschreibung dieser nebensächlichen Dinge würde Seiten erfordern. Bleiben wir bei der Hauptsache!" Und was ist die Hauptsache? Die Brigg läuft so schön schnell angesichts eines heraufziehenden Sturms und soll das noch eine Weile tun, obwohl die Luft in Luv, wo der Wind her kommt, schon ein bißchen „schmierig" aussieht: „Good, Stürmann, lat se man loopen; hol den Luv-Brassen noch en beten in, – ick gleuv, vi krigt bald mehr Wind, de Luft süht mi dar to luwart ein beten smerig ut."[9] Inzwischen läuft das Schiff gute zwölf Knoten – „gestattete mir den Luxus einer echten Havanna" –, und bald zeigen sich am Horizont „bleifarbige, mit roten und grünen Flecken untermischte Wolken", und nun werden Luken abgedichtet und lose Gegenstände festgezurrt und die Sturmsegel gesetzt. Und dann kommt der Orkan mit Rauschen, Sausen, Donnergebrüll, „und auf den Mastspitzen und Nocken der Rahen tanzen die St. Elmsfeuer gespensterhaft in bläulich schimmernden Flämmchen auf und nieder." Tetens hat durchaus Sinn für das Imposante der Seefahrt und schmückt es vielleicht auch aus in der Tradition prächtig gesponnenen Seemannsgarns. Was aber bleibt, ist ein Überschuß an Phänomenen, die einfach nur für sich da sind und als für sich hervorscheinend registriert werden wie das Elmsfeuer und die roten und grünen Flecken in den bleifarbigen Wolken, welch letztere dann wieder zusammen mit der schmierig aussehenden Luft nautisch nützlich sind im Sinne des Wetterorakels.

Beim Vorausahnen eines gefährlichen Windes konnte den Seeleuten auch die Nase behilflich sein. Tetens schrieb 1889 in seinen Erinnerungen an die Zeit als Schiffsjunge: „Vor der La-Plata-Mündung hatten wir einen sehr schweren Pampero zu bestehen. Noch annähernd 50 Meilen vom Lande entfernt drang uns ein wunderbarer Blumen- und Honigduft entgegen. Allein dieser verführerische Geruch erweckte nur bei dem Uneingeweihten die Sehnsucht nach dem Lande. Der erfahrene Schiffer traut den duftenden Grüßen in dieser Region nicht allzu sehr. Diese Wohlgerüche werden auch keineswegs gratis verabreicht, nur die Einziehung des Kostenpreise geschieht etwas später; das ist aber auch das einzig freundliche Entgegenkommen des aufbrausenden Pampero".[10] Dann verschwindet der Honigduft, denn der Wind fällt plötzlich von der anderen Seite ein und wird zum Sturm.

Eine unter den gegebenen Bedingungen harmlose Variante von Wind- und Geruchswechsel erlebte ich selbst dieses Jahr 2002 Mitte Juni im Kattegatt als Passagier der Norwegenfähre auf der Fahrt nach Oslo. An der Westseite über Dänemark entwickelten sich von Blitzen durchzogene dunkle Wolken, während von Osten der Wind einen Duft heranbrachte von Heide, Kiefern und torfigem Boden, wie man ihn auf den schwedischen Schären hat, die aber nicht zu sehen waren. Dann entstanden in niedriger Höhe sich korkenzieherartig drehende dunkle Wolken, die sich schnell verformten wie dunkler Rauch, der einem schwelenden Feuer entquillt. Auch hier verschwand der Schärenduft von einem Augenblick zum andern, und mit einem Schlag kam ein kurzer Gewittersturm, nun von der Westseite. Soweit die Beobachtung. Ein Nautiker würde sie mit Hilfe seiner meteorologischen Kenntnisse hinsichtlich der regelhaften Luftdruck- und Windveränderungen bei der Wanderung von Wetterfronten interpretieren, wie überhaupt viele alte Kapitäne die Kunst beherrschen, nach der jeweiligen Anzeige des Barometers zu segeln, aber das beruht schon nicht mehr auf unmittelbarer Wahrnehmung, sondern auf der eines Meßgerätes, des Barometers eben.

Es ist immer merkwürdig, auf See etwas zu riechen, dessen Ursprung man nicht sieht. Dem Seefahrtsschüler Christian Wieden, der als Kadett 1999 auf Fahrt mit einem Frachter auf Trampfahrt (Ladungen und Reiseziele ergeben sich im Lauf der Reise) ging, verdanke ich die Übersendung eines Berichts und darin die Zeilen: „Nach drei Tagen auf See bemerke ich einen intensiven Geruch nach Land: es riecht nach Erde, nach Heu und nach Holzrauch. Ich hatte die Berichte der alten Seefahrer, wonach man Land auf viele Meilen riechen kann, für übertrieben gehalten." Da ist Wieden vor Cap Finisterre.

Rose schrieb mir dazu: „Anfang der 1960er Jahre beförderten wir mit einem kleinen Kühlschiff von japanischen Fangschiffen erbeuteten Thunfisch vom mittleren Westafrika (Conakry, Freetown, Tema u.a.) nach Puerto Rico. Bei der Ansteuerung von Afrika war dieses schon einen Tag (350 Seemeilen) vorher zu riechen. Die klare, frische Seeluft wurde abgelöst von einem milden, warmen und schmeichelnden Luftzug. Sein Grundgeruch war nach Erde. Jeder kennt diesen Geruch. Er verzaubert die Luft, wenn man im Frühling nach einem Regen spazieren geht. Er steigt auch von einem frisch gepflügten Acker auf. Dazu vermischt sich für Afrika in homöopathischen Dosen das Aroma von Nelken, Muskatnuß, ein Hauch von Kurkuma und Tropenholz. Für mich verband sich ein Hauch Exotik damit, da ich als junger Mensch las, daß der Kuß von Cleopatra nach Nüssen und Moos geschmeckt haben solle (die Quelle könnte Mommsens *Römische Geschichte* sein). Irgendwie lag diese Verheißung in den Luftzügen vor Afrika." Und weiter heißt es: „Die Levantefahrt fesselte mich in den 1960er Jahren gute zwei Jahre. Bei ihr sind Küsten immer in der Nähe. Der Mittelmeergeruch ist ähnlich charakteristisch wie der afrikanische, aber anders. Er ist jedem zugänglich. Dazu bedarf es einer Südwindlage in Mitteleuropa. Man kann hoffen, daß sie einmal im Jahr vorkommt. Ist sie da, liebkost der südliche Wind mit seiner warmen Sanftheit Haut und Nase. In ihm ist neben dem Erdgeruch ein Hauch von Stein und Felsen, dazu Lorbeer, Thymian und Salbei zu ahnen. In der Nacht ist dieser Eindruck besonders intensiv zu empfinden."

Die Nähe zum noch unsichtbaren Land kann man nicht nur riechen, sondern manchmal auch an der Wasserfärbung und seiner Beschaffenheit erkennen. So erhielt ich von Kapitän Rose auch die Zeilen: „Zur nautischen Wahrnehmung gehört sicherlich auch die Farbe des Wassers. Wir hatten das Vergnügen, den Orinoko mit einem Seeschiff zu befahren. Viele Stunden vorher, bevor die Küste in Sicht kam, war das Wasser schon ockerfarben, und Blätter und Zweige waren zu sehen." Natürlich schmeckt ein solches Wasser auch anders als das Wasser auf dem freien Ozean. Geschmacksproben des Wassers gehörten ebenfalls zur nautischen Methode. Die Farbe des Wassers taucht noch in einem anderen Zusammenhang auf: Wird das Schiff bei schwerem Wetter nicht nur von der Gischt einzelner Brecher übersprüht, sondern das Deck zeitweise unter massiven Wasserschichten begraben, bezeichnet man diese Lage mit der Feststellung, es sei nun „grünes Wasser an Deck."

Weniger merklich als die Windbewegungen sind die Wasserströmungen in der See. Es scheint da eine Widersprüchlichkeit in der Systematik zu geben, denn wenn man von Ostwind oder einem östlichen Wind spricht, so ist damit ein Wind gemeint, der *von* Osten weht. Eine östliche Strömung ist aber eine, die das Schiff *nach* Osten versetzt, also aus dem Westen kommt. Ohne daß ich die Ursachen dieser Ungereimtheit wüßte, erkläre ich sie mir mit der direkten Erfahrung. Den Wind, wenn er wieder aufwacht, spürt man deutlich am eigenen Leibe, in den Haaren oder als Luftzug an der Stirn oder im Nacken, jedenfalls zuerst von der Seite, *von der er kommt*. Die Strömung dagegen ist oft etwas Verborgenes, und man wird erst nach einiger Zeit gewahr, *wohin man getrieben ist*. Merkwürdig muten die Strömungen im Wattenmeer in den flachen Passagen hinter den Inseln an. In dem Buch *Das Rätsel der Sandbank*, einem erstmals 1903 erschienenen, an unseren Küsten noch immer viel gelesenen Klassiker des englischen Politikers Erskine Childers,[11] spielen Strömungen im Wattenmeer eine große Rolle. Sie bewegen sich bei Flut gegenläufig auf die höchste Stelle des bei Niedrigwasser trockenen Flachs zu und überspülen es schließlich. Bei Childers heißt diese höchste Stelle „Wasserscheide". Während der Ebbe laufen die Wassermassen von der Wasserscheide gegenläufig ab. Will man eine solche Wasserscheide überqueren, ist es praktisch, der Flut folgend auf sie zuzusegeln und den Scheitelpunkt beim Einsetzen der Ebbe zu erreichen. Auf diese Weise hat man beide Male die Mithilfe der Strömung. Nur darf man aus naheliegenden Gründen nicht gerade beim höchsten Wasserstand auflaufen.

Auf einem Schiff ist man gut merklich mit der Tücke des Objekts oder, neutraler formuliert, mit den Neigungen der Objekte konfrontiert. Das fängt mit dem Tauwerk an. „Ich kämpfte mit störrischen Tauen, die Sklaven waren, wenn man sie bändigte und Tyrannen, wenn sie die Oberhand gewannen", heißt es im *Rätsel der Sandbank*. Das geschlagene Tauwerk besteht aus sogenannten Kardeelen, diese aus Garnen, die Garne aus Fasern, und manchmal ist da noch ein durchlaufender Faden, die Seele genannt. Schon der Hinweis auf die Seele eines Taus weckt Assoziationen an ein eigenständiges und widerspenstiges Verhalten, das sich zum Beispiel darin ausdrückt, daß ein rechts geschlagenes Tau auch rechts herum „aufgeschossen" (zusammengelegt) werden will. Sonst verdreht es sich. Das eigentlich tückische Objekt aber ist das Schiff selbst, um so tückischer, je größer seine Masse. Die wichtigsten Tugenden, ein Schiff zu bewegen, sind Bedächtigkeit, Geduld, Voraussicht. Auf Grund der geringen Reibung im Wasser ist auch ein großes Schiff leicht in Fahrt zu bringen, es dauert nur ein bißchen. Kürzlich veranstaltete und verlor ein Fernsehmoderator eine Wette, die in der Behauptung bestand, 1000 Leute zusammen könnten das Fährschiff, das zwischen Kiel und Göteborg verkehrt, nicht 20 Meter weit mit Muskelkraft durchs Wasser ziehen. Hätte er sich etwas mehr Zeit gelassen, wäre die Wette auch gegen nur eine Handvoll Leute zu verlieren gewesen, wie der folgende Bericht von Rose aus seiner Matrosenzeit über die typischste Beschäftigung des modernen Seemanns, das Rostkratzen und Malen zeigt: „Als u. a. Seemann (in den 60er Jahren) kam man im Hafen hin und wieder in die Verlegenheit, daß man seine Stelling (Brett mit Tampen, an der Reling befestigt) zum Malen entlang der Außenbordwand verholen mußte. Das ging oftmals schlecht, da Fender, die an die Schiffsseite drückten, den Weg versperrten. In diesem Fall lehnten wir uns, vielleicht zwei, drei Mann, aber es ging auch allein, mit dem Rücken gegen die Bordwand. Wir stemmten uns mit den Füßen von der Kai ab und drückten das Schiff mit unseren Schultern von uns weg. Es dauerte manchmal ein paar Minuten, bis das Schiff sich von uns weg bewegte, aber klappen tat es meines Wissens immer." Die Kehrseite der Medaille ist, daß die träge Masse eines großen Schiffes, einmal in Fahrt gebracht, ihre eigenen Tendenzen verfolgt, die darin bestehen, den aufgezwungenen Kurs zu verlassen und sich quer zu Wind und Wellen zu stellen und sich damit in eine Lage zu bringen, die den Untergang befördert. Das Steuern eines Schiffes ist das wachsame, unablässige Anbringen behutsamer Korrekturen gegen die Eigenwilligkeiten des Objekts. Auf See hat man nur zwei Hilfsmittel, um den Kurs zu halten, die Ruderanzeige, an der sich ablesen läßt wie das Ruder zum Schiffskörper steht, und die Kompaßrose. Die Ruderanzeige gibt nur einen ungefähren Anhaltspunkt für das Geradeauslaufen, und der Kompaßrose wohnt selbst eine gewisse Trägheit inne. Mit anderen Worten, wenn man neben dem richtigen Gefühl auch visuell eindeutige Beweise hat, daß das Schiff reagiert, ist es oft schon höchste Zeit, noch *bevor* der gewünschte Kurs ganz erreicht ist, die Gegenbewegung einzuleiten, um der Trägheit des Schiffes Rechnung zu tragen und deren Wirkung zuvorzukommen. Das darf aber nicht hektisch erfolgen, und so besagt denn auch eine geflügelte Redensart: „Ein guter Rudergänger ist ein fauler Rudergänger", weil durch zu viele und große Ausschläge am Ruder Unruhe ins Schiff kommt und im Extremfall die träge Masse so auf Abwege gebracht wird, daß das Schiff „aus dem Ruder läuft" und nur mit einfühlsamer und energischer Hand wieder eingefangen werden kann. Solange die Schiffe nicht zu groß waren und ihre Steuerungen noch keine hydraulische Hilfe brauchten, war hier das Fingerspitzengefühl, das einem den Druck des Wassers auf das Ruder mitteilte, eine große Hilfe. Moderne Schiffe werden über See per Computer gesteuert und allfällige Kurskorrekturen per Tastendruck angebracht, aber in engen Fahrrinnen wird wieder auf Handbetrieb geschaltet und mit dem Joystick gefahren, und daß über den der Wasserdruck am Ruder nicht mehr zu spüren ist, kann sich auch nachteilig auswirken.

Eine Besonderheit der Wahrnehmungen auf See besteht darin, daß das wahrnehmende Subjekt, anders als beim Betrachten des Schreibtisches im Arbeitszimmer oder des Kreidestückchens im Hörsaal, sich meist nicht in Ruhe befindet, sondern geschaukelt wird. Beim Stampfen des Schiffes um seine Querachse in einer See, die von vorn kommt, wird das Subjekt nach vorn und hinten geschaukelt, beim Rollen des Schiffes um die Längsachse, das sich einstellt, wenn die See von der Seite kommt, nach links und rechts. Oft überlagern sich beide Bewegungen. Daß die Wahrnehmung aufs leibliche Befinden wirkt, kann auf See weniger leicht übersehen werden als an Land, am wenigsten dann, wenn die leibliche Beteiligung am Auf und Ab des Schiffes in die Seekrankheit mündet, unter der auch viele Berufsseeleute leiden. Andere scheinen immun zu sein. Ich behaupte aber, daß niemand von diesem ständigen Auf-und-Ab-Schwanken gänzlich unberührt bleibt, nur sind die Symptome einer Störung bei vielen nur milde ausgeprägt oder äußern sich gelegentlich sogar in leicht euphorischen Zuständen wie beim Achterbahnfahren. Thomas Mann[12] spricht einleuchtend von Alteration des Gehirns und Seekrankheit „niederen Grades". Zu deren Symptomen gehöre „die Schläfrigkeit, ja Schlafsucht der ersten Tage". Daran schuld sei vor allem „die Schaukelbewegung, die einlullend auf eine betäubende Weise den Kopf benimmt. Unzweideutig ist es das Prinzip des Einwiegens der Kinder, die künstliche Schlaferzeugung durch Alteration des Gehirns, die das Schaukeln hervorbringt, eine Ammen- und Kindsmagd-Erfindung, uralt und nicht sehr gewissenhafter Art, wie Gaben von Mohn." So könnte das Schaukeln auch süchtig machen. Eine gute Freundin und Mutter eines Säuglings sagte nach der Erwähnung der Mannschen Ansichten, daß man sich fragen könne, ob die Leute, die sich zur See hingezogen fühlten, als Kinder zuviel oder zuwenig gewiegt worden seien. Mein Steuermann pries das Glück des Geschaukeltwerdens, indem er sagte, er fühle sich nach einigen Tagen Seereise von allen Sorgen gereinigt, wie ein Kleidungsstück nach dem Schleudern in der Waschmaschine. Ähnliche Erfahrungen hatte ich auch. Die Gedankenfäden rissen dauernd ab wie im Einwiege- und Einschlafvorgang, und so wich auch die Festigkeit sorgenvollen Grübelgarns auf, und es zerfiel in kleine unzusammenhängende Enden, die in die verschiedenen Ecken auseinanderwieselten, statt sich zu einem Netz grauer Melancholie zu verknüpfen. Vielleicht ist auch die Angstlust des Achterbahnfahrens, die in die Situation hineinzieht, aber sich auch mit Erleichterung verbindet, wenn die Fahrt überstanden ist, dem Seemannsvirus der Abhängigkeit von der eigentümlichen Bewegung auf den Wassern unter den Winden verwandt, einem Virus, das an Land von See und auf See vom Land träumen läßt. Manchmal mag die „Alteration des Gehirns" durch die Schaukelbewegung auch zu einer gesteigerten Empfindlichkeit der Wahrnehmung führen, wie sie sich in den Schilderungen von Gelpke und Rose über das Verschwinden der Grenze zwischen Himmel und Erde ausdrückt.

Soviel zu einigen Überlegungen, die aber schon das feste Land der Wahrnehmung zu verlassen drohen und sich anschicken, aufs unsichere Meer der Spekulation zu fahren. Daher schließe ich vorsichtshalber meinen Beitrag hier ab und hoffe, alles in allem zum Wahrnehmungsthema einen Hauch frischer Salzluft hinzugefügt zu haben.

Danksagung:

Den Kapitänen Volker Preßler, Franz Günter Rose und Dr. Werner von Unruh danke ich für die Durchsicht des Manuskripts und hilfreiche Hinweise und Berichte aus eigener Erfahrung, Christian Wieden für seinen Bericht aus der Trampfahrt.

[1] William Heinesen: *Der Turm am Ende der Welt,* Berlin: Spektrum, 1991, S. 27.
[2] Tim Schwabedissen: *MS Stadt Kiel – Vom Hafendampfer zum Museumsschiff,* Husum: Husum Druck- und Verlagsgesellschaft, 2001.
[3] Eckard Wetzel: „*Thor Heyerdahl*" – *Dreimast-Toppsegelschoner,* Erlangen: Karl Müller Verlag, 1995.
[4] Mins Minssen: „Zur Phänomenologie des Windes und der Windmusik": Böhme, G., Schiemann, G.: *Phänomenologie der Natur,* Frankfurt: Suhrkamp, 1997, S. 232–255.
[5] Ralf Lindau: *Eine neue Beaufort-Äquivalentskala,* Kiel: Berichte aus dem Institut für Meereskunde, 1994, Nr. 249.
[6] P. Petersen: „Zur Bestimmung der Windstärke auf See – Für Segler, Dampfer und Luftfahrzeuge", in: Annalen der Hydrographie und Meteorologie, 1927, Bd. 55, S. 69–72.
[7] V. Strouhal: „Über eine besondere Art der Tonerregung", in: Annalen der Physik und Chemie, 1878, Bd. 5, S. 216–251.
[8] Minssen, a.a.O., S. 243–247
[9] Jürgen Ruszkowski (Hrsg.): *Seemannsschicksale unter Segeln und mit Dampf,* Hamburg: Dietrich's Verlag, o. J., Bd. 4/1, S. 66 ff.
[10] A.a.O., Bd. 4/1, S. 8.
[11] Erskine Childers: *Das Rätsel der Sandbank,* Zürich: Diogenes, 1975, S. 63 und 126 ff.
[12] Thomas Mann: *Meerfahrt mit Don Quijote,* Oldenburg – Hamburg – München: Stalling, 1980, S. 21 f.

Albrecht Grözinger

„Und Siehe!"

Kleine theologische Schule der Wahrnehmung

Blick-Wechsel

Mensch und Gott begegnen sich in der Bibel nicht selten in ihren Blicken. Die menschliche Gottesbegegnung ist mit einem Blick-Wechsel, mit Wahrnehmung also, verbunden. Menschen blicken auf Gott. Gott blickt auf die Menschen.

Blick-Vielfalt, Wahrnehmungs-Vielfalt durchziehen die Bibel wie ein roter Faden: Der menschliche Blick der Sehnsucht: „Ich hebe meine Augen auf zu den Bergen. Woher kommt mir Hilfe? Die Hilfe kommt von dem Herrn, der Himmel und Erde gemacht hat." (Psalm 120,1). Der menschliche Blick des Leidens: „Unter Tränen blickt mein Auge zu Gott." (Hiob 16,20). Der menschliche Blick des Begehrens: „Und Eva sah, daß von dem Baum gut zu essen wäre und daß er eine Lust für die Augen wäre und verlockend." (1. Mose 3,6) Der menschliche Blick des Erbarmens: „Und als der Samariter den Überfallenen sah, jammerte er ihn." Der menschliche Blick der Erkenntnis: „Die Gebote des Herrn sind lauter und erleuchten die Augen." (Psalm 19,9).

Dieser menschlichen Blick-Vielfalt entspricht die Vielfalt des göttlichen wahrnehmenden Blicks. Am Anfang von allem steht der erschaffende Blick Gottes: „Und Gott sah an alles, was er gemacht hatte, und siehe, es war sehr gut." (1. Mose 1,31). Der anfängliche Blick Gottes ist ein Blick mit allen Schattierungen, die der Wahrnehmung eingeschrieben sein können. Der annehmende göttliche Blick: „Ich kenne dich mit Namen und du hast Gnade vor meinen Augen gefunden." (2. Mose 33,12) Der göttliche Blick der Treue: „Meine Augen sehen nach den Treuen im Lande, daß sie bei mir wohnen." (Psalm 101,6). Der göttliche Blick der Fürsorge: „Denn des Herrn Augen schauen alle Lande, daß er stärke, die mit ganzem Herzen bei ihm sind." (2. Chronik 16,9). Der forschende göttliche Blick: „Und kein Geschöpf ist vor ihm verborgen, sondern es ist alles bloß und aufgedeckt vor den Augen Gottes, dem wir Rechenschaft geben müssen." (Hebräer 4,13) Der richtende göttliche Blick: „Denn du bist nicht ein Gott, dem gottloses Wesen gefällt; wer böse ist, bleibt nicht vor dir. Die Ruhmredigen bestehen nicht vor deinen Augen; du bist feind allen Übeltätern." (Psalm 5,6)

In diesen vielfältigen Blick-Wechsel Gottes mit dem Menschen und des Menschen mit Gott ist Leidenschaft eingeschrieben. Im Horizont der Bibel ist deshalb Wahrnehmung durch und durch emotional bestimmt. Es gibt keine neutrale Wahrnehmung. Wer auf die Welt blickt, rückt sich zu ihr in ein bestimmtes Verhältnis, das alle weiteren Verhältnisse qualifiziert. Die gute Schöpfung bedarf des liebevollen, des hegenden und pflegenden Blicks. Der Blick der Ausbeutung, der Blick des Menschen, der sich als maître et possesseur (Descartes), als Meister und Besitzer der Welt versteht, kann deren Schönheit nur verfehlen.

Ein besitzergreifender Blick auf die Welt vergreift sich an deren Schönheit. Deshalb kann die Bibel die Schönheit der Welt, des Menschen und der Dinge, nicht hoch genug preisen. Das biblische Verständnis der Welt ist ästhetisch bestimmt. Wer auf die Welt blickt, muß ihr in seinen Wahrnehmungen ästhetisch entsprechen. Das Ziel aller Wahrnehmungen ist die von Gott gewollte Schönheit der Welt, die aber vom Menschen immer wieder durch seine Handlungen beschädigt und in Frage gestellt wird.

Die Bibel liebt die Schönheit

Die Bibel hat deshalb keine Scheu vor dem Begriff der Schönheit. Sie redet ebenso unbefangen von der Schönheit der Menschen wie von der Schönheit Gottes.

Rahels schöne Gestalt wird gepriesen (1. Mose 29,17), von Josephs jugendlicher Schönheit ist die Rede (1. Mose 39,6), und ein psalmistisches Hochzeitslied kann den königlichen Bräutigam den ‚schönsten unter den Menschenkindern' nennen (Psalm 45,1). Von Leibfeindlichkeit, von ästhetischem Verdacht gegen körperliche Schönheit ist in diesen Textstellen nichts zu spüren.

Theologisch bedeutsam ist es nun, daß die Kategorie der Schönheit nicht allein als anthropologischer Begriff, sondern als ein im engeren Sinn theologischer Begriff in der Bibel immer wieder Verwendung findet. Die Gegenwart Gottes kann beschrieben werden als *schöner* Glanz Gottes, der von Zion ausbricht (Psalm 50,2).

Von daher ist der im Verlauf der Kirchen- und Theologiegeschichte auftretende Verdacht und Vorbehalt gegen das Ästhetische biblisch auf keinen Fall begründet. Schön werden die Menschen genannt, und die Gegenwart Gottes kann als die Ankunft schönen Glanzes beschrieben werden. In der Schönheit schließlich begegnen sich Gott und Mensch. Der Psalm, der in der Luther-Bibel mit guten Gründen mit den Worten „Gemeinschaft mit Gott" überschrieben ist, spricht ausdrücklich von den schönen Gottesdiensten des Herrn, die im Tempel gefeiert werden (Psalm 27,4).

Allein schon dieser biblische Befund nötigt dazu, das Phänomen des „Ästhetischen" auch in der theologischen Reflexion ernst zu nehmen. Ästhetik ist kein theologisches Luxusgut, sondern unveräußerlicher und notwendiger Bestandteil einer biblisch begründeten Theologie.

Theologische Ästhetik – Was ist das?

Kaum ein Begriff ist so schillernd wie der der Ästhetik und des Ästhetischen. Er begegnet in der Alltagssprache ebenso oft wie unbestimmt, aber auch in der Fachdiskussion besteht über eine Definition des Ästhetischen keineswegs Einigkeit. Man kann ohne große Übertreibung sagen, daß es beinahe so viele Definitionen des Ästhetischen wie Veröffentlichungen zum Thema Ästhetik gibt.

Blickt man auf die Geschichte der Ästhetik, so lassen sich jedoch drei grundsätzliche Möglichkeiten erkennen, Ästhetik begrifflich zu präzisieren.

Plato (427–347 v. Chr.) war einer der ersten Denker des Abendlandes, der über die ästhetische Problematik konsequent und systematisch nachgedacht hat. Für ihn sind die Phänomene des Ästhetischen in der Metaphysik begründet. Alle Erscheinungen im Reich der Sinnenwelt, die wir als schön empfinden, sind Ausdruck der einen Idee des Schönen. Diesem Schönen streben die Menschen nach. Ohne dieses Streben nach dem Schönen ist menschliches Handeln für Plato nicht denkbar. Ästhetik ist für ihn deshalb wesentlich Theorie des Schönen. Deshalb sind für Plato Ethik und Ästhetik auch keine Gegensätze, wie dies später bei Kierkegaard der Fall ist. Ethik und Ästhetik sind aufs engste miteinander verwoben. Ein Tatbestand, der auch für eine theologische Ästhetik von großer Bedeutung ist.

Der moderne Begriff der Ästhetik, wie wir ihn heute kennen, geht dagegen auf den Philosophen Alexander Gottlieb Baumgarten (1714–1765) zurück. Baumgarten veröffentlichte in den Jahren 1750/58 unter dem Titel „Aesthetica" grundsätzliche Überlegungen über das, was unter Ästhetik verstanden werden kann. Er geht dabei von einer so folgenreichen wie überzeugenden Unterscheidung aus. Es lassen sich – so argumentiert Baumgarten – zwei Arten und Weisen der menschlichen

Erkenntnis unterscheiden. Die eine Erkenntnisweise ist die Erkenntnis über den Verstand. Sie verfährt mit logischer Deduktion und arbeitet mit strenger definitorischer Begrifflichkeit. Baumgarten erkennt nun haarscharf, daß es neben dieser begrifflich-definitorischen Erschließung der Welt auch noch einen anderen Welt-Zugang gibt, den er als sinnliche Erkenntnis bezeichnet. Die Werke der Kunst und die Poetik erkennen Welt auf andere Weise, und sie sprechen eine andere Sprache als die exakten Wissenschaften. Gleichwohl kann man nicht bestreiten, daß auch in der Kunst und der Poetik ‚Welterkenntnis' enthalten ist. Die Ästhetik reflektiert diese Art und Weise des menschlichen Weltzugangs. Ästhetik ist für Baumgarten deshalb die Theorie der sinnlichen Erkenntnis. Diese Bestimmung Baumgartens ist auch für unsere Gegenwart aktuell. Wir erkennen zunehmend, wie wichtig eine ganzheitliche Weltwahrnehmung ist. Und diese ganzheitliche Wahrnehmung der Welt wird in der sinnlichen Wahrnehmung konkret.

Georg Wilhelm Friedrich Hegel (1770-1831) greift in seinen Überlegungen zur Ästhetik zwar auf Baumgarten zurück, gibt aber der weiteren ästhetischen Diskussion eine entscheidende Wende, indem er eine neue – begrifflich zwar äußerst präzise, in ihrem Geltungsbereich gegenüber der Bestimmung Baumgartens jedoch eingeschränkte – Definition der Ästhetik versucht. Ästhetik ist für Hegel die Philosophie der schönen Kunst. In diesem Sinn wird heute auch in der Regel der Begriff der Ästhetik in der Alltagssprache gebraucht. Wenn vom Ästhetischen die Rede ist, dann denken wir in erster Linie an Kunstwerke. Dies ist sicher nicht falsch. Aber dabei darf nicht übersehen werden, daß dort, wo der Begriff des Ästhetischen auf die Werke der Kunst beschränkt wird, andere Dimensionen ausgeblendet werden. Wir sprechen ja mit guten Gründen etwa von der Schönheit der Natur. Oder denken wir an die theologische Rede von der Schönheit Gottes. Beides kann von einer Ästhetik, die sich ausschließlich auf die Werke der Kunst beschränkt, nicht bedacht werden.

Gerade das ästhetische Nachdenken im Kontext der Theologie wird von einem möglichst weiten Begriff des Ästhetischen auszugehen haben, um dem Reichtum biblischer Rede vom Schönen gerecht zu werden. Ein Paul Gerhardt hat dies noch gewußt: „Geh aus, mein Herz, und suche Freud in dieser lieben Sommerzeit ..." Viele Kirchenlieder sind Wahrnehmungs-Schulen, die den achtsamen Blick auf die Welt lehren wollen. Allerdings ist dieser menschliche Blick der Wahrnehmung stets umstritten. Welche Wahrnehmungen werden dem Wahrgenommenen gerecht und welche Wahrnehmungen verstellen uns eher den Blick auf die Welt und die Dinge? Dieser Streit um die rechte Wahrnehmung hat sich im Streit um die Bilder immer wieder exemplarisch zugespitzt.

Das biblische Bilderverbot als ästhetische Wahrnehmungslehre

Der Streit um die Bilder – und damit auch der Streit um die rechte Wahrnehmung – ist so alt wie die Kirche selbst. Bilderstürme wechseln sich mit Phasen ausgesprochener Hochschätzung künstlerischer Arbeit periodisch ab. In dieser Kontroverse wurde von den Gegnern der Bilder immer wieder eingewandt, daß es eine theologische Ästhetik ja schon deshalb gar nicht geben könne, weil das biblische Bilderverbot aller ästhetischen Darstellung negativ gegenüberstehe. Wo die Bilder verboten sind, dort sei auch keine ästhetische Reflexion notwendig.

Diese Interpretation des Bilderverbots greift jedoch entschieden zu kurz. Das Bilderverbot verbietet nicht eine theologische Ästhetik, sondern ruft geradezu nach einer theologischen Ästhetik. Im Bilderverbot ist die ästhetische Problematik in konzentrierter und hochreflektierter Form aufbewahrt.

Das biblische Bilderverbot lautet bekanntlich folgendermaßen: „Du sollst dir kein Bildnis noch irgendein Gleichnis machen, weder von dem, was oben im Himmel, noch von dem, was unten auf Erden, noch von dem, was im Wasser unter der Erde ist. Bete sie nicht an und diene ihnen nicht." (2. Mose 20,4-5a). Dieser letzte Satz weist zugleich auf das Zentrum wie auf die Wahrheit des biblischen Bilderverbots. Die Bibel weiß sehr genau, daß Bilder die Menschen beherrschen können. Und wir im Zeitalter der Medien und der Information werden mit Bildern, die uns beeinflussen sollen, geradezu überschüttet.

Vor den Zwängen, die von den Bildern ausgehen, möchte das Bilderverbot schützen. Wo die Bilder angebetet werden, dort bekommen sie eine quasi göttliche Macht, sie werden zu einer Schicksalsmacht, die ein Leben erbarmungslos ersticken können. Wir alle kennen solche Bilder. Seien es die Feindbilder, die Menschen immer wieder in schreckliche Kriege verwickeln, seien es innere Bilder der Hoffnungslosigkeit, die Menschen von einer Depression in die andere stürzen lassen. Oder seien es Bilder der Stärke und Macht, die alles Schwache und Kranke aus dem Kreis des Menschlichen ausschließen wollen.

Demgegenüber erinnert das Bilderverbot daran, daß Bilder nur dort legitim, nur dort einer befreienden Wahrnehmung dienen, wo sie keine göttliche Autorität beanspruchen, wo sie hinterfragbar sind, wo sie Räume der Freiheit und neue Horizonte erschließen. Einer solchen Funktion von Bildern hat eine biblisch verantwortliche theologische Ästhetik zu dienen.

Herrlichkeit Gottes und Theologie des Kreuzes –
Aufgaben für eine theologische Wahrnehmungslehre

Eine theologische Ästhetik wird nicht unbefangen die metaphysisch begründete Ästhetik eines Plato übernehmen können. Die Bibel spricht zwar von der Herrlichkeit Gottes, allerdings erscheint diese Herrlichkeit Gottes in der Welt immer nur in paradoxer Verhüllung. Bereits die Gottesknechtslieder im Buch des Propheten Jesaja sprechen von dem, dessen Gestalt gerade nicht ansehnlich war. Und das Neue Testament spricht von dem Christus, der auf erbärmliche und alles andere als schöne Art und Weise den Tod am Schandpfahl stirbt. Die Bibel weiß von der Herrlichkeit Gottes, aber sie weiß auch von der oft häßlichen Realität der Welt, die dieser Herrlichkeit Gottes widerspricht, ja ihr geradezu ins Gesicht schlägt.

Der biblische Gott ist deshalb in seiner Herrlichkeit gerade denen nahe, die im Schatten stehen. Sein Licht strahlt in die Dunkelheit. Die Ästhetik des Gottes, den die Bibel bezeugt, stellt sich gerade dem an die Seite, was einer Ästhetik der Kraft und der Macht verdächtig ist.

So strahlt die Herrlichkeit Gottes hinüber in die Dunkelheit und auf das oft häßliche Antlitz der Welt. Von diesem Licht lebt die Welt, auch dort, wo sie davon gar nichts weiß. Und deshalb (deshalb allein!) kann man dann auch von der Schönheit der Welt und des Menschen reden. Martin Luther spricht an einer abgründigen Stelle seiner Heidelberger Disputation des Jahres 1518 davon, daß die Menschen als Sünder nicht deshalb von Gott geliebt würden, weil sie schön seien, sondern sie seien deshalb schön, weil Gott sie liebe.

In einer Zeit der ökologischen Lebensgefahr kommt deshalb einer ästhetischen Wahrnehmung der Welt als der Schöpfung Gottes eine besondere Bedeutung zu. Wo die Welt als Schöpfung ästhetisch wahrgenommen wird, dort ist die Welt stets mehr als nur ein Selbstbedienungsladen für menschliche Interessen mit all seinen katastrophalen Folgen. Ästhetische Weltwahrnehmung und humane Weltgestaltung – Ästhetik und Ethik mithin – gehören aufs engste zusammen. Die Wahrnehmung der Herrlichkeit Gottes und die leidende Anteilnahme am Zustand der Welt bedingen sich gegenseitig.

Diese Herrlichkeit Gottes und die Schönheit der von Gott geliebten Welt und ihrer Menschen harren ihrer Offenbarung.

Deshalb ist die theologische Ästhetik eine *eschatologische Ästhetik*. Sie leidet an dem gegenwärtigen Zustand der Welt und sie erhofft sich von Gott einen grundlegenden Wandel. Sie weiß um den Schmerz der Welt und um die Sehnsucht nach dem Ende der Zerrissenheit der Welt. Den *Schmerz* und die *Sehnsucht* – dies teilt eine recht verstandene theologische Ästhetik mit den besten Werken der modernen Kunst.

In diesen Zusammenhang gehören die schönen Sätze des Theologen Rudolf Bohren: „Wenn Gott erkannt wird als Gott, wenn er im Geist aus sich heraustritt in unseren Horizont, wird es zum Schrei des Entzückens kommen über seine Schönheit. Kirche und Theologie sind dann nicht mehr länger auf der Suche nach der verlorenen Zeit, sondern da, präsent in der Gegenwart des Geistes, in dem sie ihre Einheit haben und schön werden. Wer wollte da nicht zum Künftigen seltsame Lust bekommen?

Poesie der Praxis heißt: In aller Praxis steckt noch Ungedachtes, und Ungedachtes hat noch nicht das Licht der Möglichkeit erblickt. Daß Gott in der Praxis schön wird, ist ihr Ungedachtes, bis Gott sein wird alles in allem."[1]

Diese Sätze rufen nach einer Ethik der Wahrnehmung, nach einer Ethik des Ästhetischen. Damit betreten wir jedoch ein höchst strittiges Feld der abendländischen Geistesgeschichte.

Ethik kontra Ästhetik?

Das Verhältnis zwischen Ethik und Ästhetik ist so prekär wie explosiv. Dieses Wissen begleitet die abendländische Philosophie von ihren Anfängen an. Und so ist es auch nicht verwunderlich, daß die Theorien der Ästhetik wie die Theorien der Ethik ihr wechselseitiges Verhältnis höchst plural und heterogen bestimmt haben. Hermeneutisch am produktivsten sind in diesem Zusammenhang diejenigen Theoretiker, die sich auf beiden Gebieten, der Ästhetik wie der Ethik, als bewandert erweisen. Ich möchte zunächst exemplarisch drei solcher Positionen darstellen und an ihnen die Problemstellungen skizzieren, die meine weiteren Überlegungen leiten werden.

Die brisante Geschichte des Verhältnisses von Ethik und Ästhetik fängt wohl bei Plato und Aristoteles an. Die aristotelische Bewertung des ethischen Gehalts der ästhetischen Erfahrung bekommt erst vor dem Hintergrund der vorausgehenden platonischen Skepsis ihre Konturen. Erst im Blick auf Plato wird der innovatorische Impuls kenntlich, der von Aristoteles ausgeht.

Platos Skepsis sowohl gegenüber der Kunst wie auch gegenüber den an und mit Kunst zu machenden Erfahrungen ist unübersehbar. Diese Kunst-Skepsis resultiert nicht aus einer Geringschätzung der Kunst und ihrer Leistungen. Im Gegenteil! Sie begründet sich aus der Einsicht in die intensiven Wirkungen der Kunst. Platos Kunst-Skepsis ist zugleich ein hohes Lied auf das, was die Kunst im Menschen bewirken kann. Die Kunst ist für Plato ein fascinosum tremendum, voll einer „gefährlichen Zweideutigkeit".[2] Der Künstler spreche und handle nicht nach den Maßstäben des Logos (wie dies der Philosoph und der Politiker tun), sondern aus der Katokoché (Besessenheit) und der Manía (Raserei) heraus. Nicht das handwerkliche Können allein konstituiert den Künstler, sondern erst diese den Gesetzen des Logos entzogenen Sphäre der Ergriffenheit durch einen Gegen-Logos.

Damit aber haftet für Plato der Kunst und den mit ihr verbundenen Erfahrungen etwas höchst Irrationales und intersubjektiver Verständigung nicht mehr Zugängliches an. Aus diesem Mangel an Rationalität und kommunikativer Intersubjektivität resultiert das ethische Defizit der Kunst. Es sei noch einmal betont: Plato redet nicht einer besseren, weil rationaleren und intersubjektiv-kommunikativen Kunst das Wort. Eine solche Kunst wäre keine Kunst mehr. Plato kennt weder eine philosophische, noch eine politische ‚Auftrags-Kunst'. Eine solcherart durch ihr äußerliche Zwecke gebändigte ‚Kunst' ist für Plato gerade keine Kunst mehr.

Was bleibt dann? Wo ist der Ort für eine Kunst, die notwendigerweise eine Anti-Ethik sein muß? Im Grunde kann Plato diesen Ort nur via negationis beschreiben. Es ist auf jeden Fall nicht die Polis der vernünftig-kommunikativ Handelnden, in der die Kunst ihren rechten Ort hat. In der *Politeia* ist diese Einsicht klar ausgesprochen: „Einem Mann also, wie es scheint, der sich ästhetisch vielgestaltig zeigen kann und alle Dinge mimetisch darstellen kann, wenn uns der selbst in die Polis käme, dem würden wir Verehrung bezeugen als einem heiligen und wunderbaren und anmutigen Mann, würden ihm aber sagen, daß ein solcher bei uns nicht in der Polis sei und auch nicht hineinkommen dürfe, und würden ihn, das Haupt mit aller Salbe begossen und mit Wolle bekränzt, in eine andere Stadt geleiten."[3]

Wir würden Plato sicher Unrecht tun, wenn wir diese Sätze interpretierten als zynische Vorform jener Unterdrückung von Kunst und Künstler(innen), wie sie später noch alle totalitären Regimes bis zum Exzeß verfolgt haben. Nein, Plato ist kein Bücherverbrenner und kein Bilderstürmer. Er spricht der Kunst aber ab, daß von ihr auch nur der geringste ethische Impuls ausgeht. Und deshalb muß sie im Reich der platonischen Polis ortlos bleiben, denn die Polis lebt aus den Impulsen einer kommunikativen Rationalität, die der Kunst wesensfremd ist und wesensfremd bleiben muß.

Aus dieser Ortlosigkeit holt nun Aristoteles die Kunst zurück und weist ihr einen präzisen Ort in der Polis zu. Diese aristotelische Ortzuweisung für die Kunst ist verbunden mit einer ästhetischen Theorie, die das abendländische Nachdenken über ästhetische Fragen bis auf den heutigen Tag bestimmt. In ‚Aestheticis' stehen wir alle auf den Schultern von Aristoteles. Sein Grundverständnis von Kunst entfaltet Aristoteles im Zusammenhang seiner Dramentheorie, die jedoch ihrerseits paradigmatisch für alle ästhetischen Bemühungen von uns Menschen steht.

In der *Poetik* definiert Aristoteles die Tragödie als „die nachahmende Darstellung (Mimesis) einer Handlung, die durch Mitleid (Eleos) und Furcht (Phobos) eine Reinigung (Katharsis) derartiger Gefühle bewirkt".[4] Ästhetische Wahrnehmung und Darstellung verdoppeln nicht einfach die menschliche Welt, sondern in der ästhetischen Wahrnehmung und Darstellung wird für den Menschen diese seine Welt auf andere – eben ästhetisch vermittelte – Weise zugänglich. Was geschieht in ästhetischer Vermittlung? Auf der einen Seite sicher eine Distanzierung. Jeder weiß, daß er auf einem Bild nicht das Original sieht und daß im Theater Schauspieler eine Rolle spielen. Und zugleich geschieht mittels dieser ‚Distanzierung' eine intensivierende Annäherung. Die Begriffe des ‚Mitleids' und der ‚Furcht' zeigen an, daß Aristoteles in der Dialektik von ästhetischer Distanzierung und intensivierender Annäherung die affektive Gefühlswelt des Menschen elementar in Anspruch genommen sieht. Stellt die Polis mit der in ihr herrschenden kommunikativen Rationalität die eine Hälfte der menschlichen Lebenswelt dar, so ist die affektive Seite unserer Weltwahrnehmung durch die Kunst gesichert. Worin sich nun Aristoteles von Plato unterscheidet, ist der Umstand, daß er die kommunikative Rationalität und die ästhetisch-affektive Erfahrungswelt nicht in einen platonischen Gegensatz rückt, sondern beide aufeinander angewiesen sieht. Findet in der Polis die Conditio humana ihre rationale Organisationsform, so kommt sie im Drama erst als solche zur Darstellung. Insofern ist die Polis auf das Theater ebenso angewiesen wie auf die Agora. Ja man kann noch zugespitzter sagen: Das, was auf der Agora im politisch-kommunikativen Diskurs geschieht, hat die ästhetische Erfahrung, die im Theater gemacht wird, zur Voraussetzung. Ohne die Kunst liefe die Politik ins Leere, sie hätte gar nichts, was sie gestalten könnte.

Vor diesem Hintergrund kann es dann für Aristoteles auch keinen Gegensatz von Ethik und Ästhetik geben. Gleichwohl verwischt Aristoteles nicht die Grenzen zwischen Ethik und Ästhetik. Sie folgen einer je eigenen Rationalität: Die Ethik zielt auf kommunikativ vermittelbare Entscheidungskriterien, die Ästhetik zielt auf kathartische Erkundung der menschlichen Affekte. Ethik und Ästhetik verbinden sich in ihrer Leidenschaft für das Gelingen der Conditio humana.

Sowohl in der hoch- und spätmittelalterlichen wie auch in der früh-reformatorischen Theologie kommt die theologische Ethik in eine herausfordernde Nähe zu der ästhetischen Erfahrung zu stehen.[5] Für Thomas von Aquin stehen das ethische Strebevermögen des Menschen in einem direkten Wechselverhältnis zum menschlichen Erkenntnisvermögen, das durch das Schöne erst erweckt wird, wobei Gott selbst das Urbild wie der Gestalter aller in der Schöpfung wahrzunehmenden Schönheit ist. Wer mit diesem in Schönheit gründenden Gott in Beziehung gerät, wird zugleich in eine ethische Bewegung versetzt. Auf diesen Zusammenhang hat deutlicher als der Aquinate selbst vor allem Duns Scotus verwiesen. Wer Gott in seiner Schönheit sieht, blickt nämlich – so Duns Scotus – nicht auf einen in sich ruhenden Gegenstand, sondern auf einen liebenden Gott. Es ist diese Bewegung der Liebe, die die ästhetische Gotteswahrnehmung immer auch zu einem ethischen Verhältnis macht. Der liebende Gott verwandelt den wahrnehmenden Menschen in einen ebenso liebenden Menschen. Die so ästhetisch bestimmte Theologie wird damit, wie Reinhold Seeberg zu Recht festgestellt hat, zu einer „praktischen(n) Wissenschaft in dem Sinne, daß das von ihr behandelte Erkennen praktisches Erkennen ist".[6]

In diesem Sinne hat dann auch Martin Luther die Theologie als praktische Wissenschaft verstanden, die ihrerseits jedoch auf ästhetische Wahrnehmung verwiesen ist. Das Spezifische der Verbindung von Ästhetik und Ethik bei Luther besteht nun darin, daß er diese Verbindung mehr noch als im Begriff der

Schönheit, wie dies in der mittelalterlichen Theologie der Fall ist, in den Erfahrungen des Leidens der Niedrigkeit begründet sieht: „Denn weil er [sc. Gott] der Allerhöchste ist, kann er nicht über sich sehen, kann auch nicht neben sich sehen. Weil ihm niemand gleich ist, muß er notwendig in sich selbst und unter sich sehen. Und je tiefer jemand unter ihm ist, je besser er ihn sieht. Aber die Welt und die Menschen tun das Gegenteil... Das erfahren wir täglich, wie jedermann nur über sich sieht, zur Ehre, zur Gewalt, zum Reichtum, zur Kunst, zu gutem Leben und allem, was groß und hoch ist, sich bemüht. Und wo solche Leute sind, denen hängt jedermann an, da läuft man hinzu, da dient man gern, da will jedermann sein und der Höhe teilhaftig werden."[7]

Kommt es zu einem Blick-Wechsel zwischen Gott und Mensch, zum Blick-Austausch, so ist das nach Luther nur als Werk des Heiligen Geistes zu beschreiben: „Wo aber erfahren wird, wie er ein solcher Gott ist, der in die Tiefe sieht und nur hilft den Armen, Verachteten, Elenden, Jämmerlichen, Verlassenen und denen, die gar nichts sind, da wird er einem so herzlich lieb. Da geht das Herz über vor Freuden, hüpft und springt vor großem Wohlgefallen, das es in Gott empfangen hat. Und da ist dann der heilige Geist. Der hat solche überschwengliche Kunst und Lust in einem Augenblick in der Erfahrung gelehrt."[8]

Christliche Existenz wird hier von Luther als hohe Kunst des Augen-Blicks und damit als durch und durch ästhetisch bestimmte Kunst beschrieben. Wenn wir in den liebenden Blick Gottes einstimmen, dann gewinnen unsere Augen den offenen Horizont der guten Schöpfung Gottes, in dem die Dinge und Menschen in der ihnen eigenen Würde und Integrität kenntlich werden. In diesem ihrem Kenntlich-Werden rufen sie zugleich nach einem dieser guten Schöpfung entsprechenden Verhalten der Menschen. Enger kann man die Verbindung zwischen Ästhetik und Ethik kaum knüpfen, wie dies Luther hier tut. Gottes-Praxis ist als ästhetisch grundierte Praxis zugleich eine ethisch qualifizierte Praxis. Sie ist Schöpfungs-Entsprechungs-Praxis, in der Ethik und Ästhetik koinzidieren.

Mit ungeheurer Wucht hat Sören Kierkegaard den platonischen Einspruch gegen ein ethisches Mandat der Ästhetik erneuert. Seitdem gilt Kierkegaard als *der Kronzeuge* für eine gegensätzliche Verhältnisbestimmung des Ethischen und Ästhetischen.

Ähnlich wie Plato kommt Kierkegaard zu seinem Urteil nicht dadurch, daß er die Leistung der Kunst mindert, sondern daß er die spezifische Leistung der Kunst beschreibt. Diese spezifische Leistung der Kunst ist bei Kierkegaard durch die Conditio existentialis des Künstlers, der Künstlerin bedingt, die er folgendermaßen zeichnet: „Was ist ein Dichter? Ein unglücklicher Mensch, der tiefe Qualen in seinem Herzen birgt, dessen Lippen aber so geformt sind, daß, indem der Seufzer und der Schrei über sie ausströmen, sie klingen wie eine schöne Musik."[9]

Deshalb ist für Kierkegaard das ästhetische Verhältnis ein zutiefst unmoralisches Verhältnis, weil es aus lauter Mißverständnissen aufgebaut ist: Was dem Kunstgenuß wohlgeformte Gestalt ist, ist im Grunde ein verzweifelter Schrei. Was dem Publikum als Genuß erscheint, ist dem Dichter Leiden. Der Beifall des Publikums, von eben diesem Publikum als Huldigung verstanden, wird zur Marter des Künstlers. Zwischen Ethik und Ästhetik gibt es deshalb nur ein radikales Entweder-Oder, das bei Kierkegaard nicht weniger unerbittlich ist als das platonische Urteil über die Polisuntauglichkeit der Kunst.

Das Ethische am Ästhetischen

Kierkegaard stellt uns unerbittlich vor die Frage: Was ist denn nun das Ethische am Ästhetischen? Eine erste Antwort auf diese Frage lautet schlicht: Dieses Ethische am Ästhetischen besteht darin, daß sich das Ästhetische in Form einer zweckfreien Wahrnehmung der Weltverhältnisse einer direkten ethischen Inspruchnahme stets verweigert. Es ist das zwecklose Spiel mit der Form, die Orientierung am Schein, die das Ästhetische ausmacht. Gerade diese ‚Oberflächenorientierung‘ konnte ein Friedrich Nietzsche an den von ihm so bewunderten wie überzeichneten Griechen nicht hoch genug rühmen: „Oh diese Griechen! Sie verstanden sich darauf, zu *leben*: dazu thut Noth, tapfer bei der Oberfläche, der Falte, der Haut stehen zu bleiben, den Schein anzubeten, an Formen, Töne, an Worte, an den ganzen Olymp des Scheins zu glauben! Diese Griechen waren oberflächlich – *aus Tiefe*! Und kommen wir nicht eben darauf zurück, die Wagehalse des Geistes, die wir die höchste und gefährlichste Spitze des gegenwärtigen Gedankens erklettert und uns von da aus umgesehn haben, die wir von da aus hinabgesehn haben? Sind wir nicht eben darin – Griechen? Anbeter der Formen, der Töne, der Worte? Eben darum – Künstler?"[10]

Ja, so könnte nun ein Kierkegaardianer einwenden, da haben wir es wieder: das ästhetische Mißverständnis, das auf einer zutiefst existentiellen Verzweiflung aufruht und darum zum ethischen Mißverhältnis wird. Doch gegen was preist hier Nietzsche die Orientierung an der Falte, der Oberfläche, der Haut? Was ist ihm an der Anbetung des Scheins so verheißungsvoll? Er spricht hier gegen eine Philosophie, die – wie Hegel – die Wahrheit der Kunst in den Begriff überführen wollte und somit das ‚Ende der Kunst‘ proklamierte. Er spricht gegen einen sich rüstenden Marxismus, der die fortschrittliche Gestaltung der sozialen Welt als eine Technik reklamierte. Er spricht gegen eine politisch-ökonomische Entwicklung, die im Zugriff des Kapitalismus alles Menschliche zur austauschbaren Ware einebnet. Gegen diese Grundtendenzen des 19. Jahrhunderts ruft Nietzsche das Ästhetische und die mit ihm verbundenen Erfahrungen auf. Und das heißt in seinen Augen: Die Welt der Griechen gegen das 19. Jahrhundert, das sich anschickt, sich im 20. Jahrhundert triumphal zu verwirklichen. Gegen den Zugriff des Gedankens verteidigt Nietzsche das, was sich aller gedanklichen Fixierung entzieht. Der Schein läßt sich eben nicht auf den Begriff bringen. Der auf den Begriff gebrachte Schein zerbirst in der Tat wie eine Seifenblase in der Luft. Gegen eine sich als soziale oder kapitalistische Technik gerierende politische Praxis verteidigt Nietzsche das, was nicht nach den Regeln einer bloßen Technik abläuft: Die Welt der Farben, Formen und Töne mit ihre eigenen Logik. Und gegen einen Welt-Markt, der alles zur austauschbaren Ware macht, preist Nietzsche die Falte, die sich nicht einfügt, die Oberfläche, die einem bloßen ‚handling' widersteht.

Nun sind die Ausführungen Nietzsches in sich selbst natürlich höchst ambivalent. Deshalb kann ein bloßer Rückgriff auf ihn auch nicht genügen. Und auch der Einwand steht zu Recht im Raum, daß sein Konzept der Künstler-Existenz sich seinerseits als pervertierbar erwies: Goebbels und Hitler, aber auch Stalin verstanden sich als Politik-Künstler par excellence. Gleichwohl bleiben die Motive Nietzsches aktuell, die die Ambivalenzen und Pervertierbarkeiten seiner Theorie überstanden haben. Seine Motive, die sich in der Einsicht zuspitzen, daß sich das Ethische am Ästhetischen gerade in der Sperrigkeit des Ästhetischem gegenüber dem Ethischen erweist.

Ethik der Wahrnehmung

Eine postmoderne Ethik ist auf Wahrnehmungen der Pluralität unserer Lebenswelten angewiesen. Nun trägt aber die menschliche Wahrnehmung die Tendenz in sich, die Phänomene ihrerseits zu domestizieren. In der Art und Weise unserer Wahrnehmung wird mit darüber entschieden, welche Phänomene wir wahrnehmen und wie wir sie wahrnehmen.[11] Den unschuldigen Blick gibt es nicht. So geht etwa die Entwicklung der Zentralperspektive in der bildenden Kunst einher mit der neuzeitlichen Unterwerfung der Natur und der sozialen Gegebenheiten unter den technischen Gestaltungswillen der Menschen. Wobei dieser Vorgang nicht einseitig negativ oder positiv zu zeichnen ist, sondern in sich höchst ambivalent ist. Auch die Kunst selbst steht diesem Vorgang nicht äußerlich gegenüber, sondern sie ist in ihn konstitutiv einbezogen. Es waren die großen Künstler der frühen Neuzeit, allen voran Leonardo da Vinci und Albrecht Dürer, die die Zentralperspektive ästhetisch erforschten und perfektionierten. Und zugleich war es auch die Kunst, die diese Zentralperspektive dann wieder in Frage stellte und schließlich ästhetisch zu Fall brachte. Ein Vorgang, der mit Cezanne beginnt und im Kubismus kulminiert.

Offensichtlich ist es die Aufgabe der Kunst, das zentrale Organon für Wahrnehmungen zu sein. In der Kunst werden nicht nur Inhalte, sondern weitaus mehr die Art und Weise unserer Wahrnehmungen thematisch. Und zugleich nimmt die Kunst immer wieder Partei für die Phänomene, um sie vor dem besitzergreifenden Zugriff der Wahrnehmung zu retten. In dieser Spannung lebt Kunst, und in dieser Spannung ist ihre implizite Ethik begründet. Ethisch ist die Kunst nicht, wenn sie für bestimmte Inhalte Partei ergreift. Ethisch ist die Kunst darin, daß in ihr die Ambivalenz unserer Wahrnehmungen und der Eigensinn der Phänomene – das, was bei Nietzsche ‚Oberfläche‘ heißt – zur Darstellung kommt. Dies läßt sich an allen großen Werken der Künste zeigen. Ethik wäre dann auf ästhetische Wahrnehmung verwiesen, wie sie pointiert in den Künsten thematisch wird und zur Darstellung kommt.

Bereits Immanuel Kant hat das ästhetische Verhältnis als das eines ‚interesselosen Wohlgefallens‘ beschrieben.[12] Die Rettung der Phänomene, um die es in einer postmodernen Ethik geht, hat es mit einem solchen interesselosen Wohlgefallen zu tun. In einer Welt der Verzweckung steht die Ästhetik für ein Anderes. Es ist geistesgeschichtlich interessant, daß an diesen Zusammenhang schon die französischen Moralisten des 17. und 18. Jahrhunderts erinnert haben. In seinen Maximen und Reflexionen bedenkt François La Rochefoucauld (1613–1680) die Leistungskraft der menschlichen Vernunft (er spricht in diesem Zusammenhang von ‚Scharfsinn'). Die menschliche Vernunft trachte danach, die Weltverhältnisse zu begreifen. Dies sei an sich nicht zu tadeln. Nur sei das Interesse des Begreifens so stark, daß es letztlich kontraproduktiv werde. Dazu heißt es höchst aufschlußreich: „Der Hauptfehler des Scharfsinns besteht nicht darin, nicht bis ans Ziel zu dringen, sondern darüber hinaus."[13] Die ‚Wut des Verstehens' (Jochen Hörisch)[14] ebnet die Verhältnisse und Phänomene ein und wird ihnen eben darin nicht gerecht. Insofern zielt das Interesse des Erkennens immer über das Ziel hinaus. Erst ein an der Ästhetik geschultes Verstehen könnte dem Interesse des Erkennens wirklich gerecht werden. Erst ein Verstehen, das nicht nur verstehen will, versteht. Diesen Gedanken hat dann der Marquis de Vauvenargues (1715–1747) weiter entwickelt. Postmodern avant lettre geht es ihm um die „Vielfältigkeit einer Erscheinung".[15] Diese Vielfältigkeit der Phänomene wird jedoch durch den allzu forschen gedanklichen Zugriff unterlaufen: „Alle bloß folgerichtigen Geister sind ungerecht, sie sind wohl imstande, aus einer Prämisse Schlüsse zu ziehen, aber sie überschauen nicht alle Prämissen und die Vielseitigkeit einer Erscheinung. So ist ihr Urteil einseitig, und sie täuschen sich. Um gerecht zu sein, bedarf es nicht nur eines geraden, sondern eines weiten Geistes, aber der großzügige Blick verbindet sich selten mit der scharfen Deduktion."[16]

Eine postmoderne Ethik müßte sich mit diesem großzügigen Blick verbinden. Gewissensbildung in der Postmoderne wäre unter anderem Einübung in diesen großzügigen Blick, der sich aus dem ‚interesselosen Wohlgefallen' speist, das seinerseits mit der Vielfältigkeit ästhetischer Erfahrung verbunden ist.

Ethische Entwürfe verbinden sich nicht selten mit Utopien. Ja man kann mit einem gewissen Recht sagen, daß jede große Ethik aus dem Geist der Utopie entspringt. Dies gilt für die prophetische Ethik des Alten Testaments ebenso wie für die Bergpredigt. Dies gilt aber auch für die ethischen Implikate des Marxismus, die im 19. und 20. Jahrhundert Millionen von Menschen zu verpflichten wußten. Gerade die Geschichte des sich realisierenden Kommunismus zeigt nun aber auch, daß der utopische Gehalt von großen Ethiken diese selbst immer gefährdet. Die sich geschichtlich realisierende Utopie neigt allemal dazu, als realisierte Utopie totalitär zu werden und sich damit selbst zu dementieren. Dies zeigt übrigens nicht nur die Geschichte des Marxismus-Leninismus. Auch die christliche Inquisition und der von der Genfer Reformation hingerichtete Michael Servet zeugen davon. Weder die Inquisitoren noch Jean Calvin waren moralisierende Desperados, sondern von aufrichtigen ethischen Idealen getragene Menschen, deren Verwirklichung nach ihrer Überzeugung eben ihren (Blut-) Preis kostet. Wir bezeichnen es heute als die Lehre des 20. Jahrhunderts, diesen Zusammenhang erkannt und daraus unsere Konsequenzen gezogen zu haben. Damit aber stehen wir hinsichtlich der Ausbildung von Ethiken vor einem Dilemma. Lösen wir die Ethik von ihren utopischen Gehalten, dann berauben wir sie ihres eigentlichen Kraftzentrums. Bestehen wir weiterhin auf deren geschichtlicher Realisierung, dann unterliegen wir dem Mechanismus des totalitären Ausschlusses oder der Vernichtung dessen, was sich der Realisierung der Utopie nicht beugt. Gibt es ein Drittes, das ja nur ein ‚Dazwischen' sein könnte?

Dieses ‚dritte Dazwischen' bestünde meines Erachtens darin, daß wir der Utopie wieder ihren ursprünglichen Ort zuweisen. Dieser ursprüngliche Ort der Utopie ist die Religion und die Kunst. Wenn sie diesem Ort entrissen werden, wenn sie geschichtlich realisiert werden, dann – aber erst dann! – entsteht jener Mechanismus des totalitären Ausschlusses. Die Utopie steht damit natürlich im Verdacht, vor der Wirklichkeit zu versagen oder sie nur zu verklären. Nur wurde dieser Verdacht erst in dem Augenblick laut, in dem sich die Menschen an die geschichtliche Realisierung von Utopien gemacht haben. Heute gilt es, diesem Verdacht entschieden zu widersprechen. Utopien wirken gerade dadurch, daß sie *nicht* realisiert werden. Jede Realisierung von Utopie dementiert diese. Um der Utopie willen gilt es, deren utopischen Gehalt zu bewahren.

Wie läßt sich nun die Wirkung einer Utopie beschreiben, auf deren geschichtliche Realisierung verzichtet wird? Den Versuch einer solchen Beschreibung hat an prominenter Stelle Robert Musil in seinem Roman *Der Mann ohne Eigenschaften* unternommen. Die Kraft der als Utopie bewahrten Utopie bewährt sich für Musil im Möglichkeitssinn, den er dem Wirklichkeitssinn entgegenstellt. Von diesem Möglichkeitssinn heißt es: „Wer ihn besitzt, sagt beispielsweise nicht: Hier ist dies oder das geschehen, wird geschehen, muß geschehen; sondern er erfindet: Hier könnte, sollte oder müßte geschehen; und wenn man ihm von irgend etwas erklärt, daß es so sei, wie es sei, dann denkt er: Nun, es könnte wahrscheinlich auch anders sein. So ließe sich der Möglichkeitssinn geradezu als die Fähigkeit definieren, alles, was ebensogut sein könnte, zu denken, und das, was ist, nicht wichtiger zu nehmen, als das, was nicht ist. Man sieht, daß die Folgen solcher schöpferischen Anlage bemerkenswert sein können, und bedauerlicherweise lassen sie nicht selten das, was die Menschen bewundern, falsch erscheinen, und das, was sie verbieten, als erlaubt oder wohl auch beides als gleichgültig. Solche Möglichkeitsmenschen leben, wie man sagt, in einem feineren Gespinst von Dunst, Einbildung, Träumerei und Konjunktiven: Kindern, die diesen Hang haben, treibt man ihn nachdrücklich aus und nennt solche Menschen vor ihnen Phantasten, Träumer, Schwächlinge und Besserwisser oder Krittler."[17]

Man spürt es den Worten Musils ab, daß er mit dem Möglichkeitssinn etwas anderes meint als die Beliebigkeit eines anything goes, wie es der Postmoderne so gern unterstellt wird. Der Möglichkeitssinn stellt eine neue Verbindlichkeit unserer Wahrnehmungen her, die als eine ‚offene' Verbindlichkeit gegenüber einer ‚geschlossenen' Verbindlichkeit begriffen werden kann. Utopisch ist sie gerade darin, daß sie die Möglichkeit des ‚Offenen' auch noch einmal gegen den Möglichkeitssinn selbst wendet. Der Möglichkeitssinn ist kein Prinzip, sondern eine Suchbewegung, die in der Vielfalt sinnlicher Wahrnehmungen – wie es Musil sehr schön formuliert – den „noch nicht erwachten Absichten Gottes"[18] nachspürt.

[1] Rudolf Bohren, *Daß Gott schön werde. Praktische Theologie als Ästhetik*, München 1975, S. 233.
[2] Hans-Georg Gadamer, *Platos dialektische Ethik und andere Studien zur platonischen Philosophie*, Hamburg 1968, S. 183.
[3] Vgl. dazu ausführlicher *Politeia* (2. Buch) 376e–379e.
[4] Vgl. dazu *Poetik* 1449b.
[5] Vgl. dazu ausführlicher Albrecht Grözinger, *Praktische Theologie und Ästhetik*, 2. Auflage München 1991, S. 38–43 und 168–171.
[6] Reinhold Seeberg, *Die Theologie des Johannes Duns Scotus*, Aalen 1971 (Nachdruck der Ausgabe Leipzig 1900), S. 127.
[7] Martin Luther, *Ausgewählte Schriften*. Hg. von Karin Bornkamm und Gerhard Ebeling, Band 2, Frankfurt 1982, S. 120.
[8] Ebd.
[9] Sören Kierkegaard, *Entweder-Oder*, Gesammelte Werke, Abteilung 1, Düsseldorf 1956, S. 15.
[10] Zit. n. Karl-Heinz Bohrer, „Das Ethische am Ästhetischen", in: Merkur 54 (2000), [S. 1149–1162], S. 1150.
[11] Vgl. dazu ausführlicher Albrecht Grözinger, *Praktische Theologie als Kunst der Wahrnehmung*, Gütersloh 1995.
[12] Vgl. dazu § 5 der *Kritik der Urteilskraft*.
[13] Zit. n. Bohrer, a.a.O., S. 1155.
[14] Jochen Hörisch, *Die Wut des Verstehens. Zur Kritik der Hermeneutik*, Frankfurt 1988.
[15] Bohrer, ebd.
[16] Bohrer, ebd.
[17] Robert Musil, *Der Mann ohne Eigenschaften*, Hamburg 1981, S. 16.
[18] Ebd.

Henk Verhoog

Biotechnologie und die Integrität des Lebens

Einleitung

In diesem Beitrag will ich die Frage behandeln, was geschieht, wenn eine auf den experimentellen Naturwissenschaften basierende Technologie wie die Biotechnologie im Allgemeinen und die Gentechnologie im Besonderen auf die Lebenserscheinungen angewendet wird. Diese Frage hat natürlich viele Seiten, so dass eine Präzisierung nötig scheint. Eine Anzahl niederländischer Ethiker, darunter ich selbst, vertreten die Auffassung, dass Gentechnologie eine Verletzung der *Integrität* – im Sinne von Ganzheit oder Unversehrtheit – des Tieres darstellt. Unter Gentechnologie wird dabei eine Technologie verstanden, die es ermöglicht, Gene (DNA) einer fremden Art in ein Tier zu bringen, um so dessen Eigenschaften zu verändern. Man spricht deshalb auch vom Durchbrechen der Artgrenzen. Moralische Bedenken hiergegen haben nichts damit zu tun, dass infolge solchen Handelns das Wohl des Tieres beeinträchtigt wird. Integrität ist vielmehr eine eigene moralische Kategorie, neben der Gesundheit und dem Wohlbefinden der Tiere.

Nun gibt es Ethiker, die darauf beharren, dass moralische Bedenken gegen die Behandlung von Tieren nur dann zu rechtfertigen seien, wenn das Tier selbst dadurch einen merklichen, fühlbaren Schaden erleide. Wenn zum Beispiel die Hörner einer Kuh auf schmerzlose Weise entfernt werden können, dann sei das keine moralische Frage, sondern höchstens eine ästhetische. Damit ist gemeint, dass die Angelegenheit höchstens ein Problem für den Menschen, also für den Wahrnehmenden, nicht aber für das Tier selbst ist. Dies wirft die schwierige Frage nach dem Verhältnis von Ethik und Ästhetik auf. Der Begriff der Integrität hat zu tun mit Vollständigkeit und Ganzheit, mit Gleichgewicht, mit einer harmonischen Beziehung zwischen den Teilen und dem Ganzen. Diese Aspekte spielen auch in der Ästhetik eine Rolle. Aber es gibt noch andere Übereinstimmungen. Wenn wir über die Integrität lebender Organismen sprechen, beziehen wir uns auch auf das Eigene, die Eigenart, die Identität der Organismen, die wir um ihrer selbst willen achten. Diese Achtung des intrinsischen Wertes einer Sache kennen wir auch aus der Ästhetik. Auch die Frage nach der Subjektivität bzw. Objektivität des Erlebens ist für Ästhetik und Ethik gleichermaßen relevant.

Wenn man die Frage nach dem Verhältnis von Ethik und Ästhetik im Hinblick auf die Beurteilung gentechnologischer Eingriffe in lebende Organismen behandelt, rückt die menschliche Wahrnehmung ins Zentrum der Aufmerksamkeit. Ein Biologe steht immer im Spannungsfeld zwischen der gegebenen, so genannten freien Natur einerseits und der im Labor hergestellten Natur andererseits, und der Unterschied lässt sich unter anderem an der Wahrnehmung festmachen. Durch den Übergang von der Feldbiologie zur Laborbiologie (die auch die Gentechnologie hervorgebracht hat) hat sich die Beziehung zwischen Denken und Wahrnehmen verändert, was sich wiederum auf die moralische Beziehung auswirkt, die Forscher zu ihrem Gegenstand haben.

Schon durch die Naturwissenschaft an sich wird unsere unmittelbare, erlebte Beziehung zur Natur auf die Probe gestellt, und noch mehr, wenn die im unmittelbaren Erleben wahrgenommene Natur (Tiere oder Pflanzen als Ganzheiten in natürlicher Umgebung) zurückgeführt wird auf die molekular-biologische Ebene der Gene. Grenzen zwischen Arten, die auf der Ebene des Erlebens ganz eindeutig sind, verschwimmen auf der molekularen Ebene. Damit verschwindet aber auch die moralische Relevanz dieser Grenzen.

So komme ich schließlich zu dem Ergebnis, dass eine moralische Beurteilung der modernen Biotechnologie eine mehr holistische, ganzheitliche Sicht des Lebens zur Voraussetzung hat. Es ist zwar letztendlich der Mensch, der die Beurteilungskriterien aufstellen muss, aber deswegen sind diese doch nicht völlig „subjektiv". Es sind die lebenden Organismen selbst, die uns helfen können, die entsprechenden Kriterien zu finden, wenn es nämlich dem Menschen gelingt, die Natur *unbefangen* wahrzunehmen, und das heißt auch, sie um ihrer selbst willen wahrzunehmen, losgelöst von dem instrumentellen Wert, den sie für uns haben mag. Goethe hat einen Weg aufgezeigt, wie man so wahrnehmen kann, dass die Natur sich im menschlichen Bewusstsein, wenn es nur bereit ist zuzuhören, selbst ausspricht. Die Integrität der Natur ist ja nichts, was nur außerhalb des Menschen besteht. Vielmehr ist der Mensch selbst ein Teil der Natur, und darum kann er auch zu ihrem Wesen vordringen.

Gentechnologie und das Wohl des Tieres

Bis vor kurzem stützte sich der Tierschutz auf die Annahme, dass die Misshandlung von Tieren auf andere Menschen ermutigend wirken könne und aus diesem Grund nicht erlaubt werden dürfe. Außerdem fürchtete man, dass jemand, der Tiere misshandelt, auch weniger Scheu davor haben würde, Menschen zu misshandeln. Was das Tier selbst erlebt, spielte in den meisten gängigen ethischen und juristischen Auffassungen kaum eine Rolle. Das wurde mit der Behauptung begründet, es gebe prinzipielle Unterschiede zwischen Menschen und Tieren, die einen unbegrenzten Gebrauch von Tieren durch den Menschen rechtfertigen. Inzwischen hat sich diese Einstellung verändert.

In den letzten Jahrzehnten hat man den Tieren in der Ethik und Gesetzgebung verschiedener Länder relativ viel Aufmerksamkeit gewidmet, vor allem solchen, die vom Menschen gehalten werden: in der Landwirtschaft, als Versuchstiere, als Haustiere und dergleichen. Dass es sich dabei fast ausschließlich um Wirbeltiere handelt, ist kein Zufall. Grund für die Ansicht, dass diese „höheren" Tiere mehr Achtung verdienen, war nämlich der Gedanke, dass der moralische Status von Tieren nicht durch den Unterschied zwischen Mensch und Tier bestimmt werde, sondern durch deren Ähnlichkeit. Man folgte einer Art Analogiedenken. Wirbeltiere und Menschen weisen große Gemeinsamkeiten auf: genetisch, anatomisch und physiologisch. Obwohl Tiere sich nicht mit Worten äußern können, müssen wir doch davon ausgehen, dass sie wie Menschen Schmerz erleiden können. Bei Wirbeltieren handelt es sich also um Tiere, die über eine Form von Bewusstsein verfügen und denen es etwas ausmacht, wenn sie durch menschliches Handeln leiden. Und insofern Menschen und Tiere ein vergleichbares Bewusstsein und vergleichbare Schmerzerfahrungen haben, müssen sie auch gleich behandelt werden.

Auch der Begriff des „intrinsischen Wertes" von Tieren, der zum Beispiel in die niederländische Gesetzgebung aufgenommen wurde, bezieht sich stark auf deren Leiden. Für das Tier selbst hat nämlich sein Schmerz einen intrinsischen Wert. Die Gesetzgebung ist entsprechend darauf ausgerichtet, das Leiden der Tiere so gering wie möglich zu halten. Konsequent weitergedacht bedeutet das auch, dass die Anwendung der Gentechnologie aus dieser Sicht erst dann ein moralisches Problem wird, wenn dadurch das Wohlempfinden des Tieres beeinträchtigt wird. Der Eingriff selbst ist dabei ethisch neutral. Die wenigsten genetischen Eingriffe finden aber am erwachsenen Tier statt. Die artfremde DNA (zum Beispiel ein menschliches Gen, das ein bestimmtes Eiweiß kodiert, welches wir durch das Tier erzeugen lassen wollen) wird in vitro, also außerhalb des lebenden Organismus, in eine tierische Eizelle injiziert. Der daraus entstandene, genetisch veränderte Embryo wird danach in die Gebärmutter eines weiblichen Tiers eingepflanzt, um sich darin weiterzuentwickeln. Die Erfolgschance, also die Wahrscheinlichkeit, dass die eingebrachte DNA sich auch auf die erwartete Weise auswirkt, ist sehr klein. Das bedeutet, dass sehr viele Eizellen (und manchmal Embryos) nötig sind, wobei auch allerlei Nichtvorhersehbares entstehen kann. Dieser Umstand hat jedoch keine moralische Relevanz, wenn man ausschließlich dem Leiden erwachsener Tiere Beachtung schenkt. Denn Embryonen in einem frühen Entwicklungsstadium können noch nicht leiden, weil ihr Nervensystem noch nicht voll entwickelt ist.

Einige Ethiker, die diese Auffassung teilen, haben vorgebracht, dass es ein Vorteil für das Tier sein kann, wenn ein Biotechnologe zum Beispiel bei einem Huhn in der Legebatterie durch die Anwendung von Gentechnologie dessen Scharrbedürfnis verschwinden lassen kann. Man passt das Tier dann sozusagen an die Legebatterie an, wodurch es weniger zu leiden braucht. Ein noch etwas extremerer Fall sind Tiere, die genetisch verändert werden, um als Krankheitsmodell zu dienen (zum Beispiel die Krebsmaus). Diese Tiere werden genetisch gewissermaßen so reprogrammiert, dass sie an Krebs leiden. Ein Ethiker, B. E. Rollin, hat gemeint, man solle, falls es keine andere Möglichkeit gibt, das gewünschte Wissen zu erlangen, die Tiere so manipulieren, dass ihre Fähigkeit, Schmerz zu empfinden, vollständig ausgeschaltet wird.[1] Das kann bedeuten, dass das Tier kein Bewusstsein mehr hat. Wenn sich alles ausschließlich um das Schmerzempfinden dreht, dann ist das logisch gedacht. Doch sträuben sich vielen Menschen die Haare, wenn sie dies hören. Ein Tier ohne Bewusstsein vegetiert nur noch, ist zu einer Pflanze geworden. Kann man dann überhaupt noch von einem Tier sprechen?

Rollin ist selbst nicht ganz glücklich mit den von ihm vorgeschlagenen Lösungen. Aber Bedenken gegen solche Anwendungen von Gentechnologie sind ihm zufolge keine moralischen Bedenken, sondern ästhetische. Seit ich dieser Auffassung begegnet bin, ringe ich mit der Frage, welche Beziehung zwischen Ethik und Ästhetik im Zusammenhang mit der Gentechnologie, oder allgemeiner: im Zusammenhang mit der Beziehung zwischen Mensch und Natur, besteht.

Man könnte hier natürlich entgegnen, dass Rollin eine beschränkte, nämlich utilitaristische Auffassung von Ethik habe und er zu Unrecht meine, dass von ethischen Fragen nur die Rede sein könne, wenn die Folgen einer Handlung für Mensch oder Tier schädlich sind. Aber die interessanten Fragen liegen auf einer tieferen Ebene. Indem man nämlich die negativen Folgen für Mensch und Tier in den Mittelpunkt stellt, wird der Eindruck erweckt, dass es um messbare, objektiv nachweisbare Folgen gehe, die nicht nur von den Menschen oder Tieren, welche die Folgen erdulden, gefühlt werden, sondern auch für außen Stehende nachweisbar sein müssen. Dies verhält sich für unseren Ethiker sichtlich anders, wenn es um ästhetische Bedenken geht. Denn diese gründen sich nicht auf nachweisbares Leiden auf Seiten des bewussten Handlungssubjekts, sondern wurzeln in der Wahrnehmung des Betrachters. Wie ein Biotechnologe einmal zu mir sagte: „Wenn das Tier nichts dabei fühlt, dann hast *du* ein Problem, nicht das Tier." Mit einem Mal rückt so die menschliche Wahrnehmung ins Zentrum der Aufmerksamkeit. Aber bevor ich näher auf diese Frage eingehe, will ich zuerst den Begriff „Integrität des Tieres" einführen, der eine wichtige Rolle in Diskussionen über die genetische Veränderung von Tieren spielt.

Gentechnologie und die Integrität des Tieres

In der niederländischen Gesetzgebung zur Anwendung von Gentechnologie an Tieren ist nach vielen Diskussionen der Begriff „Integrität des Tieres" aufgenommen worden, neben dem gesundheitlichen Schaden und dem Wohlbefinden. Ausschlag gebend dafür war der Gedanke, dass die Anwendung von Gentechnologie bei der Tierzucht eine „Trendwende" bedeutete. Das heißt, man akzeptierte, dass es einen prinzipiellen Unterschied zur traditionellen Tierzucht gibt. Dieser Unterschied besteht darin, dass es mit der Gentechnologie möglich wurde, die „Artgrenzen zu durchbrechen", indem man genetisches Material (DNA) sehr verschiedener Arten, ja sogar ganzer Naturreiche, miteinander vermischte. Das kommt, außer bei Bakterien, in der Natur und in der traditionellen Tierzucht nicht vor. Hiermit verbunden ist die Einsicht, dass mit einem derartigen Eingriff Risiken verbunden sein können. Das Einbringen artfremder DNA könnte die innere Harmonie des gesamten Organismus zerstören. Schließlich erkannte man, dass die Gentechnologie den Beginn einer völlig neuen Phase in der Beherrschung der Tiere durch den Menschen einleitete. Ich will das erläutern an der Züchtung von Kühen.

Jahrhunderte lang war die Züchtung von Kühen (und anderer landwirtschaftlicher Nutztiere) eine rein intuitive Angelegenheit, gestützt auf die unmittelbare Wahrnehmung von Bau und Verhalten der Tiere. Es war auch etwas, das die Bauern selbst machten. Sie wählten Stiere und Kühe mit Eigenschaften aus, die sich gut für eine bestimmte Situation (Landwirtschaft, Region, Klima usw.) eigneten. Auf diese Weise entstand eine große Vielfalt von Landrassen. Das begann sich zu verändern mit der Entdeckung der Chromosomen und Gene am Ende des 19. und Anfang des 20. Jahrhunderts. Durch die Naturwissenschaft (Genetik) wurde ein Prozess in Gang gesetzt, in dessen Verlauf die äußerlich wahrnehmbaren Eigenschaften Schritt für Schritt zurückgeführt – reduziert – wurden auf Gene, die nun für diese Eigenschaften verantwortlich galten. Die Züchtung kam immer mehr in die Hände spezialisierter Institute und Betriebe, die über das entsprechende genetische Wissen verfügten und die Bauern berieten. Ein weiterer wichtiger Schritt war die künstliche Besamung, die es erlaubte, den Samen von bestimmten Spitzenstieren zu benutzen, um sehr viele Kühe zu befruchten. Auf diesen Schritt folgte dann die In-vitro-Fertilisation. Samen- und Eizellen wurden dem Stier und der Kuh entnommen und in einem Labor befruchtet. Die entstandenen Embryonen konnten eingefroren und in die ganze Welt transportiert werden. So wurde Schritt für Schritt der Fortpflanzungsvorgang der Kühe aus den Händen der Bauern und der Tiere selbst genommen und in einem Labor technologisch beherrscht und kontrolliert. Die Anwendung von Gentechnologie ist ein weiterer und entscheidender Schritt in diesem Enteignungsprozess. Selbst die Verschmelzung von Samen- und Eizellen wird jetzt nicht mehr der Natur überlassen. Man greift unmittelbar in den Prozess ein, in der Absicht, die Produktionsprozesse noch rascher beeinflussen und steuern zu können. Indem man die Kuh in ihrer Milch bestimmte artfremde Eiweiße produzieren lässt, wird sie zu einer vom Menschen betriebenen Fabrik.

Diese zunehmende Verdinglichung von Tieren, mit der das Eigene, das Selbstständige des Tieres, immer mehr dem Menschen unterworfen wird, war auch ein wichtiger Aspekt in den Diskussionen, die zur Aufnahme des Begriffs der Integrität von Tieren in die Gesetzgebung der Niederlande führten. Totale Verdinglichung und Instrumentalisierung von Tieren zum Nutzen des Menschen widerstreitet der Vorstellung, dass jedes Tier einen Eigenwert habe, der vom Menschen zu achten ist.

In einer in den Niederlanden viel gebrauchten Definition des Begriffs Integrität finden wir die genannten Aspekte wieder: „Die Ganzheit und Unversehrtheit des Tieres im Gleichgewicht seines artspezifischen Wesens, sowie das Vermögen, sich selbstständig in einer für die Art geeigneten Umwelt zu bewegen."[2] Schlüsselworte in dieser Definition sind Ganzheit und Unversehrtheit, Gleichgewicht oder Harmonie, die artspezifische Natur jedes Tieres und Selbständigkeit oder das Vermögen, sich selbst zu regulieren. Die Einführung von artfremden Genen ist an sich schon eine Verletzung der Integrität, weil die Ganzheit und Unversehrtheit des Tieres und die artspezifische Natur dadurch beschädigt werden. Artfremde Gene können auch das physiologische Gleichgewicht stören und dadurch zu äußerlichen Missgestaltungen führen. Solche Missgestaltungen finden meist im embryonalen Stadium statt, aber auch der ausgewachsene Organismus kann missgestaltet sein. Schließlich können die genetisch veränderten Organismen, wenn sie in die Umwelt kommen, das ökologische Gleichgewicht stören.

Es ist interessant, dass Umweltphilosophen hier auch von einer Verletzung der Integrität des Ökosystems sprechen.

Stets geht es bei dem Begriff Integrität um die Ganzheit von etwas, um das harmonische Zusammenspiel, die Balance zwischen den Teilen und dem Ganzen und um das Eigene (Selbstständige, Artspezifische, Einzigartige) dieses Ganzen. Darum kann man auch von der Verletzung der Integrität eines Tieres sprechen, wenn die Hörner einer Kuh entfernt werden oder der Schwanz eines Hundes oder Pferdes, oder beim Anbringen von Ohrmarkierungen, dem Schnabelstutzen bei Hühnern und dergleichen.

In vielen Fällen kann die Verletzung der Integrität eines Tieres am Äußeren des Tieres wahrgenommen werden. Zum Äußeren wird neben der Gestalt auch das wahrnehmbare Verhalten des Tieres gerechnet. Selbst bei Veränderungen des Genoms, des ganzen Genmusters, könnte man über äußerliche Veränderungen sprechen, obwohl diese nicht unmittelbar mit den Sinnesorganen wahrgenommen werden können. Bei der Verletzung des Eigenen des Tieres wird es schwieriger, dieser Argumentation zu folgen. Spricht man von der Verdinglichung eines Tieres, geht es nicht allein um einen bestimmten Zustand des Tieres, sondern auch um eine bestimmte Haltung, die der Mensch gegenüber dem Tier einnimmt und in der eine bestimmte Bewertung zum Ausdruck kommt.[3] Wenn wir über die Verletzung der Integrität eines Tieres sprechen, dann steckt darin ein Appell an das menschliche Handeln. Es wird damit etwas über unsere Verantwortung gegenüber Tieren gesagt. Auf das oben angeführte Beispiel eines genetisch manipulierten Tieres, das kein Schmerzbewusstsein mehr hat, reagieren Menschen oft spontan mit dem Satz, dass „das doch kein Tier mehr sei". Auch die Vorstellung, dass ein genetisch manipuliertes Tier vollständig durch den Menschen „gemacht" sei, als ob es sich um eine Erfindung handelte, auf die man ein Patent anmelden kann, entspricht nicht der menschlichen Wahrnehmung des Tierseins und der Natur überhaupt. Gerade die Tatsache, dass es nicht durch den Menschen gemacht ist, macht ja etwas zur Natur. An der Natur ist immer ein Element von Unabhängigkeit vom Menschen, von Selbstorganisation. Die Integrität eines Tieres zu respektieren, bedeutet Achtung zu haben gerade vor diesem Selbstständigen, diesem Unabhängigen, diesem Anderssein, vor der Tatsache, dass es nicht durch uns beherrscht wird. Endlos an Tieren herumzubasteln, auf dass sie so werden, wie wir sie haben wollen, stellt darum eine Verletzung ihrer Integrität dar.[4]

Das Tier in der Lebenswelt und als Objekt experimenteller Forschung

In einem Stück von Ibsen, das „Die Wildente" heißt, halten Vater und Sohn Ekdal auf einem Dachboden mit einem künstlichen Wald neben einigen anderen Tieren auch eine wilde Ente. Nach Auffassung des in Nijmegen lehrenden Philosophen Zwart[5] geht es in diesem Stück um die Spannung zwischen der wilden Ente, die etwas Geheimnisvolles an sich hat und durch die Gefangenschaft ihre Freiheit verloren hat, und der durch den Menschen gezähmten Ente, die als Versuchstier in einem Experiment fungiert. Vater und Sohn beobachten das Verhalten der Ente systematisch, unter unnatürlichen und kontrollierbaren Umständen, wie es Naturwissenschaftler tun. Sie untersuchen den Prozess der Domestikation, wobei sie so gut wie möglich dafür sorgen, dass es der Ente an nichts fehlt. Die Tatsache aber, dass dem Tier seine Freiheit genommen und es in unnatürliche Umstände gesetzt wurde, deutet Zwart in ontologischen Begriffen als eine Verletzung der Integrität des Tieres. Im Stück prallt das romantische Bild, das durch die Wahrnehmung und Beschreibung der Welt der freien, geheimnisvollen Wildente konstituiert wird, fortwährend mit dem wissenschaftlichen Bild zusammen. Das wissenschaftliche Experiment reduziert die Welt des Tieres und das Tier selbst durch eine begrenzte Menge von Stimuli, die genau kontrolliert werden. Zwart bemerkt zurecht, dass dabei nicht allein die Welt des

Tieres sich verändert, sondern auch die Welt des Menschen, also des Experimentators. Die uns vertraute Lebenswelt, mit ihren Zufälligkeiten und Unvorhersagbarkeiten wird in ein Labor verwandelt, in dem alles beherrscht wird, und der Forscher selbst muss dabei sein Verhalten verändern und lernen, die Welt anders wahrzunehmen.

Ich will nun versuchen, tiefer in diesen Veränderungsprozess einzudringen, in dem die freie, wilde Natur, aber auch die Natur, die wir im täglichen Leben sinnlich erfahren, in einen Gegenstand wissenschaftlicher Forschung verwandelt wird. Was mich dabei besonders interessiert, ist, was in diesem Prozess mit der menschlichen Wahrnehmung und mit dem moralischen Urteilsvermögen geschieht. Ich werde dies an Hand einer Reihe verwandter Themen untersuchen:

- *Die Verwandlung eines natürlichen Tieres in ein Versuchstier*
- *Der Unterschied zwischen Feldbiologie und Laborbiologie*
- *Das Naturbild in der menschlichen Lebenswelt und in der Naturwissenschaft*
- *Auf der Bühne und hinter dem Vorhang (Portmann)*
- *Intrinsischer Wert und instrumenteller Wert der Natur*
- *Ökologische Landwirtschaft versus konventionelle Landwirtschaft*

Vom natürlichen Tier zum Versuchstier

Dieses Beispiel schließt an das an, was über das Drama von Ibsen gesagt wurde. Die experimentelle Naturwissenschaft nimmt die gegebene Natur nicht allein wahr; sie greift auch in sie ein und transformiert sie mit Hilfe einer Technologie, die sich der Kenntnis der Naturgesetze verdankt. Vor dem 19. Jahrhundert lag der Akzent in der Biologie auf der Beschreibung und Klassifizierung von Tieren. Das Tier wurde um seiner selbst willen erforscht. Nach dem Aufkommen der experimentellen Biologie im 19. Jahrhundert wurde das Tier ein Mittel, um theoretische Fragen und praktische Probleme zu lösen. Es wurde ein Tiermodell, ein Versuchsmodell, ein Instrument, das standardisiert werden musste, um die Zuverlässigkeit und Wiederholbarkeit eines Experiments zu steigern. Einige Wissenschaftssoziologen haben beschrieben, wie das „naturalistische Tier" unserer Alltagserfahrung in der biologischen Forschung in ein „analytisches Tier" verwandelt wird, einen technischen Forschungsgegenstand.[6]

Das naturalistische Tier wird in anthropomorphen Begriffen beschrieben: als Subjekt, mit Gefühlen, Absichten usw. In der menschlichen Lebenswelt erhält es als Haustier meist einen individuellen Namen. Im Tierversuch hingegen rückt dieses Individuelle in den Hintergrund; die Eigenschaften eines individuellen Tieres enden schließlich als Pünktchen in einem Schaubild. Die Tiere sind anonym.[7] Alle Merkmale, die für das naturalistische Tier charakteristisch sind, werden durch die Vorgänge im Labor ausgesondert. Das Ergebnis, das analytische Tier, bekommt dadurch den Charakter eines Artefakts. Durch die Naturwissenschaft wird so eine wissenschaftliche Welt geschaffen, die neben die tägliche Lebenswelt tritt.

Man könnte sagen, dass dem Labortier seine Identität als Individuum und als Mitglied einer Art genommen wird, um allgemeine Gesetzmäßigkeiten zu entdecken.[8] Es ist klar, dass sich dabei auch die Beziehung zwischen dem Forscher und dem Tier verändert. Um das Tier zum Gegenstand wissenschaftlicher Untersuchung zu machen, muss der Forscher zwischen sich und dem Tier einen emotionalen Abstand schaffen.

Feldbiologie und Laborbiologie

In der heutigen Biologie und ganz besonders in der Biotechnologie dominiert eine reduktionistische und analytische Herangehensweise. Es gibt jedoch bis heute viele Biologen, die sich gerade zur Feldforschung in der „freien" Natur hingezogen fühlen. Sie führen die naturalistische Tradition in der Biologie fort und stellen die Wahrnehmung der gegebenen Natur in den Mittelpunkt. Feldbiologen studieren Muster innerhalb eines historisch sich verändernden Kontextes. Das Denken dient ihnen dazu, die Wahrnehmungen zu ordnen und zu erklären – es folgt der Wahrnehmung. Objektivität bedeutet in dieser Tradition, dass eine Erklärung mit der Wirklichkeit übereinstimmt.

Mit dem Wechsel zur Laborbiologie beginnt sich die Beziehung zwischen Wahrnehmung und Denken zu verändern. Forscher stellen Hypothesen auf, die sie mit Hilfe von Experimenten überprüfen. Die Wahrnehmung ist buchstäblich sekundär geworden, sie steht im Dienst der Überprüfung einer Hypothese. Damit steuert das Denken die Wahrnehmung. Diese wird dem Denken untergeordnet. Daraus spricht eine ganz andere Tendenz als in der Feldbiologie. Es geht primär nicht mehr um Ergebnisse, die mit der Wirklichkeit übereinstimmen, sondern um Ergebnisse, die wiederholbar sind, um verallgemeinerbare Prozesse. Objektivität bedeutet nun etwas anderes. Es ist nicht verwunderlich, wenn Wissenschaftssoziologen in diesem Zusammenhang sagen, dass Tatsachen im Labor „gemacht" werden.[9] Wenn man diese Linie des Denkens weiterverfolgt, dann überrascht es auch nicht mehr, dass Biotechnologen versuchen, auf ihre genetisch veränderten Organismen ein Patent anzumelden. Ein Patent kann man nur für eine menschliche Erfindung erhalten, eine menschliche Konstruktion, nicht für etwas, das in der Natur vorkommt.

In der experimentellen Laborbiologie wird die Natur auf derartige Weise erschlossen, dass das Wissen, die entdeckten Gesetzmäßigkeiten, eingesetzt werden können, um die Natur für den Menschen nutzbar zu machen. Die experimentelle Forschungsmethode ist darauf ausgerichtet, im Labor ein geschlossenes, deterministisches System zu erzeugen, das dem Forscher ermöglicht, alle Variablen unter seine Kontrolle zu bringen. Die Natur wird so dem Menschen unterworfen. Der instrumentelle Wert der Natur, also ihre Brauchbarkeit zu menschlichen Zwecken, wird in den Vordergrund gestellt. Die Feldbiologie hingegen achtet die Natur auch in ihrem Eigenwert.

Lebenswelt und Naturwissenschaft

Natürlich kann ein Feldbiologe die gegebene Natur auch aus einer bestimmten theoretischen Perspektive (zum Beispiel der Evolutionstheorie) betrachten. Auch dann schließt aber die Natur, die ein Feldbiologe beschreibt, mehr an die Natur an, wie sie Menschen im täglichen Leben erfahren, als die Natur der Laborbiologie. Äußerst prägnant ausgedrückt hat das der Biologe L. Wolpert in seinem Buch *The Unnatural Nature of Science* – Die unnatürliche Natur der Wissenschaft.[10] Der Begriff „unnatural" weist hier darauf hin, dass die Natur der Naturwissenschaft sich radikal von der Natur unterscheidet, wie sie Menschen im täglichen Leben begegnet („common sense nature"). Dieser radikale Unterschied ist eine Bedingung dafür, dass es sich um Naturwissenschaft handelt. Um Naturwissenschaft zu betreiben, muss man sich von der Welt der Alltagserfahrung lösen. Die Naturwissenschaft will nämlich die Mannigfaltigkeit der unmittelbar wahrnehmbaren Erscheinungen durch eine bestimmte Anzahl grundlegender Prinzipien erklären, zum Beispiel durch die Atomtheorie oder die Struktur der DNA. Die Naturgesetze können wir nicht aus der Alltagserfahrung ableiten. Im Alltagsleben denken wir, dass das Gras grün ist, Steine hart und Schnee kalt. Die Naturwissenschaft, sagt Wolpert, „teaches us that the greenness of grass, the hardness of stones, and the coldness of snow are not the greenness, hardness and coolness that we know in our experience, but something very different".

Es überrascht nicht, dass bei einem solchen Verständnis von Naturwissenschaft die Ethik ganz herausfällt. Wolpert zieht eine scharfe Grenze zwischen der Verantwortlichkeit des Wissenschaftlers als Wissenschaftler und seiner Verantwortung als Bürger. Als Wissenschaftler reicht seine Verantwortlichkeit nicht weiter, als bis zum Wissenserwerb um seiner selbst willen, weil der Wissenserwerb intrinsisch gut ist („knowledge, in the scientific sense, is intrinsically good"). Die Anwendung von Wissen, zum Beispiel in der Technologie, fällt dann nicht mehr in die Zuständigkeit der Wissenschaft. Gegen den Missbrauch wissenschaftlicher Kenntnisse, zum Beispiel zum Bau einer Atombombe, muss man als *Bürger* protestieren. Es ist dann auch nur folgerichtig, wenn Wolpert sich heftig gegen Versuche relativistischer Denker zur Wehr setzt, den Wahrheitswert wissenschaftlicher Aussagen zu relativieren (wie durch die Behauptung, dass Tatsachen im Labor „gemacht" werden). Für Wolpert gibt es nur *eine* Quelle vertrauenswürdigen Wissens in der Welt, und das ist die Naturwissenschaft.

Bei Wolpert finden wir in allgemeinen Begriffen ausgedrückt, was oben als die Verwandlung des naturalistischen Tieres in ein analytisches Tier beschrieben wurde. Die sinnliche Wahrnehmung des individuellen Tieres mit all seinen Besonderheiten, mit dem wir auch eine persönliche Beziehung aufbauen könnten, wird zurückgeführt auf eine begrenzte Zahl von quantifizierbaren Parametern.[11] Wolpert verallgemeinert dieses Prinzip. Im naturwissenschaftlichen Forschungsprozess wird vom Reichtum der unmittelbaren sinnlichen Wahrnehmung und damit auch von konkreten Situationen abstrahiert, die der Mensch moralisch beurteilen könnte. Selbstverständlich kann man aus einem Wissen, das durch einen Abstraktionsprozess entstanden ist, in dem alle Werte aus der Ausgangssituation entfernt wurden, auch keine Werte mehr ableiten.

Auf der Bühne und hinter dem Vorhang

In einem Theaterstück geschieht alles, was vorgeht, auf der Bühne. Es wird ein Stück gezeigt, und Ausdruck, Gebärden und Worte der Schauspieler haben allesamt eine Bedeutung. Zugleich kann alles Mögliche hinter dem Vorhang passieren, was der Zuschauer meist nicht sieht. Der Schweizer Zoologe

Adolf Portmann gebraucht dieses Bild in einem Vortrag über Goethe.[12] Portmann nennt die mit dem Auge oder anderen Sinneswerkzeugen erlebbaren Phänomene „eigentliche Erscheinungen". Die Art und Weise, wie lebende Organismen sich uns dabei präsentieren, also ohne dass wir in sie eingreifen, ist das Ergebnis ihrer „Selbstdarstellung". Als solches ist die Tiergestalt Ausdruck eines kreativen Prozesses, der nicht vollständig durch die darwinistischen Prinzipien der natürlichen Auslese erklärt werden kann. Portmann vergleicht die eigentlichen Erscheinungen mit dem, was sich *auf* der Bühne abspielt. Das war es vor allem, wofür Goethe sich interessierte: vergleichende Betrachtungen der Tier- und Pflanzengestalten.

Die Untersuchungsmethode von Goethe und Portmann kann phänomenologisch genannt werden. Phänomenologie bedeutet hier: aus einer Haltung der Ehrfurcht für die gegebene Natur die Naturerscheinungen (die eigentlichen Erscheinungen) so unbefangen wie möglich wahrzunehmen. Es besteht ein großes Vertrauen in die unmittelbare sinnliche Wahrnehmung. Die Wahrnehmung orientiert sich am Phänomen als ganzem, in Beziehung zu größeren Zusammenhängen. Das Ganzsein ist Ausdruck des Seins lebender Organismen. Jeder Bestandteil kann dann verstanden werden aus seinem Zusammenhang zu einem größeren Ganzen. Nun ist es interessant, dass Portmann diese beiden Herangehensweisen (auf und hinter der Bühne) als verschiedene Funktionen des menschlichen Geistes ansieht: eine ästhetische und eine theoretische Funktion. Für die theoretische Herangehensweise ist das rationale (mathematische) Denken zentral, das darauf gerichtet ist, die qualitativen Erfahrungsgegebenheiten in quantitative Daten umzuwandeln. In der ästhetischen Herangehensweise bleibt der Forscher hingegen bei den unmittelbar gegebenen sinnlichen Eindrücken stehen, versucht sie sozusagen von allen theoretischen Vorurteilen zu säubern, um zu einer möglichst reinen (Wesens-)Erfahrung der wahrgenommenen Erscheinungen zu gelangen. Diese ästhetische Wahrnehmung umfasst mehr als das bloße Registrieren von Sinneseindrücken; es geht vielmehr um eine

Vertiefung bis auf die Ebene innerlichen Erlebens. Zeichnen oder Malen kann dazu beitragen, zu einer reinen Wahrnehmung zu kommen.

Während Wolpert den starken Eindruck vermittelt, dass die Naturwissenschaft die Welt beschreibt, wie sie wirklich ist (im Gegensatz zu den Illusionen unseres alltäglichen Naturerlebens), so verhält es sich bei Portmann genau umgekehrt. Die Art, wie wir im täglichen Leben Farben sehen, gehört, wie alle anderen Dinge, die sich im menschlichen Bewusstsein abspielen, zu unserem „primären Welterleben". Dieses primäre Erleben wird immer mehr durch die Entwicklung des verstandesgemäßen (naturwissenschaftlichen) Denkens verdrängt. Aber aus phänomenologischer Perspektive geht es im wissenschaftlichen Naturbild nicht um die wahre (objektive) Natur, sondern um ein abgeleitetes „sekundäres Welterleben", das vor allem auf die Beherrschung von Natur gerichtet ist. Portmann sah in einer zu einseitigen Entwicklung der Biologie in Richtung der Biotechnik die Gefahr der Naturentfremdung, gegen die nur ein reicher Umgang mit den eigentlichen Naturphänomenen schützt. Nach Ansicht Portmanns müssen deshalb die qualitative Naturerfahrung und die kausalanalytische Erfahrung in einem ausgeglichenen Verhältnis zueinander stehen.

Intrinsischer und instrumenteller Wert

Ich habe bereits angedeutet, dass im Prozess der Verwissenschaftlichung unseres Naturerlebens die moralische Komponente aus dem Bild zu verschwinden droht und dass in der experimentellen Analyse die Natur auch in einer Weise erscheint, dass sie für den Menschen technologisch nutzbar gemacht werden kann. Alle Begründer der neuzeitlichen Naturwissenschaft (Galilei, Descartes und Bacon) haben betont, dass man mit der naturwissenschaftlichen Methode die Natur dem Menschen dienstbar machen könne. Geschieht das auch in der Praxis, dann bekommt die Natur einen instrumentellen Wert für den Menschen. Die Entwicklung der Gentechnologie bedeutet einen neuen, einschneidenden Schritt auf dem Weg zu einer weiteren Instrumentalisierung der Natur. Als Reaktion darauf ist in der Tier- und Umweltethik der Begriff „Eigenwert" des Tiers, oder der Natur, aufgekommen.[13] Man spricht über den „inhärenten Wert" und „intrinsischen Wert". Ich will hier nicht die metaethischen Diskussionen aufrollen, die über diese Begriffe geführt worden sind. Vielmehr will ich der Linie der vorangegangenen Abschnitte folgen und nach der menschlichen Haltung zur Natur fragen und nach dem Unterschied zwischen einer eher phänomenologischen, nichtinvasiven Herangehensweise, bei der die Natur um ihrer selbst willen erforscht wird, und einer kausal-analytischen, experimentellen Herangehensweise, bei der die Natur vollständig darin aufgehen kann, Instrument zu sein. Im letzten Fall wird die Natur zu einem materiellen Gegenstand, der keinen Eigenwert mehr hat. Das Eigene, die „Selbstdarstellung" Portmanns, das, was an ihr wesentlich ist (die artspezifische Weise oder „Natur" eines Tiers, einer Pflanze oder einer Landschaft) kann hierdurch vollständig im Hintergrund, das heißt, hinter dem Vorhang verschwinden.

Ökologische Landwirtschaft und konventionelle Landwirtschaft

Auch im Gegensatz von ökologischer und konventioneller Landwirtschaft tauchen die zuvor genannten Unterschiede wieder auf. In der konventionellen Landwirtschaft gibt es eine starke Tendenz, die Natur mittels Technologie zu beherrschen, im Dienst des Menschen. Ich habe als Beispiel die Enteignung der Fortpflanzung bei Kühen angeführt. In der Pflanzenzucht kann man an von der Außenwelt abgeschlossene Hydrokulturen denken, die von Computern gesteuert werden. Nicht allein der Bauer selbst, auch die Natur wird in einem bestimmten Sinn ausgeschlossen. In völlig automatisierten Ställen wird der Bauer zu einem Manager, der hinter seinem Computer sitzt, um das Ganze in Gang zu halten. Im Extremfall gibt es keinen

Kontakt mehr zwischen dem Bauern und den Pflanzen bzw. Tieren.

In der ökologischen Landwirtschaft kann man die umgekehrte Tendenz beobachten. Ökologische Landwirtschaft will eine „natürliche" Art von Landwirtschaft sein. Das bedeutet, dass, in dem in der Landwirtschaft immer bestehenden Spannungsfeld von Natur und Kultur, die Selbstständigkeit der Natur stärker berücksichtigt wird.[14] Das äußert sich in:
– dem Gebrauch von natürlichen (aus der Natur entnommenen, wenig bearbeiteten) Stoffen anstelle von chemischen (in der Fabrik synthetisch hergestellten) Stoffen,
– der Betonung der Selbstorganisation lebender Organismen (einschließlich Ökosystemen): Wenn etwas nicht stimmt, gibt man homöopathisch wirkende Mittel, um die Selbstorganisation zu stimulieren, oder man versucht, Krankheiten durch Systemvorkehrungen zuvorzukommen,
– der Achtung der Eigenheit (Eigenart), der Integrität, des Eigenwerts lebender Organismen. Bestimmte Fortpflanzungstechniken bei Pflanzen und Tieren (zum Beispiel genetische Manipulation) werden abgelehnt, weil bestehende Artgrenzen dadurch missachtet werden und neue Eigenschaften herbei gezwungen, statt herausgelockt werden.
– der Naturentwicklung im landwirtschaftlichen Betrieb (Vergrößerung der Biodiversität).

Man kann die Auffassung vertreten, dass von Natur keine Rede mehr sein kann, wenn diese vollständig vom Menschen beherrscht wird oder wenn sie in eine zweite (künstliche) Natur verwandelt wird. Künstliche Natur hat keinen *Eigen*wert mehr. Die Natürlichkeit der Natur besteht in ihrer Spontanität, in ihrer Unberechenbarkeit, in dem, was nicht durch den Menschen kontrolliert wird. Oder, wie Keekok Lee[15] es ausdrückt: das primäre Attribut natürlich vorkommender Entitäten ist ontologischer Art, nämlich ihre Unabhängigkeit. Das Natürliche, als ontologische Kategorie, muss gegen das Artifizielle geschützt werden. Lee sieht darin die größte Gefahr der Biotechnologie: die Schaffung einer künstlichen Natur, die Natur als „das Andere" eliminiert.

In der Polaritätsbeziehung zwischen Kultur und Natur behält die Natur also in der ökologischen Landwirtschaft immer ein mehr oder weniger großes Maß an Selbstständigkeit. Diese Selbstständigkeit zu achten, bedeutet jedoch nicht, dass der Bauer eine distanzierte Beziehung zur Natur hat. Im Gegenteil. Viele Biobauern erfahren sich selbst als Teil der Natur, als Teilnehmer an einem größeren Agro-Ökosystem, in dem alle anderen Lebewesen zu Partnern werden.[16] Bezeichnend für eine partnerschaftliche Beziehung ist, dass der Eigenwert des anderen geachtet wird. Das bedeutet nicht, dass ein Partner nicht zugleich etwas für uns tut oder bedeutet. Eine partnerschaftliche Beziehung beinhaltet auch eine persönliche Beziehung. In einer Form von Landwirtschaft, die abhängig geworden ist von den durch die Naturwissenschaft gegebenen Beherrschungsmöglichkeiten tritt schneller ein Prozess der Standardisierung auf, man könnte auch sagen: ein Prozess der Entindividualisierung.

Ethik und Ästhetik und die moralische Beurteilung von genetischen Manipulationen an der lebenden Natur

Kehren wir nun zurück zu Rollins Auffassung, dass die genetische Modifikation von Tieren kein moralisches Problem sei, solange deren Wohlbefinden dadurch nicht beeinträchtigt werde. Das Wesen eines Tiers zu verändern, um es an die Bedürfnisse der Bio-Industrie anzupassen, ist Rollins zufolge kein moralisches, sondern nur ein ästhetisches Problem. Hier spielt einerseits mit, dass er einer ethischen Theorie anhängt, die sich allein für die Folgen des menschlichen Handelns interessiert und nicht für die Haltung oder Motivation des Handelnden. Um zu beurteilen, ob die Person gut oder schlecht handelt, brauchen wir dann nur auf die Folgen ihrer Handlungen zu achten, in diesem Fall die Folgen für das Tier. Und diese Folgen müssen auch andere Menschen wahrnehmen können. Überdies muss das Tier etwas davon merken. Folgen sind nur dann „nachteilig" für das Tier, wenn das Wohlbefinden des Tieres in negativer Weise beeinflusst wird. Vorausgesetzt wird, dass das Tier ein bestimmtes Maß an Selbstbewusstsein hat. Eigentlich geht es nicht um das Tier selbst, in seiner Totalität, sondern allein um das, was das Tier subjektiv erlebt.

Mit dieser Denkweise verschwindet aber nicht nur das Tier als solches aus dem Bild, sondern auch die handelnde Person. Das bedarf einer näheren Erläuterung. Zunächst hat die Naturwissenschaft die Definitionshoheit und die Erforschung des tierischen Wohlbefindens weitgehend für sich beansprucht, mit der Konsequenz, dass die moralischen Aspekte der Mensch-Tier-Beziehung dadurch aus dem Bild verschwinden können. Das nennt man gemeinhin das „pure science model"[17]: das Wohlbefinden des Tiers erscheint als ein objektiv beschreibbarer Zustand des Tieres selbst, der losgelöst ist von ethischen Werten. Damit gerät auch der Mensch, der die Werte hat, aus dem Blick. Wenn die Wissenschaft eingeschaltet wird, um die Folgen menschlichen Handelns objektiv festzustellen, dann schließt das wunderbar an das utilitaristische Denkmuster an. Wie der Mensch das Tier selbst erlebt und wahrnimmt, ist nicht mehr wichtig. Andererseits ist es natürlich schon so, dass das Tier menschlichen Zielsetzungen unterworfen ist und aus dem Erreichen der jeweiligen Ziele (zum Beispiel beim Fleischverzehr) positive Erlebnisse hervorgehen. Im utilitaristischen Denken müssen diese Erlebnisse abgewogen werden gegen die des Tieres. Es handelt sich also um eine Art Kosten-Nutzen-Analyse. Aber für die Beurteilung einer Handlung ist es im Prinzip überhaupt nicht nötig, dass die handelnde Person sich in das Tier hineinversetzt oder eine Beziehung zu ihm hat. Die Abwägung der Vor- und Nachteile (für Mensch und Tier) kann ebenso gut durch eine dritte Person erfolgen.

Daraus wird auch deutlicher, was Rollin eigentlich meint, wenn er sagt, dass das Durchbrechen von Artgrenzen bei der genetischen Manipulation für sich genommen kein moralisches Problem darstelle, ebenso wenig wie die Veränderung der Natur eines Tieres. Eine Kuh mit Ohrmarkierungen und ohne Hörner, ein Huhn, dem ein Stück Schnabel entfernt wurde, oder eine Maus, auf deren Rücken ein menschliches Ohr wächst (die Ohrmaus) – solange das Tier von diesen Eingriffen nichts merkt, ist das höchstens ein ästhetisches Problem, das heißt, ein Problem für den Menschen, nicht für das Tier. Und dann nicht einmal für jeden Menschen, sondern nur für diejenigen, die sich daran stören. Die Wahrnehmung solcher Tiere ruft bei einigen Menschen negative Gefühle hervor, aber für sich genommen ist das noch kein Grund, die entsprechenden Handlungen zu verbieten.[18] Etwas ein ästhetisches Problem zu nennen, verschiebt das Problem aus dem objektiven in den subjektiven Bereich. Dasselbe geschieht, wenn in sehr vielen Diskussionen über Biotechnologie deren Befürworter für sich beanspruchen, rationale Argumente vorzubringen, während die Argumente der Gegner emotionaler Art seien. Damit wird der Widerstand zu einem persönlichen Problem erklärt, so wie auch die Bewertung von Kunst nach Meinung vieler eine bloße Geschmacksfrage ist. Darauf lässt sich aber kein Verbot bestimmter Handlungen gründen.

Es scheint somit, dass naturwissenschaftliches und utilitaristisches Denken nahtlos aneinander anschließen. Wir haben bereits gesehen, dass durch die naturwissenschaftliche experimentelle Forschungsmethode an Pflanzen oder Tieren diese Organismen zu Objekten werden, die von der täglichen Lebenswelt und dem unmittelbaren sinnlichen Erleben abgetrennt sind. Wie Wolpert es ausdrückte: Die grüne Farbe, die wir an der Pflanze erleben können, mit all ihren Nuancen, ist eben ganz etwas anderes als das Grün, das der Physiker vor seinem geistigen Auge hat. Bezogen auf die Verwandlung des naturalistischen in das analytische Tier in einem Tierexperiment sprach Lynch von der Erzeugung eines „Artefakts", und Artefakte erzeugen von sich aus keine Barrieren gegen ihren beliebigen Gebrauch.[19] Wird allein der instrumentelle Wert eines lebenden Organismus (also seine Funktion für den Menschen) hervorgehoben, wie es in der experimentellen Forschung der Fall ist, dann wird die moralische Zurückhaltung aufgegeben, die dann besteht, wenn der Mensch das Tier oder die Pflanze in ihrem intrinsischen Wert erkennt. Es gibt dann an der Pflanze oder dem Tier nichts, das uns an einem Eingriff hindern würde. Das Hindernis sitzt allein in unserem eigenen Kopf, sitzt „zwischen den Ohren", wie man heutzutage sagt, und zwar in der Ethik ebenso wie in der Ästhetik.

In einer fesselnden Sammlung von Essays zur Biotechnologie sagt D. E. Cooper, dass der Utilitarismus, indem er das menschliche Gefühl herausnehme, uns blind mache für die zentrale Erfahrung vieler Menschen, dass Moralität etwas mit den handelnden Menschen zu tun hat und nicht allein mit den Folgen des Handelns.[20] Der Widerstand gegen die Biotechnologie kann besser verstanden werden, wenn wir uns auf die Tugendethik besinnen, namentlich auf die Tugend der Demut. Was Biotechnologen fehlt, ist eben diese Tugend der Demut, die in einer uneigennützigen Achtung für die Natur, wie sie ist, gründet, und sie auch so lassen will. Demut beschreibt Cooper als die Fähigkeit, sich von den eigenen Interessen zu lösen und zu lernen, andere lebende Wesen um ihrer selbst willen zu achten. Ohne diese Demut entfremden wir uns von der Natur, was mit einem Gefühl des Abgeschnittenseins von der Natur zusammengeht. Damit fasst Cooper die Essenz des vorigen Teils dieses Beitrags zusammen, in dem es doch darum ging zu zeigen, dass diese Entfremdung den Kern der experimentellen wissenschaftlichen Methode bildet, wenn diese auf die lebende Natur angewendet wird. Anwendung dieser Methode tendiert dazu, den Menschen von der Natur, wie sie erlebt wird, zu entfremden. Im Widerstand gegen die Biotechnologie kommt dieses grundlegende Gefühl von Entfremdung zum Ausdruck. Gentechnik beruht auf einem Wissen vom Leben, das auf der Ebene der Molekularbiologie liegt. Auf dieser Ebene löst sich die Vielheit der Naturphänomene, die wir täglich erleben und sinnlich wahrnehmen können, auf. Auf der Ebene der DNA gleicht das Genom eines Menschen zu 70% dem einer Kartoffel. Die Unterschiede zwischen dem Leben von Pflanze, Tier und Mensch verschwimmen, weil DNA zwischen allen Naturreichen austauschbar ist. Es ist genauso, wie Wolpert sagt: Der sinnliche Reichtum und die Vielgestaltigkeit des Lebens werden reduziert auf eine allgemeine Erklärungsebene, die nichts mehr mit der Alltagserfahrung zu tun hat. Wolpert vergisst zu erwähnen, dass dieses Wissen und die entwickelten Techniken auch über deren Erzeugnisse unser Alltagsleben weitgehend beeinflussen können.

Im vorigen Abschnitt habe ich auf den Gegensatz zwischen gegebener und gemachter Natur, Feldbiologie und Laborbiologie, phänomenologischer und kausalanalytischer Methode, intrinsischem und instrumentellem Wert sowie ökologischer Landwirtschaft und konventioneller Landwirtschaft hingewiesen. Dabei ging es immer um zwei sehr verschiedene Weisen, Natur wahrzunehmen. In der phänomenologischen Methode ist die Zurückhaltung oder Demut, wie Cooper es nennt, sehr stark. Sie besteht darin, sich theoretischer Vorannahmen zu enthalten, um so die Wahrnehmung unbefangener zu machen, sodass sich schließlich etwas vom Wesen der Natur dem menschlichen Bewusstsein mitteilen kann. Dabei geht man eine tiefe Verbindung mit der Naturerscheinung ein, ohne sich diese aneignen zu wollen.

Interessanterweise nannte Portmann dies eine ästhetische Herangehensweise an die Natur, die nötig sei, um sich nicht von der Natur zu entfremden. Gerade dadurch, dass der Mensch lernt, sich selbst, die theoretischen Ansichten, denen er anhängt, und die Interessen, die im Hintergrund mitspielen, zurückzunehmen, erhält die inhärente Würde der Natur die Gelegenheit, sich zu manifestieren. Dass sie sich im menschlichen Bewusstsein manifestiert, wodurch auch eine innere Beziehung mit dem Naturphänomen entstehen kann, bedeutet nicht, dass es dadurch zu einem rein persönlichen, subjektiven Phänomen wird. Wenn man so denkt, bleibt man gefangen im

Dualismus zwischen Subjekt und Objekt, der durch das naturwissenschaftliche Denken geschaffen wurde und erhalten wird und mit dem zugleich die wirkende Quelle jeder moralischen Erfahrung sich buchstäblich verdunkelt. Denn das moralische Bewusstsein wird ausgeschaltet, wenn wir das Gegenüber der Natur (einen anderen Menschen, ein anderes Lebewesen), in seiner ganzen sinnlichen Darstellung, übersehen. Über die Erfahrung der Schönheit hingegen wird das Ästhetische zu einem Vermittler, der unser moralisches Bewusstsein wachruft.

Ich habe in diesem Beitrag unter anderem versucht, deutlich zu machen, dass auf der Ebene der DNA die sinnliche Erfahrung eines lebenden Organismus ganz aus dem Bild verschwunden ist und es darum für viele Biotechnologen so selbstverständlich ist, die moralische Beurteilung ihres Tuns allein an die Erzeugnisse ihres Handelns und eine utilitaristisch gefärbte Kosten-Nutzen-Analyse zu knüpfen.[21] Eine Reflektion auf die Technologie selbst, also auf das menschliche Handeln und die Motive der Forscher, findet kaum statt. Damit soll kein Urteil über die moralische Haltung einzelner Forscher gefällt werden, sondern eher ein Urteil über die gewöhnliche Arbeitsweise im Feld der Biotechnologie. Es gibt sicher auch Biotechnologen, die das größere Ganze im Blick behalten, ihre Analyse mit einem Bewusstsein für dieses Ganze betreiben und sich nicht beirren lassen durch den Druck des Betriebs oder der Shareholders. Sie scheuen auch nicht die fortwährende Selbst-Reflexion und bewahren eine zurückhaltende Einstellung gegenüber der Anwendung molekular-biologischen Wissens.[22] Aber solche Biotechnologen gibt es leider viel zu selten.

Übertragung aus dem Niederländischen von Michael Hauskeller

[1] B. E. Rollin, *The Frankenstein Syndrome*, Cambridge 1995.

[2] B. Rutgers/ R. Heeger, „Inherent Worth and Respect for Animal Integrity", in: M. Dol, M. Fentener van Vlissingen, S. Kasanmoentalib, T. Visser, H. Zwart (Hg.), *Recognizing the Intrinsic Value of Animals. Beyond Animal Welfare*, Assen 1999, S. 41–51.

[3] So schreibt J. Vorstenbosch („The Concept of Integrity. Its Significance for the Ethical Discussion on Biotechnology and Animals", in: Livestock Production Science 36 (1993), S. 109–112): „Animal integrity and human respect for it are closely linked in arguments. (…) It directly refers us back to the moral responsibility of human beings for the state of animals." Integrity „points us back to our own moral position, purposes and perspectives with regard to animals".

[4] Stephen R. L. Clark („Making up Animals: The View from Science Fiction", in: A. Holland/ A. Johnson (Hg.), *Animal Biotechnology and Ethics*, London 1998, S. 209–224) verteidigt diesen Standpunkt: „Our recognition of the genuinely Other is a source of awed delight, and also of morals (...). Living creatures are not identified by the functions they perform for us, but by the kind of thing they are". In Bezug auf den Tierschutz im Allgemeinen finden wir diese Ansicht wieder bei Keekok Lee (*The Natural and the Artefactual. The Implications of Deep Science and Deep Technology for Environmental Philosophy*, Lanham 1999), der von dem „ontological value of independence" spricht, der Unabhängigkeit der Natur als „The Other", die eliminiert zu werden droht durch eine (bio-) technologisch erzeugte Welt von (Bio-)Artefakten.

[5] H. A. E. Zwart, „The Birth of a Research Animal. Ibsen´s The Wild Duck and the Origin of the New Animal Science", in: Environmental Values 9 (2000), S. 91–108.

[6] M. E. Lynch, „Sacrifice and the Transformation of the Animal Body into a Scientific Object", in: Social Studies of Science 18 (1988), S. 265–289.

[7] So beschreibt A. B. Arluke („Sacrificial Symbolism in Animal Experimentation. Object or Pet?", in: Anthrozoos 2 (1988), S. 89–117), dass Forscher manchmal Mäuse, die sich von den anderen in irgendeiner Weise sichtbar unterscheiden, (zum Beispiel die eine unter zweihundert weißen Mäusen, die einen braunen Fleck hat) zu einer Art Maskottchen machen, das einen Namen erhält und ganz anders behandelt wird als die übrigen Mäuse.

[8] Vgl. K. J. Shapiro, „The Death of the Animal. Ontological Vulnerability", in: Between the Species 5, (1989), S. 183–194.

[9] Interessant in diesem Zusammenhang ist, dass Biotechnologen oft davon sprechen, dass genetisch veränderte Organismen „gemacht" oder „gebaut" werden.

[10] London 1993.

[11] F. R. Stafleu, Grommers und Vorstenbosch („Animal Welfare. Evolution and Erosion of a Moral Concept", in: Animal Welfare 5 (1996), S. 225–234) zeigen sehr schön durch die Beschreibung verschiedener Definitionen des Begriffs tierischen Wohlbefindens, wie dieser Begriff durch Naturwissenschaftler so „operationalisiert" wird, dass nicht allein die subjektive Erfahrung des Tiers aus dem Bild verschwindet, sondern auch die moralischen Aspekte. Zugleich ist es in der Gesellschaft gerade die subjektive Erfahrung (das Leiden, das Gefühl) des Tieres, die für das Erleben tierischen Wohlbefindens zentral ist.

[12] Adolf Portmann, *Biologie und Geist*, Zürich 1956.

[13] Vgl. Henk Verhoog, „The Concept of Intrinsic Value and Transgenic Animals", in: Journal of Agricultural and Environmental Ethics 5/2 (1992), S. 147–160.
[14] Vgl. Verhoog et al., „The Role of the Concept of the Natural (Naturalness) in Organic Farming", in: Journal of Agricultural and Environmental Ethics 2002 (im Druck).
[15] A.a.O. (Anm. 4).
[16] Zu den dänischen Richtlinien für die biologische Landwirtschaft gehört auch die folgende: „To do everything possible to ensure that all living organisms (...) from micro-organisms to plants and animals, become allies."
[17] J. Tannenbaum, „Ethics and Animal Welfare: The Inextricable Connection", in: Journal of the American Veterinary Medical Association 198/8 (1991), S.1360-1376.
[18] Es sei denn, ein sehr großer Teil der Bevölkerung hätte solche Gefühle. Dann müssten diese Gefühle selbst in den ulitaristischen Kalkül mit einbezogen werden, wie es ja auch in der Politik hinsichtlich der genetischen Manipulation von Nahrungsmitteln getan wird. Das Ausmaß des Widerstands in der Bevölkerung ist von großer Bedeutung für die politische Entscheidung, trotz aller wissenschaftlichen Argumente, dass die Produkte genauso sicher sind wie andere Nahrungsmittel.
[19] Clark, a.a.O., arbeitet diesen Punkt im Zusammenhang mit genetischen Veränderungen an Tieren heraus. Er sieht genetische Manipulation als einen „insult to the integrity of nature" an und weist darauf hin, dass Biotechnologen und Politiker Äußerungen wie diese als Ausdruck von Emotionen abtun werden: „Properly conditioned decision-makers, utilitarian or Kantian, despise the actual emotions of the people they rule." Ähnlich wie auch Keekok Lee bemerkt Clark: „It is the death of nature that we should fear (...), the loss of that Otherness."
[20] D. E. Cooper, „Intervention, Humility and Animal Integrity", in: A. Holland/ A. Johnson (Hg.), *Animal Biotechnology and Ethics*, London 1998, S. 145–155.
[21] Im Englischen spricht man gern über „extrinsic concerns", wenn es um die Risiken geht, die von den Erzeugnissen der Biotechnologie ausgehen (Risiken für Menschen, Tiere oder die Umwelt). Von „intrinsic concerns" wird hingegen gesprochen, wenn Menschen sich Sorgen machen über die Anwendung der Technik als solcher und die Haltung, die daraus entspringt. Gegen Gentechnologie zu sein, weil dadurch die Integrität eines Lebewesens verletzt wird oder weil sie „unnatürlich" sei, fällt unter die Rubrik „intrinsic concerns". Vgl. dazu D. Heaf/ J. Wirz (Hg.), *Intrinsic Value and Integrity of Plants in the Context of Genetic Engineering*, Proceedings Ifgene Workshop 9–11 may 2001, Hafan, Llanystumdwy 2001.
[22] Vgl. Michael Haring, „Does Gene Transfer Violate the Integrity of Plants?", in: Heaf/ Wirz, a.a.O. (Anm. 21), S. 35–39.

Dieser Beitrag erschien als Vorabdruck in *Scheidewege – Jahresschrift für skeptisches Denken*, Jg. 32, 2002/2003.

Michael Hauskeller

Das unbeweisbare Dogma von der Existenz des Nachbarn

Über die Wahrnehmung des anderen

> „Die einen vertreten das unbeweisbare Dogma von der Existenz Gottes; andere das nicht minder unbeweisbare Dogma von der Existenz des Nachbarn."
> Gilbert Keith Chesterton[1]

1. Wahrnehmen, was nicht wahrgenommen werden kann

Was nehmen wir eigentlich wahr, wenn wir wahrnehmen? Was *können* wir überhaupt wahrnehmen?

Im Alltagsleben sprechen wir davon, daß wir Gegenstände sehen. Wir sagen etwa: „Ich sehe einen Baum", oder: „Ich sehe einen Menschen", aber ist es auch richtig, dies zu sagen? Sehen wir tatsächlich Bäume und Menschen? Eine merkwürdige Frage, denn *warum* sollten wir dies sagen, wenn es nicht auch so wäre. Andererseits folgt daraus, daß wir so sprechen, nicht notwendig, daß es auch so ist. Vielleicht lassen wir uns ja nur irreführen vom Sprachgebrauch. Womöglich *sehen* wir ja weder Bäume noch Menschen, sondern *glauben* nur, daß wir es tun, weil uns die Sprache dies nahelegt und wir uns deshalb gar nicht mehr die Mühe machen, darauf zu achten, was wir *wirklich* wahrnehmen. Schon Descartes hat diese Ansicht vertreten. In Wahrheit, meinte er, *sehen* wir die Dinge nicht, sondern wir *urteilen* nur, daß sie sind, und ebenso, was sie sind. Die Wahrnehmung allein verrät uns nicht, was eine Sache ihrem Wesen nach ist, ja nicht einmal, ob sie überhaupt ist.[2] Es ist theoretisch möglich, daß gar nichts existiert außer unseren eigenen Vorstellungen und Empfindungen. Diese allein nehmen wir wirklich wahr, und alles übrige, was wir sonst noch wahrzunehmen scheinen, ist eine mehr oder weniger gut begründete Zutat unseres Verstandes, ein Urteil eben. Naturwissenschaftliche Erkenntnisse über die Natur des Auges und des Sehvorgangs scheinen diese Ansicht zu bestätigen. Entsprechend sehen wir also keinen Baum, sondern wir sehen eine bestimmte Anordnung von Formen und Farben und schließen daraus (oder unser Gehirn schließt daraus), daß wir es mit einem Baum zu tun haben.[3]

Wenn es nun aber schon unmöglich ist, materielle Gegenstände als solche wahrzunehmen, dann sollte es erst recht unmöglich sein, Dinge wahrzunehmen, die ihrer Definition nach *mehr* sind als nur *materielle* Gegenstände. Wenn wir schon nicht dazu in der Lage sind, Bäume wahrzunehmen, wie sollten wir dann *Menschen* wahrnehmen können, das heißt Wesen, die über Empfindungsfähigkeit und Bewußtsein verfügen? Können wir, wenn wir darüber nachdenken, ernstlich daran zweifeln, daß sich das Bewußtsein eines anderen Menschen und damit die Tatsache, daß es sich bei ihm nicht nur der äußeren Gestalt nach, sondern dem *Wesen* nach um einen Menschen handelt, unserer Wahrnehmung entzieht und allenfalls als wahrscheinlich erschlossen werden kann? Descartes jedenfalls war davon überzeugt, daß jeder, der sich diese Frage vorlegt, sofort erkennen müsse, daß es unmöglich sei, dergleichen wahrzunehmen. „Doch da", schreibt er, „sehe ich vom Fenster aus Menschen auf der Straße vorübergehen, von denen ich (...) gewohnt bin zu sagen: ich sehe sie, und doch sehe ich nichts als die Hüte und Kleider, unter denen sich ja Automaten verbergen könnten! Ich urteile aber, daß es Menschen sind. Und so erkenne ich das, was ich mit meinen Augen zu sehen vermeinte, einzig und allein durch die meinem Denken innewohnende Fähigkeit zu urteilen."[4]

Warum aber, wenn wir weder Bäume noch Menschen sehen können, *reden* wir so, als könnten wir es? Wenn wir uns tatsächlich von unserer Sprache irreführen lassen, so daß wir glauben etwas wahrzunehmen, was wir in Wahrheit nicht wahrnehmen, woher kommt dann diese irreführende Sprache? Es muß doch einen Grund geben, warum wir gerade so und nicht anders sprechen, oder sollte dies nur aus Bequemlichkeit geschehen, weil eine Beschreibung dessen, was wir wirklich sehen, einfach zu umständlich wäre? Wahrscheinlicher ist es, daß wir deshalb so sprechen, weil es uns eben so erscheint, als würden wir Dinge und Personen wahrnehmen. Nun wird man vielleicht sagen, daß dies ja auch niemand bestreiten wolle: Es *erscheint* uns, als würden wir Dinge und Personen wahrnehmen, es *kommt uns so vor*, als täten wir es, wir *glauben* es zu tun, aber all das heiße eben nicht, daß wir sie auch *wirklich* wahrnehmen. Jedoch: Worin besteht eigentlich der Unterschied zwischen dem *Wahrnehmen* einer Sache und dem *Glauben*, eine Sache wahrzunehmen?

Zweifellos gibt es Situationen, in denen wir nicht sagen würden, daß wir eine Sache wahrnehmen, wohl aber, daß wir sie wahrzunehmen glauben. Ich kann sinnvoll sagen: „Ich glaube, ich sehe meine Frau", und zwar dann, wenn ich *eine* Frau (oder zumindest einen Menschen) sehe, sie aber nicht genau genug sehe, um sicher zu sein, daß es sich wirklich um *meine* Frau handelt. Genau genommen sehe ich also nicht meine Frau, sondern ich sehe *jemanden* und *urteile*, aufgrund bestimmter Merkmale (etwa eines roten Mantels, so, wie ihn meine Frau trägt), daß die Person, die ich sehe, (wahrscheinlich oder möglicherweise) meine Frau, also eine ganz bestimmte, mir bekannte Person ist. Sobald ich sie aber als meine Frau *erkannt* habe, wäre es überaus merkwürdig von mir zu sagen, ich *glaubte* nur, sie zu sehen, oder ich würde *urteilen*, daß die Person, die ich sehe, meine Frau sei, weil ich damit eine Unsicherheit zum Ausdruck bringen würde, die faktisch nicht besteht. Darum sage ich, daß ich sie sehe. Dagegen einzuwenden, daß dies nicht sein *könne*, daß ich einen Schluß von den Sinnesdaten auf die Gegenwart meiner Frau gezogen haben *müsse*, wenngleich auch vielleicht unbewußt, ist, wie bereits Scheler herausgestellt hat,[5] eine Voraussetzung, die sich am Phänomen selbst nicht bestätigen läßt. Wenn es hier irgendeine Art unbewußten Schließens geben sollte, dann ist dieses Schließen selbst ein Teil des Wahrnehmungsaktes und der Streit, ob wir nun wirklich Gegenstände wahrnehmen oder dies nur zu tun glauben, ein bloßer Streit um Worte. Wenn wir Wahrgenommenes verstehen als *das, was sich dem Betrachter unmittelbar zeigt*, dann sind nicht nur Dinge Gegenstände der Wahrnehmung, die eine körperliche Existenz außerhalb unseres Bewußtseins haben, sondern auch andere Lebewesen in ihrer Lebendigkeit und Beseeltheit. Was wir unmittelbar sehen, ist der andere Mensch, und ein Urteil oder eine Schlußfolgerung kommt hier erst dann ins Spiel, wenn wir anfangen, auf das Gesehene zu reflektieren, etwa deshalb, weil wir argwöhnen, in unserer Wahrnehmung getäuscht worden zu sein. Wahrnehmung schließt ja die Möglichkeit der Täuschung nicht aus. Es kann immer sein, daß das, was wir sehen, gar nicht so ist, *wie* wir es sehen. Daraus folgt aber nicht, daß wir es in diesem Fall nicht wirklich *gesehen* hätten. Wollten wir von Wahrnehmung nur dann sprechen, wenn die Dinge sich wirklich so verhalten, wie sie uns erscheinen, dann wäre zweifelhaft, ob wir überhaupt jemals dazu berechtigt wären zu sagen, wir hätten etwas wahrgenommen. Natürlich kann es uns passieren, daß wir, wie Descartes, aus dem Fenster blicken und einen Menschen sehen, nur um dann einen Augenblick danach zu bemerken oder später auf andere Weise zu erfahren, daß das, was wir gesehen haben, gar kein Mensch war, sondern ein Automat oder eine Schaufensterpuppe. Aber daraus folgt nicht, daß wir nicht wirklich einen Menschen gesehen hätten. Wir sehen einen Menschen und urteilen dann später, daß es kein Mensch war.

Gelänge es uns eines Tages, Maschinen zu konstruieren, die in jeder Hinsicht Menschen gleichen, außer darin, daß sie kein Bewußtsein haben, würden wir sie weiterhin als Menschen wahrnehmen, jedenfalls so lange, wie wir nicht wüßten, daß es sich um Maschinen handelt. Der Einwand, daß wir in diesem Fall gar keinen Menschen wahrnähmen, sondern eine Maschine, wenn auch diese *als* Menschen, ist eine nachträgliche, der Wahrnehmung selbst fremde Konstruktion: Was wir konkret wahrnehmen, ist eben nicht eine *Maschine als Mensch*, sondern schlicht und einfach einen Menschen. Was das, was wir so wahrnehmen, in Wahrheit ist, spielt dabei keine Rolle.

Selbst wenn wir wüßten, weil man es uns gesagt hat, daß es sich bei dem, was wir sehen, faktisch um einen Automaten handelt, würden wir, sofern die Maschine ein menschliches Antlitz hat und den Anschein erweckt, mit uns zu kommunizieren, zunächst jedenfalls einige Schwierigkeiten haben, sie nicht als bewußtes Gegenüber wahrzunehmen. Haben wir aber, wie Descartes, nicht den geringsten Anhaltspunkt, daß es sich um Maschinen handeln könnte, dann wird es uns nur schwer gelingen, die Menschen auf der Straße als unbeseelt wahrzunehmen. Die bloß theoretische Möglichkeit, daß wir uns täuschen könnten, ändert nichts an der Wahrnehmungsgewißheit. Man versuche nur einmal, einen anderen Menschen nicht als Menschen zu sehen, sondern als verkleideten Automaten. Man versuche, mit ihm zu reden, ihm dabei ins Gesicht zu sehen, und ihn dabei als Automaten zu sehen. Ich will nicht sagen, daß es unmöglich ist, aber es ist sicher nicht leicht.

Die Schwierigkeit beruht darauf, daß wir von Natur aus dazu disponiert sind, in der uns umgebenden Welt ein persönliches Gegenüber wahrzunehmen und wir erst allmählich lernen, dies in manchen Fällen nicht zu tun. Schon der Säugling, der sicher nicht über die Fähigkeit verfügt, aufgrund der sich ihm darbietenden Daten Schlüsse zu ziehen, reagiert auf diejenigen Reize stärker, in denen sich ein fremdes Bewußtsein kundtut oder kundzutun scheint. Er sieht und hört unmittelbar den *Ausdruck* im Gesicht und in der Stimme der Mutter und versteht ihn als Äußerung eines von ihm selbst verschiedenen Bewußtseins oder jedenfalls irgendwie selbständigen Handlungszentrums. Aber auch Dinge, von denen wir Erwachsenen wissen, daß sie nicht beseelt sind, also, mit Aristoteles gesprochen, den Grund ihrer Bewegung nicht in sich selbst haben, werden von kleinen Kindern bis etwa zum zweiten Lebensjahr sehr oft als beseelt wahrgenommen, sei es, daß sie sich vor ihnen fürchten oder sich ihnen freundlich antwortend zuwenden. Erst mit der Zeit verändert sich ihre Wahrnehmung derart, daß ihnen Äußeres nur noch als Äußeres und nicht mehr als Äußerung oder vielmehr als ungeschiedene Einheit von Innen und Außen, Seele und Leib begegnet. *Primär* aber ist, wie Max Scheler zurecht betont hat, „alles überhaupt Gegebene ‚Ausdruck‘, und das, was wir Entwicklung durch ‚Lernen‘ nennen, ist nicht eine nachträgliche Hinzufügung von psychischen Komponenten zu einer vorher schon gegebenen ‚toten‘, dinglich gegliederten Körperwelt, sondern eine fortgesetzte Enttäuschung darüber, daß sich nur einige sinnliche Erscheinungen als Darstellungsfunktionen von Ausdruck bewähren – andere aber nicht. ‚Lernen‘ ist in diesem Sinne zunehmende *Ent*-seelung – nicht aber *Be*-seelung."[6]

Hätten wir nämlich diese ursprüngliche Du-Gewißheit[7] nicht, wären wir nicht schon wesensmäßig auf andere bewußte Existenzen bezogen, wie sollten dann wir jemals auf die Idee verfallen, daß es sie gibt? Auf welcher Grundlage sollten wir einen solchen Schluß ziehen? Wenn ein fremdes Bewußtsein als solches niemals Gegenstand unserer Wahrnehmung sein kann, es also niemals unmittelbar erfahren werden kann, dann gibt es auch nichts, das den Schluß auf das Vorhandensein eines solchen fremden Bewußtseins motivieren, geschweige denn rechtfertigen könnte. Deshalb ist es weder möglich noch nötig, Kindern beizubringen, daß es andere Menschen gibt, denn es gibt schlechterdings nichts, was wir ihnen zeigen oder sagen könnten, um ihnen dieses Wissen zu vermitteln. Für die Existenz der Außenwelt überhaupt gilt das gleiche.[8] Wären wir nicht immer schon auf eine Welt außer uns bezogen, wäre sie uns nicht in der Wahrnehmung unmittelbar gegeben, dann könnten wir sie auch nicht erschließen.[9]

Zwar können wir nicht sagen, wie es möglich ist, daß wir die Äußerungen anderer tatsächlich als Äußerungen wahrnehmen, aber wir tun es eben, und zwar nicht nur bei Menschen, sondern auch bei Tieren. Und meist wissen wir auch sehr genau, wie wir eine bestimmte Äußerung zu verstehen haben. Wir nehmen also nicht nur wahr, daß andere Menschen und Tiere über Bewußtsein und Empfindungsvermögen verfügen, sondern auch bis zu einem gewissen Grad, *was* in ihnen vorgeht. Wie die niederländische Biologin Françoise Wemelsfelder auf empirischem Wege nachgewiesen hat, gibt es eine bemerkenswerte Übereinstimmung zwischen verschiedenen Beobachtern im Hinblick auf das Verständnis solcher Äußerungen.[10] Die Furcht oder der Schmerz eines Tieres zeigen sich dem Betrachter unmittelbar in der Art, wie es sich verhält, ohne daß er erst darauf schließen müßte. Wenn es hierbei zuweilen zu Täuschungen kommt, dann lassen sich diese fast immer darauf zurückführen, daß der Beobachter das Tier oder den Kontext, in dem die Äußerung stattfindet, nicht genügend kennt. Jedem Beobachter ist klar, daß er nicht ein Verhalten beobachtet, sondern ein Wesen, das sich verhält: „Wir sehen nicht nur Sitzen, Laufen, Lecken, sondern wir sehen ein Tier, das sitzt, läuft und leckt. Es sind nicht die Beine, die laufen, sondern das Tier, das mit seinen Beinen läuft."[11] Aber nicht jeder Beobachter versteht deshalb dieses Verhalten gleich in der richtigen, dem Sichfühlen des Tieres angemessenen Weise. Voraussetzung für das richtige Verstehen ist, daß man über den gegenwärtigen Augenblick und die gegenwärtige Situation hinausblickt und sich auf die Lebensumstände und das Lebensumfeld des Tieres einläßt. Es braucht also, mit anderen Worten, Zeit und Geduld, um die Kunst der Wahrnehmung der Gefühlszustände eines bestimmten Tieres zu erlernen.[12] Auch den Ausdruck eines Menschen können wir ja um so sicherer an seinem Gesicht und seinem Verhalten ablesen, je besser wir ihn kennen, das heißt, je mehr Zeit wir mit ihm verbracht haben und in je mehr Situationen wir ihn erlebt haben. Seine Äußerungen erhalten dann ein charakteristisches, nur ihm eigenes Gepräge und offenbaren dadurch eine individuelle Persönlichkeit, wie sie nicht nur Menschen füreinander gewinnen, sondern auch beispielsweise Hunde oder Katzen für ihre Besitzer. Wir lernen allmählich, Verhaltensnuancen, die anderen gar nicht auffallen würden, als Ausdruck eines besonderen Ich zu sehen, oder vielmehr: Wir lernen, dieses Ich selbst in seinen Äußerungen zu sehen.

2. Wie der andere dennoch unserer Wahrnehmung entgehen kann

Niemand zweifelt ernsthaft daran, daß es neben ihm noch andere Wesen gibt, die genauso wie er selbst über Leben, Empfindungsvermögen und Bewußtsein verfügen. Wenn wir unbefangen um uns blicken, sehen wir uns umgeben von anderen Bewußtseins- und Empfindungszentren, als, wie Albert Schweitzer es formulierte, „Leben, das leben will, inmitten von Leben, das Leben will".[13] Doch obwohl wir alle im Grunde davon überzeugt sind, daß andere Menschen (und Tiere) wirklich existieren und zwar so, daß sie ihrer eigenen Existenz bewußt sind, nehmen wir sie doch nicht immer so wahr, daß uns diese Existenz auch in ihrem Wesen oder in ihrem vollen Umfang deutlich würde. Oft genug sehen wir einen Menschen, ohne wirklich zu begreifen, daß es sich um einen Menschen handelt und was diese Tatsache bedeutet. Wir sehen gewissermaßen einen abstrakten Menschen, aber nicht *diesen* Menschen, der anders ist als jeder andere Mensch, nicht weil er andere Eigenschaften hätte, sondern weil sein Leben und seine Erfahrungen die *seinen* sind und er in dieser Hinsicht vollkommen einzigartig ist. Die Wahrnehmung dieser Einzigartigkeit aber ist eine Voraussetzung für die Anteilnahme an seinem Schicksal.[14] Den anderen so, nämlich in seiner Einzigartigkeit wahrzunehmen, bedeutet zugleich wahrzunehmen, daß es nicht gleichgültig ist, was ihm geschieht. Wir sehen dann nicht nur das Leid des anderen, sondern wir sehen zugleich, und ebenso unmittelbar, daß dieses Leid etwas ist, das nicht sein sollte. Ich will dies an zwei Beispielen erläutern.

Im Jahre 1931 veröffentlichte der 28-jährige George Orwell unter dem Titel „A Hanging" eine Erinnerungsepisode aus seiner Zeit als Mitglied der britisch-kolonialen Polizei in Burma. Es ist der Bericht einer Hinrichtung. An beiden Seiten von Polizisten flankiert wird ein gefangener, apathisch wirkender Hindu zum Galgen geführt, um dort gehenkt zu werden. Warum, erfährt man nicht. Auf dem kurzen Weg von der Todeszelle zur Hinrichtungsstätte hat der Regen eine Pfütze hinterlassen, und der Gefangene, der ansonsten keinerlei Widerstand leistet, geht darum herum. „Es ist seltsam", schreibt nun Orwell, „aber bis zu jenem Augenblick hatte ich niemals wirklich verstanden, was es bedeutet, einen gesunden, mit Bewußtsein begabten Menschen zu töten. Als ich sah, wie der Gefangene einen Schritt zur Seite machte, um der Pfütze auszuweichen, sah ich, wie rätselhaft, wie unsagbar falsch es ist, ein vollkommen intaktes Leben abzuschneiden. Der Mann lag ja nicht im Sterben; er war lebendig, so wie wir es waren. All seine Körperorgane taten ihre sinnlose Arbeit: der Darm war mit dem Verdauen des Essens beschäftigt, die Haut mit ihrer Erneuerung, Nägel wuchsen und Gewebe baute sich auf. Seine Nägel würden immer noch wachsen, wenn er auf der Klappe stünde, wenn er durch die Luft fiele und nur noch eine Zehntelsekunde zu leben hätte. Seine Augen sahen den gelben Kies und die grauen Wände, und sein Gehirn erinnerte sich, dachte voraus, dachte nach – dachte nach sogar über Pfützen. Er und wir waren eine Gesellschaft von Menschen, die zusammen einen Weg gingen, die sahen, hörten und in derselben Welt lebten – und in zwei Minuten, mit einem jähen Ruck, würde einer von uns nicht mehr da sein – ein Bewußtsein weniger, eine Welt weniger."[15]

Dem jungen Polizisten Orwell wird hier mit einem Mal die Tragweite dessen bewußt, was er gemeinsam mit anderen im

Begriff ist zu tun: einem Menschen sein Leben zu nehmen. Der Umschlag findet hier in der Wahrnehmung statt, ganz so, wie es Husserls Schüler Wilhelm Schapp einmal in bezug auf die Verwandlung einer Tonscherbe in eine Speckschwarte geschildert hat.[16] Der Auslöser für diese Erkenntnis ist eine kleine, an sich unbedeutende Bewegung, die an Banalität kaum zu übertreffen ist, jedoch angesichts dessen, was folgen soll und wird, absurd erscheint. Der Mann, der die Bewegung vollzieht, wird in wenigen Minuten tot sein, und er weiß dies auch, aber dennoch achtet er darauf, daß er nicht in die Pfütze tritt und seine Füße nicht naß werden. Wahrscheinlich macht er dies nicht bewußt, sondern nur aus der Gewohnheit heraus, aber gerade diese Gewohnheit verbindet ihn mit dem Leben, das er hatte, bevor er zum Todeskandidaten wurde. Denn er handelt hier so, wie er immer gehandelt hat, und das heißt so, als würde das Leben weitergehen. Sein Körpergedächtnis weiß nichts von dem nahen Tod, mit dem er selbst sich gedanklich bereits abgefunden haben mag, so wie es seine Wächter zweifellos getan haben. „Er sollte jetzt eigentlich schon tot sein", sagt der Gefängnisaufseher ungeduldig, als Verzögerungen auftreten. Diese Haltung bestimmt die Wahrnehmung der Anwesenden, einschließlich des Berichterstatters bis zu dem Augenblick, in dem er jene kleine Bewegung sieht und damit zum ersten Mal wirklich den Gefangenen als lebenden Menschen wahrnimmt. Zuvor ist auch für ihn der Mann, der dort zum Galgen geht, eigentlich schon tot: *Dead Man Walking*.[17] Sein Tod muß gleichsam nur noch durch die Tat beglaubigt werden, aber dies ist eher eine Formsache. Die Zukunft wird bereits in der Vergangenheitsperspektive betrachtet, die Gegenwart ohnehin. Es ist, als wäre schon geschehen, was doch erst noch geschehen wird oder vielmehr: geschehen soll, aber nicht notwendig geschehen muß. Es handelt sich ja nicht um eine (schon vollzogene) Tatsache, sondern um eine bloße Möglichkeit, die nur unter bestimmten Bedingungen realisiert werden wird, nämlich dann, wenn die Anwesenden entsprechend *handeln*.

Wie es ist, selbst in der Situation dessen zu sein, der in seiner individuellen Wirklichkeit nicht mehr wahrgenommen wird, beschreibt Orwell in einem weiteren Erfahrungsbericht, „How the Poor Die". Es ist die Erinnerung an einen mehrwöchigen Aufenthalt in einem Pariser Armen-Krankenhaus im Jahr 1929: „Nie zuvor war ich in der offenen Abteilung eines Krankenhauses, und es war das erste Mal, daß ich mit Ärzten zu tun hatte, die einen behandelten, ohne mit einem zu sprechen oder, im menschlichen Sinne, irgendeine Notiz von einem zu nehmen."[18] An einem Ort, „an dem jeden Tag Menschen unter Fremden sterben", ist den Ärzten und Krankenschwestern die Fähigkeit oder jedenfalls die Bereitschaft abhanden gekommen, sich auf den einzelnen Patienten in seiner Wirklichkeit einzulassen und Anteil an seinem Leid zu nehmen. Der Schmerz und Tod der anderen sind für sie so alltäglich geworden, daß sie beides nur noch als generisches Problem wahrnehmen und nicht mehr als individuelles. Der leidende Mensch kommt nicht mehr vor den Blick: Er wird zum gesichtslosen Träger seiner Krankheit oder Verletzung und verschwindet hinter ihr. Diese wird zur Hauptsache, zum eigentlichen Gegenstand des ärztlichen Interesses und der ärztlichen Aufmerksamkeit. Anders als der Arzt abstrahiert der Kranke seine Krankheit nicht von seiner individuellen Person; sie ist ihm kein Fall, sondern eigenes Schicksal. Er sieht sich selbst als Kranken. Der Arzt jedoch sieht die Krankheit, nicht ihn. Er trennt, was für den Patienten nicht trennbar ist. Das subjektiv Bedrängende wird zum objektiv Alltäglichen oder, für den Novizen, zum Interessanten. Gelegentlich, berichtet Orwell, kam ein Arzt mit einem Trupp Medizinstudenten vorbei. Dann konnte es einem Patienten passieren, wenn er ein besonders interessantes Symptom vorzuweisen hatte, daß die Studenten ihn sich genauer ansahen, das heißt eigentlich sahen sie nicht *ihn* an, sondern ausschließlich das Symptom. „Es war ein merkwürdiges Gefühl, merkwürdig deshalb, weil sie so brennend darauf bedacht waren, ihre Arbeit zu lernen, und zugleich nicht im mindesten wahrzunehmen schienen, daß es sich bei ihren Patienten um menschliche Wesen handelte. (...) Keiner von ihnen richtete ein Wort an einen oder sah einem direkt ins Gesicht. Als nichtzahlender Patient im Einheitsnachthemd war man vor allem ein Studienobjekt."

Es ist also möglich, den anderen zugleich zu sehen und nicht zu sehen, ihn in einem gewissen Sinne unmittelbar vor Augen zu haben und ihn dabei doch zu übersehen. Übersehen tun wir etwas, was unserem Blick zwar zugänglich ist, was nicht von sich aus verborgen und somit im Prinzip sichtbar ist, dem wir aber im Augenblick (oder auch habituell) keine Aufmerksamkeit schenken. Die Wahrnehmung des anderen in seiner Wirklichkeit wird hier also in den Hintergrund gedrängt, bleibt potentiell vorhanden, kann aber jederzeit, bei entsprechender Gelegenheit, wieder aktualisiert werden. Was für eine Gelegenheit das ist oder sein kann, läßt sich nicht allgemein sagen, weil die Gelegenheiten sehr unterschiedlich sein können. Oft hängt es von Zufällen ab, wie in der Episode, die Orwell berichtet. Für fast jeden gibt es einige andere Lebewesen (zumeist Menschen), die für ihn in vollem Sinne, in ihrer individuellen, einzigartigen Existenz wirklich sind, während die meisten anderen von ihm nur generisch wahrgenommen werden, als bloße Exemplare einer Gattung, die sich nur relativ, hinsichtlich bestimmter Eigenschaften, voneinander unterscheiden. Die meisten anderen Menschen, und Tiere ohnehin, haben für uns nur eine schattenhafte Existenz, so daß ihr Leben und Sterben – obwohl wir keinen Augenblick daran zweifeln, *daß* sie leben und sterben – uns nur marginal betrifft: Im Grunde aber ist es uns gleichgültig, was mit ihnen geschieht. Da sie nicht in ihrer Einzigartigkeit wahrgenommen werden, sondern nur in ihrer relativen Verschiedenheit, erscheinen sie uns als ersetzbar.

Schopenhauer hat diese gewöhnliche Wahrnehmung, wenn sie sich auf alle Menschen erstreckt, als *praktischen Egoismus* beschrieben. Während der theoretische Egoist das eigene Ich für allein wirklich halte (also tatsächlich *urteilt*, daß er allein wirklich sei), definiert sich der praktische Egoist dadurch, daß er „nur die eigene Person als eine wirklich solche, alle übrigen aber als bloße Phantome ansieht und behandelt".[19] Im selben

Sinne sprach Sartre später von einem *faktischen Solipsismus*, der mit theoretischen Überzeugungen nichts zu tun habe, sondern sich in einer bestimmten Weise der Wahrnehmung (bzw. Nichtwahrnehmung) und in einer bestimmten Weise des Handelns ausdrücke: „Ich achte kaum auf (die Menschen), ich handle, als wäre ich allein auf der Welt; ich streife ‚die Leute', wie ich Mauern streife, ich gehe ihnen aus dem Weg, wie ich Hindernissen aus dem Weg gehe, ihre Objekt-Freiheit ist für mich nur ihr ‚Widrigkeitskoeffizient'; ich stelle mir nicht einmal vor, daß sie mich anblicken könnten."[20]

Gleichwohl können wir uns vom Blick des anderen treffen lassen, einem Blick, der nicht notwendig von den Augen des anderen ausgehen muß, sondern auch aus einer Geste entspringen kann, einer kleinen unbedeutenden Bewegung wie dem Ausweichen vor einer Pfütze.[21] Oft aber verweigern wir uns geradezu diesem Blick oder sind aus Gewohnheit, kulturellen, ideologischen oder auch philosophischen Vorurteilen blind dafür. Was wahrgenommen wird, hängt ja nicht nur vom Gegenstand ab, sondern auch vom Wahrnehmenden selbst, von seiner Sprache, seinen Einstellungen, den Konzepten, die er sich gebildet hat, um sich kognitiv in der Welt zurechtzufinden, von seiner augenblicklichen Gestimmtheit, den Erfahrungen, die er vorher gemacht hat, etc. All dies beeinflußt und verzerrt unser Wahrnehmen. Stets spiegelt sich in dem, was wir wahrnehmen, auch die Haltung, die wir gegenüber den Dingen einnehmen. Wir nehmen niemals alles wahr, was es wahrzunehmen gibt, und wie es eine Kunst der Wahrnehmung gibt, so gibt es auch eine Kunst der Nicht-Wahrnehmung, ein Einüben in das Nicht-Hinsehen. So kann die Auffassung, es sei unmöglich, etwas wahrzunehmen (wie die Existenz eines anderen Bewußtseins), dazu führen, daß man es tatsächlich nicht mehr wahrnimmt. Wir sehen dann allein das, was wir glauben sehen zu können. Wir sehen das Äußere als Äußeres und nicht mehr als Äußerung eines Inneren, aber nicht etwa deshalb, weil dieses Innere gar nicht sichtbar wäre, sondern weil wir verlernt oder vielmehr es uns abtrainiert haben, es zu sehen. Weil wir unseren Blick habituell auf etwas anderes gerichtet halten, zum Beispiel auf Symptome und Krankheitserscheinungen, wie die Ärzte jenes Pariser Krankenhauses, von dem Orwell berichtet hat, oder ganz allgemein auf Funktionsweisen und Kausalzusammenhänge, wie es angeblich für eine streng wissenschaftliche Herangehensweise erforderlich ist. Aber auch wenn die Wissenschaft als solche vielleicht nicht umhin kann, zu abstrahieren, Begriffe zu bilden und zu klassifizieren, so heißt das nicht, daß sie deswegen dem Einzelnen, Einzigartigen und Unwiederholbaren, das wahrnehmend erfaßt werden kann, keine Beachtung zu schenken bräuchte. Vielleicht ist ja auch eine Wissenschaft möglich, die sich von der Wahrnehmung leiten läßt, statt sie von vornherein in den Rahmen eines vorgefertigten Begriffs- und Klassifikationssystems einzuspannen.[22]

3. „*Als was wir sie schauen, das tun wir den Dingen an*"

Nun hängt von der Art, wie wir die Dinge wahrnehmen, auch ab, wie wir mit ihnen umgehen. „Als was wir sie schauen, das tun wir den Dingen an", sagte einmal Ludwig Klages.[23] Solange wir im anderen, sei es Mensch oder Tier, nur das Allgemeine, aber nicht das Individuelle sehen, das wesentlich Einzigartige, das ihn zur Person macht, solange wird er für uns ersetzbar bleiben, und entsprechend werden wir auch handeln, wenn wir nicht durch äußere Zwänge daran gehindert werden. Moralisches Handeln, insofern es aus einem moralischen Bewußtsein hervorgeht und sich nicht in der Moralkonformität erschöpft, beruht niemals auf rationalen Erwägungen, sondern stets auf einer bestimmten Art der Wahrnehmung. Rational begründen läßt sich allenfalls, warum man bestimmten Menschen und Tieren gegenüber Rücksicht walten lassen sollte (weil es unklug wäre, es nicht zu tun), nicht aber eine moralische *Verpflichtung* zu rücksichtsvollem Handeln. Moralische Verpflichtungen sind etwas, was man nur unmittelbar in der Begegnung mit dem anderen erfahren kann. Genauso unmittelbar, wie wir nicht nur Sinnesdaten, sondern tatsächlich eine Außenwelt sehen, wie wir darüber hinaus nicht nur fremde Körper sehen, sondern auch das Leben und Bewußtsein, das in ihnen zum Ausdruck kommt, so sehen wir auch den Anspruch, den dieses fremde Leben an uns stellt, und die Berechtigung dieses Anspruchs. Freilich, muß einschränkend hinzugefügt werden, nur dann, *wenn* wir es sehen. Das ist keine Tautologie. Entscheidend ist, daß der Anspruch und seine Berechtigung nicht aufgrund irgendwelcher Fakten erschlossen, sondern unmittelbar als Faktum vernommen wird, daß er aber gerade deshalb erst einmal vernommen werden muß. Vom Sein auf ein Sollen zu schließen, ist genauso unmöglich wie von den Sinnesdaten auf das Vorhandensein einer materiellen Welt oder aus der Wahrnehmung einer materiellen Welt auf das Vorhandensein von Bewußtsein. In keinem der drei Fälle ist aber überhaupt ein Schluß nötig. Müßten wir erst noch vom Sein auf das Sollen *schließen*, dann könnten wir es nicht. Täten wir es dennoch, dann träfe uns der Vorwurf des naturalistischen Fehlschlusses zurecht. Die Sache liegt aber anders: Sowohl die körperlichen Dinge als auch das fremde Bewußtsein drängen sich uns in der Wahrnehmung so unabweisbar als wirklich auf, daß wir nicht umhin können, an ihre Existenz zu glauben. Ebenso drängt sich uns aber in manchen Situationen und unter bestimmten Bedingungen die Wirklichkeit anderer Lebewesen in unserer Wahrnehmung derart auf, daß wir nicht umhin können, diese Wirklichkeit auch in ihrer Existenzberechtigung anzuerkennen, und nach Möglichkeit entsprechend zu handeln.

Daß sich diese Wirklichkeit oft genug auch nicht in der genannten Weise aufdrängt und für manche vielleicht überhaupt niemals, belegt nicht, daß es nicht wahrgenommen werden kann. Oft wird die Wahrnehmung durch Begriffe gefiltert und verstellt, so daß das Individuum, die andere Person, gar nicht in den Blick rückt. Man sieht immer nur soviel, wie man zu sehen bereit ist, wie man zu sehen zuläßt. Wenn man sich nicht einläßt auf den anderen, wenn man nicht versucht oder nicht gelernt hat, hinter die Begriffe zu blicken, den anderen so zu sehen, daß seine ihm wesentliche Unersetzbarkeit zutage tritt, dann sieht man in einem gewissen Sinne den anderen überhaupt nicht. Man sieht nur den Begriff, unter den man ihn gebracht hat, und wenn dieser Begriff so ist, daß er uns zur Vernichtung des anderen ermuntert oder dieser jedenfalls nichts entgegensetzt, dann werden wir auch keine Hemmungen haben, wenn es darum geht, den anderen unseren Interessen ganz und gar dienstbar zu machen. Bei Tieren scheint uns das besonders leicht zu fallen, was vielleicht auch daran liegt, daß wir selten wirklich mit ihnen zusammenleben, so daß keine Kommunikationsnotwendigkeit ihrer Verdinglichung im Wege steht. Extrem, aber deshalb nicht minder exemplarisch ist die Aussage des frühen Stoikers Chrysipp, der meinte, daß Schweine nur deshalb anstelle von Salz eine Seele hätten, damit sie nicht verfaulten.[24] Das Leben des Schweins diene also sozusagen als Konservierungsmittel, sein einziger Zweck bestehe darin, das Fleisch für uns länger frisch zu halten. Ich nehme an, daß man Schweine so sehen kann, daß man in ihnen also nicht Wesen sieht, die ihr eigenes Leben leben, sich daran freuen und an ihm hängen, und die nicht weniger Recht darauf haben als wir, sondern statt dessen nur das Fleisch, das sie nach unserem Willen einmal werden sollen. Auch hier sehen wir also – wie die Gefängnisaufseher bei Orwell den Todeskandidaten – das gegenwärtig Existierende schon aus der Perspektive einer vorweggenommenen Zukunft. Wir sehen das Lebendige als virtuell Totes. Wollen wir aber tatsächlich behaupten, daß dies der Wirklichkeit des Tieres angemessen wäre?

Es gibt keinen Grund, warum wir nicht auch Tiere als Wesen sehen können sollten (und ich meine auch hier ganz buchstäblich: *sehen*), die einen Anspruch auf unsere Achtung und Rücksichtnahme haben. Und es ist sicher nicht so, daß wir dabei in Wahrheit gar nicht das Tier selbst achten, sondern uns selbst in seinem Spiegel, wie zuweilen behauptet wird. So schreibt etwa Avishai Margalit in seinem vielbeachteten Buch über die *Politik der Würde*:[25] „Was den Respekt vor Tieren betrifft, so ist dieser eindeutig anthropozentrisch. (…) Einen Adler, Sinnbild für Freiheit und Macht, in einen Käfig zu sperren und am Fliegen zu hindern gilt denn auch geradezu als Vergewaltigung seines eigentlichen Wesens und ist der Bedeutung nach etwas völlig anderes, als einen Papagei gefangenzuhalten. Wenn wir sagen, wir würden ein Tier achten, dann meinen wir eigentlich, daß wir uns selbst achten. Und wenn wir befürchten, daß Zoobesucher, die sich über einen Schimpansen lustig machen, den Affen nicht angemessen achten, dann sind wir eigentlich um unsere eigene Achtung besorgt."

Es mag zwar sein, daß wir das Gefangenhalten eines Adlers moralisch anders beurteilen als das Gefangenhalten eines Papageien, aber das muß nicht daran liegen, daß jener für uns ein Symbol der Freiheit ist, dieser aber nicht. Genausogut kann es sein, daß es für den Adler selbst eine ganz andere Bedeutung hat, nicht fliegen zu können, als für den Papageien. Warum also sollten wir hier nicht wirklich etwas vom Wesen des Adlers wahrnehmen, also von dem, was ihm und seiner Art zu leben gemäß ist? Sicherlich gibt es doch etwas, was seinem Wesen entspricht. Und warum sollten wir nicht auch sehen können, daß wir diesem Wesen durch die Beschränkungen, die wir ihm auferlegen, Gewalt antun, daß wir seine Integrität[26] oder, wenn man so will, seine Würde verletzen, und zwar in einem ungleich stärkerem Maße, als wenn wir dasselbe mit einem Papageien tun? Selbst wenn ein Papagei faktisch genauso unter der Gefangenschaft leidet wie ein Adler und es somit von der Sache her keinen guten Grund gibt, beide Fälle unterschiedlich zu bewerten, kann es doch sein, daß uns der Adler die – objektiv vorhandene und keineswegs nur projizierte – Vergewaltigung seines Wesens nur stärker ins Bewußtsein ruft, als es der Papagei vermag. Vielleicht muß man sich auf die natürliche Lebensweise und das natürliche Lebensumfeld des Papageien nur stärker einlassen, muß sich länger damit beschäftigen, um zu bemerken, was uns im Fall des Adlers sofort in die Augen fällt: die Verletzung seiner Integrität. So sind wir auch nicht „eigentlich" um unsere eigene Achtung besorgt, wenn wir befürchten, daß Zoobesucher, die sich über einen Schimpansen lustig machen, den Affen nicht angemessen achten. Vielmehr sehen wir, genauso unmittelbar wie wir den Affen und den Zoobesucher sehen, daß die Situation des Affen, die wir ja selbst mit zu verantworten haben, kein Anlaß zum Spott ist. Und es mag sein, daß wir es gerade deshalb sehen, weil sich jemand über den Affen lustig macht. Der Spott macht die Entwürdigung und das Unrecht, das wir dem Affen zufügen, nur noch augenscheinlicher, zieht unseren Blick darauf und läßt uns die Situation in einem anderen Licht erscheinen, nicht anders, als es die unscheinbare Bewegung des Gefangenen beim jungen George Orwell getan hat.

[1] G. K. Chesterton, *Ketzer* (1905), Frankfurt am Main 1998, S. 286.
[2] René Descartes, *Meditationen über die Grundlagen der Philosophie*, Zweite Meditation.
[3] Zur ungebrochenen Aktualität dieser cartesischen Auffassung vgl. etwa Reinhard Brandt, *Die Wirklichkeit des Bildes*, München/ Wien 1999, S. 11: „tatsächlich ist es unmöglich, Gegenstände, etwa Pflanzen und Tiere, Menschen und Gebäude zu *sehen*. Wir sehen und unterscheiden mit dem Sehsinn Helles und Dunkles, Farben und Formen und vielleicht deren Bewegung, mehr jedoch nicht, weil die optische Information sich hierauf beschränkt. (…) Farben und Helligkeitsgrade sehen wir unmittelbar, daß es sich jedoch um bestimmte Gegenstände, Personen und Ereignisse handelt, wird immer nur erschlossen."
[4] Ebd., Abschnitt 13.
[5] Max Scheler, *Wesen und Formen der Sympathie*, S. 254, in: Ders., Gesammelte Werke Bd. 7, Bern/ München 1973.
[6] Ebd., S. 233. Vgl. auch S. 253: „Es ist (…) nicht ohne Interesse, zu sehen, daß in der Geschichte der Philosophie die Existenz einer realen Natur so viel häufiger bestritten wurde als die Existenz eines fremden Ich – obzwar doch niemand die Wahrnehmbarkeit der Natur, fast alle aber die Wahrnehmbarkeit fremden Seelenlebens geleugnet haben. Zu verstehen ist dies daraus, daß *unsere Überzeugung vom Dasein des fremden Ich tiefer und früher ist als unsere Überzeugung vom Dasein der Natur.*"
[7] Zur ursprünglichen Du-Gewißheit vgl. Johannes Volkelt, *Das ästhetische Bewußtsein*, München 1920, Vierter Abschnitt („Ursprung der Einfühlung überhaupt"), sowie Max Scheler, *Wesen und Formen der Sympathie*, a.a.O., Teil C, Abschnitt II („Die Du-Evidenz überhaupt"). Sowohl Scheler als auch Volkelt betonen die Ursprünglichkeit der Du-Gewißheit und weisen jeden Schluß zur Konstitution dieser Gewißheit zurück, jedoch meint Volkelt im Unterschied zu Scheler, daß das fremde Bewußtsein nicht unmittelbar *wahrgenommen* werden könne, sondern nur „intuitiv" erfaßt werde, wobei intuitives Erfassen von ihm verstanden wird als „unmittelbares Erfassen von etwas Unerfahrbarem". Er-

fahrbar sind nach Volkelt, getreu dem sensualistischen Dogma, nur Sinneseindrücke und somit niemals ein fremdes Ich. Indem Scheler diese Erfahrbarkeit dennoch behaupte, falle er zurück auf „den Standpunkt des naiven Menschen, der von Selbstkritik noch nichts weiß, der noch nicht wissenschaftlich eingestellt ist". Der naive Mensch sei „davon überzeugt, in dem Mitmenschen nicht nur den Leib, sondern auch seine Wonnen und Schmerzen, sein Sinnen und Trachten zu sehen, wirklich zu sehen". (Ebd., S. 142) Das klingt allerdings so, als seien wir uns der Existenz anderen Bewußtseins gewiß, *obwohl* wir es nicht wahrnehmen können, während es doch in Wahrheit so ist, daß wir uns dessen Existenz gerade deshalb gewiß sind, *weil* wir es im anderen wahrnehmen.

[8] Vgl. dazu: Alison Gopnik/Patricia Kuhl/Andrew Meltzoff, *Forschergeist in Windeln. Wie Ihr Kind die Welt begreift*, Kreuzlingen/ München 2000.

[9] Vgl. auch Thomas Reid, *An Inquiry into the Human Mind on the Principles of Common Sense*, Edinburgh 1764: „I think it is evident, that we cannot, by reasoning from our sensations, collect the existence of bodies at all, far less any of their qualities. This has been proved by unanswerable arguments by the Bishop of Cloyne, and by the author of the ‚Treatise of Human Nature'. (...) At the same time, it is a fact that such sensations are invariably connected with the conception and belief of external existences. Hence, by all rules of just reasoning, we must conclude, that this connection is the effect of our constitution, and ought to be considered as an original principle of human nature, till we find some more general principle into which it may be resolved." (Chapter 5, Section 3.)

[10] Françoise Wemelsfelder, „Investigating the animal's point of view. An enquiry into a subject-based method of measurement in the field of animal welfare", in: Marcel Dol et al. (Hg.), *Animal Consciousness and Animal Ethics. Perspectives from the Netherlands*, Assen 1997, S. 73–89; (et al.) „Assessing the ‚whole animal': a free choice profiling approach", in: Animal Behaviour 62 (2001), S. 209–220; „The Inside and Outside Aspects of Consciousness: Complimentary Approaches to the Study of Animal Emotion", in: Animal Welfare 10 (2001), S. 129–139.

[11] Wemelsfelder, „Investigating ...", a.a.O., S. 79.

[12] „What it takes to understand a wild animal's reality is time, patience and a very good eye for detail and context." (Wemelsfelder, „Investigating ...", a.a.O., S. 81.

[13] Albert Schweitzer, *Kultur und Ethik*, München 1923, S. 239. Diese Gewißheit sei, so Schweitzer, die „unmittelbarste und umfassendste Tatsache des Bewußtseins".

[14] Eine ausführliche Begründung dieser These habe ich in meinem Buch *Versuch über die Grundlagen der Moral*, München 2001, gegeben.

[15] George Orwell, „A Hanging", in: Adelphi, August 1931; wieder abgedruckt in: Ders., *Shooting An Elephant and Other Essays*, London 1950, S. 11–17. Die Übersetzung der zitierten Passage stammt von mir.

[16] Wilhelm Schapp, *Phänomenologie der Wahrnehmung* (1910), Erlangen 1925, S. 96.

[17] So werden in den USA die Todeskandidaten genannt.

[18] George Orwell, „How the Poor Die", in: Ders., *Shooting an Elephant and Other Essays*, a.a.O., S. 18–32. Übersetzung von mir.

[19] Arthur Schopenhauer, *Die Welt als Wille und Vorstellung* I, 2. Buch, Paragraph 19.
[20] Jean-Paul Sartre, *Das Sein und das Nichts* (1949), Reinbek bei Hamburg 1991, S. 666.
[21] „Da ist keine Stelle, die dich nicht ansieht", schreibt Rilke über den „Archaischen Torso Appolls", und Hegel meinte, daß die Kunst nach Werken streben müsse, die „ganz Auge" seien (*Vorlesungen über die Ästhetik I*, Werke 13, Frankfurt am Main 1970, S. 203).
[22] Vgl. Friedrich Ratzel, *Über Naturschilderung*, München und Berlin 1904, S. 28: „Daß sie (i.e. die Wissenschaft) aber dabei die Anschauung überhaupt vergäße oder geringschätzte, das abstrakte Denken über alles stellte, körperlose Begriffe, leere Worte höher schätzte als die Bilder der unmittelbaren Eindrücke, daß mit anderen Worten die Wissenschaft sich von der Kunst abwendete, liegt nicht in ihrer Natur, ist nur eine Krankheit der Wissenschaft, ein Auswuchs."
[23] Ludwig Klages, *Sämtliche Werke 1*, Bonn 1964, S. 664.
[24] Cicero, *De Natura Deorum* II, 160.
[25] Avishai Margalit, *Politik der Würde. Über Achtung und Verachtung*, Berlin 1997, S. 82.
[26] Vgl. dazu Henk Verhoog, „Biotechnologie und die Integrität des Lebens", in diesem Band, S. 130–156.

Michael Huppertz

Die Kunst der Wahrnehmung in der Psychotherapie

1. Der Patient wird somnambul

Paris 1784: Die Aufführungen sind lange angekündigt, mindestens 200 Menschen sind gekommen. Eine ausgewählte Schar versammelt sich um ein Gefäß, dem geheimnisvolle Kräfte zugeschrieben werden, berührt Stäbe, die in das „magnetisierte" Wasser führen und ist durch Seile miteinander verbunden. Große Spiegel sind aufgebaut, auf „magnetisierten" Instrumenten wird Musik gespielt, unter anderem auf einer neuartigen „Glasharmonika" mit einem fremden, manchmal ohrenzerreißenden Klang. Es kommt zu dramatischen Szenen: Die Teilnehmer erleiden Zuckungen, motorische Anfälle, Ohnmachten. Einige werden hinausgetragen. Der Regisseur selbst, ein künstlerisch interessierter Arzt namens Mesmer nimmt mal mit diesem, mal mit jenem Teilnehmer Kontakt auf. Er „pflegte seinem Patienten gegenüber zu sitzen, dabei berührten seine Knie die Knie des Patienten, er hielt die Daumen des Patienten fest in seinen Händen und sah ihm starr in die Augen, dann berührte er sein hypochondrium (Oberbauch) und strich ihm über die Glieder."[1] In den Augen Mesmers, seiner Patienten und Anhänger ging es darum, das magnetische Fluidum, das den Menschen mit seiner Umgebung und dem gesamten Universum verbindet, wieder in ein gesundes Gleichgewicht zu bringen. Dazu war es notwendig, diese Verbindung über die Sinne, Handlungen, Rituale und Kontakt wiederherzustellen. Die nächsten hundert Jahre ist die Psychotherapie damit beschäftigt, diese Verbindungen zu reduzieren und sich selbst aus der Wirklichkeit zu entführen.

Zur gleichen Zeit in Buzancy, einem Dorf in Nordostfrankreich: Zunächst sieht alles ganz ähnlich aus. Eine große Inszenierung – diesmal um eine alte Linde herum, an deren Fuß eine Quelle sprudelt, Kollektivbehandlung, Zuschauer, Seile, die die Menschen mit der Linde verbinden, während sie miteinander eine Kette bilden usw. Aber Graf Puységur, der diesmal als Regisseur des Schauspiels auftritt, verzichtet allmählich auf diese großen Inszenierungen und allzu sichtbaren „Krisen" der Patienten. Er stellt fest, dass einige Patienten auf Magnetisierungen mit schlafähnlichen Zuständen reagieren, in denen sie ungelöste Probleme ansprechen, über die sie sonst nicht zu sprechen gewagt hatten und für die sie eine Lösung suchten.[2] Der Patient wird somnambul und gesprächig. Mit dem Somnambulismus beginnt auch der Augenschluss der Psychotherapeuten. Die Spiegelsäle, die Ulme, die sprudelnde Quelle, die Eisenstäbe, die Seile, die Musik, die Zuschauer, ja sogar die Gemeinschaft der Leidenden – die sinnliche Umwelt verschwindet, und was bleibt ist ein minimalistisches Vorspiel: Der Einsatz suggestiver Techniken zur Herbeiführung eines Zustandes, in dem die eigentliche Therapie in Form von Reden, Zuhören und Probehandeln stattfindet. In der Zeit der Hypnose geschieht die Behandlung noch in einem Zustand, der durch die gezielte Beeinflussung der Wahrnehmung, z. B. durch den Blick des Hypnotiseurs oder ein Pendel, herbeigeführt wird. Im Laufe des 19. Jahrhunderts werden in einem wechselhaften Verlauf die verbale Kommunikation und die therapeutische Beziehung immer mehr ausdifferenziert und gegen Ende des Jahrhunderts gerät auch die – immer schon umstrittene – Hypnose endgültig in die Defensive.[3]

Auch die Verteilung der sozialen Rollen ändert sich mit der Entwicklung der Psychotherapie von der Vermittlung göttlicher Gnade über die Wirkung des Charismas eines Magnetiseurs oder Hypnotiseurs zu einer Dienstleistung, die der Therapeut dem Patienten schuldig ist. Indem sich die Psychotherapie herausbildet, wird die Beziehung zwischen Leidendem und Heiler zu einer Kooperationsbeziehung. Schon in Puységurs

Behandlung hatte sich die Rollenverteilung dramatisch geändert. Auch wenn der Hypnotiseur ein Graf war und die Patienten aus dem Bauernstand kamen, übernahmen bereits die Patienten die Führung. Sie diagnostizierten ihre Krankheiten selbst, prognostizierten ihren Verlauf und entwarfen die Behandlung. Zunehmend setzten die Patienten die Therapie dazu ein, Wissen über sich zu erwerben und Kontrolle über sich zu gewinnen, und die Therapeuten konzentrierten sich auf die Begleitung dieses Prozesses mit mentalen Mitteln.[4] Nicht mehr die Berührung der Eisenstäbe heilte, sondern der Patient heilte sich mit Hilfe des Therapeuten.

2. Die Sterilisierung der Psychotherapie

Die Bemühungen, die Psychotherapie als eigenständige Disziplin zu etablieren, setzten den Versuch voraus, die sinnliche Wahrnehmung praktisch und theoretisch zu eliminieren. Freuds Bedeutung für die Entwicklung der Psychotherapie liegt sicher nicht in seinen empirischen Beobachtungen oder theoretischen Erkenntnissen. Er trug zusammen und systematisierte, was in der damaligen Zeit in Philosophie, Wissenschaft und Zeitgeist en vogue war. Der entscheidende Schritt bestand in der Verwissenschaftlichung des psychotherapeutischen Verfahrens. Das Wesentliche des psychoanalytischen Szientismus besteht nicht in dem Versuch, mechanische oder chemische Theorien nachzubilden, sondern in der Modellierung der psychoanalytischen Praxis nach dem Vorbild eines wissenschaftlichen Experiments.[5] Freud – im naturwissenschaftlichen Experimentieren sozialisiert – versuchte, die Psyche und die Instrumente des Therapeuten zu isolieren und zu reinigen. Diese Verunreinigungen bestanden hauptsächlich in sinnlichen Wahrnehmungen und unkontrollierten gegenwärtigen Einflüssen. Mittels der Entrückung des Therapeuten aus der Beziehung, der Zeit und der Sinnlichkeit sollte die Erfassung der gesprochenen Inhalte und die ungestörte Auswertung dieser Mitteilungen gesichert werden – mit dem Ziel, überdauernde

Strukturen und Funktionen der Psyche freizupräparieren. Natürlich ist dies heute – in Zeiten der Gegenübertragung, der nicht-verbalen Kommunikation und der Arbeit mit der Beziehung selbst – nicht mehr „state of the art", aber die Bedeutung und vor allem die engen Grenzen dieser Weiterentwicklungen werden erst vor dem Hintergrund dieses ursprünglichen Programms sichtbar.

Freud hatte zu Beginn seiner therapeutischen Arbeit noch mit Hypnose und Massagetechniken gearbeitet und sich davon allmählich abgewandt.[6] Die Hypnose war Freud nicht effektiv genug, nicht genügend verallgemeinerbar und sie störte die klare Erfassung der mentalen Prozesse des Patienten. In Freuds Worten: „Er behandelt gegenwärtig seine Kranken, indem er sie ohne andersartige Beeinflussung eine bequeme Rückenlage einnehmen lässt, während er selbst, seinem Anblick entzogen, auf einem Stuhle hinter ihm sitzt. Auch den Verschluss der Augen fordert er von ihnen nicht und vermeidet jede Berührung sowie jede andere Prozedur, die an Hypnose mahnen könnte. Eine solche Sitzung verläuft also wie ein Gespräch zwischen zwei gleich wachen Personen, von denen die eine sich jede Muskelanstrengung und jeden ablenkenden Sinneseindruck erspart, die sie in der Konzentration ihrer Aufmerksamkeit auf ihre eigene seelische Tätigkeit stören könnte."[7] Der Somnambulismus ist überholt, die volle Aufmerksamkeit des Forschers auf die seelische Tätigkeit ist gefordert. Die Träume werden zur „via regia" aus der Wirklichkeit. Die Aufmerksamkeit gilt in Zukunft dem Erinnerten, Geträumten und vor allem dem Gesagten, nicht mehr dem Körper, der Kleidung, dem Gesichtsausdruck, dem Handeln oder den Lebensumständen des Patienten. Auf dem Weg ins Innere des Patienten begegnen dem Therapeuten natürlich Widerstände und Übertragungen, aber sie gehören alle zum Experiment selbst, sind Material, Bereicherungen, solange sie nicht auf aktuelles Geschehen zurückzuführen sind und solange sie identifiziert und in die Auswertung einbezogen werden können.

Aktuelle Wahrnehmungen und Beziehungsprozesse aber können den Blick trüben und den Gegenstand verändern. Wahrnehmung hat – wie stark wir sie auch selbst steuern mögen – für den Wahrnehmenden immer eine wesentliche passive Komponente.[8] Das inhärente Ziel der Wahrnehmung ist „nehmen", nicht kontrollieren. Wahrnehmung bedeutet immer auch Hingabe an das Wahrgenommene. Und damit tritt eine Dynamik auf, die dem erkenntnisdurstigen Subjekt unheimlich ist. Wahrnehmung verändert den Wahrnehmenden und hat immer etwas Überraschendes. Das forschende Subjekt aber will sich zeitlos und seinen Gegenstand möglichst dauerhaft. Das psychoanalytische Experiment versucht beides zu installieren und alles, was es für unkontrollierbar und flüchtig hält, zu eliminieren – Bewegung, Wahrnehmung und Beziehung. Erst Freud trieb das Konzept einer „wissenschaftlichen Psychotherapie"[9] so weit, dass sie von dem Charisma eines bestimmten Menschen und einer besonderen Aufführung an einem einzigartigen Ort abgelöst werden konnte.[10] Er trug das wissenschaftliche Modell in die Praxen der Psychotherapeuten und verschaffte ihnen auf lange Sicht den Status der Chirurgen und Internisten. Seine enormen schriftstellerischen Fähigkeiten sorgten dafür, dass dieser Transfer gelang und auch die weitere kulturelle Umwelt an diesem Fortschritt teilnahm. Die Übertragbarkeit des Experiments lag vor allem in der wirksamen Formulierung eines kulturell gebahnten Selbstverhältnisses: Das Individuum als wissenschaftlich eingestellter Erforscher seiner selbst und der Therapeut als Wissenschaftler. Das psychoanalytische Verfahren ist ein Heilverfahren, das mit den gleichen Mitteln heilt, mit denen es auch zum Erkenntnisgewinn beiträgt. Die Heilung soll erfolgen über die zunehmende Erkenntnis eines von der Umwelt isolierbaren Selbst. Diese Gleichsetzung von Experiment und Therapie erfolgt durch die Vertauschbarkeit der Rollen von Therapeut und Patient. Beide nehmen die gleiche Haltung ein und zwar die eines Subjekts, das sich aus allen Bindungen an die Wirklichkeit und jeder Art von Einbettung befreit und in einer präparierten Situation die Psyche erkennt und kontrolliert verändert.[11] Die Wahrnehmung verflüchtigt sich als „gleichschwebende Aufmerksamkeit".[12]

Über Generationen hinweg werden nun Psychoanalytiker die Wahrnehmung scheuen wie Vampire das Licht, obwohl schon bald mutige Pioniere wie H. St. Sullivan, J. Bowlby oder D. W. Winnicott zu ihrer Erlösung aufbrechen. Auch Freud war klar gewesen, dass die Eliminierung der Wahrnehmung nur unvollständig gelingen kann. Bekanntlich wich er selbst in seiner Arbeit weiterhin von dem selbst entworfenen Prototyp ab und zog sogar in Erwägung, dass die Psychoanalyse vielleicht keine besonders effiziente Therapie werden würde. Aber auch wenn ihm diese Effizienz für die Anerkennung des Verfahrens wichtig schien, so war ihm doch klar, dass sie alleine nicht genügt. Bis heute lebt die Psychoanalyse von der mühsam erkämpften Anerkennung ihrer wissenschaftlichen Arbeitsweise. Auch wenn die psychoanalytische Gemeinde autoritär und dogmatisch wurde: Freud zeigte immer auch Interesse an der überprüfbaren Erkenntnis, an ständiger Forschung, Weiterentwicklung und Selbstbegrenzung, den wichtigsten Entwicklungspotenzialen der Psychoanalyse.

Nun könnte man sagen, dass dies alles überholt sei, weil es sich entweder um ein „szientistisches Selbstmissverständnis"[13] der frühen Psychoanalyse handelt, weil die spätere Psychoanalyse sich praktisch und theoretisch von diesen Grundlagen befreit hat oder weil die Verhaltenstherapie mit ganz anderen Techniken der Psychoanalyse längst den Rang bzgl. Wissenschaftlichkeit abgelaufen hat. Auf den ersten Einwand komme ich gleich zu sprechen, er berührt die Tatsache, dass die Psychoanalyse vielgesichtiger ist als bislang dargestellt. Der zweite ist teilweise berechtigt, beruft sich aber eigentlich auf das Scheitern des klassischen Konzepts. Der dritte aber täuscht eine Konkurrenz vor, die nicht besteht. Im Umgang mit der Wahrnehmung in der Psychotherapie sind sich die beiden großen, wissenschaftlich und ökonomisch anerkannten Verfahren einig: Sie wird als Selbstverständlichkeit wegrationalisiert. Die Wahrnehmung ist weder fremder noch eigener Beachtung wert. Der Verhaltenstherapeut interessiert sich für das beobachtbare Verhalten bzw. die Interpretationsschemata, die zwischen Wahrnehmung und Verhalten eingeschoben werden. Das Problemverhalten und die problematischen Kognitionen werden definiert und durch Patient und Therapeut unter Kontrolle gebracht und verändert. Beide leiten gemeinsam das Experiment und überprüfen den Erfolg. Der Verhaltenstherapeut und sein Klient wollen entweder das Verhalten des Klienten in eine erwünschte Richtung verändern und in kontrollierbares Handeln verwandeln und/oder dysfunktionale kognitive Muster verändern. Die Wahrnehmung fällt dabei zwischen die Stühle des Objektivismus („Reiz", „Situation") und des Subjektivismus („Kognition" als sekundärer subjektiver Zuschreibung von Interpretationen). Ein wichtiger Unterschied zur Psychoanalyse besteht darin, dass das Experiment in der Lebenswirklichkeit des Patienten durchgeführt werden darf. Dieser Schritt aus dem psychotherapeutischen Labor heraus ist nicht zu unterschätzen. Er hat den Horizont der Psychotherapie für Verhaltensbeobachtungen unter natürlichen Bedingungen und für soziale Prozesse geöffnet. Was die Verhaltenstherapie nicht verbessert hat, ist das Schicksal der Wahrnehmung.

Das verhaltenstherapeutische Experiment wird nie das psychoanalytische gefährden oder ersetzen, noch umgekehrt. Experimente stehen sich nicht im Wege. Sie präparieren und beleuchten unterschiedliche Aspekte mit unterschiedlichen Instrumenten. Behavioristische Versuche, die Introspektion für überflüssig zu erklären, passen nicht zu modernen Selbstkonzepten, für die die Selbstbeobachtung unverzichtbar geworden ist, und sind auch mit der kognitiven Wende der Verhaltenstherapie aufgegeben worden. Die Psychoanalyse ihrerseits kann es sich schon lange nicht mehr leisten, die Beobachtung des Verhaltens, vor allem sichtbarer kommunikativer Prozesse, zu ignorieren.

Die szientistische Selbstdarstellung verhalf den Psychotherapeuten zu Selbstbewusstsein, Anerkennung und Vermarktungschancen und dem Patienten zu Vertrauen und Idealisierungsmöglichkeiten. In der Praxis aber gestalten Therapeuten wie

Patienten die Therapie nach Motiven, die im offiziellen gesundheitspolitischen Diskurs keinen Platz finden. Die Beteiligten unterliegen gleichzeitig praktischen und ideologischen Einflüssen, die manchmal ihrerseits in bestimmten sozialen Bewegungen und Stellungnahmen prägnanten Ausdruck finden. In unserem Zusammenhang spielen dabei zwei Themen eine besondere Rolle: Gesundheit und Selbstverwirklichung. Über diese Themen wurde eine explizite „Kunst der Wahrnehmung" entwickelt.

3. Hygienebewegung

Die Medizin ist in ihrer modernen Form, d. h. seit sie sich der Naturwissenschaften bedient, doppelgesichtig: Sie betreibt die Heilung von Krankheiten und sie sorgt sich um die Gesundheit. Die Heilung von Krankheiten erfordert die Bestimmung von Krankheitsbildern und eine Orientierung des Handelns auf ihre Heilung, Linderung oder Verhütung. Die Sorge um die Gesundheit orientiert sich an dem Ideal eines gesunden Körpers und Geistes, das als Ziel allenfalls in Form von Minimalbedingungen bestimmbar ist. Die Sorge um dieses Ideal stellt ganz andere, breitere, diffusere und individuellere Anforderungen als die Orientierung an Krankheitsbildern. Dem Anliegen der Gesundheitsfürsorge hatte sich in der Nachfolge der hippokratischen Medizin im 19. Jh. die Hygienebewegung verschrieben, deren Motive heute unverändert lebendig sind.[14] Während Krankheiten überindividuell und quasi unabhängig von den Individuen untersucht werden können, ist Gesundheit im Sinne der Hygienebewegung zunächst nur individuell bestimmbar. Jedes Individuum muss seine eigenen und ganz bestimmten Lebensbedingungen unter Nutzung allgemeinen Wissens und verallgemeinerbarer Prinzipien so gestalten, dass es ein möglichst langes, aktives, ausgeglichenes, vielleicht auch glückliches Leben führen kann. Der Hygienebewegung ging es um eine gesunde Lebensführung in dem Wissen um die Abhängigkeit von Umweltbedingungen und um eine Kontrolle dieser

Lebensbedingungen. Damit geriet die pathische Seite der Existenz ins Blickfeld. Der Mensch unterliegt Einflüssen seiner Umwelt, ist von ihnen abhängig und muss innere und äußere Notwendigkeiten in ein gesundes Gleichgewicht bringen. Was auf körperlicher Ebene Hitze oder Schmutz, Überanstrengung, falsche Ernährung usw., sind dabei auf psychischer Ebene nach Umfang und Qualität schädliche Sinnesreize. Diese Kritik bahnte einer Kunst der Wahrnehmung den Weg, die sich eher an einer Idee von Gesundheit denn an definierten Krankheitsbildern orientieren sollte.

4. Die Idee der Selbstverwirklichung

Die Idee der Selbstverwirklichung umfasst eine Dimension der Selbsterfahrung und der Selbstbestimmung, die unkompliziert mit der instrumentellen Einstellung der etablierten Psychotherapien vereinbar ist. Aber warum sollte man sich selbst „verwirklichen"? Was ist so positiv an dem Selbst, dass es diese Mühe lohnt? Selbstverwirklichung muss entschieden über das Programm der Selbsterkenntnis hinausgehen. Charles Taylor hat ausführlich dargestellt, dass eine Quelle der Idee der Selbstverwirklichung der Glaube an den Wert einer inneren Natur ist, die freigelegt und zum Ausdruck gebracht werden muss. Sie besteht aus Bedürfnissen, Gefühlen, Kreativität, Wachstumspotenzial usw. „Meine Natur erfüllen heißt, dass ich mich zu dem Elan, der Stimme oder der Regung in meinem Inneren bekenne. Dadurch wird, was verborgen war, sowohl für mich selbst wie auch für andere kundgetan."[15] Nur so kann auch die innere Natur mit der ebenfalls positiv aufgefassten äußeren Natur in Einklang gebracht werden und eine bessere Gesellschaft geschaffen werden. Bei diesem Werk muss viel zivilisatorischer Schutt beiseite geräumt werden, vor allem alles, was der Einfachheit der natürlichen Prozesse im Weg steht. Dieses ursprüngliche Programm des „romantischen Expressivismus" (Taylor) hat somit von Beginn an eine kritische Ausrichtung: „Der romantische Expressivismus entsteht aus dem

Protest gegen das Aufklärungsideal der desengagierten instrumentellen Vernunft und die daraus hervorgehenden Formen des sittlichen und gesellschaftlichen Lebens: gegen eindimensionalen Hedonismus und Atomismus. Dieser Protest wird während des ganzen neunzehnten Jahrhunderts in verschiedenen Formen fortgesetzt und gewinnt immer mehr an Bedeutung, indes die Gesellschaft durch den kapitalistischen Industrialismus immer stärker in atomistischer und instrumenteller Richtung umgemodelt wird. (…) Überdies wird diese Daseinsweise beschuldigt, sie vermindere die Sinngebung."[16] Taylor zeigt, dass die Idee der Selbstverwirklichung in ihrer ursprünglichen Fassung wertorientiert war. Sie orientierte sich an etwas, das über die rein zufällige subjektive Existenz hinausgeht. Dieses Anliegen unterscheidet die romantische Idee der Selbstverwirklichung vom Subjektivismus, der sich an Authentizität, individuellem Glück oder individueller Freiheit orientiert und der die postromantische Ära der Selbstverwirklichung dominiert.

5. Die Kunst der Wahrnehmung

Unter „Kunst der Wahrnehmung" verstehe ich den bewussten Versuch, die sinnliche Wahrnehmung zu intensivieren, zu vervollständigen, zu korrigieren oder zu erweitern. Unter „Psychotherapie" verstehe ich ein Ensemble psychischer Techniken zur Heilung von Krankheiten. Die Definition ist nicht selbstverständlich. Man kann unter „Psychotherapie" auch die Gesamtheit von Maßnahmen verstehen, die zur Heilung „psychischer Krankheiten" eingesetzt wird. Diese Voraussetzung entspricht aber weder der Geschichte noch der Gegenwart des Fachs. Die Kunst der Wahrnehmung ist sowenig aufgrund eines theoretischen Programms entwickelt worden wie die Psychotherapie. Wie wenig bedeutsam der Weg von der Theorie zur Praxis ist, kann man daran sehen, dass die zeitgleich mit der Psychoanalyse sich entwickelnde phänomenologische Psychiatrie zwar sowohl die Bedeutung der Wahrnehmung für die Psyche im Allgemeinen als auch ihre klinische Bedeutsamkeit erkannte, aber dennoch keine Wirkung auf die Geschichte der Psychotherapie ausübte. Sie entwickelte keine eigenen Techniken. Entwickelte sich die offizielle Psychotherapie nach dem Vorbild des wissenschaftlichen Experiments, so die Kunst der Wahrnehmung gerade aus der Ablehnung dieser Art von Reduktion und dem Rückgriff auf Künste und Techniken, die außerhalb therapeutischer Kontexte im Rahmen der Hygienebewegung entwickelt wurden: Ausdruckstanz und Gymnastik, Atemübungen und Meditation, Achtsamkeit und Begegnung.

Die Kunst der Wahrnehmung in der Psychotherapie lässt sich historisch auf Elsa Gindler zurückführen, die von 1910 ab in Berlin im Umfeld der Lebensreform-Bewegung[17] die Grundlagen eines Unterrichts in körperlichem Spüren und sinnlichem Wahrnehmen im Hier und Jetzt legte. Diese Grundlagen wurden dann von ihrer wichtigsten Schülerin Charlotte Selver in den 40er- und 50er-Jahren in den USA ausgearbeitet. Weder Elsa Gindler noch Charlotte Selver verstanden sich als Psychotherapeutinnen. Elsa Gindler sprach von „Arbeit am Menschen", Charlotte Selver von „sensory awareness".[18] Beide haben dennoch die wesentlichen Dimensionen der Kunst der Wahrnehmung innerhalb der Psychotherapie vorgegeben:
– Das körperliche Spüren (Bewegung, Körperhaltungen, Stehen, Liegen, Atmung)
– Die sinnliche Wahrnehmung der Umwelt (Dinge, Phänomene wie Schwerkraft, Klang, Raum)
– Praktische Interaktionsprozesse (Geben – Empfangen, Greifen – Darreichen)

Spätere Verfahren haben dieses Repertoire übernommen und z. B. durch spezifische Körperübungen (Bioenergetik, Konzentrative Bewegungstherapie) oder um die Wahrnehmung innerer Bilder oder sog. Phantasiereisen erweitert (z. B. Gestalttherapie, Katathymes Bilderleben).[19] Charlotte Selver folgte nach dem (von ihr autorisierten) Bericht ihres Mannes ganz dem Programm der Wiederentdeckung der inneren Natur: „Wir werden entdecken, was (…) unsere Natur ist, die die Evolution bereithält, um uns mit dem Rest der Welt in Verbindung zu halten, und was unsere ‚zweite Natur' geworden ist (wie Charlotte es gerne nennt), die dazu neigt, uns davon gelöst zu halten."[20] Diese Verbindung besteht in Unmittelbarkeit und „vollem Kontakt mit unserer Umwelt". Die dadurch erreichbare „originale" Realitätsstufe kann „weder erobert noch besessen werden, sie kann sich nur zeigen". Dies geschieht von selbst, durch reine Achtsamkeit und Abwendung von der konventionellen Realitätsstufe, die wir vor allem der Sprache verdanken und die die „originale allmählich verdrängt oder mindestens verschleiert".[21] Es geht um die Aktualisierung eines „Potenzial(s) einer umfassenden Bewusstheit (…), das in jedem Organismus gemäß seiner Natur wohnt".[22] In ihren Wahrnehmungsübungen gibt es entsprechend eine Vorliebe für natürliche Objekte und Einfachheit: Steine, Früchte, Kontakt zum Boden, Rhythmus, elementare Bewegungsformen. Die Übungen verlangen und sind bereits eine unmittelbare Lebensveränderung. Es gibt keine Dopplung von Wirklichkeit und therapeutischer Situation.

Die „Kunst der Wahrnehmung" wurde in der Geschichte der Psychotherapie von den humanistischen Therapieverfahren übernommen. Auch diese Verfahren stehen in der Tradition des romantischen Expressivismus. Sie gehen davon aus, dass Therapie zur Entfaltung des jedem Menschen innewohnenden Potenzials beitragen kann und die Selbstverwirklichung des einzelnen Patienten zur Humanisierung der Gesellschaft beiträgt. Der so sich verwirklichende Mensch tritt an die Umgebung nicht als Eroberer und Gestalter heran, sondern als Entdecker, Bewahrer, Förderer dessen, was mit der inneren Entfaltung zu korrespondieren vermag. Das Individuum sucht den Kontakt zu seinen eigentlichen Gefühlen und Bedürfnissen, zu unabgeschlossenen Gestalten, zu blockierten Energien – immer mit der Voraussetzung, dass die Rückkehr zu diesen versteckten und unabgeschlossenen Gefühlen zur Expression und Verwirklichung einer inneren Wahrheit führt. Therapie heißt, bewusst Kontakt mit sich und der Umwelt herstellen und beide miteinander zu versöhnen. Dabei bekommt die Wahrnehmung eine Schlüsselstellung. Psychische Krankheiten sind je individuelle Verfehlungen dieses Potenzials an Wachstum und Lebensmöglichkeiten. In hygienisch inspirierter Denkweise sind normierbare Krankheitsbilder ursprünglich in den humanistischen Verfahren irrelevant gewesen oder wurden durch neue Vorstellungen ersetzt

Der Patient wird in den humanistischen Verfahren wieder sichtbar: als Wesen mit Gestik, Mimik, Stimme, Tonfall, Bewegungen, Körperhaltungen, Atmung. Gestalttherapeuten nehmen kleinste Bewegungen wahr und verstärken sie, arbeiten mit der Stimme, dem körperlichen Abstand, mit Berührungen. Bioenergetiker schauen sich die nackten Körper ihrer Patienten an. Die Kunst der Therapeuten besteht nun in der Fähigkeit zur Wahrnehmung von sichtbaren, hörbaren oder tastbaren Spannungen, Andeutungen und Veränderungen. Dabei wird aber eine Grenze nicht überschritten: Der Patient wird losgelöst von seinem Alltag betrachtet. Die humanistischen Therapien sind in der Praxis stärker von der Idee der Selbstverwirklichung als von der Hygienebewegung geprägt. Die Idee einer gesundheitsförderlichen Umwelt spielt zwar eine Rolle, wird aber zwangsläufig vor allem in der Einrichtung von Nischen umgesetzt.

Soweit die Kunst der Wahrnehmung in den humanistischen Therapien gelehrt wurde, wurde dabei gleichzeitig eine andere Art zu leben in einer anderen Art von Gemeinschaft praktiziert. Klient und Therapeut begegneten sich nicht in Form einer wissenschaftlichen Kooperation, sondern als reale Beziehungspartner, die entweder in ein Lehrer-Schüler-Verhältnis oder in ein partnerschaftliches Verhältnis gerade jetzt und neu gelebter Beziehung traten. Natürlich gab es Versuche, diese Therapieformen zu verwissenschaftlichen, und viele Formen von Integrationsbemühungen gerade gegenüber der psychoanalytischen Bewegung, aber das eigentliche Neue und das, was eine Kunst der Wahrnehmung auf den Weg brachte und ihr am ehesten entsprach, war die Haltung des Lehrens oder des gemeinsamen neuen Lebens – und sei es nur an Wochenenden, in Workshops. Über die Gesundheitsorientierung und die Idee der Selbstverwirklichung wurden Themen in der Psychotherapie wieder aufgenommen, die in ihrer Konzeptualisierung als wissenschaftliches Experiment untergegangen waren: Die Frage nach einer positiven Orientierung der Psychotherapie über Erkenntnis und formale Selbstkontrolle hinaus, die Frage nach dem Sinn der Selbstveränderung und einer ideell verbindlichen „positiven Gemeinschaft".[23]

6. *Kreuzungen*

Die wissenschaftlich-experimentelle Praxis ist nicht die ganze Wahrheit der Psychoanalyse. Ihre theoretischen Inhalte greifen auf romantische Vorgaben zurück: Der Begriff des Unbewussten, in dem eine Lebensenergie bzw. antagonistische Kräfte wirken, bedeutet eine Entmächtigung der Rationalität, die Aufspaltung der Psyche in einen „psychischen Apparat", eine Dezentrierung der Psyche ganz im Sinne der „romantischen Seele".[24] Darüber hinaus beschränkte sich Freud nicht auf Überlegungen zu therapeutischen Fragen. Die Idee der Mäßigung als Ausgleich zwischen inneren und äußeren Bedingungen, die Freud als Lösung der Spannungen zwischen Individuum und Gesellschaft empfahl, entsprach einem traditionellen hygienischen Denkmodell. Schließlich ließ sich die analytische Selbsterkundung auch als Selbstfindung interpretieren, was der hermeneutischen Interpretationstradition vorbehalten blieb. Dabei ist zu bedenken, dass Freud sich – in der Nachfolge von Schopenhauer und Nietzsche – längst von der Voraussetzung einer guten inneren Natur entfernt hatte. Die Selbstfindung musste daher einen formalen Charakter annehmen. Sie stellte nun nur noch in ihrem formalen Gelingen einen Wert dar – abgesehen von dem narzistischen Gewinn und dem Sicherheitsgefühl, das jeder Weg nach innen zu bieten hat. So wie es Versuche gab, die Psychoanalyse gegenüber den humanistischen Verfahren zu öffnen,[25] gab es verschiedene Versuche, die Kunst der Wahrnehmung mit der psychoanalytischen Tradition zu verbinden (analytische Körpertherapien, katathymes Bilderleben, Musiktherapie, Gestaltungstherapie, auch innerhalb der Gestalttherapie und der Bioenergetik). Die Kunst der Wahrnehmung innerhalb dieser Verfahren wurde mehr oder weniger Mittel zum Zweck der Selbsterkenntnis, d.h. die Wahrnehmungstechniken wurden der zentralen Technik der Deutung, die Lebenspraxis dem experimentellen Setting unterworfen. Sie dienten nun eher dazu, zusätzliches Material für die analytische Arbeit zu liefern als unmittelbar zu Wahrnehmungsfähigkeit und Selbstveränderung beizutragen. Je nach Verfahren, Schule und Therapeut findet sich heute ein anderes Mischungsverhältnis von Deutungsarbeit und Erfahrungsgewinn.

Während diese Annäherungsversuche in der Regel von den wahrnehmungsorientierten Psychotherapieformen bzw. Abweichlern aus der analytischen Tradition betrieben wurden und auf die analytische Bewegung selbst wenig Einfluss hatten, änderte sich dies in dem Moment, als der wissenschaftliche Anspruch der Psychoanalyse selbst zur Thematisierung der Wahrnehmung führte. Dies geschah, als sie mit der empirischen Psychologie konfrontiert wurde, vor allem in Form der Entwicklungspsychologie, der Bindungsforschung und der Säuglingsforschung.[26] Inzwischen stellt sich die Frage einer Kunst der Wahrnehmung auch innerhalb der Psychoanalyse. Wie nehmen Säuglinge ihre Umgebung, insbesondere ihre Bezugspersonen wahr, wie können Schäden verhindert werden? Wie können Mütter und Väter lernen, die Bedürfnisse, Gefühle und Rhythmen ihrer Kleinkinder zu erkennen, wie lernen überhaupt Menschen zu erkennen, was in anderen Menschen vorgeht? Diese Ansätze erfordern in der Praxis eine Kunst der Wahrnehmung und in der Forschung ein Interesse an den Wahrnehmungsprozessen selbst.

7. Grenzüberschreitungen

Folgt man dem akademischen medizinischen und gesundheitsökonomischen Diskurs, sind die Aufgaben der Psychotherapie einigermaßen umrissen. Die Psychotherapie liefert mittels definierter Techniken definierte Leistungen zur Behandlung kodifizierter Krankheiten. In diesen Kodes spielen Wahrnehmungsfähigkeiten nur eine Rolle, wenn sie bestimmte Mindeststandards unterschreiten und die instrumentelle oder kommunikative Leistungsfähigkeit des Patienten beeinträchtigen. Die Wahrnehmung wird aber gesellschaftlich zunehmend bedeutsamer. Einerseits, weil Ausbildungs- und Arbeitswelt zunehmend höhere Anforderungen an die Wahrnehmungsfähigkeit stellen, andererseits, weil Konsum und Freizeit an Bedeutung gewinnen und komplexer werden. Konsum und Freizeit verlangen aber ebenfalls spezifische Fähigkeiten – zu konsumieren und zu erleben. Erlebnisfähigkeit, emotionale und soziale Intelligenz sind wiederum Voraussetzungen, um Identität und soziale Gemeinschaft finden bzw. herstellen zu können. Im unkomplizierten Falle wird dies alles in den Krankheitsdiskurs integriert. Mangelnde Fähigkeit, Lust und Freude zu empfinden wird zur „Anhedonie", Unfähigkeit, einen ausreichend intensiven Bezug zur Umwelt herzustellen, zu „Derealisation". Fehlt der Kontakt zu sich selbst, spricht man von „Depersonalisation", fehlt der Kontakt zu anderen von „autistischen" oder „schizoiden" Zügen. Besonders breit verwendbar sind die Kategorien der „Dysthymie" oder der „Anpassungsstörungen". Eine „Kunst der Wahrnehmung" kann auf diese Weise recht unproblematisch integriert werden – in Form von Wahrnehmungstrainings, Genusstherapien, Gestaltungs- und Körpertherapien als gezielte Beseitigung oder Linderung von Krankheitssymptomen.

Die „Kunst der Wahrnehmung" legt aber mehrere Überschreitungen der Grenzen dieses Diskurses nahe: 1. Die „Kunst der Wahrnehmung" in der Psychotherapie stellt die Ursachenforschung vor neue Herausforderungen. Säuglingsforschung und

Bindungsforschung können hier als Vorreiter angesehen werden. Was ist mit den Wahrnehmungsbedingungen, den Förderungen und Blockierungen, den Einflüssen von Sprache und Medien, denen der Erwachsene ausgesetzt ist? Was ist mit den nicht-sprachlichen Kodes, die unsere Wahrnehmung der Außenwelt, aber auch unsere Introspektion unvermeidlich beeinflussen, der Bilderwelt, in der wir uns bewegen, den visuellen Metaphern, der Musik, den Gesten und alltäglichen und weniger alltäglichen Ritualen? Schon zur Beschreibung und zum Verständnis psychischer Krankheiten wäre es hilfreich, der Wahrnehmung und ihrer Kodierung mehr Aufmerksamkeit zu schenken.[27]

2. Die „Kunst der Wahrnehmung" hebt die gewohnte Laborsituation der Psychotherapie auf. Sie ist immer zugleich reales Leben. Sollte die Wahrnehmung für psychische Erkrankungen eine größere Rolle spielen als bisher zugestanden und die Veränderung der Wahrnehmung ein wichtiger Teil der psychotherapeutischen Arbeit werden, so müssen sich die Türen der Sprechzimmer öffnen. Therapie müsste sich im Wesentlichen außerhalb der therapeutischen Settings abspielen – im Sinne einer alltäglichen schrittweisen Transformation der Wahrnehmungsweise, einer de-facto- (und nicht quasi-experimentellen) Erweiterung oder Präzision der Wahrnehmung. Dem Therapeuten bliebe auch in dieser Hinsicht eine professionelle Aufgabe zugeteilt, allerdings eher vergleichbar einem Klavierlehrer, der die Schwächen und Stärken seiner Schüler zu erfassen versucht, als dem klassischen Therapeuten, der glaubt, der therapeutische Prozess sei wesentlich auf seine Gegenwart angewiesen. Diese Aufgabenstellung tangiert nicht die evtl. gegebene Notwendigkeit einer aufdeckenden Arbeit – sowenig wie eine Operation die histologische Arbeit des Pathologen ersetzen kann. Umgekehrt könnten die Patienten wiederum von den therapeutischen Sitzungen weniger erwarten als gewohnt. Sie müssten in ihrer gewohnten Umgebung üben, nicht weniger als diejenigen, die ein Instrument lernen wollen. Wahrnehmungen sind in der Regel Gewohnheiten, oft jahrzehntelange

Gewohnheiten. Sie sind miteinander, mit Handlungen, Ritualen, Interpretationen und Lebensumständen verknüpft. Sie sind vielfach abgesichert und wenn man sie ändern will, braucht man Geduld und Frustrationstoleranz. Einen übungszentrierten Ansatz versucht die „Dialektisch-Behaviorale Therapie", die störungsspezifisch für Borderline-Patientinnen entwickelt wurde und einen Integrationsversuch von Verhaltenstherapie, Hypnotherapie und humanistischen Verfahren darstellt, in dem Achtsamkeitsübungen eine zentrale Rolle spielen.[28]

Für die Patienten wie die Therapeuten stellt sich bei dieser Arbeit deutlicher die Frage nach der Motivation. Hier dürfte eine der Grenzen dieser therapeutischen Umorientierung liegen. Aber werden damit nicht einfach nur Grenzen sichtbar (und vielleicht verschiebbar), die sonst von den Selbstüberschätzungen der Psychotherapeuten und fortgesetzten Therapieverlängerungen und -wechseln verdeckt werden?

Der Therapeut müsste wiederum mit der narzisstischen Kränkung einer geringeren Bedeutung innerhalb der Therapie und vielleicht auch seines Berufsstandes zurechtkommen. Er wäre in diesem Kontext eher Trainer und Berater als unersetzliches Medium zur Aufdeckung von Widerständen und Übertragungen, signifikante Bezugsperson für neue Beziehungserfahrungen oder unverzichtbarer Aufklärer. All dies würde nicht bedeutungslos, aber durch eine Aufwertung der Wahrnehmung deutlich relativiert. Gruppentrainings würden an Bedeutung gewinnen und man könnte sich die Einrichtung von Zentren vorstellen, in denen entsprechende Angebote zur Verfügung gestellt und auch relevante Themen diskutiert werden. Die völlig unterschätzte Prävention würde dabei an Bedeutung gewinnen.[29]

Nicht zuletzt wäre eine verstärkte Arbeit in der Alltagswelt der Patienten gefragt. Die traditionelle Delegation der Alltagswelt an Betreuer, Sozialarbeiter etc. würde unter dem Blickwinkel einer Kunst der Wahrnehmung innerhalb der Psychotherapie fragwürdig und die gewohnte Trennung von Psycho- und Soziotherapie relativiert. Verstehen wir wirklich, was die Patienten erleben und wahrnehmen, wenn wir nicht ihren Arbeitsplatz gesehen haben, ihre Wohnung, die Gegenstände und Bilder, mit denen sie sich umgeben und die Menschen, mit denen sie leben und eine Sprache teilen? Verstehen wir auch nur, was sie sagen? Und können wir wirklich beurteilen, welche Spielräume sie für Veränderungen haben? Alternativen sind utopisch, ich weiß. Die Probleme und Widerstände bei der Umsetzung sind leicht abzusehen. Dies alles sei aber dennoch geschrieben, um mögliche Konsequenzen darzustellen und die Selbstgewissheit ein wenig zu erschüttern, mit der häufig Psychotherapeuten über andere Menschen sprechen.

3. Die Kunst der Wahrnehmung schließt auch eine Kunst der Hingabe oder Kunst der Abhängigkeit ein. Mit der Wahrnehmung wird die Aufmerksamkeit auf die soziale und dingliche Umgebung gelenkt. In der Wahrnehmung kann es nicht primär um das Selbst und seine Entwicklung gehen, auch in ihrer kunstvollen Erweiterung oder Intensivierung nicht.

Damit muss sich Psychotherapie selbst transzendieren, will sie konsequent bleiben. In der Wahrnehmung der Natur muss es wirklich um die Natur gehen, in der Wahrnehmung des Anderen wirklich um den Anderen, in der Handhabung der Technik um die Ziele, in der Wahrnehmung sozialer Prozesse um die Gemeinschaft, usw. Damit wird die Kunst der Wahrnehmung in der Psychotherapie sinnstiftend. Die Kunst der Wahrnehmung trägt ihren Sinn in dem bewussten Wahrnehmen selbst, in der bewussten Wertschätzung des Wahrgenommenen, unabhängig von seinen Lust- oder Unlustfunktionen.

Viele Psychotherapien finden ihre Grenze darin, dass sie die therapeutisch verstärkte oder induzierte Beschäftigung des Patienten mit sich selbst nicht wieder auflösen können. Der Patient wird vielleicht geheilt, aber bleibt therapiegeschädigt, was oft seinen Mitmenschen stärker auffällt als ihm selbst. Psychotherapie sollte sich als Artefakt selbst relativieren können. Psychotherapeuten brauchen Humor. Wahrnehmung ernst zu nehmen, wäre dabei eine große Hilfe.

4. Die entscheidende aktuelle Nachfrage nach einer Kunst der Wahrnehmung innerhalb der Psychotherapie geht von den Patienten aus. Viele Patienten wollen heute durch Psychotherapie erlebnisfähiger und glücklicher werden. Sie klagen über Langeweile, Einsamkeit etc. und wünschen sich, durch die Therapie ein erlebnisreicheres Leben führen zu können. Oder sie wollen einfach nicht leiden und unglücklich sein. Auch mangelndes Glück lässt sich in einer Zeit allgegenwärtigen Glücksversprechens bereits als Leid verstehen. Manchmal dürfen die Menschen auch nicht leiden. In weiten Kreisen muss ein Mensch, der heute auf traumatische Weise seinen Partner verliert und heftig trauert, damit rechnen, dass ihn die Umgebung drängt, sich beim Psychotherapeuten vorzustellen und sich helfen zu lassen. Die Entwicklung der Common-sense-Standards und -Erwartungen und der „Triumph des Therapeutischen" haben dazu geführt, dass Unglück als Krankheit, Gefahr oder Unfähigkeit begriffen wird und therapeutische Techniken angefordert werden, um das Unglück rechtzeitig zu minimieren. Jedes Trauma erfordert eine Traumatherapie.[30] Es wird für die Psychotherapeuten immer schwerer, solche Hoffnungen, Wünsche oder Forderungen der Patienten zurückzuweisen.

Diese Anliegen können sich auf keine traditionelle psychotherapeutische Konzeption berufen, auf kein Krankheitskonzept, kein Erkenntnis- und Selbstbestimmungsinteresse und auf keine Konzeption, die ihre Autorität aus dem Programm der Hygiene oder der romantischen Umsetzung der Aufklärung bezieht. Allerdings waren manchmal an diese Konzeptionen Glücksversprechen gekoppelt. Nicht selten stößt man auf konzeptueller Ebene wie im therapeutischen Alltag auf die Vorstellung, Selbstfindung, Selbstverwirklichung oder Gesundheit würden glücklich machen. Unmittelbare Unterstützung findet diese Idee heute bei Verfahren, die sich mit Hilfe radikal konstruktivistischer Erkenntnistheorien und einem instrumentellen Konzept von Wahrheit und Moral für beliebige Zwecke anbieten. Solche Konzepte finden sich vor allem im systemisch-hypnotherapeutischen und semitherapeutischen Bereich, beispielsweise dem NLP. Diese Verfahren und die Einstellung, die sie verkörpern, sind in hohem Maße zeitgemäß. Viele Patienten sind heute ganz erstaunt, wenn man ihnen mitteilt, dass die Psychotherapie für ihr Lebensglück im Wesentlichen nicht zuständig sei. Tatsächlich war sie es noch nie. Glück oder Minderung des Leids war in allen psychotherapeutischen Verfahren immer eine erwünschte Nebenwirkung.

Losgelöst von ihren historischen Grundlagen könnte die „Kunst der Wahrnehmung" in besonderem Maße von der kollektiven Glückssuche und dem Wellness-Trend vereinnahmt werden. Sie könnte die „moderne Anspruchsgesellschaft" als „Kummerspeck des Sinndefizits"[31] bestätigen. Damit würde sie sich unter Wert verkaufen. Sie ist im Gegenteil besonders geeignet, sowohl das Sinndefizit zu mindern als auch das von Marquard so plausibel dargestellte „Übermaß des Sinnanspruchs"[34] zurückzunehmen. In ihrer historischen Gestalt als Teil der Selbstverwirklichung hat sie manchmal zu dieser übermäßigen Sinnsuche beigetragen. In ihrer hedonistischen Variante könnte sie erneut zu einem Sinndefizit führen. In der Praxis wird dieses Sinndefizit meist erst dann manifest, wenn der Hedonismus misslingt. Eine Kunst der Wahrnehmung in der Psychotherapie könnte allerdings gegen diese Trends helfen. Dafür müsste sie einigen Prinzipien treu bleiben: Relativität des eigenen Selbst, Anerkennung von Abhängigkeit und Hingabe und das Verständnis von Wahrnehmung als Annäherung an Wahrheit. Das klingt natürlich großartig, aber die Gefahr, dass wir die Bedeutung dieser Kunst in der aktuellen psychotherapeutischen Landschaft überschätzen, ist gering.

[1] Bericht von Sir William Ramsey, zitiert nach Ellenberger, Henry F., *Die Entdeckung des Unbewussten*, Bern 1985, S. 95 ff. Weitere Details zu Mesmers Leben und Werk siehe dort oder bei Kossak, Hans-Christian, *Hypnose*, München 1989, S. 20 ff

[2] S. dazu Ellenberger, Henry F. (Anm. 1), S. 113. Ausführlich behandelt wird Puységur auch von R. Sloterdijk in seinem hyperanachronistischen Roman *Der Zauberbaum* (Frankfurt 1985).

[3] In den 90er-Jahren etabliert sich auch der Begriff der „Psychotherapie". Erste Verwendung des Begriffs 1872 bei H. H. Tuke, Verbreitung ab 1889 durch F. van Elden und die Schule von Nancy (H. Bernheim, 1891). S. Ellenberger, H., s. Anm. 1, S. 140 sowie U. H. Peters, *Wörterbuch der Psychiatrie und medizinischen Psychologie*, München usw. 1990, S. 433.

[4] Schon Puységur führte den Erfolg seiner Behandlung auf „Glauben und Wollen" zurück. „Ich glaube, dass ich die Kraft habe, das vitale Prinzip meiner Mitmenschen in Gang zu setzen; Ich will diese Kraft gebrauchen; dies ist alles, was ich weiß, und dies sind alle meine Mittel." (Zitiert nach Ellenberger, Henry F., s. Anm. 1, S. 117).

[5] Habermas sieht in seiner berühmten Kritik das „szientistische Selbstmissverständnis" der Psychoanalyse vor allem in den „begrifflichen Konstruktionen" (*Theorie und Praxis*, Frankfurt am Main 1971, S. 301) der Metapsychologie, die sich an den Naturwissenschaften orientieren. Aber der Szientismus liegt bereits in der Konstruktion der Praxis selbst. Für Habermas bewegt sich die Praxis der Psychoanalyse „auf der Ebene der Intersubjektivität der Verständigung über den Sinn von unverständlichen Symbolen" (ebd., S. 309). Auf diese Weise wird die Purifizierung der Praxis übergangen, uminterpretiert und damit indirekt bestätigt.

[6] Persönliche Motive mögen auch eine Rolle gespielt haben, sind aber in unserem Zusammenhang irrelevant. Eine ausführliche Darstellung der Schritte und der Motive des Übergangs von der Hypnose zur Psychoanalyse findet sich bei Kinkel, Christian, *Psychoanalyse und Hypnose*, München 1993.

[7] Freud, Sigmund, *Die Freudsche psychoanalytische Methode* (1904), in ders., Studienausgabe, Ergänzungsband, Frankfurt 1982, S. 102.

[8] Für viele Phänomenologen und Anthropologen sei hier M. Merleau-Ponty zitiert: „Was hier Passivität heißt, ist nicht unser Hinnehmen einer fremden Realität oder kausale Einwirkung eines Äußeren auf uns; vielmehr eine Belehrung, ein Sein in Situation, dem zuvor wir gar nicht existierten, das wir beständig aufs neue beginnen, und das uns selbst erst konstituiert." (*Phänomenologie der Wahrnehmung* (1945), Berlin 1965, S. 486). Aus der Tradition hervorzuheben v. a. V. v. Weizsäcker, *Der Gestaltkreis* (1940), Stuttgart 1950, aus neuerer Zeit Th. Fuchs, *Psychopathologie von Zeit und Raum*, Darmstadt 2000.

[9] S. Freud, Sigmund, *Über Psychotherapie* (1904), in Freud, S., s. Anm. 7., S. 111. In diesem letzten Vortrag vor einem offiziellen medizinischen Publikum (s. Editorische Vorbemerkung zum Text) wird besonders klar, um welche Art der Anerkennung Freud bemüht war.

[10] Jedes Experiment muss sich an der Wirklichkeit beweisen. So künstlich es ein mag, seine Ergebnisse müssen relevant sein für die unpräparierte Realität. Charcot war daran gescheitert, weil seine experimentelle Anordnung sich als Inszenierung ohne Relevanz für die Umgebung außerhalb seiner Institution erwies.

[11] Hier spielt natürlich auch eine Rolle, dass Freud philosophisch vor allem von Franz Brentano und dessen Begriff der Intentionalität beeinflusst war. Dieser Begriff erlaubte es, alle psychischen Erlebnis als Repräsentationen von der Umgebung abzulösen und nach „innen" zu verlagern.

[12] Eine Metapher, die ebenso an das Auge des Heiligen Geistes wie an Taylors „desengagierte Vernunft" denken lässt, s. Taylor, Charles, *Die Quellen des Selbst*, Frankfurt 1996.

[13] S. Anm. 6.

[14] S. Sarasin, Philipp, *Reizbare Maschinen*, Frankfurt 2001.

[15] Taylor, Charles, s. Anm. 11, S. 652.

[16] Taylor, Charles (s. Anm. 12), S. 721.

[17] Elsa Gindler war unter anderem im „Verein für Körperkultur" aktiv. Zu dessen Bedeutung s. Wedemeyer, Bernd, *Der Verein für Körperkultur*, in Buchholz, K., Latocha, R., Peckmann, H., Wolbert, K., *Die Lebensreform Bd. I*, Darmstadt 2001, S. 441–442. Ansonsten zu Elsa Gindler: Becker, Hans, *Konzentrative Bewegungstherapie*, Stuttgart 1981, S. 5 ff. und Brooks, Ch., *Erleben durch die Sinne*, Paderborn, 1997, S. 214 ff.

[18] Bei Elsa Gindler lernte Wilhelm Reich, bei Charlotte Selver Fritz Perls. Charlotte Selver beeinflusste in den USA Erich Fromm und arbeitete mit Alan Watts, einem amerikanischen Pionier des Zen-Buddhismus zusammen. S. Brooks, Ch., s. Anm. 16, S. 218.

[19] Eine Vielzahl von Techniken für Gruppen- und Einzeltherapie wird dargestellt in Stevens, John O., *Die Kunst der Wahrnehmung. Übungen der Gestalttherapie*, Gütersloh 1975.

[20] Brooks, Ch., s. Anm. 16, S. 25.

[21] Brooks, Ch., s. Anm. 16, S. 14/5.

[22] Brooks, Ch., s. Anm. 16, S. 20.

[23] „The distinction between positive and negative communities, in the usage here intended, is as follows: positive communities are characterized by their guarantee of some kind of salvation of self; and by salvation is meant an experience which transforms all personal relations by subordinating them to agreed communal purposes; negative communities are those which, enabled to survive almost automatically by a self-sustaining technology, do not offer a type of collective salvation, and in which the therapeutic experience is not tranformative but rather informative." (Rieff, Philip, *The Triumph of the Therapeutic*, New York 1966.

[24] S. Hörisch, Jochen, Die romantische Seele, in Jüttemann, G., Sonntag, M., Wulf, C. (Hg.), *Die Seele – Ihre Geschichte im Abendland*, Weinheim 1991.

[25] Wilhelm Reich, Erich Fromm und Fritz Perls kamen aus der psychoanalytischen Bewegung.

[26] Auch wenn sich die ersten Einflüsse weiter zurückverfolgen lassen, so sind doch ihre immer noch unabsehbaren Wirkungen erst in den 60er-Jahren in Gang gekommen.

[27] S. dazu Anm. 8 sowie den kurzen programmatischen Aufsatz eines Philosophen und Kognitionswissenschaftlers: Dreyfus, Hubert L., *Alternative Philosophical Conceptualizations of Psychopathology*, in Durfee, H. A., Rodier, D., F., *Phenomenology and Beyond: The Self and its Language*, Dordrecht 1989. Außerdem: Huppertz, Michael: *Schizophrene Krisen*, Bern 2000.

[28] Die DBT bewegt sich innerhalb des medizinischen Diskurses und überschreitet ihn gleichzeitig. S. dazu: Huppertz, Michael, *Die Bedeutung des Zen-Buddhismus für die Dialektisch-Behaviorale Therapie*, unveröffentlicher Vortrag auf dem DBT-Netzwerk-Treffen in Darmstadt, 12. 4. 2002, zur DBT allgemein: Linehan, M., *Die Dialektisch-Behaviorale Therapie der Borderline-Persönlichkeitsstörung*, München 1996.

[29] Warum werden Jugendliche in der Schule nicht auf eine mögliche Elternrolle vorbereitet? Eine solche Vorbereitung wäre eine praktische Umsetzung einer Kunst der Wahrnehmung.

[30] S. dazu: Reemtsma, Jan Philipp, *„Trauma" – Aspekte der ambivalenten Karriere eines Konzepts*, in: Persönlichkeitsstörungen 4 / 99, S. 207–214.

[31] Marquard, Odo, *Zur Diätetik der Sinnerwartung*, in: ders., Apologie des Zufälligen, Stuttgart 1986, S. 39.

[32] Marquard, Odo, s. Anm. 31, S. 41.

Rudolf zur Lippe

Eine Kunst der Wahrnehmung

Askese und neue Entfaltung

Ein Lob der Sinne und des Wahrnehmens wäre irreführend und vermessen nach einer Geschichte, die wesentliche Zugänge zu vergessen, zu verdrängen und zu unterdrücken geboten hat. In einer Gegenwart, die ihrer Wiederentdeckung systematisch entgegenarbeitet und Ansätze dazu in Seitenwege oder auf dubiose Terrains verweist. Sich einer Kunst der Wahrnehmung zu widmen, bedeutet damit, zuerst die Verkrustungen einer Geschichte der Deformationen zur Kenntnis zu nehmen und abzutragen. Dekonstruktion. Ein solches Unternehmen allein wäre freilich allzu unbefriedigend. Doch solange wir lebende Menschen sind, ist offenbar eine gewisse Lebendigkeit unserer Sinne im alltäglichen Zusammenhang wirksam. An ihr können wir was das Überleben gesichert hat und vielleicht doch auch etwas mehr, eine Fülle, entfalten. In der Nachfolge von Habermas hat Ulrich Oevermann in diesem Sinne von „Überresten resistenten Lebens" gesprochen[1]. Um ihrer sich zu versichern, sieht sich allerdings der Sozialwissenschaftler auf die Künste angewiesen, die seinem urteilenden Intellekt aufbereiten sollen, was seinen Kategorien und Denkfiguren sich, gestisch, entzieht. Gerade um dem sich widmen zu können, soll indessen Ästhetik sich zur anthropologischen Disziplin entwickeln. Askese, nämlich Übung, soll dem Abtragen verkrusteter Schichten dienen, um der Entfaltung Spielraum zu schaffen.

Wahrnehmung als Problem

Das Abendland hat eine lange Geschichte der Missachtung menschlicher Korrespondenz mit der Welt durch die Sinne. Manche ziehen es vor, einer Tradition wütender Askese durch die Kirchen die Hauptverantwortung zuzuschreiben. Oft wird dabei vergessen, dass die Aufklärung auch diese Linie durchaus fortgesetzt hat, nun als rationalistische Askese der Erkenntnis. Andere sehen die Vorgeschichte in der griechischen Philosophie und erkennen die Ideenlehre Platos als ein Grundproblem. Ich meine, dass auch die große Bedeutung des jüdischen Kanons der Hunderte von Verboten und Geboten in der Religion entsprechenden Einfluss ausgeübt hat. Jedenfalls ist nur zu offensichtlich, dass „der Leitfaden des Leibes"[2] verdammt worden ist, einen „großen" und „unerhörten", aber eben „unhörbaren Strom" unserer Geschichte zu bilden. Nietzsches Ausbruch aus dem Belagerungsring haben sich um 1900 einige Denker und Künstlerinnen, vor allem aber Aufbrüche in der Gesellschaft wie die Jugendbewegungen angeschlossen. Statt der Vehemenz der Nietzscheschen Empörung haben sie, oft auf stillen Pfaden, neu die Zugänge gesucht.

Unsicher durch Mangel an leitenden Erfahrungen und eigener Übung sind solche Bewegungen im Bann der Ambivalenz, die zwischen Suche und Sucht in Irrungen und Wirrungen führt, ohne dass darum die Entdeckungen wertlos oder uninteressant wären. Doch es ist schon deutlich, dass aus der Ambivalenz ebenso der Wille zur Natürlichkeit bei Rousseau und die höfischen Schäferspiele des 18. Jahrhunderts wie schließlich die Blut und Boden-Ideologie reaktionärer und faschistischer Propaganda hervorgetreten sind, mit der eine erbarmungslose Forcierung kapitalistisch-industrieller Großtechnologie überkleidet worden ist. Diese Vermischung kehrt übrigens, freilich unterschiedlich um weitere Elemente variiert, in allen Fundamentalismen wieder.

Wir können heute Wahrnehmung nicht anders bedenken als in

diesem Spannungsfeld zwischen Misstrauen, Entzugserscheinungen, Sehnsucht und glücklichen Ahnungen. Es ist kein Zweifel, dass seit einigen Jahrzehnten Sinne, Leib und Wahrnehmung in den westlichen Gesellschaften eine stark erhöhte Aufmerksamkeit bekommen. Sie setzte ein mit der flächendeckenden Ansteckung, die von *Elvis the pelvis* ausging und Epizentren der Erschütterung im Hula Hup fand, später im Twist. Was haben Modetänze mit Wahrnehmung zu tun? Die Black Panther, Nordamerikas kämpferische Bewegung der schwarzen Wiederbesinnung gegen die weiße westliche Zivilisation, sie wussten es sofort. Die Weißen entdeckten Leib als Rhythmus und den Beckenraum als die bewegte Mitte dieses Leibes zugleich wieder. Malcolm X begriff das als Signal[3], dass mit den Tätern dieser Zivilisation, die längst deren Opfer geworden waren, plötzlich doch noch einmal zu rechnen sei. Wir dürfen das nicht mit unserer üblichen Fixierung auf das „Motorische" abtun. Motorisch sind wir die Bewegung zu nennen gewohnt, die wir glauben geometrisieren zu können nach den berechenbaren Mustern der Mechanik. Was da in Wahrheit geschah, war eine Wiederentdeckung der Mitte, von innen, und in ihrer Bewegtheit von innen. Das aber ist der Kern und Keim allen Wahrnehmens überhaupt. Ohne Selbstwahrnehmung wird alles Wahrnehmen außen zur Inventur. Die Blockierung dieser Mitte lässt wahrhafte Vermittlung zwischen uns als Wahrnehmenden und unserem Gegenüber nicht zu.

Wenn wir nicht in unserer Wahrnehmung unserer selbst aufnehmen, was uns zukommt, uns trifft, dann herrscht Mangel an einem lebendigen Organ der Synthesis. Dieser Mangel drückt sich aus im Misstrauen, das sich gegen die Sinne kehrt, die wir so nicht recht zu synthetisieren wissen, und gegen die Welt mit uns, die so zur „Umwelt" verkommt. Das heißt, sie wird auf unsere Zielsetzungen des Willens und unsere Interessen des kalkulierenden Verstandes bezogen. Zu solch strategischer Position gibt es dann nicht auch nur den Ausgleich dadurch, dass wir, wie es eigentlich doch geradezu unvermeidlich ist, immer mit dem Gegenüber auch uns selbst wahrnehmen. Das Modische an den Tänzen, in denen da etwas aufgewacht ist, hat so viel mit Mode insgesamt gemeinsam, dass der sogenannte Trend zwar von den Agenturen des Konsums bis zur Unkenntlichkeit manipuliert wird, aufgetaucht ist aber aus der Tiefe von Wünschen und Sehnsucht. Hier ist Sehnsucht entschieden Tochter des „gefühlten Mangels" [4], Hegels großartiger Figur für die Ahnung des Mangelnden aus der Negativität heraus.

Ohne Spuren dessen oder Vorgänge im Grunde, wider unser angeblich besseres Wissen, wäre Leben nicht möglich. Leben ist Resonanz,[5] und zwar einer hohen Stufe von Komplexität. Doch hat die westliche Zivilisation das Bewusstsein für solches Mit-Sein mit den anderen Wesen und Vorgängen und Dingen der Welt stolz hinter sich zu lassen versucht. Entsprechend sind die Lebenswelten weitgehend so gemacht, dass Anlässe zur existenziellen Wahrnehmung reduziert sind. Die Untrennbarkeit eigenen Erlebens, Lebens davon, wie das Andere zu uns kommt, macht dem Willen Angst. Diese Angst rät und drängt zu immer mehr Kontrolle, für die auch Komplexität eine Bedrohung darstellt. Je hermetischer wir uns vor den Bedrohungen verschließen, desto stärker wird noch eine andere Angst. Sie ist die ungeahnte Unterströmung, dem gesteuerten Kurs entgegengerichtet, gegenläufig von ihm bestimmt; aus den von ihm vermiedenen Gefühlen und Bewegungen machtvoll gespeist. Der *horror vacui*. Die Isolation, die im Programm noch Autonomie heißt. Dazu die bange Sorge, wie sich versäumte und verschmähte Freundschaften gegen uns kehren werden. Schon ist, Projektion von ganz und gar menschlichen Reaktionen, von einer „Rache der Natur" die Rede.

In Wahrheit ist es unsere Angst vor dem Leben in seiner bewegten, bewegenden Wandelbarkeit, was unsere beschleunigten Veranstaltungen für Kontrolle und Reduktion auf Kontrollierbares „motiviert".

Doch ist es nicht vorbei mit aller Sinnen- und Lebensfeindlichkeit? Kaum zwei andere Worte kommen so oft vor wie Sinne und Lebendigkeit, wenn es darum geht, etwas als berechtigt und begehrenswert darzustellen. Eben. Lessing sagt, „man spricht selten von der Tugend, die man hat; aber desto öfter von der, die uns fehlt."[6] Der überall sich durchziehende Drang zur Totalprothese steuert den Ersatz von Leben an, selbst wo die Techniken nicht einmal Funktionstüchtigkeit versprechen, sondern nur profitabel erscheinen. Es gibt eine Tendenz in der Kunst zum „posthumanen Zeitalter". Auslaufmodell Mensch. Auf dem müllverpesteten Wegwerfmodell Erde. Man muss das gerade dann ernst nehmen, wenn man nicht vor der Absurdität kapituliert. Sonst sickert der verdrängte Nihilismus ins Grundwasser der Seele ein. Es gibt nicht nur auch, sondern gerade seelische Altlasten. Es braucht Mut zum Wahrnehmen, wenn immer neue Störungen und Zerstörungen zum Vorschein zu kommen drohen.

Der Erlebnisbetrieb der Spaßgesellschaft dürfte mit seinem sicheren Instinkt für Oberfläche und Darstellung dem entsprechen. Nicht erst Walt Disney ließ die Natur als Schausteller auftreten. Seither wird sie nicht im Zeichentrick, sondern im life-Trick vorgeführt. Daran wie Künstler der *land art* oder der Spurensuche mit einer Lebensgeschichte oder mit einem unbeachteten Ort leben, bis eine Gestalt die ungeahnten Beziehungsmuster auch unseren Augen öffnet, könnte viel gelernt werden. Und mit der Freude des Entdeckens. Aber beachtet werden eher spektakuläre Veranstaltungen. *Struggle for attention* ist die Devise. Die eingesetzten Mittel tendieren zur Simplifikation und anderen Formen von Brutalität.

Andere Traditionen der Wahrnehmung verfallen zusammen mit den Berufen, denen sie dienten, die aber auch solch gestisches Wissen erst hervorgebracht haben. Der Bäcker, der die Hitze seines Ofens am Geruch misst und an der Farbe der Glut. Der Schmied, der im Gefühl für den Rhythmus seines Schlages dem Hammer Kraft und Genauigkeit gibt. Die Spinnerin, die zwischen den Fingern spürt, wie der Faden die rechte Stärke und Haltbarkeit bekommt. Auch die Jagd gehört dazu. Ihre ideologischen Feinde sehen nur den Städter, der Pacht zahlt, um auf Tiere zu schießen. Jäger sind die leidenschaftlichsten Beobachter von Wild und Wald, bis in die feinsten Unterschiede von Fährten oder Färbung des Fells im Wechsel der Jahreszeiten. Die Geschichte der experimentellen Naturwissenschaften hat vom gestischen Wissen gelebt, das in den Laboren entwickelt oder aus dem Handwerk bezogen wurde. Die theoretischen Physiker machen die Ergebnisse dann aber wieder ehrlich vor dem Anspruch der Exaktheit. Ein erster Rettungsversuch ist selber abwertig genug ausgefallen. Polanyi's Votum für *„tacit knowledge"*[7]. Herablassend von der Höhe rationaler Erkenntnisstrategien wird dem Können der Helfershelfer sein stummes Existenzrecht zugestanden. Was sich nicht in Worte fassen lässt, hat nichts mit Erkenntnis zu tun und verfällt der Missachtung durch die Semantiker, die eigene Methoden ersinnen müssen, um sich mit Bedeutungen zu beschäftigen, die sich den Regeln von Wortsinn und Grammatik entziehen, die in anderen Geschichten Fähigkeiten zum Ausdruck gewonnen haben. Christiane Rochefort hat auf die erste große Ölpest, die aus einem Tankschiff die Küsten der Bretagne erreichte, mit einem Haiku reagiert.

„Emeraude noir	Grüner Smaragd
oiseaux morts.	Tod der Vögel.
Printemps Shell."[8]	Frühling von Shell.

Von verschiedenen Seiten wird unser Wahrnehmen ruiniert. Um eine Kunst der Wahrnehmung neu zu gewinnen, muss Spielraum, Denkraum, Fühlraum freigeräumt werden. Nach einigen Seiten wird dies im Folgenden versucht.

Beginnen wir bei der Physiologie der Sinne

Nicht systematisch und nicht chronologisch, aber unter den

Gesichtspunkten soll das unternommen werden, die am meisten unser Bewusstsein beherrschen. Ich meine jenen so genannten gesunden Menschenverstand, der so weitgehend kein Naturprodukt ist, sondern die verklebte Ansammlung von Gewohnheiten, die eine meist dumpfe Geschichte getrennt hat von den Bedingungen und den Aufgaben ihrer Entstehung, so dass man offenbar jeder Frage nach ihrer Begründung enthoben ist.

Die Reihe solcher Gewohnheiten im Umgang mit unseren Sinnen und in den Vorstellungen von ihnen fängt an, bevor es überhaupt um Umgang und Vorstellungen geht. Die Formel von „den fünf Sinnen" legt deren Zahl fest und benennt, welche Wahrnehmungen normal sind. Wer weniger hat, ist behindert. Wer mehr zu haben meint oder für möglich hält, ist ein Spinner. Behinderungen können in gewissem Umfang ausgeglichen werden, so dass die geltende Realität leidlich weiter funktionieren kann. Die Spinner gefährden die Definitionen dieser Realität und müssen unter wachster Beobachtung gehalten werden.

Um die Definitionen gegen Unterspülung zu schützen, gibt es ein System von Wissenschaften, die Funktionen so konstruieren und Befunde nachmessen. Es ist wohl sinnvoll, aus der Geschichte dieses Vorgehens Descartes hervorzuheben.[9] Er hat exemplarisch die Kunst und Übung des Sehens in das Koordinatensystem der Optik projiziert. Dort finden sich die Leistungen eines Organs in mechanische Ursache-Wirkungsketten übersetzt. Deren Zusammenspiel mit einem der anderen Organe des Menschen – von Mitsein mit dem Gegenüber ist ohnehin keine Rede mehr – wird aus der Ebene der Physiologie ausgegrenzt und als Leistung der übergeordneten Psyche behandelt. Die Beziehungsmuster eines Zusammenspiels werden also ersetzt durch das Verhältnis der Hierarchie. Eine Kommando- und Speicherinstanz benutzt die Physiologie von Auge und Sehnerv zur Ausführung ihrer Befehle und zum Sammeln ihrer Daten. Diese Sprache ist die der Verhaltensforschung, wie sie durch die Funktionszuweisungen des Behaviourismus gegangen ist; bis heute.

Genau diese Projektion des Wahrnehmens in die mechanische Messbarkeit und in die hierarchische Konstruktion hat weitere Sinne über die klassischen fünf ausgeschlossen. Und sie hat diese fünf auf eine moderate mittlere Bandbreite ihrer Frequenzen reduziert. Dass Geschmack und Geruch überhaupt anerkannt sind, ist der Evidenz von, mindestens einigen, „Geschmacks- und Geruchstypen", nicht ihrer verlässlichen Messbarkeit zu verdanken. Wenn Menschen wie Tiere an der Intensität von Blütenduft riechen können, dass Regen in der Luft liegt, scheidet das aus dem Bereich dessen aus, was zur Kenntnis genommen werden kann. Radikal, mit der Wurzel, ist unser Sinn für Kraftfelder und -punkte der Erde stillgestellt, obwohl die wenigen, die sich darum kümmern, die Radiästhesie neu beleben, und viele klammheimlich doch an Wünschelrutengänger und Wasseradern „glauben".

Das Wort glauben kommt zu Unrecht in solchen Kontext. Es ist ein Hinweis darauf, dass Prüfungen eigener Art nicht bekannt sind. Statt ihrer werden Beweise, also verlässliche Messungen von Quantität verlangt. Wo diese nicht produziert werden können und doch irgendeine Art von Vorgang nicht zu leugnen ist, wird über die Zusammenhänge spekuliert, bis die einen an dies, die anderen an das „glauben".

Das Problem der Wahrnehmung wird so lange unlösbar bleiben, wie die Verwechslung fortdauert, die aus dem Urteil über Wahrnehmungen im Vergleich mit Messungen folgt. Aus solch naturwissenschaftlicher Auffassung werden die Sinnesorgane des Menschen als Messinstrumente missverstanden. Ihnen als solchen in vielen Fällen Defizienz nachzuweisen, ist nicht schwer. Ihre typische Leistung muss in einem grundsätzlich anderen Parameter erkannt werden. Diese Leistung ist im Mitsein begründet. Unser Wahrnehmen ist zugleich eine ausgleichende Antwort. Vielleicht das offensichtlichste Beispiel ist das „Nachbild". Wir brauchten uns eigentlich nicht erst von Goethes Farbenlehre darauf aufmerksam machen zu lassen, dass wir, etwa, nach einem roten Feld vor Augen, wenn wir sie schließen oder abwenden, ein grünes Feld von gleicher Gestalt sehen. Diese gehört zu den „physiologischen Farben"; sie wird von unserem Sehen hervorgebracht.[10] Was ist also ihr ontischer Status, in welcher Weise können wir sagen, es gebe sie?

Einerseits ist dieser grüne Fleck subjektiv im Gegensatz zu objektiv; er ist nicht eine Eigenschaft des roten Flecks. Andererseits ist er intersubjektiv; jeder Mensch kann ihn unter gleichen Bedingungen sehen. Doch lässt er sich nicht festhalten. Sein Auftreten muss von uns bezeugt werden. Die Gestaltgleichheit zeigt, dass es ein *fundamentum in re*, nämlich in dem roten Fleck gibt. Der grüne Fleck hat also eine Existenz zweiten Grades, in Abhängigkeit von dem roten, den wir z. B. fotografieren können. Im grünen Fleck zeigt sich etwas von dem roten, das wir am roten selber nicht wahrnehmen können. So tief geht die Wahrheit dieses Nehmens. Rot „fordert" grün, sagt Goethe.[11] Rot ist ohne grün nicht im vollen Sinne existent, wie Licht ohne Dunkel. Die gleiche Wahrnehmung des Nachbildes lässt sich auch für hell und dunkel vernehmen. Unsere Nachbilder liefern die Ergänzung zu den Phänomenen, sind also weder eigene Phänomene in sich noch Einbildungen des Subjekts. Die gleiche Erscheinung von Nachbildern tritt zu hell und dunkel auf. Descartes klagt den Gesichtssinn an, dass er den gleichen, ja denselben Menschen in der Entfernung kleiner zeigt als in der Nähe. „Das Auge" ist aber eben kein Messinstrument. Es leistet gerade, uns die Elemente unserer Welt in Beziehungen zu setzen und Situationen zu zeigen, Nähe und Ferne sowohl einschätzen wie auch empfinden zu lassen. Solches Mitsehen ist ein Wahrnehmen, das in Wahrheit Mitsein mit der Welt bedeutet.

Eine Resonanz, die zur ergänzenden Antwort wird. Diese physiologischen Vorgänge spielen auch in anderen Sinnen eine Rolle, im Gleichgewichtssinn z. B., und begründen ein mimetisches Verhalten, das zugleich in die Gegensymmetrie geht, nicht bloße Verdoppelung meint.

Selbstverständlich sind diese physiologisch zu teffenden Feststellungen längst mit anderen Dimensionen, etwa der psychischen konstitutiv verbunden. Gerade dies hat die mechanische Auffassung von unseren Sinnen, um einer einfacheren Erfassung ihrer Daten willen, ausgeblendet. Auf diese Weise hat sie den spezifischen Leistungsstil unserer Organe, Antworten zu sein bis hin zur ausgleichenden Ergänzung, verkannt und in den offensichtlich aktiven Fällen zur Täuschung erklärt. Unsere Sinne brauchen sehr wohl den Verstand. Nur nicht als Kontroll- und Korrekturbehörde. Es geht immer darum abzuwägen, wie viel von unseren Eindrücken sich eignet, unmittelbar als Tatsache genommen zu werden in einem bestimmten Zusammenhang, und wo sie ins Mittel gesetzt werden sollten, weil der Zusammenhang anders nicht stimmen kann.

Die alte, schon platonische, Beschwerde über Täuschungen durch die Sinne verkennt, dass diese nicht Fakten, sondern Beziehungen aufnehmen. Was Erwin Straus den „Sinn der Sinne"[12] genannt hat, ergibt ein komplexes Zusammenwirken, sowohl der Sinne miteinander wie der Vermögen, die unsere Anthropologie die niederen und die höheren nennt. In Wirklichkeit geht es um das Wechselspiel zwischen den näher am Gegenüber wirkenden Sinnen mit den Fähigkeiten, Eindrücke wieder auf weitere Zusammenhänge zu beziehen. Der Verstand ist nicht als Korrekturleser der „niederen Vermögen" eingesetzt, sondern hat deren Eindrücke wiederum zu beziehen auf weitere Eindrücke, die nicht unmittelbar anwesend sind, aber auch auf abstraktere Kontexte, in denen ein Horizont zur Anwesenheit gebracht wird – in Vorstellungen, in Begriffen, in Mustern, Beziehungstypen. Einen solchen Kontext hat Henri Bergson zur typischen Funktion des Verstandes erklärt, die Selektion unter dem pragmatischen Kriterium, welche Wahrnehmungen dem gewohnten Alltagsleben dienlich sind, welche von der nützlichen Routine nur ablenken würden.¹³ Er sieht den Verstand unsere Lebensbewältigung sichern, indem nicht immer neu beachtet und bedacht wird, was ohnehin bekannt und bewährt ist. Neben der wütenden Askese der Verarmung aus Angst vor dem Leben und der wohltätigen zur Pflege der Sinne wäre hier von einer nützlichen Askese zu sprechen. Absehen von allem, was fraglos funktioniert. Bergson rühmt zugleich die Unfähigkeit der Künstler zu solchem Vorurteil. Und tatsächlich muss sich gegenwärtig Wahrnehmung selbst für das Überleben neu mit dem Gewohnten beschäftigen, vor allem mit dem gewohnheitsgemäß Ausgeblendeten. Kunst des Wahrnehmens. Und die wird uns auf neue Weise problematisiert, wo keiner unserer Sinne uns warnt – besonders nicht vor der Strahlung von Radioaktivität.

Wie der Verstand die Wahrnehmung ruiniert hat

Der Versuch, die physiologische Dimension an einigen ihrer Seiten zu untersuchen, hat bereits manche Erwähnung erforderlich gemacht, die physisch-chemisch-biologische Zusammenhänge im Ganzen des Menschen zu verstehen geben. Die eine der gegenwärtigen Modeauffassungen hätte nahe legen können, strenger molekularbiologisch zu argumentieren. Seit die Chemie zur Grundlage interdisziplinärer Forschung geworden ist, hat sich die Suche nach Erklärungsmodellen für das Zusammenspiel des Lebens wesentlich auf die Transmitterstoffe konzentriert. In Wahrheit ist diese Betrachtung für Erklärungen ungeeignet; vielmehr bietet sie eine neue, höchst interessante Strategie der Beschreibung von Vorgängen an. Wie „die Botschaft" transportiert wird, erklärt nicht, warum überhaupt eine „Botschaft" auf den Weg geht. Die Fragen werden, einmal mehr seit Descartes, auf die stofflichen Aspekte zusammengezogen, also insofern auf ihre manifesten Erscheinungsformen reduziert. Die Reduktionen, die sich dabei ergeben, erhalten, weil sie nicht als Beschreibungen, sondern wie Erklärungen gehandelt werden, den Status von Wirkmächten im Mythos.

211

Der homerische Held, verwundet im Kampf um Troja[14], liegt, seiner Kräfte beraubt zwischen Gefallenen und zerbrochenem Kriegsmaterial. Da vernimmt er die klagende Stimme des sterbenden Freundes und ist von dem Wunsch erfüllt, sich erheben und ihm beistehen zu können. In seiner Seelennot fleht er zu der Göttin, die mit ihm und den anderen Griechen ist. Athena. Und tatsächlich, sie hilft. Sie schickt seinen Knien neue Kräfte, so dass ihn die Beine zum Sterbenden tragen.

Der Held im Zeitalter der Amphetamine und der Enzyphaline sagt: Der Ansturm war ungeheuer, wir hatten keine Aussicht mehr durchzuhalten. Da kam der Adrenalinstoß, und wir schlugen sie alle zusammen.

Warum eröffnen wir mit dieser Geschichte das Kapitel über den Verstand? Ratio hat doch gerade die mythologischen Erklärungsformen aufgelöst. Sie ist nur noch lange nicht dieser Aufgabe angemessen gerecht geworden. An die Stelle einer früheren Bereitschaft der Menschen und ihrer Kulturen, sich in die Hände größerer, vielleicht höherer Mächte zu begeben, ist zunächst der Wille getreten, selber die Kontrolle zu übernehmen. Dazu ist die Analyse dessen, womit man es zu tun hat, z. B. der chemischen Äquivalente zu Stimmungen und Energieformen im Organismus, sehr nützlich. Wenn hier die Untersuchung von Kontext Halt macht, weil bis dahin so schön benennbare und oft sogar irgendwie messbare Ergebnisse anfallen, dann kommt ein ganz anderes Moment der Versuchsanordnung zum Tragen. Der Verstand, der Kontrolle und Kommandogewalt verspricht, ist zu der Instanz erhoben worden, von der die Leistungen der Sinne abhängen sollen. Mental soll, und zwar rasch und effektiv, entschieden werden, wann die Wahrnehmungen verlässliche Daten liefern und wann sie in Täuschung führen. Sozusagen nebenbei ist damit die Bezogenheit der Sinne auf die Seele aufgelöst und auf den Verstand umgepolt.

Was hier mit der Seele gemeint sei, muss offen bleiben. Deutlich wird, worum es bei der Ablösung durch den Verstand geht, an einer Beobachtung der historischen Anthropologie – der Sozialgeschichte der Sinne.

Dass der *homo sapiens sapiens* bereits seit seiner Aufrichtung als Zweibeiner mit greifend-fühlenden Händen die Fernsinne Gehör und Gesicht zu seinen hervorragenden Orientierungsorganen gemacht hat, braucht nur in Erinnerung gerufen zu werden. Betont werden muss hingegen, dass, darauf aufbauend, das mentale Zeitalter, wie Jean Gebser sagt,[15] eine Hierarchie der Sinne offiziell etabliert, dass spätestens die Aufklärung sie deklariert und institutionalisiert hat. Wo Kant von den Sinnen als den niederen Vermögen im Gegensatz zum höheren Verstand spricht, hat Baumgarten die Fernsinne zu den höheren Sinnen im Unterschied zu den niederen Nahsinnen Geschmack, Geruch, Gefühl erklärt. Damit ist freilich das Gesicht zusammen mit der Geometrisierung des Sehens – Vergleichbares ist für das Gehör nicht gelungen – beim Verstand in die Pflicht genommen worden. Während Anschauung schon früh an Sichtbarem festgemacht wird, wertet die Erkenntnistheorie solch Sichtbares exemplarisch aus, das eigentlich vor allem ein Gedachtes ist: Immer wieder die Figur des Dreiecks. Sie ist zugleich definitorisch klar, optisch einfach, das heißt, offensichtlich rekonstruierbar. Bis heute ist unser Sehvermögen immer mehr in den Dienst einer verstandesgemäß konstruierten Erkenntnis der Welt gestellt worden. Bis hin zum *Cyber space,* wo die Augen Zeugen sein sollen dafür, dass da eine menschengemachte Realität an die Stelle der zu komplex, vielleicht sogar chaotisch vorgefundenen tritt. Wie die altmodische, klassische Physik das Experiment zur Prüfung, bzw. zur Demonstration spekulativ erarbeiteter „Naturgesetze" verlangte.

Früh ist das Sehen in ein aktivistisches Schema geraten. Der Blick, in dem doch der Begegnende das Glück sucht zu versinken, wird in der Neuzeit als ausgesandter Strahl dargestellt. So trifft er auf Gegenstände, um sie auf vorgegebene Figuren und

Kriterien hin zu prüfen. Mag sein, dass diese Strategie ihr Vorbild gehabt hat im „Auge Gottes", das schon immer mehr als kontrollierendes, strafendes zitiert worden ist. Die Ergonomie der Manufaktur, erst recht der Industrialisierung, Automatisierung hat die Kontrolle mechanisch auf Knöpfe und Signale von Armaturen gerichtet. Zwischen Mittelalter und Neuzeit setzte sich zudem die optische Form der Zentralperspektive durch, in deren Versuchsanordnung das zweite Auge nur stört, während das erste den Fluchtpunkt anpeilt. Das tiefenscharfe Sehen ist eine grundlegende Figur der komplexeren Leistung unserer Sinne, die wir die Fähigkeit genannt haben, Beziehungen, Situationen aufzufassen. Die Aufgabe, das vorne Große mit dem Kleinen hinten in ein Verhältnis zu setzen, übernimmt aber im Schema der Zentralperspektive dessen Rekonstruktion von Situationen als Topographie, so dass es eben um vorn und hinten statt um das mir Nahe und mir Ferne geht. Im affektiven Sinne ist beides gleichermaßen in die Distanz einer Rekonstruktion gerückt. Daran muss man denken, wenn man sagt, „das Auge" sieht.[16] Dürer hat, als einer der Ersten und mit europäischem Erfolg, zur Demonstration dieser Definition ein Auge einsam in so etwas wie den Koordinatenursprungspunkt seiner Projektionsanleitungen gesetzt. Ein Auge, nicht zwei; und das Auge ohne den Menschen. Auf dem Vormarsch zur Optik, die so viel vom Sehen verdrängt hat.

So hat der Gesichtssinn eine Rolle des Überwachens übernommen. Gefangene sind die Sinne, die niederen Vermögen, allesamt im Arbeitshaus des Verstandes. Das Gesicht ist unter ihnen zum Kalfaktor avanciert. Deshalb dürfen wir, wenn wir „die greifende Hand" wieder befreien zum Tasten und Fühlen, aber nicht versäumen, das Sehen aus seiner Kommandorolle im „Auge-Hand-Feld" zu befreien.

Wir haben uns gefragt, was mit der Seele gemeint sein könnte, die abgelöst wurde durch den Verstand in der Aufgabe, den Sinnen die Partnerin zu sein, die dem immer Hiesigen und Jetzigen ihrer Eindrücke den Horizont der Einordnung und die

Beziehungen auf das Abstraktere vermittelt. Seele als Instanz zu definieren, wird immer fehlschagen. Von bestimmten Funktionen her wird sie uns deutlicher; Funktionen, die immer etwas mit einem Verwandeln zu tun haben, einem Umsetzen. Wo die verschiedenen Kulturen „den Sitz der Seele" vermuten, bietet eine Fülle von Metaphern, mit guten physiologischen Gründen, dafür an. Atem und Herz, Leber und Geschlecht, um nur einige zu nennen, sind exemplarische Organe des Stoffwechsels, des Austausches, der Vermittlung. Für unser Sehen, das wie alle anderen Sinne auf eine verwandte Weise zu den Organen solchen Austauschs, solcher Vermittlung gehört, ist entscheidend, wie das Bild, also das, was wir sehen, begriffen wird.

Dafür aber ist in der abendländischen Kulturgeschichte entscheidend die Platosche Lehre von den Ideen geworden. Das Wort *eídolon* oder *idéa* kommt zwar vom Sehen, gedacht werden die Ideen bei Plato aber gerade in einem entscheidenden Gegensatz zum Sehen unseres Sinnes. Sie gelten als die unvergänglichen und unerreichbaren Essenzen. Eigentlich müsste unser Wort Inbild ins Spiel kommen vom Metaphorischen her; tatsächlich trifft der Inbegriff die Sache viel besser. Die Ideen werden in solcher Perfektion gedacht, dass alle wirklichen Erscheinungen nur auf sie hinweisen, an sie erinnern können wie Abbilder. Diese Abbildhaftigkeit ist erkenntnistheoretisch und entzieht unseren Sinnesleistungen, allen voran unseren sehenden Wahrnehmungen, ihre ureigenste Daseinsweise. Fixiert auf die erkenntnistheoretische Autorität einer absoluten Wahrheit, sind wir dem existenziellen Zusammenspiel mit unserer wirklichen Mitwelt wesentlich entzogen. Ich schließe mich in dieser Kritik dem Votum von Gottfried Böhm gegen die Platosche Lehre an, die letzten Endes allen Wahrnehmungen ihre eigenen Beziehungen auf ein Wahres nimmt. Goethe hatte uns das längst mit dem Eintreten für den „wahren Schein" gelehrt. „Wie wahr, wie seiend."[17] Die gesamte Wahrnehmungsgeschichte der Moderne, mit der mittelalterlich scholastischen wie der aufklärerischen Rationalisierung, hat den Sinnen ihre eigene Bezogenheit auf Wahres genommen. Zusammen mit deren eigenen Bedingtheiten und Begrenztheiten. Manche Wiederentdeckung der Sinne hat eben darum ihrerseits keine Vorstellungen von diesen Bedingungen und Grenzen und propagiert gewissermaßen Sinnlichkeit pur. Noch in solcher Negation ist die Absolutheit traurig am Werk.

Es gilt, das Absolute zu verabschieden. Das ist mit Schmerzen und Mühen verbunden, weil es für die ängstliche Sehnsucht nach absoluter Gewissheit stand. Das Gegenteil ist aber nicht die so gefürchtete absolute Ungewissheit. Vielmehr ist gefordert abzuwägen, wie viel sich vom Gegenüber in uns zeigt, wenn wir die Begegnung aufnehmen. Wie viel von uns selber sich dabei zeigt. Wie viel von Verwandtschaft zwischen unseren Organen als unserer inneren Natur und denen der äußeren uns gegenüber sich zeigt. Co-existenz verlangt dies von uns, in jedem Augenblick neu. „Les correspondances de l'esprit et des sens" laden uns dazu ein, wie Baudelaire es gegen die herrschenden Lehren und Praktiken in einer Sammlung unter dem traurig-trotzigen Titel *Die Blumen des Bösen* uns übermittelt hat. Humberto Maturana hat seine nüchterne Feststellung, dass alle Existenz Co-existenz ist, längst übertroffen mit der Aufforderung zu einer *„biology of love"* – *„amor"*.[18]

Für die lange und vielschichtig rigorose Geschichte der Ruinierung der Wahrnehmung durch Frohn und stumpfsinnigen Verschleiß menschlicher Vermögen durch entfremdete mechanische, repetitive Arbeit verweise ich auf die Kapitel meiner *Ökonomie des Lebens*. Hier sei eine Untersuchung der Semantik angeschlossen, die eigentlich zum Feld des Verstandes gehört, aber so viel expliziten Einfluss auf unser Gewahren und Vernehmen zugunsten des Registrierens ausübt, dass man sich eigens mit ihr auseinander setzen muss, zumal dieser Einfluss gar nicht angemessen bemerkt wird, auch nicht so unmittelbar ins Auge fällt wie z. B. die Zerstörung von Rhythmus, innerer Bewegung, Sensibilität durch die Industriearbeit.

Die semantischen Betrachtungsweisen beschäftigen sich zunächst nicht mit Fragen des Wahrnehmens, sondern damit, wie wir was mitteilen. Sie gehen aus von Ferdinand de Saussures Analyse, nach der Worte den Transport einer Bedeutung übernehmen, *signifiant*, und hinter ihnen eine Bedeutung steht, *signifié*.[19] Für diese Auffassung von der Wahrnehmung muss die Fragerichtung umgedreht werden. Was teilen uns die Wahrnehmungen auf welche Weise mit? Über dem Interesse für diese Frage wird nicht beachtet, dass etwas Entscheidendes stillschweigend mit gesetzt wird. Wahrnehmungen werden so behandelt, als seien sie zunächst jenseits einem äußeren Gegenüber zuzurechnen, das man auf einen Inhalt zu prüfen hat. Wenn dieser, zweifellos wichtige, Aspekt ganz die Aufmerksamkeit beherrscht, geht ein Bewusstsein dafür verloren, dass jede Wahrnehmung, vor allem anderen, eine Begegnung ist und nur als ein Zusammen-, ein Wechselspiel zu verstehen sein kann. Außerdem kann die sinnvolle Unterscheidung zwischen dem Gemeinten und dem Bedeutungsträger sich verselbständigen. Gerade in einer Kultur, die wie selbstverständlich von der Platoschen Trennung in Idee und Erscheinung geprägt ist, werden schnell die Bedeutungsträger nach dem Modell einer Realität aus Abbildern, Erscheinungen, ihres eigenen Interesses entkleidet wie Spielmarken. Hinzu kommt eine Abkehr von der Metaphysik, die aber nicht im Sinne unserer Kritik an der Ideenlehre, sondern positivistisch darauf angelegt ist, in den Abbildern greifbare, benennbare Feststellungen über Realität zu suchen. Der moderne Ausdruck Information ist so an die Stelle der Bedeutung getreten.

Das hat mit Saussure nur noch sehr wenig zu tun. Vielmehr hat sich eine Erklärungsfigur des Behaviorismus dazwischengeschoben, die, einmal mehr, in Wahrheit eine Beschreibung ist, und zwar eine äußerst oberflächliche. Sie ist auf gewisse sichtbare Momente des komplexen Geschehens einer Wahrnehmung konzentriert und schafft sich den Rest vom Halse, den sie nur mühsam und wirr findet, den wir als die Dimension des Gewahrens schätzen. Mitgeteilte „Botschaft", wie es heißt, und

Gewahren verhalten sich etwa so zueinander wie Inhalt und Gehalt, eine Tatsache und ihr situativer Bedeutungskontext. Die behavioristische Figur läuft unter der Bezeichnung „Sender-Empfänger-Modell" und ist so verbreitet, dass sie kaum noch ernstlich befragt wird.

Wenn Wahrnehmungen nur auf die Informationen betrachtet werden, die ein Subjekt da über seine Objekte erhält, sind die Sinne zu Erfüllungsgehilfen des Verstandes für erkenntnistheoretische Pflichten herabgesetzt. Wenn eine jeweilige Gegenwart, Glied der Geschichten von *co-existence,* gehandelt wird wie das Verhältnis eines Apparates, der Morsezeichen ausschickt, zu dem Apparat, der sie irgendwann auffängt und hörbar macht, dann ist die existenzielle Dimension in Rente geschickt. Der Mitwelt ist gekündigt. Wilhelm Busch schließt die Geschichte einer leidenschaftlichen Liebe mit der Zeile „Er liest in der Kölnischen Zeitung und teilt ihr das Nötige mit."[20]

Psychologische Sackgassen

Das Grundproblem psychologischer Erklärungsstrategien für die Wahrnehmung dürfte darin liegen, dass unser Wahrnehmen als ein Verhältnis von außen zu außen definiert ist. Die Selbstwahrnehmung unseres eigenen Innern haben wir, dem gegenüber, bereits als Bedingung für das Wahrnehmungsspiel wieder eingeführt, in dem nach konventioneller Auffassung einziger „Gegenstand" des Wahrnehmens ein Gegenüber ist. Die Forderung, dies zu erkennen und anzuerkennen, hat zwar ihre hohe ethische Bedeutung. Sie folgt aber soweit aus einer logischen Vergegenwärtigung des Zusammenhanges. Selbstverständlich ist keine deduktive Logik gemeint, erst recht nicht das Regelwerk der Syllogistik. Es geht nicht um Ursache-Wirkungsketten als solche, die immer wieder in psychologischen Theorien zum Vorbild gemacht worden sind. Ich nenne es eine Konstitutionslogik. Sie hilft uns zu untersuchen, wie eine Entstehungsgeschichte zu gegenwärtigen Strukturen, besser, Organen geführt hat. Wieweit haben diese in sich dabei differenziert ausgebildet werden können, um entsprechend Differenziertes angemessen wahrnehmen zu können? Die wesentlichen Kategorien sind Möglichkeiten und Bedingungen. Gefragt wird danach, welche weiteren Beziehungen möglich geworden sind auf Grund der Entwicklungsschritte bis hierher und welche Grenzen dabei mitgesetzt wurden, welche Ausweitungen nicht mit der Bildungsgeschichte vereinbar sein können. Wir könnten dies als eine aristotelische Art von Dialektik begreifen. Im Zuge einer *enérgeia* entsteht ein *órganon* und wird eine entsprechende *dýnamis* freigesetzt, durch ein Ins-Werk-setzen entsteht ein Werkzeug mit seinen spezifischen Möglichkeiten.[21]

Für unsere Frage heißt das: Welche innere Komplexität hat ein Zusammenspiel erreicht, um eine äußere mit vollziehen zu können?

Wir haben bereits unsere Aufmerksamkeit auf die inneren Bewegungen gerichtet, in denen Wahrnehmung nach außen bedingt und begründet ist. Wir haben dies zunächst physiologisch eingeführt. Zweifellos ist die eigenste Leistung für das Wahrnehmen, die wir seelisch nennen sollten, in der Gegendimension angesiedelt zu den Aspekten, die wir ein Außenverhältnis nennen können. Die Gegendimension ist jedoch nicht, wie oft und kritisch vermeint wird, die reine Innerlichkeit. Man soll sich darunter offenbar vorstellen, dass Wahrnehmungen, durchaus im Stil von Informationen, im seelischen Innern eigene Vorgänge auslösen, die vermutlich Emotionen genannt werden müssten. Dergleichen kommt vor, ist aber vom Wahrnehmen zu unterscheiden. Was mir hier wesentlich für die Wahrnehmung selber zu sein scheint, ist eine sich in ihr – zusammen mit Feststellungen, Daten, Verifizier- und Falsifizierbarem – bildende Beziehung zwischen dem Innern des Gegenübers und dem Innern des Wahrnehmenden. Es ist die besondere Gegenwart und Wirklichkeit des allgemeinen Mitseins mit Mitwelt, gerichtet in dieser Beziehung jetzt zwischen diesem Gegenüber und mir.

Zur Anschauung eignen sich Erfahrungen des Distanzsinnes Gesicht weniger eindrucksvoll als die anderer Sinne. Jenseits aller einschlägigen Klischees hat Léopold Sedar Senghor die afrikanischen Kulturen essentiell aus dem Rhythmischen zu verstehen gegeben. Darin ist er mit vielen auch seiner Kritiker einig. Ein Weg der Wahrnehmung durch die Sinne kann sogar zu eigenen Formen von Erkenntnis führen. Voraussetzung ist ein Bewusstsein, eher ein bewusstes Sein, etwa im eigenen Rhythmus. Dieser wird oft zu einem besonderen Ausdruck im Tanz drängen. Doch selbst ohne jede sichtbare Bewegung des Körpers setzt er sich stetig fort als ein inneres Schwingen. Bewusst kann dies nur im Sinne eines tiefen, tragenden Gespürs sein. Es hat nichts mit dem Abzählen von Schlägen, mit der Definition von vollen und leeren Zeiten zu tun. In solchem Schwingen werden mich alle Begegnungen entweder verstärkend oder verändernd oder verstörend treffen. Über das Gegenüber werde ich so kaum Daten empfangen; umso wesentlicher wird sich mir etwas vom Charakter seiner Energien und von der Intensität seiner Bewegtheit mitteilen.

Erst in einem solchen lebhaften Zusammenhang hat es einen Sinn, von Mimesis zu sprechen. Sie darf nicht verwechselt werden mit dem Nachäffen, das zustande kommt, indem ein statisches Erscheinungsbild körperlich rekonstruiert wird. Wenn wir „lebende Bilder" stellen, arbeiten wir zwar mit dieser Technik; aber gelingen können auch sie nur, sobald uns etwas vom Vorbild als innere Bewegung erfasst. Erst recht verdient den Namen Mimesis erst ein Vorgang, in dem – vielleicht mit einem Bild zusammen, vielleicht in der Vorstellung, vielleicht auch im spontanen Mittun – eine innere Bewegtheit von einem Gegenüber ansteckend auf uns übergeht und uns in verwandte Bewegungen zieht, die immer Ausdruck sein werden, wie Daten oder Feststellungen. Wir erleben staunend, wie sich an uns etwas vollzieht, das der Ausdruck eines Anderen wird. Lässt sich Mimesis gegen Eros abgrenzen? Vielleicht ist in der Erotik die Wechselseitigkeit nachdrücklicher betont.

Wahrnehmung durch Pornographie ruiniert

Als ich mich vor drei Jahrzehnten daran begab, die Leiblichkeit in den westlichen Gesellschaften aus der Zange von übler Moral und rücksichtsloser Vernutzung zu befreien, in der *Naturbeherrschung am Menschen*,[22] war das Wort Leib derart unvertraut, dass ich noch beim üblichen Körper blieb. Inzwischen sind Leib und Sinne in aller Munde. Jede Menge und jede Art von Geschäften lässt sich mit ihnen machen. So hatte ich, durch die Entdeckung der Zazen-Übungen bewegt, mir die Befreiung nicht gedacht. In den Sitz- und Atemübungen machen wir, so gut wir können, den Leib frei von allen Besetzungen, die eine krampfhaft gespannte Gesellschaftsumgebung und eine unaufgelöste Lebensgeschichte vorgenommen haben. Das kann, auch nur ansatzweise, einzig gelingen, soweit diese Befreiung schon den Vorgeschmack einer sich erfüllenden Freiheit auf die Lippen bringt wie Meeresluft das Salz. In der Lösung der eigenen Verspannungen werden zugleich die Spannungen aufgerichteter Haltung aufgebaut und die stoffliche Schwere an die Erde abgegeben, auf der unsere Glieder, unser Rumpf aufruhen können. So zieht eine bewegte Ruhe, ein leichtes Aufwachsen im Sitz, ein friedreiches Getragensein in uns ein, nein, eigentlich eben durch uns hindurch. Es ist nicht hier oder dort, es ereignet sich in diesem Augenblick nur gerade da, wo ich es spüre, mit vollziehe und auch mit meinem Bewusstsein begleite, eben einem stillen.

Ich spreche von der Transparenz des Leibes und von der Transzendenz, der wir gerade „am Leitfaden des Leibes" zugehören.

Die „Befreiungen" dieser Jahrzehnte haben sich keineswegs auf diese Parameter zubewegt. Sie haben vielmehr die strategischen Irrtümer der Vergangenheit, zwar umgekehrt, aber zu ihren Wegweisern gemacht. Tabus werden mit beliebiger Freigabe und Vernachlässigung mit Leistungssport beantwortet. Beides im Stil von Spaß, der dem Mangel an Lebensfreude entgegengestellt wird.

Pornographie ist die Geschichte der Verfügung über den Leib, die der Lust diese oder jene Resultate verspricht. Genau dies tut die Spaßgesellschaft. Nicht etwa ist ein erotisches Leben der Berührungen und Ahnungen, der Begegnungen und Erregungen gemeint. Die Spaßinszenierung fängt da an, wo der Spaß aufhört – mit dem Begehrten. Das Begehren führt nicht zu ihm, sondern wird von ihm abgeleitet. Produkt, ohne *productio*,[23] dieses entfaltende Hervorbringen, Schritt um Schritt, das in jeder seiner Phasen ein Gewinn, ein Streben und eine Erfüllung in sich ist. Stattdessen heißt das Programm „Sex pur", auch wenn es ihn nur happenweise oder gar nicht gibt. In der Erotik sind sinnenhaftes und sinnliches Erleben nicht zu trennen, ohne dass man wüsste, wohin die Reise noch gehen wird. Auf die Frage, was wird denn das, heißt die Antwort, das ist schon etwas.

Über Sexualität zu sprechen, bedeutet, das bis zur Unkenntlichkeit eindeutig Gemachte aus seinen Beziehungsfeldern neu zu gewinnen. Eine Resonanz wie alles Leben, mit besonderen Reizen. Eine Verbindung von Energien wie alles Leben, in besonderen Richtungen zwischen Hingabe und Eroberung und dem Wiederfinden des wissenden Gefühls, eigentlich eins sein zu dürfen mit dem Anderen, das wir eben als Anderes brauchen. In diesem Feld, auf diesen Wegen sind die Wahrnehmungen unsere Führer und unsere Belohnungen und unsere Warnungen in den Feiern der Sinne, die endlich der Seele ebenso zugehören wie dem Fleisch in seiner köstlichsten Lebendigkeit. Auch wenn es auf den ersten Blick vielleicht so klingt, ich spreche nicht von irgendeinem tollen Rausch, der aufbraust und weg ist. Unendlich viele Informationen sind im Spiel. Sie werden nur nicht abgelöst von den Beziehungen, in denen sie gegeben und gewonnen werden. Sie sind nicht einsetzbar, ohne dass wir uns dieser Situation erinnern, am besten im Innersten unserer Fingerspitzen oder im Rhythmus unseres Atmens, und ohne dass wir behutsam und deutlich suchen, wie sie nun zu übertragen, zu verändern sind.

All das durchkreuzt Pornographie im Kurzschluss, wie der Schuss auf das Wild, das dem Jäger gleichgültig ist. Wie der Axthieb, der den Klotz zerhackt, ohne im Spalten den Fasern des Holzes nachzuspüren. Wie der Angler, der den Kick registriert, dass der zappelnde Fisch ihm gehört. Pornographisches kann freilich auch in einem anderen Umgang die Sinne wecken und zu Beobachtungen, selbst in Gestimmtheiten führen. Wenn wir zulassen, dass Wahrnehmung ihren Gesetzen, nicht denen einer Absicht folgt, verwandeln unsere Sinne unser Empfinden und Bewusstsein von selbst. Wir müssen nur die Quellen der Aufmerksamkeit bereithalten. Als ich einige Jahre selber die klassische *leçon* beim Ballettmeister übte, um Positionen und Repertoire der „Geometrisierung des Menschen" nicht nur vom Papier und der Bühne kennen zu lernen, haben meine Entdeckungen davon, wie ein Leib noch die mechanischsten Anforderungen in seine Rhythmen verwandeln oder wenigstens mit ihnen umkleiden kann, mehrere Hefte gefüllt. Als man die Exerziervorschriften, nach denen Foucault den militärischen Leib des 17. Jahrhunderts rekonstruiert hat,[24] auszuführen versuchte, zeigte sich, dass offensichtlich die Praxis anders aussah. Die Soldaten haben die Vorgaben mit dem Wissen des Leibes von seinen eigenen Möglichkeiten und Bedingungen versetzt, sonst wäre ihnen das Blut in den Adern stehen geblieben. Und immer wieder Marianne Herzogs Bericht von den Akkordarbeiterinnen.[25] Sie bezeugt, was niemand wissen will, die Erfindung einer fliegenden Bewegung der Arme zwischen zwei über die Maßen sie spannenden Takten an der Maschine. Ohne dies würden Takt und Überspannung die Leistung oder das Überleben nicht zulassen.

Die Kunst der Wahrnehmung hat viel zu entdecken.

Was bedeutet Wahrnehmung als Begegnung?

Gerade im Erotischen wird immer wieder evident, dass wir am Gleichen nicht Wiederholung erleben. Was sich wiederholen lässt, dasselbe, muss von den Spannungen und Öffnungen der jeweils anderen Situation eingeschmolzen werden, um neu geformt aus ihr hervorzutreten, oder aber es zerstört die Möglichkeiten der Gegenwart. Das sollte am Problem des pornographischen Programms verständlich werden.

Wesentlich darum geht es dem Arzt, Physiologen und Erkenntnistheoretiker Alfred Prinz Auersperg in der Fortsetzung Viktor von Weizsäckers und dessen Gestaltkreises.[26] Ihm habe ich vor eineinhalb Jahrzehnten „Vermutungen für eine Wahrnehmungsphilosophie" gewidmet.[27] Zwei Betrachtungen müssen von dort wieder aufgegriffen werden. Die eine kreist eben um die Frage, was wir neu nennen wollen. Die andere ist unserem Verständnis von Zeit zu widmen.

Bergson hat von der gestischen Einheit einer Melodie gesprochen oder einer Handbewegung. Sie seien unteilbar. Auersperg[28] hat dies erläutert, etwa mit der Aufforderung, uns bei dem Geschehen nicht für nebeneinander oder aber nacheinander zu entscheiden, wie es Kants „transzendentale Ästhetik" vorschlägt. Wie soll dies aber geschehen? Eine Deutungsfigur von Freud hat eigentlich den Weg dahin vorbereitet. Die Nachträglichkeit. Rückwirkend kann ein spätes Geschehen die Wirkung eines früheren noch verändern und damit dessen Wirklichkeit. Der erste Kuss wird im Laufe eines Lebens etwas sehr Anderes sein, wenn er der einzige bleibt oder wenn weitere ihn zum Eingangstor ihrer Entdeckungen werden lassen. Auersperg macht auch den Versuch, dies mit verschiedenen Qualitäten zu benennen, die sich einander steigernden Intensitäten, wir könnten im weitesten Sinne sagen, von Reflexion verdanken. Er sagt Leben, erlebendes Leben und erlebt erlebendes Leben, Dimensionen des einen Wesens, zu denen immer die unbenennbare in und vor allem Leben gehört – als ein Zwischen. Eine Stärke innerer Resonanz baut sich auf, wachgerufen durch Eindrücke, Einladungen, Forderungen von aussen, die in irgendeiner Weise aufeinander antworten. Dadurch entsteht dann eine Intensität eines diese Stufen integrierenden Zusammenspiels. Sinnenbewusstsein. Darin werden wir fähig, auch ein ebenso intensives Zusammenspiel von Momenten einer uns begegnenden Konstellation zu gewahren, nämlich gleichzeitig integrierend und ebenso differenzierend aufzunehmen. Der Gestaltkreisgedanke gibt dies ganz entschieden zeitlich zu verstehen.

Wir sind gewohnt zu meinen, ein Reiz trifft uns – und das Auge, das Ohr oder ein anderes Organ hat eine Reaktion. Dies kann aber nur in Fällen einer bestimmten Reduktion schon sein, womit wir es zu tun haben. Von Wahrnehmung kann eigentlich erst die Rede sein, wo die Reaktion aus der ersten punktuellen Information eine Rückfrage macht, die zu dem Gegenüber wieder hingeht, – und dies in einer vielfachen Folge. So tastet z. B. unser Blick in ungezählten Operationen, die eine auf den Eindruck der anderen aufbauen, ein Sehfeld ab. Das heißt, da, wo mehr Unterschied sich bietet, werden die Rückblicke umso öfter aufzunehmen suchen, wie sich dieser genauer bestimmen lässt. Weizsäcker hat systematisch in solche Folge das Moment des Abreißens eingefügt. Erst wenn im Zuge unseres Rückfragens das Gegenüber sich uns entzieht, kommt unser Bewusstsein so ins Spiel, dass wir die Situation wiederherzustellen versuchen. Wir folgen z. B. dem aufliegenden Vogel mit Bewegungen erst der Augen, dann des sich wendenden Kopfes, dann laufen wir womöglich ihm nach. Wenn wir so durch die Zerreißung hindurch uns das Gegenüber wiedergewinnen, ist deutlich genug die Qualität der Begegnung erreicht. Begegnung meint ein existenzielles Getroffensein; aber sie lässt sich durchaus in ihren Momenten beschreiben.

Sie lässt sich als Begegnung, als Wahrnehmung nur nicht auf isoliert Feststellbares reduzieren. Dies ist eine praktische Seite unseres Einspruchs gegen ein Absolutes. Wir können wohl von der Wahrheit sprechen, die es uns aufzunehmen gilt. „Wir müssen nur anzunehmen bereit sein", sagte ich in meinen *Vermutungen*, „dass Wahrheit nicht zeitlos zu gewinnen ist. Wahres ist nicht für uns als Untätige da. Wir müssen vielmehr das Wahre als den Zusammenhang von Phänomenen – den Aspekten eines Phänomens – wahrnehmen, die wir nicht synchron erkennen." Wir setzen auch nicht, jedenfalls nicht nur, das Bild aus Teilabbildungen zusammen. Das Bild gibt sich uns außerhalb der Abfolge von Zeiteinheiten. Und es gibt sich uns als denen, die eine Geschichte mitbringen und mit dem Gegenüber in einer je anderen Beziehungskonstellation uns befinden. Auersperg hält in „Landschaft und Gegenstand" fest: „Die nach dieser Methode vorgenommenen Experimente machen deutlich, dass der wahrgenommene bewegte Gegenstand nur als Ergebnis eines kompositionellen Aktes, eines Aktes der Vergegenwärtigung reiz-korrelativ successiver Phasen verstanden werden kann."[29] Vergegenwärtigung heißt, in einer Wahrnehmung werden in der Vergangenheit Aufgenommenes, jetzt sich Einprägendes und Ahnungen künftig sich daraus abzeichnender Bilder in einer Gegenwart zusammengebracht. Darin wird noch das Bekannteste der Elemente zum Moment eines Neuen.

Neu ist also kein Gegenbegriff zu einer zeitlosen Identität, wie sie die herrschende identifikatorische Logik voraussetzt. Wenn mit dieser Logik unser Verstand die Wahrnehmung einsetzen will, um das Bekannte als bekannt wiederzuerkennen, ist das Neue dadurch definiert, dass es in dieses Erkennungsmuster nicht passt. Die Qualität von Neuheit dagegen, an der unsere Sinne und durch sie unser ganzes Sinnesbewusstsein ins Zwischen, ins Inter-esse gezogen werden, die uns ansteckt mit den Energien des Hin und Wieder im Vorgang, die wir an den Resonanzen in uns spüren können, dieses Neue ist vielleicht das älteste Bekannte im Einmaligen seines gegenwärtigen sich Ereignens oder das Unbekannte vor dem Horizont des Bekannten. Neu heißt immer, in welcher Konstellation sich ein Gegenüber, selber in dieser Korrespondenz, zeigt. Das Wahre der Wahrnehmung ist so augenblicklich wie dauernd und so mit dem Wahrnehmen verbunden. Vor Gebrauch schütteln. Bedingt haltbar.

[1] Ulrich Oevermann, Vortrag an der Universität Oldenburg.
[2] Friedrich Nietzsche, Studienausgabe, hg. Von Montinari und Colli, Bd. 13.
[3] *The Autobiography of Malcolm X*, New York 1966.
[4] Rudolf zur Lippe, „Der gefühlte Mangel", in D. Kamper (Hg.), *Macht und Ohnmacht der Phantasie*, Neuwied 1986.
[5] Rudolf zur Lippe, „Life is Resonance", MS, Vortrag, Santiago (Ch) 2002.
[6] Gotthold Ephraim Lessing, *Minna von Barnhelm*, Zweiter Aufzug, 1. Auftritt.
[7] Michael Polanyi, *The Tacit Dimension*, New York 1967.
[8] Christiane Rochefort, *Ma vie revue et corrigee par l'auteur*, Paris 1978.
[9] René Descartes, *Discours de la méthode pour bien conduire sa raison, & chercher la verité dans les sciences, plus la Dioptrique, les Méteores et la Géométrie qui sont des Essayes de cette methode*, Leyden 1637.
[10] Johann Wolfgang von Goethe, *Farbenlehre*.
[11] A.a.O.
[12] Erwin Straus, Vom Sinn der Sinne, Berlin 1956.
[13] Henri Bergson, Oxforder Vorlesungen von 1911, in: *La pensée et le mouvant*, Paris 1934.
[14] Homer, Ilias, z.B. Sarpedon im sechzehnten Gesang.
[15] Jean Gebser, Gesamtausgabe in 7 Bdn., *Ursprung und Gegenwart*, Schaffhausen 1999.
[16] Albrecht Dürer, *Underweysung der Messung mit dem Zirkel un richtscheydt*. Nürnberg 1525. Dazu: Rudolf zur Lippe, *The Geometrisation of Man*, Bombay 1987.
[17] Italienische Reise, 9. Oktober 1786.
[18] Humberto Maturana, *Was ist erkennen?* Mit einem Essay zu Einführung von R.z.Lippe, München 1994.
[19] Ferdinand de Saussure, insbes. *Cours de linguistique générale*, 1916.
[20] Wilhelm Busch, *Die Liebe war nicht geringe*, in: Kritik des Herzens.
[21] Vgl. Georg Picht, *Aristoteles' „De Anima"*, Stuttgart 1987, insbes. S. 287–309.
[22] Rudolf zur Lippe, Naturbeherrschung am Menschen, 2 Bde, Frankfurt am M. 1974.
[23] Vgl. Georg Picht, *Kunst und Mythos*, Stuttgart, 1986, insbes. S. 397.
[24] Michel Foucault, *Surveiller et punir. Naissance de la prison*, Paris 1975.
[25] Marianne Herzog in den Kursbbüchern 21 und 43.
[26] Viktor von Weizsäcker, *Der Gestaltkreis*, Ges. Schriften 4, Frankfurt am M.
[27] Rudolf zur Lippe, „Vermutungen für eine Philosophie der Wahrnehmung", in: Oettingen-Spielberg, T. z./Lang, H. (Hg.), Leibliche Bedingungen und personale Entgeltung der Wahrnehmung, Würzburg 1994.
[28] Alfred Prinz Auersperg, Ludwig von Bertalanffy, „Über die Wahrnehmung", in: *Zeit und Stunde*, München 1985.
[29] Alfred Prinz Auersperg, „Landschaft und Gegenstand in der optischen Wahrnehmung", in: Archiv für die gesamte Psychologie 99 (1937).

Horst Rumpf

Vom Bewältigen zum Gewärtigen

Wahrnehmungsdriften im Widerspiel

1. Abschnitt: Gewärtigen – Erinnerung an eine Spielart des Wahrnehmens

Der Bub ist gerade zwei Jahre alt, geht an der Hand seiner Mutter durch die Straße eines Wohnviertels. Plötzlich hält er inne, schaut gebannt auf ein ihn höchst merkwürdig anmutendes Geschehen. Zwei Mädchen bewegen sich auf der Straße anders als gewohnt voran, es wirkt fast als würden sie schweben, aber doch auch wieder anders, sie behalten Bodenhaftung. Sie kommen schneller voran, es hat etwas Fliegendes, aber ohne Flügel. Der Bub ist baff, die Mädchen bemerken das, kommen lächelnd zu ihm, damit er in Augenschein nehmen kann, was da mit ihrer Art von Vorankommen los ist. Die Mutter mischt sich nicht ein. Der Bub geht in die Hocke, beschaut das rätselhafte Gewerk an den Schuhen näher. Nach einiger Zeit, strahlend, den Blick zur Mutter gewandt:"... sind Räder dran!" Er sieht einen Zusammenhang so wie er zuvor das Aufstörende gesehen hat. Im hier und jetzt ist etwas hell geworden, alltagssprachlich sagen wir: Es hat gefunkt. In der Einsicht zittert die Erschütterung über das Rätselhafte nach (sonst wäre es ja nur eine unbeteiligte Feststellung). Eine andere Gegenwart vor der Sache ist aufgebrochen, als wenn man nur an etwas Vorhandenes stößt oder es beiläufig als Altgewohntes registriert. Und glücklich ist der Bub auch, weil er es zu seiner Mutter hin aussprechen kann, er kann es verlautbaren, der Mutter und sich verständlich machen. Ein Stückchen Welt ist gewärtigt ... Es ist etwas nahegekommen, ohne seine Erstaunlichkeit zu verlieren.

Die Wirklichkeit, wie sie uns begegnet, ernst nehmen – aufmerksam, dankbar, irritiert, beflügelt, voll Trauer, je nachdem – das verträgt sich nicht mit Erledigungshast. Es fordert Respekt vor dem, was da in seiner Besonderheit auf uns zukommt und das es nicht verdient, verschrottet oder abgehakt oder einfach nur zurückgelegt zu werden. Eine pflegliche Art der Wahrnehmung kann solche Begegnungen herbeilocken.

Viele reden von Werteerziehung. Und manchmal klingt das wie die Verabreichung von Zusatztabletten zu der ohnehin im Alltag stattfindenden und geforderten Lernarbeit. Die aber kann ja in bloßer Routine vor sich gehen. Sie läuft dann freilich leicht leer, ohne Lebenssorgfalt. Achtung vor irgendetwas – noch gar nicht von Ehrfurcht zu reden – kann nur entstehen, wenn dessen Wirklichkeitsgewicht wahrgenommen und ernstgenommen wird, so etwas hieß einmal cultura animi.

Der Welt nicht nur mit den unabdingbar nötigen Techniken der routinierten Erledigung und Bewältigung zu begegnen, sie sich dann und wann aufgehen zu lassen – auch ohne Rücksicht auf ökonomische, technische oder ideologische Verwertbarkeit – wie kann das ausschauen? Und welche Art der Wahrnehmung von sinnlich anbrandenden Widerfahrnissen und Dingen kommt dabei ins Spiel?

„Gewärtigen" meint eine ganz bestimmte Art, sich auf sinnlich andrängende Gegebenheiten einzulassen. In der Wendung „gewärtigen" klingt „Gegenwart" an („vergegenwärtigen") – wie auch „gewahr werden". Es handelt sich um eine Aufmerksamkeit, die eine bestimmte Anwesenheit – des Menschen wie der Dinge – hervorbringt wie fordert. Sie lässt sich treffen von Unbekanntem. Sie sympathisiert mit dem Zustand, in dem etwas auffällig wird. Das Gewohnte bekommt da einen Riss. Sie verzichtet, jedenfalls für Augenblicke, auf die eingefleischten und tradierten Zurüstungen des Wahrgenommenen, also auf Erledigung, Einordnung, Beherrschung, Souveränität, Verblüffungsfestigkeit. Muss man sagen, dass keine Wissenschaft, keine Religion, keine Kunst, keine Technik je entstanden oder vorangekommen wäre ohne dass Menschen solche Befindlichkeiten riskiert und produktiv bearbeitet hätten?

Selbstredend spielt in diesen Prozessen auch manches an Vorwissen, an Gefühlen, an Interessen ineinander: vielfältige Arten von Sinnlichkeit, von Symbolisierungen in Wort, Bild und Geste, von Aspekten und Zugriffen auf die Erscheinungswelt. In diesen Darlegungen kann es nicht darum gehen, eine wie immer fundierte theoretisch-systematische Analyse solcher Mitgiften anzusteuern. Sie setzen sich – viel bescheidener – das Ziel, an wenigen exemplarischen Beispielen den konkreten Sinn für die Existenz solcher Gewärtigungsvorgänge zu belegen. Dass es sie überhaupt gibt und dass sie phänomenologisch inspirierte Zuwendung verdienen, droht unter Systematisierungsneigungen philosophischer, psychologischer, pädagogischer und anthropologischer Art unter den Tisch zu fallen.

Hier zunächst einige fragmentarische Annäherungen an das mit „Gewärtigen" Gemeinte:

(1) *Aus Friedrich Nietzsche: Die fröhliche Wissenschaft, Stück 329:*

Muße und Müßiggang. Es ist eine indianerhafte, dem Indianer-Bluthe eigentümliche Wildheit in der Art, wie die Amerikaner nach Gold trachten: und ihre athemlose Hast der Arbeit – das eigentliche Laster der neuen Welt – beginnt bereits durch Ansteckung das alte Europa wild zu machen und eine ganz wunderliche Geistlosigkeit darüber zu breiten. Man schämt sich jetzt schon der Ruhe; das lange Nachsinnen macht beinahe Gewissensbisse. Man denkt mit der Uhr in der Hand, wie man zu Mittag isst, das Auge auf das Börsenblatt gerichtet, – man lebt wie einer, der fortwährend etwas „versäumen könnte". „Lieber irgend Etwas thun, als Nichts" – auch dieser Grundsatz ist eine Schnur, um aller Bildung und allem höheren Geschmack den Garaus zu machen. Und so wie sichtlich alle Formen an dieser Hast der Ar-

beitenden zu Grunde gehen: so geht auch das Gefühl für die Form selber, das Ohr und Auge für die Melodie der Bewegungen zu Grunde. Der Beweis dafür liegt in der jetzt überall geforderten p l u m p e n D e u t l i c h k e i t in allen Lagen, wo der Mensch einmal redlich mit Menschen sein will, im Verkehre mit Freunden, Frauen, Verwandten, Kindern, Lehrern, Schülern, Führern und Fürsten,– man hat keine Zeit und keine Kraft mehr für die Ceremonien, für die Verbindlichkeit mit Umwegen, für allen Esprit der Unterhaltung und überhaupt für alles O t i u m ... die eigentliche Tugend ist jetzt, Etwas in weniger Zeit zu thun als ein Anderer.[1]

Das Verweilen bei einer Sache, das sinnierende Umkreisen ihrer Unbekanntheiten, die Umwege des Sich-Annäherns, das ins Unreine Sprechen und Denken, das Aufspüren und Aushalten von leeren Räumen in und zwischen Empfindungen, Wahrnehmungen, Gedanken und Dingen – alles das droht als Zeitverlust auf dem direkten Weg von X nach Y verbucht zu werden. Und damit sind die Bedingungen, sich eine Sache zu gewärtigen, ausgehöhlt, wenn nicht vernichtet. Die internalisierte Norm durch die Uhrzeit droht den Sinn für Wahrnehmungen, bei denen der Blick auf die Uhr und das Messen an der Geschwindigkeitsnorm sinnlos und unsachlich wäre, auszulöschen.

(2) Theodor W. Adorno umschreibt in einem Vortrag 1961, wie eine bestimmte Form, den Geist mit Wissenschaftsstücken äußerlich zu bewaffnen, Menschen ganz unfähig machen kann, sich kraft freien Denkens auf eine Sache einzulassen – ohne von Wissenschaftsritualen eingeschüchtert und entmündigt zu werden: *„Wissenschaftliche Approbation wird zum Ersatz der geistigen Reflexion des Tatsächlichen, in der Wissenschaft erst bestünde. Der Panzer verdeckt die Wunde. Das verdinglichte Bewusstsein schaltet Wissenschaft als Apparatur zwischen sich selbst und die lebendige Erfahrung. Je tiefer man ahnt, dass man das Beste vergessen hat, desto mehr tröstet man sich damit, dass man über die Apparatur verfügt."*[2]

Als Kernsatz mag gelten: *Der Panzer verdeckt die Wunde.* Es gibt die Abwehr des Aufstörenden durch das Bescheidwissen. Sich Widerfahrnisse zu gewärtigen, macht verwundbar. Es gibt Spielarten des Wissens und des Wahrnehmens, die nicht zu dem führen, was Martin Seel die „erkennungsdienstliche und verfügungsmächtige Behandlung" der Objekte nannte.[3] Solches Wahrnehmen setzt sich aus. Und es ist nicht ausgemacht, dass es wissensstark aus diesen Fährnissen herauskommt.

(3) Einige Zitate aus John Deweys Werk *Erfahrung und Natur* erörtern das Verhältnis der sinnlichen, von Einzelheiten betreffbaren Wahrnehmung zu deren begrifflichen Verarbeitungen, die auf Allgemeines abheben:

(a) „Wenn die klassische Philosophie so viel über die Einheit und so wenig über unversöhnliche Verschiedenheit sagt, so viel über das Ewige und Permanente und so wenig über die Veränderung..., so viel über Notwendigkeit und so wenig über Kontingenz, so viel über das umfassende Universale und so wenig über das widerspenstige Einzelne, dann vielleicht deshalb, weil die Zweideutigkeit und Ambivalenz der Realität so universal sind."

(b) "Vom Standpunkt des Wissens aus müssen Objekte unterschieden sein; ihre Eigenschaften müssen explizit sein; das Unbestimmte und Unenthüllte stellen eine Begrenzung dar. Daher wird immer dann, wenn die Gewohnheit vorherrscht, die Realität mit den Objekten des Wissens als solchen zu identifizieren, das Obskure und Vage wegerklärt."

(c) „Die Welt, in der wir leben, ist eine eindrucksvolle und unwiderstehliche Mischung aus Fülle, Vollständigkeit, Ordnung und Wiederholungen, die Voraussage und Kontrolle ermöglichen, und Einzigartigkeiten und Mehrdeutigkeiten, ungewissen Möglichkeiten und Prozessen, die zu Ergebnissen führen, die noch ungewiss sind. Sie sind nicht mechanisch, sondern lebendig gemischt wie der Weizen und das Unkraut im Gleichnis".

(d) „Aber in jedem Ereignis gibt es etwas Widerspenstiges, Selbstgenügsames, gänzlich Unmittelbares, das weder eine Relation noch ein Element in einem relationalen Ganzen, sondern abschließend und ausschließend ist."[4]

Menschen können nicht anders als zu versuchen ihrer Welt einen möglichst hohen Grad an Verlässlichkeit abzugewinnen – das heißt aber, sie fahnden nach Zügen, die Beständigkeit, Zusammenhang, Vorhersehbarkeit gewährleisten können. Das Unkontrollierbare, Plötzliche, Unbekannte gefährdet die Normalität – es liegt nahe, dass die alltägliche gesellschaftliche Arbeit, zu der auch Erkenntnissuche gehört, darauf abzielt, diese Normalität mit gedanklichen und technischen Mitteln durchzusetzen und zu verbessern. Goffman schreibt einmal über Alltagswahrnehmungen, dass Menschen unentwegt ihre Umgebung auf Sicherheitssignale abtasten: Das kleinste Geräusch z. B., das nicht als normal, das heißt als Fall einer geläufig vertrauten Geräuschgruppe zu klassifizieren ist, stört ja die Aufmerksamkeit auf.

Dewey macht darauf aufmerksam, dass es in der Wahrnehmung sinnlich anbrandender Geschehnisse – er nennt sie „Primärerfahrung" – immer „Dunkelheit und Zwielicht in Fülle", immer „Möglichkeiten gibt, die nicht explizit sind".[5] Und damit ist die Frage offen, wie die die Welt auf verlässliche Dauer stellenden Zugriffe zu jenen Primärerfahrungen stehen, welche sich sperren. Dewey kritisiert eine Wissenschaft und eine damit zusammenhängende gesellschaftliche Praxis, die so tut, als sei der Überschuss, die „Dunkelheit und das Zwielicht in Fülle", praktisch im Denken und Handeln zu vernachlässigen, wenn nicht bewusst auszusperren. Er plädiert in dem genannten Werk unentwegt für die Berücksichtigung dessen, was in der Kritischen Theorie Adornos das „Nichtidentische" hieß. Das bedeutet, dass in Erkenntnissen und Handlungen, die auf Verlässlichkeit und allgemeine Erklärungen abheben, eine gewisse Durchlässigkeit, ein Nachzittern der Erschütterung durch das undurchdringliche sinnliche

Dies da spürbar realisiert werden müsste, wenn denn Realitätsnähe statthaben soll.

Martin Seel weist zu Recht darauf hin, dass es keine „pure Sinnlichkeit" in der menschlichen Wahrnehmung geben kann, „weil unsere Sinne in einem hohen Maß informierte Sinne sind."[6] Seine Theorie von der ästhetischen Wahrnehmung legt ja einen Überschuss der sinnlichen Wahrnehmung über das hinaus frei, was begriffliche Erkenntnis den Sinnen einflößt – das, was er „das Erscheinen" nennt.

Von Dewey her wird man freilich diesen Überschuss für noch reicher dimensioniert erachten – nicht nur das ästhetische Erscheinen wurzelt in der sinnlich vorbegrifflichen Wahrnehmung – auch die religiösen, wissenschaftlichen, technischen, historisch-erinnernden Aufmerksamkeiten haben eine Basis in sinnengebundenen Erfahrungen, die vor dem verlässlichen Wissen liegen. Dewey geht so weit, dass er behauptet, eine Lösung (eines Problems etwa) höre auf eine Lösung zu sein, wenn „die vorangehenden Entstehungsbedingungen des Zweifels, der Zweideutigkeit und des Suchens aus ihrem Kontext verloren gehen".[7]

Mit andern Worten: ein Wissen, ein Verfügen über Kenntnisse und Gesetze der Weltbeherrschung wird zur Wissenshülse, wenn die Impulse der Gewärtigung abgekappt werden. Die Verleugnung des Dunkels in den Dingen und Geschehnissen rächt sich, Erkenntnisse erstarren zu Dogmen, scholastisch gehandhabte Begriffe entbehren der Zuflüsse aus den Irritationen der sinnlichen Wahrnehmung.

Man mag anmerken, dass die pädagogischen Folgerungen aus diesen Überlegungen gerade für die Lernerfahrungen von Heranwachsenden beträchtlich sind. *Der Plan von der Abschaffung des Dunkels* heißt ein bemerkenswerter erziehungskritischer Roman von Peter Hoeg[8] – ein nachhaltiges Plädoyer für die Kultivierung der Erfahrung des Gewärtigens.

2. Abschnitt: Der schnelle und der gedehnte Blick – erörtert am Umgang mit gewöhnlichen Foto-Bildern

Wir sehen uns ein Foto an, einerlei wo, einerlei wie alt, einerlei welchen Inhalts. Es gibt mindestens zwei unterschiedliche Arten der Zuwendung:

(a) Die alltägliche – sie ist die des schnellen informationsabschöpfenden Blicks. Das Bild ist ihr vollkommen durchsichtig und durchlässig auf den darauf abgebildeten Tatbestand. Es gibt auf seine Art Auskunft über einen Sachverhalt, unbezweifelbar richtige, wie es scheint: Die Königin lächelt beim Thronjubiläum dem Volk zu, der Kanzler spricht vor dem Bundestag, ein verbrannter Omnibus in Israel ist das Überbleibsel eines neuerlichen Selbstmordattentats. Die Unterschrift gibt auch Auskunft. Die Worte sind genauso durchlässig auf den Sachverhalt wie das Bild. Knapp, informativ, blitzartig aufzunehmen, zu entziffern. Die merkwürdigen Hell-Dunkel-Zeichen auf dem Papier, auch die Farben und Formen (das was man die Zeichen- oder Symbolschicht nennen kann), – sie sind diesem entziffernden Blick nichts als Transporter von Informationen oder Mitteilungen über Sachverhalte, Szenen, Dinge, Personen, die außerhalb dieser Symbolwelten für sich existieren. Dass ein Hund Bilder nicht zu entziffern vermag, ist von je her ein Hinweis, dass Menschen da eine besondere Entzifferungskapazität besitzen. Animal symbolicum.

(b) Es gibt daneben, zunächst einmal grob idealtypisch postiert, noch mindestens eine andere Art der Zuwendung: eine gedehnte Aufmerksamkeit, die nicht schnell fertig sein will und sein kann mit dem Bild. Auf dem ja die Welt in einen Aggregatzustand verwandelt wird, in dem wir sie live nie zu Gesicht bekommen. Weil im gelebten Leben immer alles mit uns in Bewegung, im Zeitstrom der Verwandlung ist. Auf dem Bild ist dieser Strom denaturiert, zum Stehen gebracht, unmäßig verkleinert – und zugleich in eine fast unheimliche Nähe und Handlichkeit gerückt. Ein zeitlich und räumlich Fernes oder

Versunkenes rückt uns in dieser eingefrorenen Gestalt gewissermaßen auf den Leib. Es hat ja fast etwas von den Mirakeln des Träumens – wenn uns längst Verstorbene als Lebende begegnen und wir nichts dabei finden. Alles in allem eine erstaunliche Leistung, die die Farben und Formen, die Lichtdunkelvariationen auf dem zweidimensionalen Papier da vollbringen – die wir, angeregt, angeleitet von ihnen vollbringen.

Aber von alldem merken wir ja nomalerweise kraft der Gewöhnung an den schnellen informationsheischenden (oder auch ablenkungs- und reizbedürftigen) Blick bewusst nichts. Gert Mattenklott schrieb ja einmal vom gefräßigen Auge. Es bedarf schon des sich etwas zurücklehnenden Nachdenkens, dass man da eine Spur Erstaunlichkeit aufstöbert. Leichter fällt es, den Blick zu dehnen, wenn man das Fotografierte (wörtlich nach dem Griechischen heißt es ja das „Lichtgeschriebene") auf das hin mustert, was da in merkwürdiger Erstarrung vorgeht – besser: welche Vorgänge da zur Erstarrung gebracht sind. Und sich fragt, ob dadurch etwas zum Vorschein kommt, was im Fluss der Ereignisse unkenntlich zu werden pflegt. Die gedehnte Aufmerksamkeit kann ins Sinnieren kommen über das, was auf dem Bild nicht auftritt, was aber vorher geschehen ist – oder geschehen sein muss, geschehen sein kann. Außerdem: das künstlich zum Stehen Gebrachte, wenn man es nur etwas länger und eingehender betrachtet, lockt in dem Betrachter schier unweigerlich Neugier und Zweifel hervor. Er gewahrt, wenn er im Geist, mit den Augen, an den Gegebenheiten herumbaut: warum diese Pose und keine andere, warum diese Konstellation von Dingen und Menschen und keine andere, die doch auch möglich wäre. Und: wie passt diese Haltung, dieser Blick zu jener Haltung, jenem Blick. Die Tatsachen schüchtern bald nicht mehr durch ihre bloße Existenz ein – weil sie halt so sind und man sie infolgedessen nur zur Kenntnis zu nehmen hat. In den Dingen, in den Blicken kann es zu rumoren beginnen. Und man fragt sich, wie Einzelheiten zusammenpassen, man spürt dann unversehens Brüche, Dissonanzen und auch Harmonien und Konsonanzen auf, die weit über das hinausgehen, was der schnelle Informationsblick ins Visier bekommen konnte. Und die Frage, die da immer wieder aufkommt: ist diese Ordnung der Dinge und Geschehnisse, die da so tatsachengetreu abfotografiert scheint, wirklich so stabil, so unzweifelhaft nahtlos passend zu der Unterschrift (etwa auch in einem Fotoalbum)? Gerade weil ein Foto die Welt so statisch und unveränderlich erscheinen lässt, kann es an dieser Befindlichkeit Zweifel wecken. Wer ist schon so grenzfest und stabil bei sich, zusammengehalten von klaren Umrissen – wer bekommt da nicht Zweifel an einem Bild von sich, und sei es einem Passbild? Ist die so statisch wirkende Welt nicht auf einem ziemlich labilen, um nicht zu sagen unbekannten Untergrund aufgerichtet, erstarrte Lava? Die als solche zum Bewusstsein kommen kann, wenn man das Bild eben nicht als total durchlässigen Informationstransporter gewahrt, sondern als Medium, das auch durch seine Verwandlungskraft ziemlich viele Unbekanntheiten freigibt. Weil es eben nicht (nur) reibungslos Auskünfte über unbezweifelbar existierende Tatbestände Auskunft gibt. Und dann kann es auch sein, dass die scheinbar so tatsachenfeste Sprache der Unterschriften unter den Bildern Risse bekommt. Das Lächeln der Königin und das Stehen des Bundeskanzlers am Rednerpult – beides verliert etwas von seiner Eindeutigkeit. Ein Abwehrlächeln? Ein Stehen, das an das sich Aufplustern eines Boxers vor dem Kampf oder eines Pfaus auf der Mainau im Bodensee gemahnt? Die Symbolwelt verliert den Charakter des Informationstransporters, sie bringt den Betrachter ins Widerspiel zwischen der Tatsachenwelt und den Erinnerungen, Vermutungen, Interpolationen. Und das kann passieren, wenn man dem Objekt Fotografie, das ja an und für sich zum sehr kurzzeitigen Zur-Kenntnis-Nehmen anregt (durch seine Handlichkeit und dadurch, dass es suggeriert, dem Fluss der Uhrzeit entzogen zu sein) wenn man ihm in Ruhe viel Zeit gibt, sich gewissermaßen auszusprechen. In einem Krebsgang der Aufmerksamkeit.

Alles Gesagte ist angeregt von Wilhelm Genazinos Essay *Der gedehnte Blick* und von den Bildern und Kommentaren in Genazinos *Auf der Klippe*.[9]

Auch wenn es heikel ist, hier einige so genannte Faustregeln, um in den „gedehnten Blick" angesichts einer Fotografie zu geraten:

(1) Zeit wie Heu. Hinschauen, abhängen lassen, nach geraumer Zeit wieder betrachten. Gegenstrom gegen den Zeithabitus, der auf Erledigung aus ist. Hinschauen fast als sähe man solches „zum ersten Mal".[10]

(2) Welcher (von wem) erhobenen Herausforderung, welchem Anspruch scheinen die Fotografierten / das Fotografierte genügen zu müssen / zu sollen?

(3) Von welcher Position / mit welchem Anspruch scheint die Fotografie gemacht worden zu sein (ihr Artikulationsinteresse, ihr Zweck)?

(4) Was scheint wenig / gut / zu gut zueinanderzupassen? Was könnte hinter der Komposition gerade dieser Bildelemente stecken? An Absichten, an Verhüllungen?

(5) Was ist dem Fotografierten vermutlich zeitlich vorausgegangen? Anzeichen dafür? Wie dürfte es weitergehen, das Geschehen, von dem hier eine gewissermaßen gefrorene Situation festgehalten ist?

(6) Blicke, Gesten, Gegenstände, Räume, Lichtverhältnisse – könnte man sie sich wegdenken – was käme dann zum Vorschein? Könnte man sie sich anders denken? Was würde an dem Gezeigten auffällig und bemerkenswert?

(7) Was passiert, wenn man ein Stück des Bildes zudeckt, wegschneidet, abfaltet?

(8) Gibt es offensichtliche Hauptsachen? Was ist mit dem scheinbar Nebensächlichen, dem Partikulären, dem nicht recht Hineinpassenden, den Nuancen – die der Informationsblick übergeht oder als irrelevant verachtet?

3. Abschnitt: Verschüttete Weltbeziehungen? Über Kinderaufmerksamkeiten

Was gewöhnen wir ihm ab, unserem Nachwuchs, wenn wir über viele Jahre bemüht sind, ihn „zum (Über-)Leben in der wirklichen Welt auszustatten", wie manche Erziehungsfachleute sich auszudrücken beliebten, nicht gerade sehr bescheiden.

Dazu zwei unscheinbare Fallgeschichten, wie sie tausendfach vorkommen.

(1) Vierköpfige Familie, beim Abendessen. Es gibt Rosenkohl. Am Ende sind noch vier „Rosenkohl-Röschen" übrig in der Schüssel, alle sind mit dem Essen fertig, die Reste drohen sozusagen abgetragen zu werden. Da sagt der jüngste (sieben Jahre alt): „Jeder soll jetzt noch eins essen, dann sind sie nicht umsonst gewachsen."

Es ist ihm offenbar nicht gleichgültig, ob die Rosenkohl-Röschen weggeworfen werden. Sie haben einen gewissen Anspruch darauf, ernstgenommen zu werden. Sie sind schließlich gewachsen. Und das hat doch etwas zu bedeuten, man kann nicht so tun, als könne man mit dem Gewachsenen machen, was man will, es beispielsweise fortwerfen, wenn's einem nicht mehr in den Kram passt. Weil man nichts mehr damit anfangen kann, obwohl man es sich zum Gebrauch zugerichtet hat. Es könnte dann vergeblich gewachsen sein, und so absurd darf es doch nicht zugehen in der Welt. Zu handeln, als gebe es sinnloses Wachsen – das ist nicht akzeptabel. Was uns zugewachsen ist, ist nicht gleichgültig. Es erhebt Ansprüche, es will ernstgenommen werden, nicht achtlos abgestoßen, wenn es seine Schuldigkeit getan hat. Das Essen tut ihm gewissermaßen die Ehre an, die ihm und seinem Gewachsensein gebührt. Es wird angemessen respektiert, wenn Menschen es sich einverleiben, davon leben. Das Wegwerfen wäre respektlos und undankbar. Etwas pathetisch gesprochen. Es wäre dem Imperativ, der in dem Gewachsenen vernehmbar wird, nicht angemessen, soll man sagen: nicht gehorsam? Die Einübung in den Verschleißkonsum ist noch fern, so scheint es jedenfalls. Die sinnliche Welt des Wahrgenommenen ist nicht verblasst zum Registrieren von Tatbeständen, die einem nichts sagen, und nichts bedeuten. Und mit denen man infolgedessen machen kann wonach einem der Sinn steht. Ohne pädagogischen Drill, ohne Ermahnungen und Vorschriften können sich Spuren solcher Weltzuwendung einstellen. Eine Nähe zu Dingen, eine Identifikation mit ihnen, die sich mit dem Aufbau der die Welt auf Distanz bringenden kognitiven Operationen zu verlieren scheint.

Derselbe Bub steht vor dem Herd, betrachtet durch die Glasscheibe ein Hähnchen im Backofen und meditiert: "Das arme, arme Hähnchen..."

(2) Wolf Eckart Failing erzählt von einer Episode mit seinem seinerzeit fünfjährigen Sohn:

Urlaub im katholischen Teil Graubündens. Wir wanderten viel, kamen an vielen Bildstöckerln und Wegkreuzen vorbei, besuchten viele der eindrücklich kargen Dorfkirchen mit ihren burlesken, oft drastischen Votivbildern und Skulpturen. Einmal saßen wir einige Momente in einer solchen Kirche – vertieft in die grob gemalten Bilder der Stationen von Jesu Passionsweg. Und plötzlich drängte aus dem Jungen heraus, was offensichtlich lange gegärt hatte. Leise, aber nachdrücklich raunte er seinem Vater und Theologen zu: „Warum hängt hier immer ein Mensch herum?! Immer ist in Kirchen Blut! Warum, Papa?" Dem Papa verschlug es erst einmal die Sprache ... Aber das alles (also das sich einstellende theologische Wissen „über das stellvertretende Leiden und die Valenz des Kreuzes für die grundlegende Gotteserfahrung") verblasste vor der erschrockenen und bohrenden Frage eines Kindes nach einer Religion vergossenen Blutes und offenkundiger Gewalttätigkeit.[11]

Das Kind, in einem Pfarrhaushalt großgeworden, hatte mit Gewissheit viele Erinnerungen über den ehrfürchtigen Umgang mit Bildern und Skulpturen des Gekreuzigten. Durch Rituale waren sie eingewurzelt, die Sprache hatte diese Wahrnehmungen und von ihnen ausgelöste Empfindungen überformt – und so war der äußerste Respekt in Blick und Gebärde eine wohl kaum mehr bewusste Grundhaltung gegenüber dem, was in christlichen Kirchen allgegenwärtig ist: Abbildungen eines brutal getöteten Menschen auf seinem Leidens- und Todesweg, Blutspuren, Verletzungen, Leichenblässe an den markanten Punkten des Raums.

Was passiert in den Sekunden, von denen Failing berichtet? Züge des Inhalts dieser Darstellungen rebellieren in der Wahrnehmung gegen die inzwischen eingefleischten Deutungen. Etwas Entsetzliches wird empfunden, diese Empfindungen explodieren gewissermaßen, die eingelernten Konstruktionen, die die Wahrnehmung artikulieren und normativ fernsteuern – sie kommen ins Wanken. Wieso wird blutige Gewalttat, die doch sonst so nachhaltig kritisiert wird, wo immer sie in der Welt auftritt – wieso wird sie ausgerechnet in Kirchenräumen so verherrlicht? Kein Wunder, dass es dem pädagogisch sensiblen Theologen und Vater zunächst die Sprache verschlug.

Versteht sich: Seit es christliche Erziehung und Unterweisung gibt, stehen unzählige Abwehr-, Erklärungs- und Dämpfungsmaßnahmen bereit, um den Brand zu löschen, der hier auszubrechen droht. Manche Künstler, Grünewald etwa oder auch Beuys (mit seiner Kreuzigung in der Stuttgarter Staatsgalerie, bestehend aus trivialen Gegenständen, wie etwa einer verrotteten Flasche, einem Papierfetzen mit einem roten Kreuz drauf und einem Strick) haben ja offensichtlich mit dem Entsetzen paktiert, das die offizielle religiöse Wahrnehmung unter der Decke hält. Und das in dieser Kinderwahrnehmung aufflammt, der das Gewöhnliche nicht nur auffällig, sondern unerträglich wird, und das eine Sprache sucht, um sich mitzuteilen. Etwas wird mit Ausdrücken beschrieben, die sonst für diesen

Gegenstand tabu sind. Am Kreuz hängt ein qualvoll getöteter, fast nackter Mann, Gewalttat und Blut wird gefeiert. Was die offizielle Wahrnehmungsregulation nicht an sich heranlässt, wird virulent, einige Augenblicke jedenfalls.

Es ist bemerkenswert, dass sich im Umkreis zeitgenössischer Künstler und Schriftsteller Äußerungen finden, die solche besonderen Formen der Weltwahrnehmung von Kindern wie ein kostbares Gut und wie eine vom Verschwinden bedrohte Erfahrungsform ernstnehmen – und nicht als Manifestation von Unreife, die sich im Zug der kognitiven Entwicklung ohnehin in Nichts auflöst – unter lebhafter Assistenz der Erziehungsbeauftragten.

So schreibt Katharina Fritsch, die 1956 in Essen geborene Plastikerin, der Alltagsdinge in visionäre Zuständlichkeiten und Fremdheiten geraten, in einem Katalogbeitrag:

Ja, dieses Hängen an Dingen, das Sammeln von Dingen, das hat so eine süßlich-sentimentale Note, die ich überhaupt nicht meine. Wovon ich rede, das ist der Moment vor der Sprache. Denn als Kind kann man Dinge nicht bannen mit Sprache. Du siehst Dinge zum ersten Mal und du weißt als Kind nicht das Wort dafür. Und das ist ein Zustand, den ich wiederfinde in diesem Moment der Vision; dass etwas nicht sprachlich da ist, sondern als Bild, und dass es dadurch nicht in einen sozialen oder anderen Kontext gesetzt werden kann, sondern dass das Phänomen an sich dasteht ... Sonst käme nicht der Punkt des Sichwunderns zustande.[12]

Man könnte einwenden, die oben zitierten Kinderäußerungen seien ja nun aber sprachlicher Art, könnten also nicht von Fritsch gemeint sein. Es gibt nun aber gewiss Grade und Arten der Durchlässigkeit von sprachlichen Artikulationen für vorsprachliche Weltberührungen. Und es spricht viel dafür, dass in den zitierten Äußerungen die Erschütterung nachzittert, die durch die primäre Empfindung und Wahrnehmung einer sinnlichen Gegebenheit ausgelöst wurde. Denn darin bestand ja der Zerfall der konventionellen Wahrnehmung, die von eingefleischten Begriffen, Erklärungen, Wertungen durchdrungen und entschärft worden ist. Die künstlerische Tätigkeit, so Fritsch, sucht auf ihre Art etwas von dieser nicht strangulierten Wahrnehmung präsent und frisch zu halten. Kriterium der Gemeinsamkeit solcher künstlerischer Aufmerksamkeit mit den zitierten Kinderwahrnehmungen ist der Zustand des Sichwunderns. Das nicht als Startblock für seine Überwindung in den so genannten Problemlöseprozessen figuriert, sondern das im Gegenteil Endphase eines Krebsgangs ist, der sich von der Routineeinordnung abstößt. Es ist die These, dass künstlerische Gestaltungen auf eine Art Wiederbelebung dieser Weltzuwendung setzen.

Ein anderer Autor, der zur Aufhellung der zitierten Kinderäußerungen beitragen kann, ist der phänomenologische Psychologe Erwin Straus. Eine zentrale These seines wichtigen Buches *Vom Sinn der Sinne* kritisiert die verbreitete Vorstellung, Empfindungen seien nichts als Rohmaterialien für distanziert organisierende Wahrnehmungen und also Vorstufen der Erkenntnis von Zusammenhängen: „Wollen wir es versuchen, den Gegensatz (von Wahrnehmen und Empfinden) an einzelnen Phänomenen aufzuzeigen, so ist es der von Sehen und Ansehen, von einem Blick des Einverständnisses und einem beobachtenden Blick, vom liebkosenden Streicheln und ärztlichem Palpieren. Arzt und Kranker begegnen sich in der Wahrnehmungswelt, nicht im landschaftlichen Dasein der sympathetischen Beziehungen."[13] Das liebkosende Streicheln entbindet gewissermaßen vorsprachlich Einmaliges, es entbindet besondere Erregtheiten mit überwältigendem Charakter: das Draußen wird drinnen gespürt, „sympathetisch" schwingt die Empfindung in dem Empfundenen. Abgrenzungen werden gegenstandslos. Der Blick des Einverständnisses bedarf nicht der Worte – das Sehen fasst auf, was dem Abstand schaffenden „Ansehen" so nicht gegeben sein kann. Empfindungen haben verschmelzenden Charakter. Wahrnehmung hat nach Straus den Charakter, dass sie sinnliche Eindrücke *bestimmt*, d. h. isoliert, abgrenzt, festlegt. Als solche ist sie Vorstufe begrifflich-sprachlicher Erkenntnis. An anderer Stelle unterscheidet Straus „empfindendes Sehen" von „wahrnehmendem Sehen" – bezüglich der verwendeten Sprache bedeutet das den Unterschied zwischen dem Wort als „sympathetischem Mittel des Ausdrucks" und dem Wort „als Träger von Bedeutungen": „Im empfindenden Sehen war das Etwas nur jetzt, hier für mich da, momentan, im Durchgang. Nun aber, nach dem Übergang zur Wahrnehmungswelt wird dieses Für-mich–da-sein als ein Moment des allgemeinen Geschehens gefasst."[14]

So nachhaltig Straus für eine strikte Unterscheidung der Art, wie Welt empfunden und wie sie wahrgenommen wird, plädiert – und so nachhaltig er die distanziert formulierende Sprache der Wahrnehmung zuordnet – auch er kann nicht übergehen, dass es auch Arten des Sprechens gibt, die durchlässig für Empfindungen sind. Es gibt das „Wort als Ausdrucksmittel". Freilich ist ihm diese Sprache prinzipiell kein Zulieferant für allgemeine Bedeutungen. Sie ist sympathetisch durchpulst.

Es liegt zutage, dass die zitierten Kinderäußerungen auch ausgeprägte Wahrnehmungen transportieren: Der Bub, der die Rosenkohl-Röschen sympathetisch betrachtet, in Sorge, sie könnten umsonst gewachsen sein, sieht sie ohne Zweifel auch an als Objekte distanzierter Wahrnehmung. Der Junge, der aufgeschreckt den toten Mann am Kreuz als Symptom einer Bluttat erschrocken gewahrt, ist natürlich imstande, die auf Bildern abgebildeten Objekte wahrnehmend zu identifizieren. Aber beide haben die Wahrnehmung nicht von der Empfindung isoliert. Sie sind imstande, die in der Wahrnehmung auf Distanz gebrachten Züge der Gegebenheiten zu revitalisieren. Das Empfinden durchzittert das Wahrnehmen – und beides dringt in die sprachliche Formulierung ein.

4. Abschnitt: Gewahrwerden wirklicher Existenz

Man kann informiert sein über bestimmte Geschehnisse der Schweizer Geschichte im Gefolge der Französischen Revolution. Man kann informiert sein über Eigenarten und Entstehungsbedingungen eines Vulkans wie des Vesuvs bei Neapel. Man kann also über vergangene Ereignisse oder gegenwärtige Tatbestände im Bilde sein, wie wir sagen – man kann sich über das begriffliche Wissen hinaus Vorstellungen bilden, man kann Bildmaterial studieren – und trotzdem: es kann etwas fehlen, was durch keine noch so perfekte Informationstechnik, durch noch so perfekte Darstellung und Erklärung herbeizuzwingen ist: die Erfahrung, dass etwas wirklich passiert ist, dass etwas wirklich existiert. Zwei Beispiele können zeigen, was gemeint ist und worin sich eine weitere Spielart des Gewärtigens meldet.

(a) *Es scheint, dass wir immer mehr Dinge lernen, ohne sie wahrzunehmen*, schreibt der Pädagoge und Lehrer der Naturwissenschaften Martin Wagenschein am Ende seines kurzen Kommentars zu einer biographischen Aufzeichnung des Geologen Hans Cloos. Der berichtet über seine Begegnung mit der Wirklichkeit der Erde, nach Ende seines Studiums. Darin gab es keineswegs nur Bücherstudium und Bücherwissen, es gab nicht nur *das bequeme Reich des Instituts, wo von schattigen Regalen tausend fertige Ergebnisse herabschauen. (…) Man marschierte und kletterte, klopfte und schürfte, notierte und zeichnete, und vom kühlen Morgen bis zum schwülen Abend sah dem kleinen Mann mit dem Hammer die große, viel zu große Natur über die Schulter*. Nach dem Examen schickt man ihn nach Afrika. Er fährt mit dem Zug nach Neapel, steigt aus, nachts, *unter sternlosem Himmel*, geht ins Hotel, schläft aus, erwacht spät, öffnet die Fensterläden, sieht die berühmte Landschaft, den Golf, aber oben *eine lastende Wolkenbank*: *Schon wollte ich mich, halb enttäuscht, ins Zimmer zurückwenden, als mein Blick von einem hellen Schein über den Wolken angezogen wurde. Dort schwebte, frei in der Luft, wie mit der Schere geschnit-*

ten, im jungen Weiß des Winterschnees der dreieckige Gipfel des Vesuvs, und aus seiner vertieften Mitte löste sich ein Wölkchen Rauch – Also war es doch wahr! Jahr um Jahr hatte ich nichts anderes gelernt und gelesen als dies: Dass unsere alte Erde sich in unzähligen Formen gewandelt habe im Laufe ihrer endlos langen Geschichte (...) Dass die Erde noch heute sich rege, und dass jeder Tag, den wir leben, auch sie lebe und immer irgendwo an sich arbeite. (...) Ich hatte die Lehre gehört und geglaubt; sie gegen Ungläubige verteidigt und unter argwöhnischen Prüfungen an strenge Richter zurückgegeben. Und nun musste ich in einem unbewachten Augenblick gewahr werden, dass ich nichts gelernt hatte, rein gar nichts; dass mir dies Fundament aller irdischen Weltanschauung nicht zum eigenen inneren Besitz geworden war. Niemals bis zu diesem einmaligen, unvergesslichen Augenblick, da ich es zum ersten und endgültigen Male mit eigenen Augen sah und also zum ersten und endgültigen Male zum Geologen wurde: Die Erde lebt.[15]

Auch wenn man die vielleicht etwas überladen wirkende Diktion dieses Berichts skeptisch mitveranschlagt – es handelt sich jedenfalls um das Gewahrwerden eines Überschusses über das, was ein noch so reiches, noch so anschauungsgesättigtes und mit noch so viel Sinnenerfahrungen unterfangenes Wissen hat bringen können. Mag sein, dass der Autor die Bedeutung seines Vorwissens für den emphatisch beschriebenen Augenblick unterschätzt: kaum zu bestreiten, dass diese Wahrnehmung von etwas getroffen wurde, was zuvor verdeckt war. Man mag es die Erfahrung der Existenz nennen. Es ist etwas wirklich *da*, dessen Sosein einem lange vertraut war. Ein Gewahrwerden, das einen erwischt – das nicht zu machen oder herbeizuzwingen ist. Es mag an die Bedingung einer schier absichtslosen Beiläufigkeit und Kargheit gebunden sein. In Biographien findet sich manche einschlägige Erzählung.[16]

(b) Wir nehmen nicht nur Dinge und Naturgegebenheiten wahr. Wir nehmen auch Ereignisse wahr. Und eine Art, wie wir Weltereignisse auffassen und weitergeben, ist das Erzählen.

Dewey macht darauf aufmerksam, dass in erzählten Geschichten etwas von der Kontingenz und Widersprüchlichkeit allen menschlichen Handelns präsent gemacht wird[17] und dass die Beschäftigung mit solchen Geschichten (hörend, lesend, zuschauend) eine nie versiegende Quelle der Neugier, der Erschütterung des Genusses ist. Freud schrieb einmal von dem menschlichen Bedürfnis „nach Höherspannung des Gefühls". Ereignisse, die erzählt werden, können eine andere Zuwendung schaffen als bloße Informiertheit.

Ein Beispiel: Peter von Matt hatte die Aufgabe übernommen, in einer Gedenkrede an die Wirren nach der französischen Revolution in der Schweiz zu erinnern, an blutige Auseinandersetzungen zwischen altgläubig-feudal und progressiv revolutionär Gesinnten der „helvetischen Regierung". Doch in seiner Rede verzichtet er auf den historischen wie den aktualisierenden Überblick, er erzählt von Handlungen, von Existenzen, deren Schicksal einem den Atem verschlägt:

Wäre das Desaster vom 9. September 1798 ausgeblieben, wenn die helvetische Regierung (die die Truppen geschickt hatte) der Delegation aus Nidwalden (die für die Tradition eintrat) den Dialog nicht verweigert hätte? (...) Wir wissen es nicht. Wir wissen nur: es war furchtbar. Wir wissen: es gab Hunderte von Toten. Wir wissen: es kamen Frauen und Kinder um. Schwangere und alte Leute und Behinderte. (...) Wir reden von Anna Maria Stulz, genannt die Landweiblerin, war 55 Jahre alt, flüchtete sich in diese Kirche und wurde beim großen Weihwasserkessel erschossen. Wir reden von Melchior Durrer, genannt der große Schmied; wurde mit einer Eisenkette an das Haus gebunden und mit dem Haus verbrannt. Wir reden von Barbara Barmettler, genannt das Hutbabeli, bettelte kniend um ihr Leben und ward ins Herz getroffen. Wir reden von Franz, dem dreijährigen Kind der Margaritha Bläsi, erschossen in dieser Kirche auf dem Arm seiner Mutter. (...) Wir reden von Barbara Bachli, 22 Jahre alt, sie wälzte in Kehrsiten Steine vom Berghang auf die Franzosen, ein Grenadier hat sie gestellt, wollte ihr Pardon geben, sie schlug ihm mit dem Knüttel auf den Arm, wurde erstochen und in ein Tobel gestürzt – Namen, Gesichter, Geschichten. (...) Was sind diese Namen gegenüber den Hunderttausenden, die damals auf den Schlachtfeldern Napoleons, auf den Schlachtfeldern der Kaiser und Zaren gefallen sind? Was sind diese Namen gegenüber den Millionen, die im 20. Jahrhundert durch Terror und Krieg getötet wurden – immer für eine felsenfeste Wahrheit. (...) Diese Namen, herausgegriffen aus einem vergilbten Buch, sind die Wirklichkeit der Geschichte. Erst wenn wir uns in das einzelne, winzige Schicksal versenken, dämmert uns etwas von der Wirklichkeit des Ganzen. Sonst haben wir nur Zahlen vor uns, Theorien, Konzepte, effiziente Erklärungsmuster, die uns sagen, warum alles so passiert ist und wer schuld ist und wer Recht hatte oder das größere Recht oder ein bisschen mehr recht.[18]

Gewiss unterscheiden sich die beiden Beispiele – im einen Fall wird eine physische Realität hier und jetzt vor den Sinnen präsent, im andern Fall verändert eine Erzählung mit schmerzlichen Details das Bewusstsein von längst vergangenen Ereignissen – Sinnenkonfrontation versus Erinnerungsarbeit.

Die Beispiele haben aber auch eine Gemeinsamkeit: allgemeine Vorstellungen, genährt von summarischem Vorwissen, werden angetastet und mit dem Salz des Konkreten durchdrungen. Das zuvor nur in allgemeinen Begriffen oder auch in Abbildungen Gefasste kann in seiner konkreten Existenz eine Präsenz gewinnen, die zuvor nicht gegeben war. Der Erkenntnisweg, den diese Wahrnehmungen bahnen, geht nicht vom einmalig Individuellen zum Allgemeinen – er läuft in der Gegenrichtung. Um noch einmal eine Wendung Deweys zu zitieren: „Standardisierung, Formeln, Generalisierungen haben ihren Sinn, aber der Sinn besteht darin, ein Mittel für bessere Annäherungen zu sein an das, was unwiederholbar ist."[19] Dabei ist es nicht so, dass das Vorwissen – über den Vesuv, über die innerschweizerischen Konflikte im späten 18. Jahrhundert – überflüssig wäre. Im Gegenteil: ohne dieses Vorwissen, wie blass es auch immer sein mag, könnte es nicht zum bewusst wahrgenommenen Aufprall jener befremdlich neu wirkenden Realitäten kommen, die zu der anderen Wahrnehmung führen, fast als gewahrte man etwas zum ersten Mal. „Die optische Ordnung der Welt täuscht. Unter dem Firnis der Sehgewohnheiten schlafen die Dinge. Ein Zusammenhang reisst, und aus den Fugen quillt die vergessene Dämonie der Dinge heraus. Mit dem gewohnten Blick hält man sie in Schach, fügt sie in Bedeutungszusammenhänge."[20] Ein Vorwissen über allgemeine Zusammenhänge steuert normalerweise das Wahrnehmen. Es kann passieren, dass diese Vorsteuerungen ihre Kraft verlieren. Dann rührt Wahrnehmung an das Dasein, die konkrete Existenz, und die Gewohnheitswahrnehmung wird aufgestört. „Also ist es wirklich wahr! Die Erde lebt."

5. Abschnitt: Wahrnehmen – sympathetisch mitvollziehend und distanziert registrierend

Unsere Sinnesorgane sprechen auf Weltgeschehnisse und Weltdinge an. Wir nehmen dabei etwas als etwas Umrissenes wahr. Was wir so wahrnehmend filtern, ergibt keinen diffusen Wirklichkeitsbrei und keinen chaotischen Wirbel von Eindrücken.

Freilich: Es gibt unterschiedliche Spielarten der Filterung und also auch unterschiedliche Grundtypen der Art, wie uns unsere Sinnesorgane Welt zubringen und präparieren. Eine mögliche Unterscheidung: Welt als Datenmenge oder Welt als antlitzhaftes Gegenüber. Was ist gemeint? Beispiele:

(1) Der Lernforscher Pawlow schreibt: *Wir untersagten uns streng (im Laboratorium war sogar eine Strafe ausgesetzt), solche psychologischen Ausdrücke zu benützen wie „der Hund erriet", „wollte", „wünschte" usw. Endlich begannen sich uns alle Erscheinungen, die uns interessierten, in einer anderen Form zu zeigen. (...) So schwer es die erste Zeit auch war, so gelang es mir doch schließlich nach längerer Mühe und durch konzentrierte*

Aufmerksamkeit zu erreichen, dass ich im wahrsten Sinne des Wortes objektiv wurde.[21] Duerr kommentiert: „Der Hund, der vielleicht noch zuvor freudig erregt gebellt hatte, gab nun nur noch Laute von sich."[22] Wahrnehmung wird von allen Zügen des Mitfühlens, des Sich-Einfühlens in das Hundegebaren gereinigt. Infolgedessen sind die umgangssprachlichen Benennungen für akustische Hundeverlautbarungen verboten. Was wir im normalen Alltag wahrnehmen, wenn Hunde winseln, jaulen, knurren, schnauben, mit einer bestimmten Gefühlstönung bellen – das unterliegt einer strengen Zensur. Sie lässt nur passieren, was als emotionsneutraler Laut, der in bestimmter Häufigkeit, in bestimmtem Zeitabstand zu registrieren ist – und zwar so, dass unterschiedliche Beobachter zu gleichen Registrierbefunden kommen. Diese Daten können dann zu anderen registrierbaren Daten (Futterzufuhr, Umweltreizen etc.) in Wenn-Dann-Beziehung gesetzt werden – das Verfahren neuzeitlicher erfahrungswissenschaftlicher Erkenntnisgewinnung stößt sich so ab von Verfangenheiten in Situationen und Subjektivitäten. Aufschlüsse über Hundeverhalten und seine Determinanten sind demnach nur zu ermitteln, wenn die Wahrnehmungen, die zu Erkenntnissen führen, nicht getrübt sind von Gestimmtheiten unterschiedlicher Personen. Dieser bestimmte einmalige Hund wird zum Lieferanten von Daten allgemeinen Hundeverhaltens. Und dieser bestimmte forschende Mensch wird zum Stützpunkt und zum Instrument, mittels dessen allgemeine Wahrnehmungsdaten zu ermitteln sind. Hund wie Mensch verlieren im Interesse objektiver Erkenntnisse ihre sinnlichen Einmaligkeiten und ihre affektive Resonanzfähigkeit.

Das ist gemeint, wenn gesagt wird, die Forschung basiere auf standardisierten Beobachtungsbedingungen. Weltdinge werden gereinigt von Bedeutungen, in denen Menschen sich und ihre Erfahrungsgeschichte widergespiegelt sehen könnten.

(2) Der Biologe, Anthropologe und Pädagoge Ernst-Michael Kranich hat an vielen Beispielen gezeigt, dass es eine andere

Art der weltzugewandten Wahrnehmung gibt – und zwar eine solche, die die Objektivität nicht um den Preis erkauft, dass sie alle Gefühlsresonanzen abschneidet und verbietet. Nicht zufällig beruft er sich auf das „anschauende Denken" beim Naturforscher Goethe. Um diese Aufmerksamkeit grob anzudeuten: Kranich schlägt vor, sich dem Gestalt-Eindruck auszusetzen, den so bekannt scheinende Naturdinge wie eine Birke und eine Eiche auslösen können:

An einem Baum, den man zu kennen glaubte, wie der Birke erlebt man nun den Charakter seiner Gestalt. Sie strebt mit dem schlanken Stamm mehr in die Höhe, als dass sie sich in den Raum ausbreitet. Die Äste entspringen am Stamm in lockerer Folge. So entsteht kein Innenraum einer Krone. Der Baum steht offen in der durchlichteten Atmosphäre. Am Weiß des Stammes reflektiert sich das Licht; die dünnen hängenden Zweige bewegen sich leicht im Wind. Was man als die Schönheit dieser Gestalt erlebt, die sich so offen in ihre Umgebung hineingliedert, ist nicht subjektive Beigabe zu dem, was dort draußen objektiv vorhanden ist. Denn das Erleben ist hier nicht bloß momentaner Reflex auf den Eindruck. Es bildet sich, indem man im Betrachten die Formgebärden und den Ausdruck in den Farben aufmerksam mitvollzieht. Im Erleben spricht sich etwas aus, was zu diesem Baum gehört wie das, was man von ihm durch die bloße Wahrnehmung erfasst. Es ist der Ausdruck, das Physiognomische.

Dieser Ausdruck ist bei jedem Ding ein ganz spezifischer. Bei der Eiche ist der Durchmesser des Stammes im Verhältnis zu seiner Höhe auffallend groß. Das gibt der ganzen Gestalt einen gedrungenen Charakter. Auch die Äste werden ungewöhnlich stark; sie dringen weit im die Umgebung des Stammes hinaus. Das Wachstum verläuft nicht gleichmäßig fließend, sondern mit immer erneutem Stocken. Das äußert sich in dem knorrigen Geäst. Man erlebt, wie sich die Eiche ganz anders in den Raum hineinstellt als die Birke: ohne Hingabe, wie mit starker, in sich gestauter Kraft.[23]

Ist das Wahrnehmen auf diese Spur gesetzt, mag es weiter fahnden – und etwa zum ersten Mal die so unterschiedliche Gestalt der Blätter bei Birke und Eiche nicht etwa nur registrieren, sondern als Äußerung eines lebendigen Wesens auffassen, die mit anderen Äußerungen harmoniert. Hier die locker, wie kleine Fähnchen an den Zweigen flatternden Birkenblättchen, die ihrerseits federleicht und zierlich sind – dort die ledrigen, fest an Zweigen sitzenden großen Eichenblätter, die im Vergleich zu den Birkenblättchen geradezu wuchtig wirken: Sie besetzen nachhaltig den Raum, in dem sie walten – wohingegen die Birkenblättchen etwas flirrend Flüchtiges haben.[24]

Kranich nennt diese Art, an unterschiedlichen Einzelzügen (etwa Stammdicke, Farbe, Anordnung der Zweige, Blattgestalt) etwas zu gewahren, was sich da äußert, ohne dass es selbst ein Ding ist: „imaginatives Verstehen". Dem Wahrnehmen öffnet sich ein Zugrundeliegendes, ein „Wesen", das die einzelnen Glieder trägt und durchdringt. Es liegt zutage, dass in dieser Art von Wahrnehmung das geradezu gefordert ist, was in dem Pawlowschen Registrieren von Hundelauten streng verboten ist: die Wahrnehmung spürt in dem Gegenüber des Baums Wesenszüge auf, die dem Menschen aus seiner Erfahrung vertraut sind: hier etwa die Geste der Hingabe an die Weite des Raums, die Geste des sich Abgrenzens und sich Behauptens – die Gestimmtheit der weltoffenen Beweglichkeit, eine tänzerische Gebärde – und die Gestimmtheit dessen, der sich zusammenhält oder sich abschließt. Hier ein Registrieren, das sich im Forscherinteresse distanziert und in eine Position versetzt, die der Phänomenologe Emil Straus extramundan nannte. Dort ein Ausdrucksverstehen, das sich ins antlitzhafte Gegenüber wagt – und die Resonanzen der Dinge zum lebensweltlichen Drama des Menschen ernstnimmt und zu Erkenntnissen werden lässt.

Ein anderes Beispiel: Die Schildkröte. Es gibt das Merkmale registrierende Wahrnehmen: Vorkommen, äußere Merkmale, Gattungs- und Familienbeziehungen, die die Einordnung in genealogische Zusammenhänge erlauben. Verhaltensbeobachtungen können sich anschließen, entsprechend den Pawlowschen Hundelautregistrierungen und -messungen. Dieser wissenschaftliche Blick enthält sich aller Sinnzulegungen, er ist asketisch, er sammelt sinnblinde Daten und vermehrt so das als objektiv geltende unbezweifelbare Wissen. Davon zu unterscheiden ist ein verstehendes Wahrnehmen. Kranich zitiert Goethe, wenn er Tierverstehen analog dem Textverstehen praktiziert: „Was man an einem Tier alles beobachten und feststellen kann, entspricht den Schriftzeichen eines Textes" (die man ja lesend auch nicht als sinnblinde Farb- und Formkritzeleien auffasst, weil man nur objektiv registrieren will, was auf die Sinne trifft). Man hat nach Goethe die „äußeren, sichtbaren, greiflichen Teile im Zusammenhang zu erfassen, sie als Andeutungen eines Innern aufzunehmen".[25] Sie sind im Buch der Natur ein Text, den man entziffern, das heißt lesen lernen muss. An den Tatsachen hat man eine geistige Tätigkeit zu entwickeln, in der der innere Zusammenhang, das Wesen bewusst wird wie der Sinn eines Textes. Um in den Gestaltzusammenhang eines Tieres einzudringen, muss man die Erscheinung „innerlich nachbilden und im Nachschaffen das Bildungsgesetz, das die einzelnen Tatsachen umgreift, erfassen".[26]

Die Darstellungen von Knochenbau und Knochenentwicklung sowie die der inneren Organe fügen sich in das Bild eines Lebewesens, dessen Grundgeste die der Abgrenzung des weitgehenden Rückzugs auf sich selbst in kleinstem räumlichen Umkreis zu sein scheint – das pure Gegenstück zu Tieren, die auf großflächige rasche Bewegung in die Weite hin entworfen sind (wie etwa das Pferd).[27] Die sich darin meldende Grundintuition: Tiere sind nicht Träger von zufällig bei ihnen auftretenden Merkmalen, die nur zu registrieren wären, ihre Gestalt, ihre Erscheinung, ihr Gebaren, die Art ihrer Abgrenzung von der Umwelt und die Art ihres Austauschs mit ihrer Umwelt – sie sind von einem Etwas durchdrungen, das wir Sinn nennen. Er erschließt sich nur einer Zuwendung, die scheinbar Auseinanderliegendes zusammensieht, es „nachvollzieht", wie Kranich im Anschluss an Goethe sagt.

Ein anderer zeitgenössischer Autor, der für eine andere als eine nur registrierend-analysierende Naturaufmerksamkeit plädiert, ist Klaus Michael Meyer-Abich. In einem Vortrag gibt er ein schönes Beispiel:

Zwischen Steinen blüht eine Pflanze an der Ostsee. Sie ist im Sand gewachsen, erhält Nährstoffe und Regenwasser aus dem Boden, Kohlenstoff aus der Luft und Energie im Licht der Sonne. Die vier Elemente Erde, Wasser, Luft und Licht sind die Elemente ihres Lebens. Die Pflanze steckt nicht im Boden wie ein Regenschirm im Ständer, sondern sie lebt in der Erde, deren Elemente jene vier sind. Lebt die Erde dann nicht auch in ihr? Die Pflanze lebt zwischen Steinen, im Sand, in der Feuchtigkeit, in der Luft und im Licht. Werden also nicht auch die Steine, der Sand, die Feuchte, die Luft und das Licht in ihr, in der Pflanze lebendig? Wir sagen, dort blüht eine Pflanze zwischen Steinen. Aber wäre es nicht eigentlich richtiger zu sagen: Dort blühen Sand und Steine, Wasser, Luft und Licht? Dort also blüht die Erde selbst in Gestalt dieser Blume. Ein Same musste herbeigeweht werden, einer von den vielen, die in überreicher Fülle die Chance des Lebens bieten. Dann aber waren es Erde, Wasser, Luft und Licht, die im natürlichen Mitsein um den lebendigen Punkt zu dieser Pflanze aufgelebt sind.[28]

Was man leichthin als poetische Rede abtun mag, die über die Realität geworfen wird, um sie zu verklären, das erscheint dieser verstehenden Wahrnehmung als sachangemessene Beschreibung – eine erstaunliche Folge der Veränderung der Aufmerksamkeit – von der registrierenden zur sympathetisch-nachvollziehenden Wahrnehmung. Die Pflanze im Ensemble ihrer Umwelt gewinnt physiognomisch-dramatische Züge. Und behält ihren irdisch-widerständigen Charakter. Das Wissen, das aus Merkmalsbeobachtungen herausgefiltert wurde, das Wissen über die Photosynthese also, kann dem sympathetisch wahrnehmenden Blick zum Medium werden, die Welt mit fremdem Blick neu zu sehen und zu spüren.

6. Abschnitt: Balancen. Resümierendes zu einer Kultur der Wahrnehmung

Was ist mit Gewärtigung im Unterschied zu Bewältigung gemeint? Welche Spielarten der Wahrnehmung sind damit angesprochen?

Ich habe versucht, in essayistischen Skizzen von Beispielszenen der Antwort näher zu kommen, unter Verzicht auf umfassende systematische Ableitung und auf empirisch-analytische Forschungsergebnisse. Zum Schluss folge ein Versuch, disparat Erscheinendes zusammenzudenken:

Fred Dretske schreibt in seinem Artikel *Perception (Cambridge Dictionary of Philosophy)* lapidar: „In examining and evaluating theories (whether philosophical or psychological) of perception it is essential to distinguish fact perception from object perception."[29]

Was ist gemeint? An unsere Sinne können Gegebenheiten und Widerfahrnisse anbranden, an denen unsere Einordnungskapazitäten scheitern. Wir wissen nichts damit anzufangen, wir sind dann unsicher, was es mit diesem oder jenem Etwas auf sich hat. Mit Dretskes Beispielen: Ist das Etwas auf dem Sofa ein zusammengeknüllter Pulli oder eine schlafende Katze? Ist der dunkle Punkt in der Suppe eine Wanze oder eine Bohne? Ist das glitzernde Etwas am Nachthimmel ein Stern, ein Flugzeug oder ein Satellit? In all diesen Fällen handelt es sich nach dem Benennungsvorschlag Dretskes um „objects". Es sind Gegebenheiten, die eine gewisse, aber diffus bleibende „sensory information" zeitigen, sie mobilisieren auch Erinnerungen und Vermutungen, die die irritierte Wahrnehmung durchdringen mögen. Aber das *object* ist letztlich nicht identifizierbar, es sperrt sich gegen begriffliche Einordnung, gegen Klassifikation, gegen Erklärung. Je genauer und sicherer ich in der Bestimmung und Erklärung des *objects* werde, das heißt aber, je nachhaltiger meine kognitiven und affektiven Einordnungszugriffe das Wahrgenommene überformen und in den Griff bekommen, umso mehr wandelt sich, in der Sprache Dretskes, das „object" zum „fact". Das Etwas wird bekannt. Die Ungewissheit schaffende Mehrdeutigkeit und Fremdheit ist der Tendenz nach vertrieben. Eine zu *facts* geronnene sinnliche Umwelt ist identifiziert, beherrschbar. Die so belehrte Wahrnehmung bewältigt das Unverlässliche und Undurchdringliche der sinnlichen Gegebenheiten. Das gilt selbstredend nicht nur für die optische und akustische Wahrnehmung. Auch im Tasten, im Riechen, im Bewegungs- und Gleichgewichtssinn gibt es den Übergang vom unsicheren „object"-Status zum identifizierten und handhabbaren „fact"-Status.[30]

So spüren („gewärtigen") wir Bewegung am eigenen Leib als solche und entautomatisiert ja erst dann nachhaltig, wenn wir z. B. Balance halten müssen, d. h. aber sie Störungen und Widerständen abringen. Beschleunigungsapparate aller Art machen Bewegung wie überhaupt den widerständigen Status von Widerfahrnissen der Tendenz nach unspürbar. Es gilt das auch nicht nur für den Umgang mit realen Widerfahrnissen, es gilt auch für den Umgang mit Symbolisierungen aller Art – mit Bildern, sprachlichen, szenischen, musikalischen Gestaltungen. Auf Schritt und Tritt besteht das bewältigende Lernen darin (und darauf), Gegebenheiten den Charakter von diffus anbrandenden „objects" auszutreiben – d. h. sie zu klassifizieren, zu benennen, zu erklären, zu deuten und zu werten. *Objects* verlieren unter dem Blick der Rationalität das Diffuse, das Bedrohliche („Deutet das nächtens vernommene Geräusch auf einen Einbrecher oder handelt es sich um einen Windstoß?"). Man bekommt, wie wir umgangssprachlich sagen, wieder Boden unter die Füße, wenn wir ein *object* so wahrnehmen, dass es zum *fact* wird. Keine Frage, dass die westliche Wissenschaft im Prozess der Zivilisation auf dem Gebiet dieser die Welt distanzierenden und domestizierenden Wahrnehmung Triumphe errungen hat, der wir unschätzbare Gewinne an Freiheit von Lebensnot und Existenzängsten verdanken.

Alle oben aneinandergereihten Beispiele für das Gewärtigen kommen darin überein, dass sie auf eine Gegendrift zu der normalen, auf verlässliche Vorhersehbarkeit zielenden Wahrnehmungsbewegung aufmerksam machen.

Die *facts* schaffende Wahrnehmung lässt sich wiederum aufstören. Der Junge gibt sich nicht damit zufrieden, die rollenden Mädchen zur Kenntnis zu nehmen (1. Abschnitt), der Blick auf die Fotografie geht nach der Informationsabschöpfung nicht zur Tagesordnung über, sondern hakt sich an befremdlich werdenden Details fest (2. Abschnitt), der Wissenschaftlerblick lässt sich von Zügen im Vesuv aufschrecken, die ihm theoretisch und begrifflich längst bekannt sind (4. Abschnitt), der Blick auf Birke, Eiche, Schildkröte fahndet nach Spuren, die die bekannten Realitätsschichten unterminieren und übertreffen (5. Abschnitt), der Kinderblick auf Rosenköhlchen sieht sich getroffen von etwas, was dem landläufigen Gebrauch und der landläufigen Rede widerstreitet (3. Abschnitt). In allen diesen Fällen passiert so etwas wie das Antasten der „facts"-Gewissheit durch neuerlich aufbrechende „object"-Erfahrungen. Im Fakt werden Züge virulent, die die Begrenztheit der zunächst vorgenommenen Einordnungen und Identifikationen *gewärtigen* lassen. In Dretskes Formulierungsvorschlag gesprochen: Ein Objektüberschuss über das in den *facts* Identifizierte tritt (wieder?) ins Bewusstsein. Man könnte den Sachverhalt in der Sprache Schillers auch so zu fassen suchen: In dem Bestimmten treten Züge der Bestimmbarkeit hervor – das Gemüt kommt in den Zustand der „aktiven Bestimmbarkeit".[31]

Weithin brachliegende und geringgeschätzte pathische Fähigkeiten regen sich in solcher Betreffbarkeit. Es gibt eine inständige (darf man sagen demütige?) Aufmerksamkeit der leeren Hände, die wartet, hinhört, Leere aushält und auf Souveränität als Lebensgestus verzichtet.[32]

Es ist nicht der Ort auseinanderzufalten, wie solches Gewärtigen des Bestimmbaren im Bestimmten, des Objektcharakters in den Facts sich in ästhetischen, religiösen, historisch gedenkenden, meditativen Weltzuwendungen bricht und wie es die Staunkraft im Entstehen wissenschaftlicher und technischer Weltbearbeitungen inspiriert. Man kann Gewärtigen als eine exemplarische Form dessen verstehen, was Hans Blumenberg als „Entselbstverständlichung" der Welt und so als Inbegriff der phänomenologischen Methode bezeichnete.[33] Pädagogisch interessierte Autoren legen mindestens seit Herbart[34] und Lichtenberg den Finger in die Wunde: Der Verlust des Gewärtigens droht in Schulen jeder Stufe den „Frost der Nachschwätzerei"[35] zu erzeugen. In neuerer Zeit wagte Helmuth Plessner Formulierungen, die das treffen, was passiert, wenn die Welt im Sinn von Dretske nur mehr als Inbegriff von *facts* aufgefasst und behandelt wird: „Alles geht wie von selbst, natürlich, als ob es so sein müsste, und auch wir gehen wie von selbst auf den vertrauten Wegen, ohne viel zu sehen. Die Wahrnehmungstätigkeit ist stark herabgesetzt. (…) Die Macht der Gewohnheit lässt die sinnliche Anschauung verkümmern. (…) Man muss der Zone der Vertrautheit fremd geworden sein, um sie wieder sehen zu können."[36]

Es gibt über die Gewohnheit hinaus eine Art des Vorwissens und der Informiertheit, die die Fähigkeit etwas neu zu sehen, „fast als ob man es noch nie gesehen hätte",[37] abstumpft. Carlo Ginzburg hat in seiner Studie über die Geschichte der verfremdenden Weltdarstellung zu Marcel Proust Beobachtungen notiert, die helfen, das „Gewärtigen" besser zu verstehen: „Proust scheint (…) zu bezwecken, wenn er dadurch, dass die Dinge ‚in der Reihenfolge der Eindrücke', noch nicht von Kausalerklärungen verunreinigt, gezeigt werden, (er) die Lebendigkeit des äusseren Scheins vor dem Eindringen der Ideen schützen will."[38] Michael Walzer hat darauf aufmerksam gemacht, dass es auch eine Art der theoretischen Bearbeitung von Erfahrungen gibt, die den Sinn für das hier und jetzt Erscheinende in seiner schockierenden Besonderheit abschleift: „Theoretische Überzeugung setzt sich über Sinnesdaten hinweg. Das ‚grosse Bild' macht das gute Auge zunichte. Die Tugend des guten Auges wirkt, wenn sie denn wirkt, gegen intellektuelle Arroganz."[39]

Dann hat das theoretische Bewältigen das Gewärtigen des Besonderen zum Erlöschen gebracht. Beide Spielarten der Wahrnehmung brauchen einander, um nicht zu versanden. Das entfesselte Bewältigen verliert das Gegenständige der Welt, das entschränkte Gewärtigen verliert sich im Taumeln.

[1] Friedrich Nietzsche, Kritische Studienausgabe, hg. von Colli und Montinari, Bd. 3, München 1988, S. 556.
[2] Theodor W. Adorno, „Philosophie und Lehrer", in: Ders., Eingriffe, Frankfurt am Main 1963, S. 29-53.
[3] Martin Seel, Ästhetisches Erscheinen, München/ Wien 2000, S. 91.
[4] John Dewey, Erfahrung und Natur, Frankfurt am Main 1995, S. 60, 36, 61, 94.
[5] Ebd., S. 37.
[6] Seel, a.a.O., S. 90.
[7] Ebd., S. 75.
[8] Peter Hoeg, Der Plan von der Abschaffung des Dunkels, München 1995.
[9] Wilhelm Genazino, „Der gedehnte Blick", in: Rowohlt Literaturmagazin 45, Reinbek 2000, S. 153–169; Auf der Klippe – Ein Album, Reinbek 2000.
[10] Vgl. Ezra Pound, ABC des Lesens, Frankfurt am Main 1962, S. 110.
[11] Wolf Eckart Failing, „Der kleine Alltag und die großen Geschichten. Bildung als Kunst der Wahrnehmung", S. 9, in: Kirche und Schule, Nr. 105, Heft 24/1998, S. 1–12.
[12] Katharina Fritsch, Essay im Katalog zur Ausstellung „Leiblicher Logos. 14 Künstlerinnen aus Deutschland", Staatsgalerie Stuttgart 1995.
[13] Erwin Straus, Vom Sinn der Sinne, 2. Aufl., Reprint Berlin/Heidelberg/New York 1978, S. 349.
[14] Ebd., S. 333.
[15] Hans Cloos, Gespräch mit der Erde, Frankfurt am Main 1959, S. 13.
[16] Vgl. Horst Rumpf, „Persönliche Wissens- und Erlebnisgeschichte von Natur in autobiographischen Textstücken", in: Kinder – Kindheit – Lebensgeschichte. Ein Handbuch. Hg. v. I. Behnken und J. Zinnecker, Seelze/Velber 2001, S. 307–322.
[17] John Dewey, Erfahrung und Natur, Frankfurt am Main 1995, S. 88–98.
[18] Peter von Matt, „Die Wahrheit und die Bajonette. Zum 9. September 1798", in: Neue Zürcher Zeitung vom 10. 9. 1998, S. 35/36.
[19] A.a.O., S. 123.
[20] Hartmut Böhme, Natur und Subjekt, Frankfurt am Main 1988, S. 230.
[21] Hans Peter Duerr, Traumzeit, Frankfurt am Main 1978, S. 139.
[22] Ebd., S. 139.

[23] Ernst Michael Kranich, „Imaginatives Verstehen", in: J. Kiersch/ H. Paschen (Hg.), Alternative Konzepte für die Lehrerbildung. Zweiter Band: Akzente, Bad Heilbrunn 2001, S. 43.
[24] Vgl. im Einzelnen zu den Blattgestalten Kranich, a.a.O., S. 45–47.
[25] Goethes naturwissenschaftliche Schriften, hg. von Rudolf Steiner, Bd. 1, Dornach 4. Aufl. 1975 , S. 7 f.
[26] Ernst Michael Kranich, Wesensbilder der Tiere, Stuttgart 1995, S.12 f.
[27] Vgl. ebd., S.56 ff.
[28] Klaus Michael Meyer-Abich, „Praktische Naturphilosophie. Erinnerung an einen vergessenen Traum", S. 19, in: Evangelische Akademie Loccum. Tagungsband 22/97 zur Tagung „Was sollen die Menschen in der Natur?", S. 9–22.
[29] Fred Dretske, „Perception", S. 569, in: The Cambridge Dictionary of Philosophy, ed. By R. Audi, Cambridge 1995, S. 568–572.
[30] Zum Tast- und Bewegungssinn bietet die anschauungsreiche Arbeit von Martin Liechti, *Erfahrung am eigenen Leibe. Taktil-kineästhetische Sinneserfahrung als Prozeß des Weltbegreifens*, Heidelberg 2000, reiche Anschauung und Reflexion. Auch Georg Simmel schrieb dazu 1901 einen Aufsatz „Ästhetik der Schwere". Vgl. J. Hannimann, Vom Schweren, München 1999, S. 63 ff.
[31] Friedrich Schiller, Briefe zur ästhetischen Erziehung des Menschen, 20. Brief.
[32] Vgl., im Anschluss an Simone Weil, Martin Wagenschein, „Über die Aufmerksamkeit". Neu abgedruckt in: Ders., „... zäh am Staunen". Pädagogische Texte zum Bestehen der Wissensgesellschaft, hg. v. Horst Rumpf, Seelze/ Velber 2002, S. 26–37; Alain Finkielkraut, Verlust der Menschlichkeit, Stuttgart 1998, S. 98/99; ders., Die Undankbarkeit, Berlin o.J. (2002), S. 134–37; F. Steffensky, „Spiritualität ist Aufmerksamkeit", S. 125 f., in: Neue Sammlung, 41. Jg., Heft 1, S. 119–132. 2001.
[33] Hans Blumenberg, Wirklichkeiten, in denen wir leben, Stuttgart 1986, S. 47 f.
[34] Vgl. Horst Rumpf, Didaktische Interpretationen, Weinheim-Basel 1991.
[35] Georg Christoph Lichtenberg, Aphorismen. Briefe. Schriften, hg. v. P. Requadt, Stuttgart 1953, S.145.
[36] Helmuth Plessner, „Mit anderen Augen", S. 92, in: Ders., Gesammelte Schriften Bd. VIII, Frankfurt am Main 1983, S. 88–104. Vgl. auch Horst Rumpf, „Die Wahrnehmung des Diesda. Eine Annäherung an zwei Spielarten der Wahrnehmung", in: Der blaue Reiter – Journal für Philosophie Nr. 12 (2000), S. 37–39; sowie Ders., „Sich einlassen auf Unvertrautes", in: Neue Sammlung 42. Jg., Heft 1 (2002), S. 13–30.
[37] Ezra Pound, ABC des Lesens, Frankfurt am Main 1962, S. 110.
[38] Carlo Ginzburg, „Verfremdungen. Vorgeschichte eines literarischen Verfahrens", S. 29, in: Ders., Holzaugen, Berlin o. J., S. 11–41.
[39] Michael Walzer, „Die Tugend des Augenmaßes", in: Neue Zürcher Zeitung vom 2./3. 12. 2000, S. 49 f.

Gert Selle

Im Raum sein

Über Wahrnehmung von Architektur[1]

Wie wäre zu vermeiden, daß eine „Kunst der Wahrnehmung", die sich auf alles irgendwie Wahrnehmbare und jede Sinnesaktivität beziehen kann, ihr Thema nur nach dem Zufallsprinzip oder persönlicher Neigung des Beobachters findet?

Man müßte nach Gegenständen und Formen der Wahrnehmung fragen, die nachweislich für alle existentiell bedeutsam, das heißt aus keiner Biographie fortzudenken sind. Dazu gehört der gebaute Raum als Umgebung des Lebens, dem weniger Aufmerksamkeit als Gleichgültigkeit zuteil wird.

Wir alle bewegen uns in gebauten Räumen und kehren zwangsläufig in sie zurück, auch wenn wir vorübergehend ins Freie entkommen. Raum ist einfach da, als alltägliche Hülle des Lebens. Man kann einen Raum und sich selber darin nicht nichtwahrnehmen. Man kann ihm und sich selber darin mit der üblichen Unachtsamkeit begegnen, doch muß ein Rest Wahrnehmung bleiben. Sonst stößt man sich den Kopf oder bricht sich ein Bein und wird daran erinnert, daß es den Raum mit seinen festen Begrenzungen und darin den eigenen Körper gibt.

Neben der materiellen Präsenz des Körpers im physikalischen Raum gibt es eine psychische und mentale Präsenz des wahrnehmenden Subjekts im immateriellen Raum seiner Befindlichkeiten und seines Bewußtseins. In der Regel nehmen wir unsere eigene Anwesenheit so wenig zur Kenntnis wie den Raum, in dem wir uns zu irgendeinem Zweck aufhalten.

Manchmal erscheint diese Unaufmerksamkeit wie eine Verteidigungsmaßnahme gegen einen unfreundlichen Ort. Sie entspräche indes auch einer Gleichgültigkeit gegenüber uns selbst. Denn es gibt keinen Raum, in dem wir nicht wenigstens uns selbst als im Augenblick da-seiend und Befindlichkeiten produzierend wahrnehmen können. Jeder Aufenthalt in einem Raum hat etwas von einer Situierung am Ort und in der Zeit: Ich bin hier und nicht dort. Ich bin.

Wohnen heißt *to live*. *Livingroom* oder *le living*, die Bezeichnungen für den Hauptraum, in dem das geschieht, können als Metaphern der Existenz gelesen werden. Leben vollzieht sich immer in Räumen, sonst bleibt es ungeschützt. Und in jedem Akt der Wahrnehmung des Raumes, der nahezu alle Sinne beansprucht, vom Auge über das Gehör, das Riechen und das Tasten, die Temperaturempfindung und den Gleichgewichtssinn, hat das wahrnehmende Subjekt die Möglichkeit, seiner selbst im Hier und Jetzt gegenwärtig zu werden. Deshalb spreche ich von einer existentialästhetischen Funktion der Raumwahrnehmung, die den Hintergrund aller anderen Wahrnehmung bildet, was im Augenblick des Geschehens ganz und gar nicht bewußt sein muß.

Im Zustand der Wachheit aber spürt man nicht nur, wie der eigene Körper auf den Raum reagiert, sondern auch, wie die Sinneseindrücke Qualitäten von Befindlichkeiten produzieren und wie darüber hinaus das Wahrgenommene in ein Übersinnliches transzendiert: Erinnerung und Imagination mischen sich ein und machen glauben, daß man im Wahrnehmungsakt unsichtbare Spuren seiner Gegenwart in den unsichtbaren Spurenteppich der Wahrnehmungsbewegungen einflicht, den andere schon am Ort hinterlassen haben – daß man also die Spur des eigenen Hiergewesenseins vor dem Fond der Geschichte der Nutzungen des Raumes im Augenblick mit wahrnimmt. Es bedarf dazu keiner halluzinatorischen Fähigkeiten. Man braucht nur über einen von Häusern gesäumten Platz zu gehen, vielleicht in einen ehemals mittelalterlichen Stadtkern. Dann kann aus dem Gehen eine verhaltene, bewußte, nachdenklich machende Bewegung werden, weil jeder Stein sich als Zeuge unendlich vieler vergangener Wahrnehmungs- und Aneignungsbewegungen erweisen kann, nun auch der eigenen, die hinzukommen und nicht mehr geschichtslos wirken: Das Gemäuer mag eine unauffällige, belanglose Architektur sein und ist doch ein Medium von Bewußtseinsproduktion. Als solches ist das Gebaute ebenso unverzichtbar wie als schützende Hülle des Lebens, das an ihr, in ihr zu Anschauung gelangt.

Gebaute Räume sind in der Regel um Zweckkomplexe gruppierte, von diesen bestimmte, fast immer aber auch von einer zwecküberbietenden Ästhetik grundierte Gefüge, in denen das Nichtgemeinte als Leer- oder Zwischenraum auch wahrgenommen wird. So entsteht eine räumliche Struktur des Gemeinten und des Nichtgemeinten, in der wir uns wahrnehmend orientieren müssen. Den Begriff Architektur möchte ich allgemein auf wahrnehmbare Räume und, wie schon angedeutet, auch auf das Unsichtbare an oder in ihnen ausgeweitet wissen. Er bezeichnet das räumlich Gemachte und Vorgefundene und als solches zur Wahrnehmung Gebrachte und Gedeutete. Das können Häuser sein, ein Fabrikgelände, die Schrebergartenhütte auf der Parzelle oder ein Park, aber es ist eben auch Raum, wo das Gemeinte mit dem Nichtgemeinten zusammenstößt, im Ungestalteten oder in einer Leere.

Vom Natur-Raum im Gegensatz zum Kultur-Raum des Gebauten ist ohnehin nicht zu reden, weil es Natur kaum noch gibt. Vielmehr sind die Grenzen von Architektur und Natur im Sinne einer Kulturlandschaft fließend. Wo immer Raum entsteht, das heißt vom Eindruck einer Umgrenzung der Bewegung des Körpers auszugehen ist, setzt die Raumwahrnehmung mit ihren Abschweifungen ins Unsichtbare der Erinnerung, der Imagination, der Verknüpfung und Deutung wie von selbst ein. Dabei verbinden sich Erinnerungsbilder dessen, was man einst in diesem oder einem ähnlichen Raum wahrgenommen und erlebt hat, mit dem gegenwärtigen Erscheinungsbild des Raumes zu einem neuen Inhalt der Wahrnehmung.

Man entkommt den eigenen Raumerfahrungen und ihrer Belastung durch komplizierte Verknüpfungen mit der ganzen gelebten Wahrnehmungsgeschichte niemals. Wahrnehmung des Raumes ist wie alle andere Wahrnehmung eine subjektive Konstruktion vor dem Fond individueller Glücks- oder Leidensgeschichten, durch den sie auf einen Grundton, eine existentiell bedingte Färbung eingestimmt wird.

Wahrnehmung des im weitesten Sinne umbauten Raumes ist ein physisch, psychisch und mental berührendes Ereignis, in dem Erfahrung produziert, abgerufen, bestätigt, modifiziert oder neu aufgebaut und im Gedächtnis gespeichert wird.

Freilich ist ein Abruf unveränderter Erfahrung ebensowenig denkbar wie eine identische Wiederholung des Wahrnehmungsaktes. Sein lebensgeschichtlich einmaliger Augenblick ist uneinholbar verstrichen, die von neuer Wahrnehmung aktivierte Erinnerung schon bearbeitet. Kein Moment des Bewußtseins gleicht dem anderen, weil man sich in einem Reflexionsprozeß seiner selbst in der Wahrnehmung befindet, die niemals stillsteht, auch wenn etwas so schön erscheint, daß man die Zeit anhalten und dem Augenblick Dauer verschaffen möchte. Oder wenn es einem gelungen ist, ein Erinnerungsbild von solcher Dichte zu (re)konstruieren, daß man es wie eine Fotografie aus dem Archiv zu holen glaubt, das Bild aber nach wenigen Sekunden von anderen überlagert wird, flüchtig wie ein Gedanke oder ein momentaner Geruchseindruck. Die wiederholte Wahrnehmung eines Raumes mag zwar einer Sehnsucht entsprechen, aber man ist doch jedes Mal ein anderer, eben einer, der einmal hier war und nun zurückgekehrt ist an denselben Ort:

Der Pfad schlängelt sich über felsigen und grasbewachsenen Grund in einigem Abstand zu ein paar Häusern mit kargen

Äckern. Linker Hand ein Saum alter, verwachsener Buchen, früher Einfassung von Weideland, rechts an der Böschung zum freien Feld Schlehenhecken.

Ich gehe diesen abgeschiedenen Hohlweg oft. Es ist der Lichtmodellierweg, wenn die Sonne Baumstämme und Blättermassen plastisch hervorhebt, oder der Schattenkinoweg, wenn das Auge Details wahrnimmt. Dann zeichnen sich windbewegte Blätter und Zweige auf den hellgrauen Buchenstämmen wie auf einer Leinwand ab. Oder es läuft gerade der Blätterschattenfilm auf den bemoosten Felsen.

Ich wollte davon Video-Aufzeichnungen machen, habe es aber nicht getan, weil es so viel intensiver vor dem Auge der Erinnerung ist: Immer wenn ich vom Steigen erhitzt dort stehenbleibe, läuft, Sonneneinstrahlung in bestimmtem Winkel vorausgesetzt, die Endlosschleife mit den sich im Rhythmus des Windes verändernden Schattenfigurationen über dem rauhen Fell der Steine. Buchenblätterschattenrisse huschen über das besonnte Moos oder stehen darauf für kurze Zeit still.

Etwas vom anderen Atem des Raumes und der Zeit wird spürbar, während ich verweile. Jedesmal erinnere ich die schon einmal wahrgenommene Bilderfolge und weiß, daß es in diesem Raum ein Kommen und Gehen gibt, ein langsames Erscheinen im späten Mai, wenn die Blätter Konturen gewinnen, und ein zittrig-verwischtes Verschwinden im November.

Die Notiz ist einige Jahre alt und schon ein Nachruf. Es gibt diesen Hohlweg nicht mehr als Raum der Bewußtheit im Gehen. Der Pfad ist planiert, das gewölbte Dach der Äste und Zweige einer forstlichen Maßnahme zum Opfer gefallen. Es war ein Ort des intensiven Nachdenkens über Vergänglichkeit und Wiederkehr, ein Ort, an dem mir immer wieder neu die Begrenztheit meines eigenen Lebens bewußt geworden ist, schließlich ein Ort, an dem ich etwas wiederfinden wollte – mich selbst als den einst dort Gehenden, und andere, die mit mir waren. Die Gänge darf man als Schleifen einer über Jahre ausgedehnten Suchbewegung deuten, die auf ein hoffnungsloses Wiederfinden des Einmaligen und Besonderen des ersten Mals und folgender Male der Wahrnehmung dieses Ortes gerichtet war, zugleich als Versuch, darüber hinaus etwas Neues und Anderes wahrzunehmen, sich selbst in einer neuen und anderen Befindlichkeit zu spüren. Einerseits kann ein solcher Gang eine Recherche im Sinne des Romanwerks von Marcel Proust sein, andererseits Neubestimmungsversuch einer Erfahrung des Selbst in der Gegenwart. Aleida Assmann beschreibt in ihrem Buch „Erinnerungsräume. Formen und Wandlungen des kulturellen Gedächtnisses" unter anderem die Veränderungen des Gedächtnismaterials, „bei dem die Vorstellung von einer dauerhaften Einschreibung" nach heutigem Erkenntnisstand „ersetzt wird durch das Prinzip fortgesetzten Überschreibens".[2]

Diese Beobachtung dürfte auch für die individuelle Raumerfahrung gelten. Der fortgesetzten Wahrnehmung, die sich niemals in gleicher Weise wiederholt, entspricht die fortgesetzte Überschreibung des Erinnerten wie bei einem Palimpsest, auf dessen geschichtetem Grund plötzlich etwas wieder sichtbar wird, das lange überdeckt war.

Raumerinnerungen tauchen als bewegte, dreidimensionale, atmosphärengesättigte Bilder wie Filmsequenzen auf, in denen sich die Wahrnehmung einst auf einer Zeitachse des Erlebens bewegt hat. Peter Handke spricht von solchen wiederkehrenden Bildern als Erinnerungen, die „für kurze Zeit das Dasein bekräftigen, die (...) zeigen, daß es die Welt noch gibt".[3]

Es sind aber auch gerade diese wiederkehrenden, sich einmischenden Bilder, die zeigen, daß es das wahrnehmend-verarbeitende Subjekt noch gibt – uns selber als Konstrukteure eigener Biographien im Raum von Wahrnehmungsgeschichten, in denen wir uns wieder und wieder neu entdecken und weiterentwickeln.

Warum halte ich das für erwähnenswert?

Es ist unerläßlich, sich über Folgen und Ausweitungen der Raumwahrnehmung, die immer einen Hintergrund von Vergangenheit hat, Klarheit zu verschaffen. Es bleibt eben nicht beim bloßen sinnlichen Akt, der irgend etwas feststellt, was dann im Gedächtnis gespeichert wird. Wichtig ist, was angestoßen wird. Zunächst ist die Tatsache bemerkenswert, daß jede Wahrnehmung aus einem veränderten, zeitlich und situativ verschobenen Blickwinkel erfolgt, aus dem auch die Erinnerungsbilder und Erfahrungsbestände neu bewertet werden. Man kann vorher nie wissen, was da alles aus welchen Vergangenheiten wieder auftaucht und sich in die gegenwärtige Wahrnehmung einmischt. Sie kann jedenfalls nicht neutral sein.

Zum anderen ist nie voraussehbar, bis zu welchen frühen Schichtungen der Erfahrung eine Raumwahrnehmung zurückführt. In meinem Fall ist das rekonstruierbar: Es muß im Alter von knapp vier Jahren gewesen sein, daß ich mich aus dem Haus stahl, um im frühwinterlichen Garten allein zu sein. Angetan mit dem alten blauen Tuchmantel, den ich dreckig machen durfte, legte ich mich auf die Erde zwischen hohe Rosenkohlstauden, die mir wie ein Wald von unten vorkamen. Da war ich das erste Mal bewußt (und erinnerbar) in einem Raum, den ich noch nicht kannte. Egal, ob das nun Dichtung oder Wahrheit ist: Noch heute weiß ich von dem doppelten, ja dreifachen Genuß des Liegens im Verborgenen: Keiner sah, suchte oder rief mich. Ich genoß das Alleinsein im Raum und die Übertretung des Verbots, auf nackter Erde zu liegen, während sich ein bergendes Dach über mir wölbte. Es ist die erste Raumerfahrungs-Erinnerung, über die ich verfüge. Das Bild ist bis heute lustbesetzt und evoziert noch immer den Geruch feuchter Erde und angefrorenen Kohls. Ich erinnere großes Behagen, auch daß ich überraschenderweise nicht fror.

Der Körper hat ein Gedächtnis, also glaube ich diesem Konstrukt von Erinnerung, das, wenn ich seinen Wahrheitsgehalt richtig deute, auf einen Moment meines Lebens vor 65 Jahren verweist, als mein Bewußtsein in einem Wahrnehmungsakt meiner selbst erwacht sein muß. Es handelt sich ja um eine mit Absicht vollzogene Situierung, um eine Selbstaussetzung im Raum, die ich wohlweislich vor den Erwachsenen verborgen hielt, die sie hätten stören oder verbieten können.

Ich bin in dieser Situation vielleicht als bewußt wahrnehmendes Subjekt auf die Welt gekommen, unter blöden Rosenkohlstrünken. Etwas unvorsichtig weitergedacht: Da habe ich vermutlich einen ersten, weittragenden Schritt der Wahrnehmung in Form eines Selbstexperiments mit mir in einem Raum gemacht. Seitdem erkenne ich entsprechende Situationen und Räume wieder und richte mich darin genußvoll ein. Ein beträchtlicher Teil aller Raumerfahrungsbiographien dürfte auf derart frühe Grundlegungen des Wahrnehmungserlebens zurückzuführen sein. Man könnte dazu ein (zwangsläufig aufwendiges) Fallstudienprojekt auf narrativer Basis entwerfen.

Aber nun müssen endlich die überindividuellen Bedingtheiten jeder Raumwahrnehmung angedeutet werden. Wir meinen, über die Fähigkeit zur Wahrnehmung von Raum naturwüchsig zu verfügen. Dabei vergessen wir, daß diese Fähigkeit vielfach vermittelt und überformt ist, ehe etwas Eigenes und Individuelles darin aufscheinen kann. Die Sinne sind Produkt der Gattungsgeschichte und der Vergesellschaftung des Körpers, wie man mit Marx, bis heute unwiderlegt, feststellen darf. Die Sinne haben auch ihre je spezifische Geschichte der gesellschaftlichen Entdeckung und Differenzierung, nachzulesen in der „Geschichte der Sinne" des Medizinhistorikers Robert Jütte.[4]

Was wir als ureigenen Raum der Wahrnehmung und Deutung beanspruchen, ist nichts weiter als eine individualbiographische Variante dessen, was zur Zeit allgemein unter Subjektivität verstanden werden kann. Bei Raumwahrnehmung handelt es sich um einen Spezialfall von Wahrnehmung und wie diese ist sie ein Konstruktionsmittel von Erfahrung und Bewußtsein innerhalb der Kultur, in der wir augenblicklich leben, und innerhalb des Raumes ihrer Geschichte. In beiden beanspruchen wir so etwas wie einen zeitlich und örtlich begrenzten eigenen Raum der Erfahrung, der eigentlich ein fiktionaler ist. Denn letztlich wissen wir nur aus mehreren ineinanderlaufenden Quellen, was ein wahrgenommener architektonischer Raum „sagt" und welchen Erwartungen er entsprechen soll. Eine dieser Quellen kommt aus der Tiefe des kulturellen Kollektiv-Gedächtnisses, das uns undeutlich nachzuvollziehen erlaubt, wie ein Raum in der Summe seiner geschichtlichen Nutzungen und Vorerfahrungen entstanden ist und wie er heute noch interpretiert werden kann. Eine andere Quelle kommt von weither aus einem anthropologisch definierbaren Ursprung in unserer Körperlichkeit und einer in sie eingelagerten, durch sie tradierten Erfahrungsgeschichte des Geborgen- und Geschütztseins. Erst der dritte Strang, schon vorgeformt von den beiden mächtigen Zuflüssen, die ihn durchdringen, ist die individualbiographisch diversifizierte Erfahrung, die besagt, wann wir einen Raum als „eigenen" Bedürfnissen und Erfahrungen entsprechend betrachten können, obwohl jedes persönliche Bedürfnis und jede individuelle Erfahrung schon vormodelliert ist. So kann heute niemand bezweifeln, daß Ökonomie und Ästhetik des Zeitalters der Hochtechnologien und der Medien machtvoll in das gegenwärtige Bedingungsgefüge von Wahrnehmung und Bewußtsein eingreifen. Schon daß wir plötzlich zwei Räume haben, einen realen und einen virtuellen, muß unsere Wahrnehmung auf die Dauer verändern.

Noch scheint bei der Wahrnehmung von Raum das gattungsgeschichtlich fundierte, das kulturgeschichtlich definierte und das individualbiographisch grundierte „Wissen" zur Verfügung zu stehen: Wir spüren aus einer uns scheinbar eingeborenen ästhetischen Urteilskraft der Wahrnehmung heraus, ob ein Raum einschüchtert, ob er Geborgenheitsgefühl oder Wohlgefallen weckt oder ob er quasi eigenschaftslos Gleichgültigkeit hinterläßt. Oft genügt ein einziger Blick aus dem Fenster oder ein Gang durch die Zimmer, um die besichtigte Wohnung zu mieten oder gleich wieder fortzugehen. Wollte man solche Spontanurteile zu ergründen versuchen, würde man in uferlose Verflechtungen kollektiver und individueller Erwartungsprofile geraten. Dabei dürften persönliche Vorlieben und Abneigungen sich mit einem unergründlichen Bestand gesellschaftlicher Erfahrungen und mit einem Rest verallgemeinerbarer archaischer Motive verbinden. Was Letztere betrifft, braucht man nur an die Haltung des eigenen Körpers im Schlaf zu denken – an jene Einkrümmung in den Raum unter der Bettdecke, der die Erinnerung an eine intrauterine Vorexistenz mit der Höhlenwohnerfahrung früher Ahnen zu verbinden scheint.

Gebauter Raum ist in jeder Wahrnehmung als kollektives und persönliches Bewegungs- und Erfahrungsfeld zu betrachten. Wir bewegen uns fast nur in Architekturen des Raumes oder zwischen ihnen, so wie man sich in der Wahrnehmung zwischen Vergangenheit und Gegenwart bewegt, zusammen mit anderen oder allein.

Dabei kommt es zu einer „Verschiebung, Verformung, Entstellung, Umwertung, Erneuerung" des Erinnerten, wie Aleida Assmann sagt. Wir schaffen so neue Verbindlichkeiten der Erfahrung, wenigstens vorübergehend, und leben damit, mehr oder weniger wohlaufgehoben in unseren Räumen.

Freilich ist die Wahrnehmung von Raum-Qualitäten und der eigenen Befindlichkeiten darin in der Regel unterentwickelt. Anästhesie und Bewußtlosigkeit umhüllen uns wie eine Schutzhaut gegen Zumutungen des Raumes oder verhindern, daß wir seine Eigenarten entdecken und uns selbst als ihre Entdecker. So gibt es den erzwungenen Gewöhnungseffekt in einer nach außen hin durchgehaltenen Desensibilisierung gegenüber Architektur nach der Devise: Gar nicht erst hinschauen! Gewöhnlich läuft Raumwahrnehmung flach, bewußtlos und automatisch ab, was wenig zu irritieren scheint. Aber wehe, wir rennen gegen eine Tür oder der Griff zur Teekanne geht ins Leere. Dann reagiert die Raumwahrnehmung schreckhaft gestört, was eigentlich ein produktiver Zustand wäre, würde er nicht so rasch wieder abgebaut. Alles Gewohnte macht unempfindlich, es sei denn, die Gewohnheit wird gestört. So hilft Verfremdung des gewohnten Raumes wie bei dem von Christo verhüllten Reichstaggebäude, das erst im Zustand der Unsichtbarkeit wahrnehmbar wurde.

Auch kann Verschwundenes, also etwas, das körperlich-räumlich nicht mehr da ist und von vielen auch nicht erinnert wird, wie das Berliner Stadtschloß, die Vorstellungskraft derart provozieren, daß es in diesem Fall nach einem halben Jahrhundert der Abwesenheit des Gebäudes zu einer Rekonstruktionsdebatte gekommen ist.

Allerdings hatte ein Sponsor zwischenzeitlich nachgeholfen, der einen maßstabgerechten Plastikprospekt eins zu eins vor dem Leerraum oder Loch errichten ließ, den die Sprengung des Bauwerks einst hinterlassen hatte.

Raumwahrnehmung kann sogar zu einer kollektiven Suchbewegung nach Gehalt und Sinn einer noch gar nicht ihrem Zweck zugeführten Architektur auflaufen wie beim Jüdischen Museum von Daniel Libeskind, dessen zu Anfang noch bestehende Leere Massen von Besuchern faszinierte, von denen manche meinten, da gehöre außer dieser Leere tatsächlich nichts hinein, das Gebäude müsse die zweckfreie räumlich-expressive Geste bleiben, die es darstellt.[5]

Die Beispiele deuten an, daß es so etwas wie einen kollektiv und individuell ausgearbeiteten *Raum-Sinn* geben könnte, empfänglich für das Sichtbare und das Unsichtbare.

Von einem Raum-Sinn zu sprechen, hilft zu verdeutlichen, was alles in der Raumwahrnehmung zusammenläuft. Raum-Sinn wäre zu beschreiben als Produkt einer multisensorisch grundierten Entwicklung von Empfindsamkeiten gegenüber dem umbauten Raum, wobei Empfindsamkeit hier eine Wahrnehmungsfähigkeit meint, die sowohl die physischen Gegebenheiten als auch die immateriellen Dimensionen des Raumes und die psychohistorischen Beteiligungen des wahrnehmenden Subjekts vor dem Fond einer kollektiven Wahrnehmungs- und Deutungsgeschichte zur Anschauung zu bringen verstünde.

Ob und wie weit man Raum-Sinn vermitteln kann, sei dahingestellt. Schließlich wäre Raum-Sinn ein von Erinnerung und Erfahrung durchtränktes Wahrnehmungsvermögen, wobei einem das Erinnern, nach einem Bonmot von Friedrich Georg Jünger, niemand beibringen kann. Erinnern kann man oder man kann es nicht. Im übrigen würde ich es mir verbitten, wenn andere sich in meine Raumwahrnehmung einmischen wollten. Sie ist (ich habe es bereits angedeutet) als Bestandteil lebenslanger Erfahrungsbiographien zu verstehen, aufgebaut auf einen Sinn, der sich auch auf die Selbstwahrnehmung der Wahrnehmenden im Raum bezieht.

Raum-Sinn ist unteilbar mit dem Bewußtsein verbunden, selbst in einem Hier und Jetzt zu sein, einmalig, unwiederholbar in Gestalt einer augenblicklichen Verortung im Raum und in der Zeit. Deshalb sind Trainingsprogramme aus der Neoreformpädagogik nach Art einer „Schule der Sinne" fragwürdig, so lange die Gefahr besteht, daß die vereinzelte Wahrnehmungsübung im Spielerisch-Unverbindlichen, also ohne alle Bewußtseinsarbeit bleibt wie in den Erlebnisfreizeitparks oder ein naives Vertrauen auf die Authentizität wiederentdeckter Sinnlichkeit und Subjektivität sich ausbreitet. Da könnte man auch von einer Verdummung sprechen. Denn es bliebe leicht die Einsicht versperrt, daß alle Wahrnehmung ein durch Gesellschaft und Geschichte gefiltertes Kulturprodukt ist und daß schon vom Tode des Subjekts die Rede war. Wenn heute jemand vom authentischen Erleben des Raumes oder einem untrüglichen Raum-Sinn des Subjekts zu sprechen anfinge, müßten Warnlampen aufleuchten. Raum-Sinn ist so wenig naturgegeben wie Subjektivität. Er ist auch nicht allein Leistungsprodukt der Individualisierung oder Ergebnis einer neuen persönlichen Verfügung über das Sinnesvermögen, geschweige daß er Einzelnen pädagogisch eingebleut werden könnte. Seit Foucault wissen wir, daß die individuelle Existenz aus der Gesamtheit ihrer historischen Bedingungen hervorgeht. Subjektivität ist ein gesellschaftliches Produkt. In der Praxis der Raum-Wahrnehmung verhalten wir uns zwar so, als seien wir das autonom wahrnehmende Subjekt. Aber es müßte, damit wir von einem entwickelten Raum-Sinn sprechen können, ein Bewußtsein des Wahrnehmens und der Situation, in der es geschieht, hinzukommen. Man muß realisieren, daß man sich im Raum einer gesellschaftlich-historisch definierten Form der Wahrnehmungsweise, gleichsam im Raster vorgeformter Sinnlichkeit und Sinnsuche befindet. Und man hätte – das wäre der Anteil von Autonomie – ein reflexives Wahrnehmungsbewußtsein zu produzieren, das die eigene Situiertheit im Raum der Wahrnehmung erkennt.

Raum-Sinn wäre demnach eine selbstreflexive Fähigkeit zu nennen, die subjektives Empfinden zuläßt, aber dessen Bedingtheiten gleichzeitig zu Bewußtsein kommen läßt. Praktisch heißt das, vom eigenen sinnlichen Erleben momentan zurückzutreten, sich selbst beobachten zu können, was den Genuß an der Wahrnehmung nicht beeinträchtigen muß. Im Gegenteil. Man gewinnt ja, mitten im Raum und seiner Wahrnehmung befangen, ein höheres oder vielleicht überhaupt erst ein Bewußtsein seiner selbst: Im Akt der Wahrnehmung des Raumes nehme ich mich beobachtend selbst wahr, nicht nur den Raum. Ich vergegenwärtige auch die Situation, in der das geschieht – die eigene lebensgeschichtliche Lage und Gestimmtheit, und den kulturell definierten Blick, die Anschauungsweise, die ich auf den Raum und meine Befindlichkeit darin anwende. Auch eine Biographie des Bewußtseins kann nur in der Kultur, nicht in einem von ihr abgetrennten Privatraum gelebt werden.

Mit sich selbst und mit Orten, an denen man sich, Räume wahrnehmend und aneignend, beobachten kann, macht man die merkwürdige Erfahrung, augenblicklich präsent und sozusagen Herr der Situation sein zu können, und gleichzeitig zerstreut, weil man sich in die Geschichte der Betrachtungs- und Aneignungsweisen dieses Ortes eingegliedert sieht, als momentan anwesend, aber nicht allein, sondern von der geisterhaften Präsenz anderer, längst verschwundener Nutzer und Begeher umgeben. Das kann einem in einer alten Klosteranlage, in einer aufgelassenen Fabrik oder im gläsernen Lift eines Kaufhauses passieren. Jedenfalls geht das Bewußtsein der Befindlichkeit im Raum über die momentanen Sinneseindrücke, auch über irgendein Wissen zur Architektur, weit hinaus.

Man könnte in freier Abwandlung einer Differenzierung, die Adorno einst auf das musikalische Hören anwandte, zwischen der Expertenwahrnehmung des Raumes, einem Bildungswissen über Architektur, der emotionalen Interpretation, der gleichgültigen Sicht oder dem wachen Erleben von Räumen unterscheiden. Hier geht es nicht um die Expertensicht, die kann man an eloquenten Architekten studieren. Es kommt auch nicht auf ein Bescheidwissen an, das ein Mißverständnis von Bildung wäre. Ebensowenig geht es um Urteile wie: Ach ist das schön! Oder um den gelangweilten Blick, den wir sowieso haben und *cool* nennen.

Raum-Sinn ist eine Kompetenz der Orientierung und Deutung, die im Leben mit Räumen aufgrund einer Beteiligung durch Selbstanstrengung des Wahrnehmungsbewußtseins in der Folge besonderer Aufmerksamkeit erworben wird. Sie erfordert weder Spezialistentum noch besondere Begabung. Aber sie ist wichtig für Pflege und Erhalt des privaten und öffentlichen Raumes und für die Wahrnehmenden selbst, die sich darin als solche entdecken können.

Noch einmal: Raum-Sinn ist die Fähigkeit, Räume als augenblicklich reale Phänomene mit ihrer imaginierten Hintergrundgeschichte einstiger Belebtheit nach den Erfordernissen ihrer heutigen Nutzung so zu betrachten, daß man sich in diesem Akt selbst mit wahrnimmt und dabei die eigene Situiertheit und das Geflecht von Beziehungen erkennt, in dessen Zentrum oder an dessen Rand man sich befindet.

Gleichwohl kann man die eigene sinnliche Involviertheit und eine emotionale und geistige Präsenz genußvoll spüren. Bewußtes Im-Raum-Sein beinhaltet immer Momente von Daseinsgewißheit, auch wenn der Augenblick spurlos zu vergehen scheint. Ein alter, etwas roher Brauch besteht darin, sichtbare Spuren zu hinterlassen, einen Satz an die Wand zu kritzeln oder den Namen einzukerben. Nur als Dokument des Dagewesenseins. Dann erscheint der Augenblick im Raum auf alle Zeit symbolisch verewigt. Kultivierter ist die Mitnahme der Erinnerung als Bild, wozu man in der Tat die eigenen Sinne benutzen und die Sicherung des Materials nicht vollständig an die Foto- und Video-Industrie delegieren sollte. Zwar war Proust leidenschaftlicher Sammler von Portraitfotos, aber die Figuren seines Romanwerks hat er imaginiert; auch die erinnernde Vergegenwärtigung der Umgebung seiner Kindheit zeugt von einer hochentwickelten Vorstellungskraft, die ein zufälliger sinnlicher Anstoß in Gang setzen konnte.

Raum an sich ist so wenig vorstellbar wie das Kantische „Ding, an sich", weil es keine neutral-sachliche Wahrnehmung gibt. Immer mischt sich ein allgemeines und ein ganz persönliches Déjà-vu ein und schwingt beim Begehen eines Raumes mit. So gibt es im Grunde keinen leeren Raum, sobald man sich als personales Inventar darin befindet. Raum-Sinn ist eine Fähigkeit, sich im realen Raum wie in den immateriellen Déjà-vu-Räumen der Vorstellung und Erinnerung zu orientieren, und diese Räume für sich selber auszumessen durch den kreativen Akt der Wahrnehmung, in dem man sich auch selbst erfindet.

Wie lernt man Raum-Sinn? Darüber werden Architekturpädagogen sich den Kopf zerbrechen müssen. Denn Raum-

Sinn als eine reflexiv entwickelte Form von Sinnlichkeit und Empfindsamkeit gegenüber Räumen ist nur als Produkt einer Eigenvermittlung vorstellbar. Man kann diesen Sinn nur selbst üben in dem Bewußtsein, an einen Ort gestellt und an eine bestimmte Realisationsform von Subjektivität gebunden zu sein, um dennoch im Augenblick des Wahrnehmens die Einmaligkeit der eigenen Existenz im Raum zu behaupten. Alles läuft auf ein Exerzitium hinaus, auf eine lebenslange, eigenverantwortliche, im Grunde seinsphilosophische Übungspraxis, deren Regeln jeder selber entdecken und ausarbeiten muß. Die Exerzitien beginnen dort, wo alles beginnt: Im Innern. Wo die ersten Schritte in den Raum getan werden. Die Wohnung ist zentraler Ort der Raum-Erfahrung von Kindheit an, vermutlich auch immer wieder erinnertes, plastisches Material.

Trotz massiv kultureller Modellierung des verbindlichen Bildes vom Wohnen wird dieser Raum doch in den Grenzen des Möglichen und Erlaubten individuell gestaltet und wahrgenommen, bis er nach eigenem Empfinden seiner Bewohner >stimmt<. Er stimmt dann, wenn nach der Reproduktion geltender Muster alle über diesen Akt hinauszielenden Erwartungen erfüllt sind. Erst dann ist die individuelle Identifizierung des >eigenen< Raumes möglich. Jeder Umzug liefert den Beweis: Eigensinnig beharrt man darauf, daß die Zimmer so und nicht anders aussehen und wirken müssen. Man rückt ständig die Möbel zurecht, treibt sich auf Baumärkten herum, bastelt weiter und arrangiert neu, benimmt sich wie ein Innenarchitekt, dessen Raum-Sinn blind aktiv wird. Vor lauter ästhetischem Aktionismus kommt man nicht zur Besinnung, bis Erschöpfung auch den herausgeforderten Raum-Sinn erfaßt, der endlich signalisiert, daß man bei sich zuhause angekommen ist. Dann erweist sich ein kompliziertes Geflecht von Wünschen, Erinnerungen, Gewohnheiten und Selbstzitaten als befriedigend geordnet, worüber nicht mehr nachgedacht werden muß.

In der Eigenprobe auf den Raum-Sinn würde nur der Schritt in die reflektierende Selbstbeobachtung fehlen: Weshalb unterziehe ich mich dieser Anstrengung? Wann war der Akt der Suche nach einer Ordnung des Raumes genußvoll, wann quälend? Was habe ich getan, um wieder heimisch zu werden? Worin unterscheidet mein Ideal vom Raum sich von anderen und weshalb halte ich daran fest? Welche Geschichte(n) setze ich im Wohnen fort? usw.

In einem zweiten Schritt könnte das Modell der Wahrnehmung des eigenen Wohnraumes in den Maßstab der Aneignung architektonischer Großräume übertragen werden. Daraus entstünde zwangsläufig eine Art Beteiligungsmodell an der allgemeinen Raumwahrnehmung und -aneignung. Vermutlich ist die Übung des Raum-Sinnes nur deshalb derart auf die eigenen vier Wände fixiert, weil die nichtprivaten Außenräume fremd und schicksalhaft festgelegt erscheinen. Die erzwungene Privatisierung des Raum-Sinnvermögens widerspricht aber dem Entwurf einer demokratischen Öffentlichkeit, in der Raum-Sinn auch als eine Spielart von Gemeinsinn verstanden werden könnte. Was ansatzweise innen gelingt, müßte zusammen mit anderen erst recht außen gelingen. Dafür gibt es Beispiele, denen man zufällig begegnen kann, ohne daß hier eine politische Pädagogik des Raumes ihre gezielte Umsetzung gefunden hätte. Es handelt sich um freie kollektive Übungen.

So war es ein erfreulicher Anblick, als der große, zuvor leere Platz um das Reichstaggebäude wie bei einer festlichen Inszenierung von der Bewegung vieler Menschen ununterbrochen belebt war, solange der Zustand seiner Verhüllung andauerte. Es war geradezu eine Demonstration des kollektiv choreografierten Raum-Sinnes in seiner möglichen Form vor Ort in aller Öffentlichkeit.

In München kann man im Englischen Garten beobachten, wie die Jogger, die Radfahrer, die Reiter und die Spaziergänger auf ihren Wegen, den Park als Raum durchmessend, einander begegnen. Es ist ein großes Tableau, ein lebendes Bild gleichzeitiger Aneignungsbewegungen. Es passiert alles auf einmal und doch für sich, in unterschiedlichem Tempo. Auf einer Bank sitzend kann man sich daran nicht sattsehen. Jeder Beteiligte darf diese wahrhaft demokratisierte Landschaftsarchitektur mit ihren alten Bäumen und weiten Flächen als gegenwärtigen Raum erleben und sich selbst als deren Teil. Man kann beobachten, wie die einst von dem klugen Gärtner Sckell angelegten Wege in ihrer Belebtheit den Raum erschließen, während man sich in ein vergangenes Jahrhundert versetzt glaubt, wenn drei Reiter im Hintergrund langsam eine Wiese queren und in der Nähe eine Läuferin, anmutig wie eine Skulptur an einen Baum gestützt, ihre Dehnübungen macht.

Im Augenblick, indem man sich selber wieder in Bewegung setzt, um in den Raum einzutauchen, weiß man mit einem leicht schmerzlichen Glücksgefühl, für den Moment bewußten Wahrnehmens die perfekte Schönheit eines belebten Raumes gesehen zu haben – als Teilhaber und Mitproduzent, dessen Sinne sich öffneten für das, was momentan in diesem Raum stimmig war, einschließlich der eigenen Anwesenheit. Schmerzlich deshalb, weil das unaufhaltsam Vorübergehende des Augenblicks bewußt wird. Das Bild aber bleibt aus dem Gedächtnis abrufbar und widerlegt den Satz des Fotografen Richard Avedon: „Ohne Fotografie ist der Moment für immer verloren, so als ob es ihn nie gegeben hätte."[6]

Jeder Moment des Lebens ist so oder so verloren. Das macht unser Gedächtnis zu einer melancholischen Instanz. Doch Raum-Sinn könnte helfen, den Raum und Momente des Daseins im Raum wahrzunehmen und zu Bewußtsein zu bringen.

[1] Dieser Beitrag ist die bearbeitete Fassung eines Vortrags zum Kolloquium „Architekturpädagogik" an der FHS Oldenburg am 24. Januar 2002.
[2] Aleida Assmann: Erinnerungsräume. Formen und Wandlungen des kulturellen Gedächtnisses, München 1999, S. 20.
[3] Thomas Steinfeld/ Peter Handke: „Ich erzähle von einem Leben, das über mich hinausgeht." Interview mit Peter Handke, Süddeutsche Zeitung Nr. 28 vom 30. 1. 2001, S. 18.
[4] Robert Jütte, Geschichte der Sinne. Von der Antike bis zum Cyberspace, München 2000.
[5] Vgl. Christina Haberlik/Gerwin Zohlen: Die Baumeister des neuen Berlin. Portraits, Gebäude, Konzepte (hier: Daniel Libeskind. Künstlerarchitekt und Philosoph. S. 109–115), Berlin, 5. Aufl. 2001.
[6] In art 12/01, S. 42.

Dieser Beitrag erschien als Vorabdruck in *Scheidewege – Jahresschrift für skeptisches Denken*, Jg. 32, 2002/2003.

Jean-Paul Thibaud

Die sinnliche Umwelt von Städten

Zum Verständnis urbaner Atmosphären

Einleitung

Im Mittelpunkt der Theorie der Atmosphären steht die Wahrnehmung. Sie spielt eine zentrale Rolle in allen Arbeiten, die sich mit Atmosphären beschäftigen. Atmosphäre und Wahrnehmung gehören also zusammen und verweisen aufeinander. Freilich wird das Wahrnehmungsverständnis, das allen atmosphärenorientierten Ansätzen zugrunde liegt, nur selten expliziert, was wiederum dazu führt, daß wir Schwierigkeiten haben, den Begriff der Atmosphäre präzise zu definieren.

Etwas überspitzt könnte man sagen, daß es zwei verschiedene Wege gibt, theoretisch mit Atmosphären umzugehen. Auf der einen Seite gibt es die „implizite" Herangehensweise, bei der Atmosphären ausschließlich nach streng operationalen Gesichtspunkten betrachtet werden. Statt zu versuchen, den Begriff zu definieren, wird er einfach dazu benutzt, einen bestimmten Typ von Arbeiten zum wahrnehmbaren urbanen Raum zu kennzeichnen. Darunter kann die physische Charakterisierung der bebauten Umgebung fallen (gemessene Atmosphäre), die Herstellung von Computermodellen wahrnehmbarer Phänomene (simulierte Atmosphäre), ein der Umgebungsqualitäten bewußtes Architektur-Design (entworfene Atmosphäre) oder auch die alltägliche Erfahrung von Stadtbewohnern (erfahrene Atmosphäre), ohne daß dabei versucht werden müßte, den Atmosphärenbegriff weiter zu klären. Vielmehr dient dieser hier lediglich dazu, ein bestehendes Forschungs- und Anwendungsgebiet abzugrenzen, das den verschiedenen wahrnehmbaren Komponenten des bebauten Raumes Rechnung trägt. Natürlich tragen die Ergebnisse der Forschungsarbeit über unterschiedliche Aspekte von Atmosphären dazu bei, den Begriff schärfer zu konturieren. Wenn wir uns jedoch auf den impliziten Ansatz beschränken, haben wir keine Möglichkeit, die Kohärenz und Vereinbarkeit der einzelnen Definitionselemente zu überprüfen, die wir a posteriori aus den bestehenden Arbeiten herausziehen.

Zur „expliziten" Herangehensweise gehört der Versuch, den Atmosphärenbegriff selbst zu thematisieren, das heißt, ihn so auszuarbeiten und zu begrenzen, daß seine spezifischen Eigenheiten klar zu Tage treten. Aus dieser Perspektive läßt sich der Begriff der Atmosphäre nicht in benachbarte Begriffe wie Umgebung, Landschaft oder Wohnlichkeit übersetzen. Vielmehr setzt er ein ganz besonderes Verständnis der wahrnehmbaren Welt voraus und erfordert eine Ausarbeitung eigener Kategorien und Methodologien. Der explizite Ansatz hat deshalb breitere Ziele und wirft Fragen auf, die gerade erst dabei sind Form anzunehmen. Behauptet wird nicht, daß die Wahrnehmung der Schlüssel zu den vielen Problemen ist, auf die man in diesen Forschungsfeldern trifft, sondern vielmehr, daß sie den Hintergrund zu jedem von ihnen bildet. Schließlich basieren alle Versuche, Atmosphären zu messen, ausschließlich auf psychophysischen Gesetzen, welche Empfindungsschwellen für unsere Wahrnehmungsorgane festsetzen. Sicherlich erfordert auch die Modellbildung eine phänomenologische Überprüfung ihrer Resultate, die durch Visualisierungs- oder „Auralisierungs"techniken erlangt wird. Die Vorstellungskraft in der Architektur bezieht ihre schöpferische Energie aus sinnlichen Bezügen und grundlegenden senso-motorischen Schemata, die uns erlauben, unseren Intuitionen eine räumliche Gestalt zu geben.

Kurz, sobald wir versuchen, den Begriff der Atmosphäre zu definieren, und uns somit für die zweite, explizite Zugangsweise entscheiden, kommen wir nicht mehr umhin, uns mit dem Problem der Wahrnehmung zu beschäftigen. Aber welche Modelle zum Verständnis der Wahrnehmung taugen dazu, den Atmosphärenbegriff zu bestimmen und zu klären? Oder anders herum gefragt, in welcher Hinsicht veranlassen uns urbane und architektonische Atmosphären dazu, unser gewöhnliches Verständnis von Wahrnehmung zu überdenken? Das Ziel dieses Beitrags besteht darin, die enge Beziehung zwischen Atmosphäre und Wahrnehmung herauszuarbeiten. Dargelegt werden soll, daß der Begriff der Atmosphäre eine Aufwertung des situationsbedingten, sinnlichen und praktischen Charakters der Wahrnehmung erforderlich macht.

1. Die Ganzheit der Situation

An Atmosphären orientierte Ansätze stellen das wahrnehmende Subjekt geradewegs in die Mitte der von ihm wahrgenommenen Welt. Diese steht dem Subjekt also weniger gegenüber, als daß sie es umhüllt.[1] Wenn uns Atmosphären umgeben, wenn wir in sie eingetaucht sind, dann nehmen wir sie notwendig von innen wahr, was zur Folge hat, daß es für das Subjekt kaum mehr möglich scheint, von seiner Umgebung zurückzutreten. Wir können Teil von Atmosphären sein oder sie empfinden, aber sie sind nichts, was in Ruhe aus der Entfernung heraus betrachtet werden könnte. Mit anderen Worten: Atmosphären bringen uns in unmittelbaren Kontakt mit einer Situation in ihrer Gesamtheit. Sie beinhalten daher einen *ökologischen Zugang zur Wahrnehmung*. Diese Überlegung führt uns zur Anerkennung der Tatsache, daß Wahrnehmung nicht von den konkreten Bedingungen gelöst werden kann, in denen sie stattfindet. Sie bleibt stets eingebunden in die gebaute Umgebung, die sinnlichen Erscheinungen und das Handlungsgeschehen, also in das, was sie allererst möglich macht. Kurz, wenn ich im gewöhnlichen Leben wahrnehme, dann bin ich immer an einem bestimmten Ort, meiner Umgebung ausgesetzt und dabei, etwas zu tun. Weit davon entfernt, bloße Epiphänomene zu sein, sind diese kontextuellen Dimensionen vielmehr ein integraler Bestandteil der Wahrnehmungstätigkeit. Wenn wir daher in einer ausschließlich analytischen Weise vorgehen, indem wir Parameter isolieren und einen nach dem anderen abhandeln, dann entgeht uns gerade das, was eine bestimmte Situation als ein in sich stimmiges, einheitliches Ganzes ausmacht. Haben wir aber dies einmal eingesehen, dann müssen wir nicht nur die Heterogenität der Bedingungen eingestehen, die unsere Wahrnehmung bestimmen, sondern auch die Frage stellen, wie die verschiedenen Faktoren in alltäglichen Situationen integriert werden. Wie können wir die Einheit einer Situation begrifflich erfassen? Mein Vorschlag ist, Atmosphäre als dasjenige anzusehen, was die verschiedenen Komponenten einer Situation zusammenbindet und vereinheitlicht. Sie geht aus von einer Gesamtbewegung, die jeder Situation ein besonderes Erscheinungsbild verleiht.

Um diese Grundannahme zu entwickeln, müssen wir zunächst genauer bestimmen, was wir meinen, wenn wir von einer Situation sprechen. Unter den vielen Verständnisansätzen, die es hierzu gibt, bietet derjenige John Deweys die beste Einführung in das Problem der Atmosphäre. Dewey zufolge bilden Situationen die Grundeinheiten aller Arten von Erfahrung. Sie können definiert werden als erfahrene umgebende Welt. Das Wort „Situation" bezeichnet kein einzelnes Objekt oder Ereignis und auch keine einzelne Menge von Objekten oder Ereignissen, da wir niemals einzelne Objekte oder Ereignisse erfahren oder beurteilen, sondern stets im Zusammenhang eines kontextuellen Ganzen. Das ist es, was wir „Situation" nennen.[2] Eine Situation kann daher nicht auf eine Reihe von einzelnen, getrennten Elementen zurückgeführt werden. Vielmehr gehört zu ihr notwendig eine Einheit, die dem Ganzen seinen Sinn gibt.

Wird nun die Situation als kontextuelles Ganzes verstanden, dann stellt sich die Frage, was eine Situation zusammenhält. Um diese Frage zu beantworten, führt Dewey den Begriff der

„durchgehenden Qualität" (pervasive quality) ein.[3] Dieser Begriff ist besonders wichtig insofern, als er mit dem Begriff der Atmosphäre zusammenhängt. Vielleicht handelt es sich dabei sogar nur um eine besondere Weise, auf Atmosphäre Bezug zu nehmen. Die drei Aspekte, mit Hilfe derer Dewey die „durchgehende Qualität" definiert, gelten jedenfalls sicher auch für das Atmosphärische.

Die Qualität als Einheit

Erstens erfordert die Existenz einer Situation, daß sich alle Komponenten eines Kontextes in einer einzigen Qualität vereinigt finden. Andernfalls würde sich die Erfahrung verlieren in einer Reihe verworrener, unzusammenhängender Wahrnehmungen. In der empiristischen Philosophie wird zwischen primären Qualitäten (Gestalt, Zahl, Bewegung, Festigkeit) und sekundären Qualitäten (Farbe, Klang, Geruch, Geschmack) unterschieden. Dewey aber hebt das hervor, was Santayana „tertiäre Qualitäten" nannte. Während die ersten beiden Kategorien sich auf besondere Aspekte einer Erfahrung beziehen, bezieht sich die dritte auf die Erfahrung als ganze. Die durchgehende Qualität bindet also mit anderen Worten die verschiedenen Komponenten einer Situation zu einem stimmigen Ganzen zusammen und verleiht jeder Situation ihren besonderen Charakter. Mit Dewey gesprochen ist jede Situation sowohl qualitativ als auch qualifizierend. Sie ist qualitativ in dem Sinne, daß sie immer eine Qualität besitzt, die sie „zu einer individuellen macht, unteilbar und unwiederholbar", und qualifizierend insofern, als genau dieselbe Qualität alle Gegenstände und Vorgänge, die den Stoff der Erfahrung ausmachen, durchdringt und färbt. All das könnte nun genausogut von der Atmosphäre gesagt werden. Atmosphären können durch einen einzelnen Begriff charakterisiert werden, der sich nicht auf diesen oder jenen Bestandteil einer Situation bezieht, sondern auf die Situation in ihrer Gesamtheit. Wir sagen, daß

Atmosphären fröhlich oder traurig sind, furchterregend oder spielerisch, angenehm oder niederdrückend, und so weiter. Auch Atmosphären sind also mehr als nur die Summe verschiedener Gegenstände oder Signale, aufeinander folgender Empfindungen oder individueller Verhaltensmuster. Sie fassen vielmehr die Situation zusammen, indem sie die gesamte Umgebung tönen.

Die Qualität als Stimmung

Die durchgehende Qualität ist zweitens eine Qualität, die unmittelbar empfunden wird, noch bevor sie begrifflich erfaßt oder analysiert worden ist. In Folge dessen bezieht sie sich auf den konkreten Charakter der Situation, auf den Teil, den wir leben. Aus dieser Perspektive ist das *Erkennen* der Situation weit weniger von Belang, als es die Erfahrung selbst ist. Indem Dewey zwischen Erkennen und Erfahren der Situation unterscheidet, stellt er sich gegen eine zu rationalistische Betrachtungsweise, welche die Wirklichkeit zu einem bloßen Erkenntnisgegenstand herabwürdigt. Die durchgehende Qualität ist verknüpft mit der vor-reflexiven Dimension der Erfahrung und wird intuitiv erfaßt. Das heißt, daß diese Qualität auf einer Ebene angesiedelt ist, die unterhalb der artikulierten Sprache liegt und eher verstanden als interpretiert wird. Kurz, sie fällt in den Bereich der unmittelbaren Empfindung und leiblichen Regung und wertet so die ästhetische Seite der gewöhnlichen Erfahrung auf. Dies erinnert erneut an das, was sich über Atmosphäre sagen ließe. Wir sprechen eher davon, daß wir eine Atmosphäre erfahren oder empfinden, als daß wir sie wahrnehmen. Sie ist stets gefühlsgeladen. Indem Atmosphären uns in eine bestimmte leibliche und gefühlsmäßige Disposition versetzen, erinnern sie uns daran, daß Wahrnehmungen sich niemals ohne einen Körper und ohne die Mitwirkung von Gefühlen abspielen. Anders gesagt können Atmosphären unter keinen Umständen auf einen einfachen Akt der Interpretation zurückgeführt werden. Sie verleihen dem, was wahrgenommen wird, einen Wert und bringen die vorherrschende emotionale Gestimmtheit zum Ausdruck. Wir sagen auch, daß wir in eine Atmosphäre eingetaucht oder von ihr durchdrungen sind, daß wir in ihr gefangen sind. Wenn eine Atmosphäre einen Raum erfüllt, können wir ihr nur schwer einen bestimmten Ort zuordnen oder sie in ihren Grenzen klar bestimmen. So ist es zum Beispiel unmöglich, einen Geruch oder ein Wärmegebiet genau zu umgrenzen, aber das hindert uns nicht daran, dessen Gegenwart in der Umgebung zu spüren. Obwohl hier die Anwesenheit gleichsam zerstreut ist, nehmen wir sie doch mit unterschiedlicher Intensität wahr und in Abhängigkeit von dem, was ihr vorhergeht und was ihr folgt. Wenn also Atmosphäre zu tun hat mit dem unmittelbaren, vor-reflexiven Charakter der Erfahrung, dann ist auf sie auch nur *vage Logik*[4] anwendbar und nicht die Logik, die in der Welt materieller Gegenstände gilt.

Die Qualität als Prozeß

Drittens ist der qualitative Charakter der Situation wesentlich zeitlich und teleologisch. Jede Situation stellt die Lösung zu einem praktischen Problem dar. Damit dies geschehen kann, muß die Situation Gegenstand einer Erkundung werden, das heißt eines Prozesses, in dem eine problematische oder unklare Situation umgewandelt wird in eine, die klar bestimmt ist. Die Erkundung sollte dennoch nicht als eine rein verstandesmäßige oder kognitive Tätigkeit angesehen werden. Sie basiert vielmehr auf einer Reihe von Wahrnehmungs- und Bewegungshandlungen (Auswahl und Anordnung all dessen, was für die gegenwärtige Handlung relevant ist, Angleichung und Koordination der Gebärden etc.). Sie bestimmt die Art und Weise, wie ein Organismus auf seine Umgebung reagiert, und sorgt für den Übergang von einem anfänglichen Stadium des Ungleichgewichts zu einem abschließenden Stadium des Gleichgewichts. Die durchgehende Qualität ist dabei genau das, was die Erkundung motiviert und den inneren Zusammenhang der Situation stiftet, indem sie ihr Sinn und eine klar bestimmte Orientierung verleiht. Mit Dewey zu sprechen ist die Erkundung die kontrollierte oder direkte Umwandlung einer unbestimmten Situation in eine Situation, die in ihren Unterscheidungen und konstituierenden Beziehungen so bestimmt ist, daß sie die Bestandteile der ursprünglichen Situation in ein einheitliches Ganzes überführt. Die ursprüngliche, unbestimmte Situation ist nicht nur „offen" für die Erkundung, sondern sie ist gerade deshalb offen, weil die sie konstituierenden Bestandteile keinen Zusammenhalt haben. Im Unterschied dazu ist die bestimmte Situation, die den Abschluß der Erkundung markiert, eine geschlossene und endliche „Erfahrungswelt".[5] So wird die durchgehende Qualität also nicht nur passiv empfangen, sondern ist auch mit einer bestimmten Weise des Handelns verknüpft. Ihr Ort ist weder im Organismus des wahrnehmenden Subjekts, noch in den Gegenständen der Umgebung, sondern in der Situation selbst, das heißt, in dem Tätigkeitsfeld, das durch die Interaktion des Organismus mit seiner Umgebung gebildet wird.

Wie später näher erläutert werden wird, hängen Atmosphären mit der Art und Weise unseres Handelns und Verhaltens zusammen. Für den Augenblick aber wollen wir uns darauf beschränken aufzuzeigen, daß sie auch aus einer Dynamik resultieren und daß diese Dynamik dazu beiträgt, daß die sozialen Tätigkeiten andauern. Wenn wir sagen, daß eine Atmosphäre entsteht, sich verdichtet, einen Höhepunkt erreicht, sich auflöst oder schwächer wird, dann tragen wir damit nicht nur ihrem zeitlichen Charakter Rechnung, sondern heben auch hervor, daß sie sich in eine bestimmte *Richtung* herausbildet und entwickelt. So gesehen sind Atmosphären keine stabilen und unwandelbaren Zustände, sondern eher dynamische Prozesse, die verschiedene Phasen durchlaufen, von denen jeweils eine zur nächsten führt. Aber erneut ist hier die Dynamik der Atmosphäre Teil einer Gesamtbewegung, welche die Art unseres gemeinschaftlichen Verhaltens und Handelns zugleich bedingt und ausdrückt. Abhängig vom Stadium der Atmosphäre zu einem gegebenen Zeitpunkt ist die Situation mehr oder weniger gespannt oder entspannt, von Uneinigkeit oder Einigkeit geprägt, schwierig oder leicht zu handhaben. Kurz, indem Atmosphären den stattfindenden Handlungsabläufen Gestalt verleihen, beeinflussen sie die Art, wie eine Situation sich entfaltet. Im zweiten Teil dieses Beitrags werde ich diesen Punkt erörtern.

Ich fasse zusammen: Die Überlegungen John Deweys ermöglichen uns, eine erste Bestimmung der Atmosphäre zu formulieren. Im Anschluß an den Begriff der durchgehenden Qualität können wir Atmosphäre nun als die *Qualität der Situation* definieren. In diesem Sinne bedeutet etwas wahrzunehmen nicht nur, die Welt zu interpretieren, sondern auch, *eine Situation zu vereinheitlichen*. Wahrnehmung erfordert mit anderen Worten, die verschiedenen Komponenten eines Kontextes in ein stimmiges Ganzes zu bringen und dabei selbst einen praktischen Beitrag zum Geschehen zu leisten.

2. Potentielle Tätigkeit

In diesem zweiten Teil möchte ich die Eingebundenheit des wahrnehmenden Subjekts in die Welt, die es wahrnimmt, hervorheben. Das Subjekt ist immer in Situationen verstrickt, die seine Aufmerksamkeit erfordern und es in unterschiedlichen Graden zur Bewegung animieren. Atmosphären erzeugen eine Art der Spannung im Körper und drängen uns so zum Handeln. Insofern rechtfertigen sie ein *praxeologisches Wahrnehmungsverständnis*. In einer ganzen Reihe jüngerer Veröffentlichungen wird versucht, die enge Beziehung zwischen Wahrnehmung und Handeln genau zu fassen. Manche Kognitionswissenschaftler treten dafür ein, Wahrnehmung als „Handlungssimulation"[6] oder als „Verkörperung" *(enaction)*[7] zu begreifen. Von der ökologischen Psychologie wurde der Begriff der „Affordance"[8] ins Spiel gebracht, um zu zeigen, wie die Umgebung als eine Reihe von Handlungsmitteln fungiert.

Die Ethnomethodologie schließlich konzentriert sich auf das „situierte Handeln"[9] und verteidigt die Vorstellung, daß all unsere Wahrnehmungsweisen ein besonderes praktisches Potential besitzen.[10] Die Autoren arbeiten sichtlich auf verschiedenen Gebieten, und doch verteidigt jeder auf seine eigene Weise die Vorstellung, daß Wahrnehmung eng mit dem Handeln verbunden ist und Umgebungseigenschaften mit einbezieht. Hinzu kommt, daß diese Forschungsansätze sich auf die senso-motorische Dimension unserer tatsächlichen Interaktion mit der Umgebung konzentrieren.

Handlungsfähigkeit

Wie aber passen Atmosphären in diesen Zusammenhang? In welcher Weise tragen sie zu den tatsächlichen Handlungsabläufen bei? Festzuhalten ist zunächst, daß Atmosphären sich auf unser Verhalten und unseren körperlichen Zustand auswirken. Eine Atmosphäre kann uns stimulieren oder entspannen, uns packen oder mit sich reißen, uns tragen oder lähmen, und so weiter. Worte wie diese zeigen an, daß Atmosphären nicht einfach nur empfunden werden. Sie beeinflussen auch die Bewegung. Mit anderen Worten, Empfindungs- und Bewegungsfähigkeit sind zwei nicht voneinander trennbare Seiten desselben Phänomens, und es ist nicht möglich, einem von beiden einen Vorrang zuzuerkennen. Wie Kurt Goldstein in seiner sensorisch-tonischen Feldtheorie gezeigt hat, gibt es zu jedem Sinneseindruck eine bestimmte, ihm entsprechende Muskelspannung.[11] Er nannte dies tonische Phänomene. Wenn wir diesen Gedanken aufgreifen, dann können wir Atmosphären als Energiesysteme begreifen, die ihre Anwesenheit durch physische Signale, die von der Umgebung bereitgestellt werden, und durch den Körpertonus lebender Wesen kundtun. Dem entsprechend gibt es keinen völligen Bruch zwischen einem Lebewesen und seiner Umgebung. In gewisser Weise erinnern uns Atmosphären daran, daß lebende Organismen und ihre Umwelt ein und dieselbe Sache sind. Mehr noch, indem wir sagen, daß Atmosphären mit bestimmten körperlichen Spannungszuständen zusammengehen, machen wir auch deutlich, daß sie unsere Handlungsfähigkeit ansprechen. Manche Arten von Atmosphäre, wie wir sie etwa auf Marktplätzen, sportlichen Großveranstaltungen oder in Nachtclubs finden, sind besonders anregend. Sie sind darauf angelegt, uns in einen Zustand der Spannung und der Erregung zu versetzen, der es uns unmöglich macht, nicht zu reagieren. Andere Arten von Atmosphäre, wie etwa in Museen, Kirchen oder Krankenhäusern, neigen dazu, uns ruhiger zu machen, und laden zur Kontemplation und zur Nachdenklichkeit ein. Natürlich sind dies extreme Fälle, aber sie zeigen gleichwohl, daß Atmosphären unsere Handlungsfähigkeit steigern oder schwächen können, indem sie uns in eine bestimmte körperliche und geistige Verfassung versetzen. Gewöhnlich halten wir das Handeln für etwas, was mit der Existenz einfach gegeben ist. Atmosphären jedoch werfen die Frage auf, auf welche Weise Handeln motiviert und ausgebremst werden kann.

Bewegungsstile

Wir haben gesehen, daß Atmosphären unser Handeln beeinflussen, müssen aber noch genauer betrachten, was dies im einzelnen bedeutet. Zunächst sollte man sich klar machen, daß Atmosphären für jegliche Art des Handelns Bedeutung haben. Sie betreffen weniger die Natur der Handlung (das, *was* ausgeführt wird), als vielmehr die Weise ihrer Ausführung (das *Wie* der Handlung oder die Gestalt, die sie während der Ausführung annimmt). Dadurch, daß sie den Körper in einen Spannungszustand versetzen, bestimmen Atmosphären den Rhythmus und die Gestalt unserer Bewegungen.[12] Sie betreffen also das Handeln auf seiner elementarsten Ebene, nämlich der Gebärde. Doch obwohl Handlungen sich auf Gebärden stützen, sollten sie nicht mit ihnen verwechselt werden. Gebärden sind sowohl funktional (Handlung) als auch formal (Ausdruck).[13] Sie befähigen uns nicht nur zur Ausführung von

Handlungen, sondern führen diese auch in gewisser Weise selbst aus. So kann etwa die Handlung des Gehens eine Vielzahl unterschiedlicher Gestalten annehmen. Unser Schritt kann langsam oder schnell, gleichmäßig oder sprunghaft und anderes mehr sein. Diese verschiedenen Bewegungsqualitäten sind jedoch nicht auf diese eine Handlung beschränkt, sondern lassen sich auf alle möglichen Arten von Tätigkeit beziehen, wie zum Beispiel auf das Öffnen von Türen oder das Hinuntersteigen einer Treppe. Dieselbe Handlung kann unterschiedliche Gestalt haben, und unterschiedliche Handlungen können dieselben Bewegungsqualitäten aufweisen. Läßt sich daraus schließen, daß in der Ausführungsweise einer Handlung keine Konsistenz oder Logik zu finden ist? Wenn man das Problem aus einer streng individualistischen Perspektive anginge, müßte man sagen, daß sich jeder Mensch durch eine ganz bestimmte Art, sich zu bewegen, charakterisieren läßt. Dieser besondere körperliche Stil, der jedem von uns eigen ist, stellt so etwas wie eine persönliche Signatur des Subjekts dar.[14] Für unsere Zwecke genügt das allerdings nicht. Wenn körperliche Stile ausschließlich individuell wären, wäre es schwierig zu verstehen, wie sie im selben Raum koexistieren können. Sobald mehrere Menschen an einem Ort zusammentreffen, muß ihr Verhalten irgendwie synchronisiert und wechselseitig aufeinander abgestimmt werden, so daß sie am selben Rhythmus teilhaben.

Wir müssen daher über die individuelle Perspektive hinausgehen und das, was geschieht, von einem orts- und gemeinschaftsbezogenen Blickwinkel aus betrachten. Das soll heißen, daß jede Atmosphäre mit einem Bewegungsstil korrespondiert, der bei allen anzutreffen ist, die von dieser Atmosphäre betroffen sind. In diesem Fall wäre die Art unserer Bewegung bestimmt durch den Ort, an dem die Bewegung stattfindet. Unser Bewegungsstil würde nicht nur unser Verhältnis zu unserer Umgebung zum Ausdruck bringen, sondern auch die Art unseres Zusammenseins.[15] Natürlich bedeutet dies nicht, daß individuelle Unterschiede verschwinden oder keine Rolle mehr spielen, sondern vielmehr, daß sie zu einer Gesamtbewegung beitragen, die nicht einfach als die Summe ihrer Teile begriffen werden kann. Gebärden und Atmosphären hängen substantiell zusammen, insofern sie beide den stattfindenden Handlungsverläufen eine bestimmte Gestalt verleihen. Beide sind Teil der Verbindung zwischen mir, der Welt und den anderen.

Fassen wir erneut zusammen: Durch die Einführung der Handlungsdimension können wir Atmosphären jetzt als *motorische Anregungen* definieren, in dem Sinne, daß sie senso-motorische Programme aktivieren, die zur Grundlage für unseren Umgang mit der Welt werden. Entsprechend kann Wahrnehmung nicht auf die passive Betrachtung der Welt reduziert werden. Vielmehr gehört zu ihr stets das *Handeln in einer bestimmten Weise*.

3. Wahrnehmung im Ausgang von Atmosphären

In den zwei vorausgehenden Abschnitten haben wir versucht, eine Reihe von Ideen über die Beziehung zwischen Atmosphäre und Situation sowie zwischen Atmosphäre und Handlung zu entwickeln. Jetzt wollen wir versuchen, die Beziehung zwischen Atmosphäre und Wahrnehmung noch etwas deutlicher zu fassen. Dazu müssen wir eine *phänomenologische Haltung zur Wahrnehmung* einnehmen. Der Wert des phänomenologischen Ansatzes besteht darin, daß er dem sinnlichen Charakter der Wahrnehmung besondere Aufmerksamkeit widmet und die Annahme in Frage stellt, daß wir es bei der Wahrnehmung immer mit Gegenstandswahrnehmung zu tun hätten. Wahrnehmung umfaßt mehr als nur Akte der Vergegenständlichung, die uns gestatten, die Welt als eine Menge von vereinzelten, wiedererkennbaren Dingen aufzufassen. Aber woher nehmen wir eine Alternative zu diesem weitgehend unangefochtenen Wahrnehmungsmodell, das wir von Descartes übernommen haben?

Das Medium als Drittes

Zu bezweifeln, daß Wahrnehmung eine reine Verstandestätigkeit ist, bedeutet nicht notwendig, eine empiristische Position zu beziehen und Wahrnehmung als Summe einzelner Empfindungen zu verstehen. Was wir tatsächlich klären müssen, ist der Unterschied zwischen Wahrnehmung und Empfindung. Die Hauptthese dieses abschließenden Abschnittes ist, daß Atmosphären in keiner Weise Gegenstände der Wahrnehmung sind. Vielmehr ist es so, daß sie Rahmenbedingungen für die Wahrnehmung setzen. Wir nehmen also mit anderen Worten eine Atmosphäre nicht wahr, sondern wir nehmen *gemäß* der Atmosphäre wahr.

Die Gegenstände, die wir durch die Wahrnehmung erfassen, sind niemals getrennt, sondern stets Teil eines Beziehungsgeflechts. Jeder Gegenstand steht in irgendeiner Beziehung zu anderen. So kann zum Beispiel ein Gegenstand einen anderen verbergen oder ihn teilweise verdecken. Wie die Gestaltpsychologie gezeigt hat, fassen wir keine isolierten Gegenstände auf, sondern vielmehr Gestalten oder Konstellationen von Gegenständen. Doch auch hier gilt wieder, daß die Gegenstände ihre Umgebung beeinflussen. Sie strahlen gewissermaßen aus, projizieren ihre Qualitäten in den Raum hinein und färben das gesamte Umgebungsfeld.[16] Es genügt, einen Gegenstand von einem bestimmten Ort zu entfernen oder hinzuzufügen, um zu sehen, daß er nicht einfach ein Vakuum hinterläßt oder füllt. In einer sehr grundlegenden Weise verändert er das, was es an diesem Ort zu sehen gibt. Man braucht sich nur die Probleme anzusehen, die wir zur Zeit mit der Simulation von Licht-Atmosphären haben. Wenn virtuelle Gegenstände in Fotografien wirklicher Orte eingefügt werden, dann müssen auch die das Licht betreffenden Wechselwirkungen in Rechnung gestellt werden, die *in situ* zwischen tatsächlich existierenden Gebäuden und hinzugefügten Bauteilen unweigerlich stattfänden. Es ist schwierig, die diversen Spiegelungseffekte zwischen Oberflächen mit der Genauigkeit zu berechnen, die nötig ist, um einem Betrachter den Eindruck eines realistischen Bildes zu vermitteln.[17] Hieraus wird deutlich, welche fundamentale Rolle für die Wahrnehmung das Medium spielt. Jeder wahrgenommene Gegenstand erscheint unter bestimmten Lichtbedingungen und setzt notwendig ein Lichtgefüge voraus, das die Art des Erscheinens bestimmt.[18] Selbst das Sehen, das doch der am meisten vergegenständlichende Sinn ist, kann ohne Einbeziehung des Umgebungslichts nicht verstanden werden. Tatsächlich tritt das Licht als drittes zwischen das wahrnehmende Subjekt und die wahrgenommene Welt und verbindet beide miteinander. Auf andere Arten der Wahrnehmung trifft dies sogar noch mehr zu. Unsere Wahrnehmung von Lauten, Gerüchen oder Hitze kann nicht mit der Identifikation eines einzelnen, einfachen Signals gleichgesetzt werden. Immer liegt ihr ein Erscheinungsfeld zugrunde, aus dem die Phänomene hervorgehen und ihre spezifischen Eigenschaften erhalten. So gestattet uns die Einführung des Mediums als drittes Wahrnehmungselement, durch die Offenlegung der Bedingungen und der Weise des Erscheinens, die wahrnehmbare Welt von den Phänomenen her zu begreifen.

Die Grundlagen der Wahrnehmung

Was folgt nun aus den vorangehenden Überlegungen? Wenn Atmosphären von der Welt der Gegenstände unterschieden werden können, dann genau deshalb, weil sie der Ordnung des Mediums angehören. Darum sprechen wir von „Lichtatmosphären", „Klangatmosphären", „Geruchsatmosphären" oder „thermischen Atmosphären". Auf diese Weise bezeichnen wir die Natur des Mediums. Darüber hinaus bringen wir dadurch, daß wir Atmosphären derart charakterisieren, zum Ausdruck, daß sie nicht selbst wahrgenommen werden, sondern vielmehr Wahrnehmung dadurch ermöglichen, daß sie ein Feld bestimmen, in dem diese Phänomene zur Erscheinung kommen. Wir nehmen niemals alles wahr, was unseren Sinnen begegnet. Wie Merleau-Ponty so klar gezeigt hat, „geht die Wahrnehmung einer Sache immer zusammen mit der relativen Nichtwahrnehmung eines Horizonts oder Hintergrundes, der zwar implizit vorhanden ist, aber nicht thematisiert wird."[19]

Wenn der Hintergrund nicht als solcher wahrgenommen wird, dann liegt das eben daran, daß er selbst die Grundlage der Wahrnehmung bildet. Von ihm ausgehend erlangen Phänomene und Ereignisse ihre individuelle Prägung und heben sich von anderen ab. Entsprechend können wir unterscheiden zwischen „dies wahrnehmen" und „einer Sache gemäß wahrnehmen".[20] Im ersten Fall wird unterstellt, daß ein ganz bestimmter Gegenstand von einem wahrnehmenden Subjekt wahrgenommen wird. Die Wahrnehmung wird transitiv und punktuell begriffen: transitiv insofern, als sie zwischen Subjekt und Objekt einen unmittelbaren Bezug herstellt, und punktuell in dem Sinne, daß das Wahrgenommene eindeutig identifiziert, lokalisiert und in seinen Grenzen bestimmt werden kann. Im zweiten Fall richtet sich das Augenmerk auf die *Einstellung*, die man einnimmt, ohne daß ein wahrgenommener Gegenstand vorausgesetzt werden müßte. Hier wird die Wahrnehmung als intransitiv und differentiell vorgestellt: intransitiv in dem Sinne, daß zwischen Subjekt und Objekt das Medium als Vermittlungsinstanz tritt, und differentiell insofern, als sich die wahrgenommene Welt selbst gestaltet, indem sie sich ausdifferenziert und ihre verschiedenen Komponenten zueinander in Spannung setzt.

Zusammenfassend läßt sich sagen, daß der phänomenologische Zugang zur Wahrnehmung uns dahin führt, Atmosphären als *sinnlichen Hintergrund* zu bestimmen, der die Bedingungen, unter denen Phänomene hervorgehen und in Erscheinung treten, festsetzt. Aus dieser Perspektive betrachtet beinhaltet Wahrnehmung nicht nur das Erkennen von Gegenständen in der Umgebung, sondern auch die *Erfahrung des Zustands*, in dem sich das *Medium* zu einer gegebenen Zeit befindet.

Schluß

Ich habe versucht, eine Reihe von Überlegungen zu skizzieren, die es erlauben, den Begriff der Atmosphäre deutlicher zu fassen. Mein Ziel war es zu zeigen, daß dieser Begriff sich nicht in den geläufigeren Begriff der Umgebung eingliedern läßt. Um dies zu erreichen, habe ich die Hypothese aufgestellt, daß Atmosphären ein bestimmtes Verständnis von Wahrnehmung als *situierter* Wahrnehmung erfordern. Im Rückgriff auf Ausdrücke der Alltagssprache habe ich drei auf die Wahrnehmung zurückgreifende Vorschläge gemacht, wie sich urbane Atmosphären charakterisieren lassen.

Urbane Atmosphären	*Theoretischer Rahmen*	*Gewöhnliche Wahrnehmung*
Qualität der Situation	Ökologischer Ansatz	Eine Situation vereinheitlichen
Motorische Anregung	Praxeologischer Ansatz	In einer bestimmten Weise handeln
Sinnlicher Hintergrund	Phänomenologischer Ansatz	Das Medium erfahren

Weit davon entfernt, miteinander in Widerspruch zu stehen, müssen diese drei Ansätze als komplementär verstanden werden. Offensichtlich läßt sich weit mehr über dieses Thema sagen. Mein Ziel war es lediglich, eine Diskussion über die Möglichkeit einer theoretischen Grundlegung des Atmosphärenbegriffs in Gang zu bringen.

Übertragung aus dem Englischen von Michael Hauskeller

---

[1] Das englische und französische Wort *ambience*, das dem deutschen *Atmosphäre* entspricht, kommt vom lateinischen *ambire*, was soviel bedeutet wie umschließen oder um etwas herumgehen.
[2] John Dewey, *Logic: The Theory of Inquiry*, New York 1938.
[3] Der Begriff der „durchgehenden Qualität" (pervasive quality) wird ausführlich in einem der wesentlichsten Aufsätze Deweys erörtert: „Qualitative Thought", in: Ders., *Philosophy and Civilization*, New York 1931, S. 93–116. In der Folge wird der Begriff auch in anderen Werken Deweys verwendet, so in *Art as Experience*, New York 1934, und *Logic*, a.a.O.

[4] Zum Begriff der vagen Logik vergleiche Charles Sanders Peirces Aufsatz „How to Make Our Ideas Clear", in: Popular Science Monthly 12 (1878), S.286-302. Im Rahmen von Peirces Ansatz gehört Atmosphäre zweifellos zur Kategorie der Erstheit, die sich auf Qualität und Empfindung bezieht. Die vage Logik ausdrücklich auf Atmosphären bezogen hat Anne Cauquelin („Paysage et environs, une logique du vague", in: Critique 577–578 (1995), S. 449–457).

[5] John Dewey, *Logic*, a.a.O.

[6] A. Berthoz, *Le sens du mouvement*, Paris 1997.

[7] F. Varela/E. Thompson/E. Rosch, *L'inscription corporelle de l'esprit*, Paris 1993.

[8] James J. Gibson, *The Ecological Approach to Visual Perception*, Boston 1979. [Anmerkung des Herausgebers: Unter Affordance versteht man die Art, wie sich eine Situation zum Benutztwerden anbietet. Vgl. David Kirsh, „The Artificial Use of Space", in: Artificial Intelligence 73 (1995), S. 31–68.]

[9] L. Suchman, *Plans and Situated Actions*, Cambridge 1987.

[10] J. Coulter/E. D. Parsons, „The Praxiology of Perception: Visual Orientations and Practical Action", in: Inquiry. An Interdisciplinary Journal of Philosophy, Vol. 33/3, S. 251–272.

[11] Kurt Goldstein, *The Organism: A Holistic Approach to Biology Derived from Pathological Data in Man* (1939), New York 1995.

[12] Vergleiche J. K. O'Regan/A. Noe, „What it is like to see: A sensorimotor theory of visual experience", in: Synthese 129/1 (2001), S. 79–103.

[13] Das englische Wort *gesture* (Gebärde) kommt vom lateinischen *gestus* mit der Wurzel *gero, gerere*, was sowohl *tun* als auch *tragen* bedeutet.

[14] Die Filmcharaktere, die von Charlie Chaplin oder Jacques Tati dargestellt werden, stechen in dieser Hinsicht besonders hervor.

[15] Zum Thema der Interkorporalität als grundlegender Dimension des Zusammenseins vergleiche besonders Maurice Merleau-Ponty, *Le Visible et l'Invisible*, Paris 1964.

[16] Merleau-Ponty spricht von der „atmosphärischen Existenz" der Farbe und zeigt, wie sie aus sich herausgeht und auf das Licht abfärbt. Vgl. Maurice Merleau-Ponty, *Le Visible et l'invisible*, a.a.O.

[17] Es ist sicher kein Zufall, daß das hierzu verwendete Kalkulationsmodell ein Ausstrahlungsmodell ist. Vgl. J. P. Perrin/I. Fasse, „Simulation d'architectures en synthèse d'image", in: Les Cahiers de la Recherche Architecturale 42/43, S. 105–115.

[18] James Gibson (a.a.O.) führt den Begriff einer optischen Umgebungsordnung ein, um die Art, wie ein Lichtfeld strukturiert ist, zu analysieren.

[19] Maurice Merleau-Ponty, *Résumés de Cours*, Paris 1968.

[20] Bezüglich dieser Unterscheidung und den folgenden Ausführungen vergleiche besonders J. Garelli, „Voir ceci et voir selon", in: *Merleau-Ponty. Phénoménologie et expériences*, herausgegeben von Marc Richir und Etienne Tassin, Grenoble 1992, S. 79–99.

Stefan Majetschak

Die Modernisierung des Blicks

Über ein sehtheoretisches Motiv am Anfang der modernen Kunst

Die Kunst der Moderne, wie sie zwischen 1860 und 1880 zuerst in Frankreich zu entstehen beginnt, ist zweifellos von sehr unterschiedlichen künstlerischen, gesellschaftlichen und wohl auch theoretischen Impulsen auf ihren Weg gebracht worden. Dementsprechend ist es schwierig, in verallgemeinerter Weise begrifflich zu erfassen, was der spezifische »Modernismus« der künstlerischen Moderne überhaupt sei[1] bzw. – falls man eine *post*moderne Ausdrucksweise bevorzugt – *gewesen* sei. Wie im folgenden gezeigt werden soll, wird man freilich nicht gänzlich falsch liegen, wenn man betont, daß mindestens *ein* gemeinsames Motiv vieler Künstler, aber auch zahlreicher zeitgenössischer Theoretiker jener heroischen Tage der Moderne in ihrem Interesse an einer »Modernisierung des Sehens« bestand. Ja, vielleicht muß man sogar mit Jonathan Crary sagen: Wenn Kunsttheoretikern wie „Ruskin" und Fiedler und Künstlern wie „Cézanne und Monet und anderen" überhaupt „irgend etwas gemeinsam" gewesen sei, so sei es dies, daß es allen „um ein Sehen" ging, welches nicht zuletzt im Werk der Kunst erarbeitet wird, das also „unter großen Schwierigkeiten zustande kommt und für das Auge einen Blickwinkel beansprucht, der vom Gewicht historischer Codes und Konventionen des Sehens befreit ist".[2] Um eine solche Modernisierung des Sehens ging es dabei konkret in einem zweifachen Sinn: Entweder war man der Überzeugung, daß ein von historischen Konventionen geprägtes Sehen *mittels* der Kunst als solches zu modernisieren sei, oder man propagierte programmatisch, daß die neue Kunst einem am Ende des 19. Jahrhunderts *längst* technisch und medial modernisierten Sehen endlich auch künstlerisch Rechnung zu tragen habe.

Nun kann man die Virulenz einer solchen zwiefältigen Programmatik zu Anfang der Moderne im Sinne eines kunsthistorischen Faktums zur Kenntnis nehmen. Ob sie sich als ernsthaftes und die Entwicklung der Kunst vorantreibendes Motiv auch sinnvoll *verstehen* lasse, ist eine ganz andere Frage. Denn was soll es eigentlich bedeuten, daß das menschliche Sehen nicht nur von historischen Konventionen geprägt, sondern zudem auch noch im Sinne einer Befreiung von ihnen zu »modernisieren« sei? Ist das Sehen überhaupt *modernisierungsbedürftig* und *modernisierungsfähig*? Orientiert man sich an einem auch heute noch weitverbreiteten Begriff des Sehens, demzufolge es nichts anderes sei als eine instantane, »photographisch«-perfekte Widerspiegelung der objektiven Sichtbarkeitsordnung der Welt durch Licht auf der Netzhaut des Auges, dann wird man die letzte Frage wohl verneinen müssen. Denn *was* sollte daran überhaupt veränderungsfähig (geschweige denn modernisierungsbedürftig) sein? Und auch dem Gedanken, daß das Sehen von historisch veränderlichen Sehkonventionen formiert sei, wird man vor dem Hintergrund eines solchen Begriffs vom menschlichen Sehen wenig abgewinnen können. Doch ist *dieser* Widerspiegelungsbegriff des Sehens – wie man ihn nennen könnte – wirklich alternativlos? Und für das Verständnis des Geschehens in der Kunst am Anfang der Moderne wichtiger noch dürfte die Frage sein: Gingen diejenigen Künstler und Kunsttheoretiker, die sich für das Programm einer »Modernisierung des Blicks« stark machten, von einem *solchen* Verständnis des Sehens aus?

Sehtheoretische Paradigmata

Daß der Widerspiegelungsbegriff des Sehens nicht alternativlos ist, mag man bereits daran erkennen, daß sich das Datum seiner definitiven Durchsetzung als herrschendes sehtheoretisches Paradigma recht genau benennen läßt. Die antike Wissenschaft ging mehrheitlich von einer ganz anderen Vorstellung vom Prozeß des menschlichen Sehens aus, wie sie exemplarisch in Platons *Timaios* zum Ausdruck kommt. Ihr zufolge ist das menschliche Sehen keinesweg nur passiv-widerspiegelnd. Vielmehr sendet das Auge, wie man annahm, einen lichtartigen Sehstrahl *aktiv* aus, wobei das jeweilige Gesichtsbild, also der je faktische Anblick der sichtbaren Welt, als Produkt einer Synthese von aktiv ausgestrahltem Augenlicht und natürlichem, von den Dingen reflektiertem Licht erklärt wird.[3] Wohl weil dieses Modell des Sehens nicht nur von der Physik des Lichts, also der Widerspiegelung der Welt nach optischen Gesetzen ausgeht, sondern den *aktiv* sehenden Menschen berücksichtigt, der sich blickend in der Welt orientiert, der einmal hierhin, einmal dorthin schaut, der jedenfalls nur das wirklich sieht, worauf er seinen Blick auch wendet, behielt es lange hohe Plausibilität. Denn bis es „um das Jahr 1000" n. Chr. unter dem Einfluß des „islamische[n] Aristotelismus", mit dessen mittelalterlicher Rezeption in Europa sich der Jahrhunderte später erfolgende „Paradigmenwechsel von der Sendetheorie" der Antike „zur Empfangstheorie"[4] im Sinne der neuzeitlichen Optik vorbereitete, erstmals wirklich ins Wanken geriet, blieb es bei vielen prominenten Autoren ungebrochen in Geltung. Und die Widerspiegelungs- bzw. Empfangstheorie des Sehens setzte sich auch dann keineswegs gleich vollständig durch. Vielmehr dauerte es noch bis zur frühen Neuzeit, bis sie im Werk von Johannes Kepler zum Durchbruch gelangte.

Dies geschah wohl nicht zuletzt deshalb, weil sich Kepler – wie vor allem Jonathan Crary in seinem Buch »Techniken des Betrachters« gezeigt hat – bei seiner Analyse des Sehprozesses an einem Modell orientierte, dessen Verwendung vielen damals wie heute plötzlich als die Lösung aller bisherigen sehtheoretischen Probleme erschien: nämlich an der *camera obscura* als einem „Analogon zum menschlichen Auge".[5] Deren Prinzip, daß „Licht, das durch eine kleine Öffnung in einen abgedunkelten und abgeschlossenen Raum fällt, auf der der Öffnung gegenüberliegenden Wand ein seitenverkehrtes Bild erzeugt",[6] war durchaus bereits seit der Antike bekannt. Doch erst mit den epochemachenden Schriften Keplers wird es zum dominierenden Erklärungsmodell für das Sehen des Menschen. Kepler gibt ihm in seinen *Paralipomena ad Vitellionem* von 1604 die maßgebliche Formulierung, wenn er das menschliche Auge dort „mit einem optischen Dispositiv gleichsetzt, mit einer Dunkelkammer mit der Pupille als Öffnung, der Iris als Membran, der Kristallinse als sich zusammenziehendem Objektiv und der Netzhaut als Schirm, worauf das Bild entsteht".[7] „Das Sehen", schreibt Kepler, „geschieht" vor dem Hintergrund solcher modelltheoretischer Annahmen über die physiologische Verfassung des Auges nun „durch das Gemälde des gesehenen Gegenstandes auf der weißen und hohlen Wand der Netzhaut, und was draußen rechts liegt, malt sich auf der linken Seite der Wand ab, das links gelegene rechts, das obere unten, das untere oben ab: das Grüne auch mit grüner Farbe, und überhaupt wird jeder Gegenstand in seiner eigenen Farbe abgemalt; so daß […] ein Mensch", der „ein genügend scharfes Gesicht hätte", die „Zeichnung des Gesichtsfeldes an dem so winzigen Bereiche der Netzhaut erkennen würde" wie auf einem gewöhnlichen, äußerlich anschaubaren Bild – vorausgesetzt natürlich, daß „es möglich wäre, daß sich das Gemälde auf der herausgenommenen und ans Licht gebrachten Netzhaut erhalten könnte, nachdem das zuvor [B]efindliche fortgenommen wurde, das es entstehen ließ",[8] wie Kepler im selben Satz noch einschränkend hinzufügt. Damit ist das menschliche Gesichtsbild als ein (wenn auch nicht fixierbares) *camera-obscura*-Bild auf der Netzhaut des Auges erklärt, auf dem sich *die Welt selbst* nach optischen Gesetzmäßigkeiten »abmalt«. Und es wird angenommen, daß das Sehen *nichts anderes* sei als dieser physiologisch beschreibbare Prozeß, in dem letztlich die Welt, nicht der sehende Mensch, der Urheber der Netzhautbilder ist. Theorie des Sehens wird so bei Kepler nun zur „*Physik des Lichts*",[9] die nicht mehr vom sehenden Menschen, sondern nur noch von den optischen Gesetzen handelt, denen zufolge von den Dingen der Welt reflektierte, das Auge *mechanisch* affizierende Lichtimpulse auf der Netzhaut ein Bild des Gesehenen zeichnen, welches – wie man meinte – „unmittelbar und auf einmal"[10] eine in der Ordnung der Dinge verankerte Anschauung der visuellen Gestalt der Welt präsentiert. Und diese sei auf Grund der naturalen, physiologisch beschreibbaren Verfassung des Auges für alle Menschen und zu allen Zeiten im Wesentlichen, will heißen: unter Zugrundelegung eines organischen »Normalzustandes« des »gesunden« Auges, *die gleiche*.

Sieht man von einigen wenigen, historisch kaum wirksam gewordenen Sehtheorien wie Berkeleys *Versuch über eine neue Theorie des Sehens*[11] ab, wird dieser allgemeine Befund über den passiven, mechanisch-rezeptiven Charakter des Sehens auch durch Theorien nicht entscheidend verändert, die (wie Descartes' *Dioptrique*[12]) im Prozeß des Sehens eine aktive Leistung seitens des Subjekts veranschlagen. Da nämlich das Netzhautbild, wie bereits Kepler wußte, das Gesehene wie eine *camera obscura* unter Umkehrung der räumlichen Verhältnisse des visuellen Erfahrungsraumes darbiete, bestünde die im Sehen zu veranschlagende Aktivität des menschlichen Geistes nur darin, aus dem jeweiligen Netzhautbild die räumliche Verfassung des phänomenalen Gesichtsraumes nach geometrischen Gesetzen zu *re*konstruieren. Noch Kant schließt sich diesem Verständnis des menschlichen Sehens an, wenn er den „Sinn des Sehens" den Sinnen „des *mechanischen* [...] Einflusses" zurechnet, vermittelst dessen „durch eine nur für ein gewisses Organ (die *Augen*) empfindbare Materie, durch *Licht*", auf der Netzhaut „ein Punkt für das Objekt im Raume bestimmt"[13] werde. Insofern ein solches mechanistisches Verständnis des Sehens in der Neuzeit dominiert, läßt sich deshalb gewiß sagen, es sei der „sehende Mensch", den die antike Sehtheorie bedachte und der – wie wir heute noch gleichsam »sehstrahlentheoretisch« sagen – aktiv »einen Blick in die Welt wirft«, seit Kepler „endgültig"[14] aus der Theorie des Sehens verschwunden.

Als mechanische Reproduktion der vorgegebenen Sichtbarkeitsordnung der Welt in der Tradition von Kepler bis Kant denken wir uns das Sehen noch heute zumeist. Doch stimmt es denn, daß Sehen tatsächlich *nichts anderes* ist als dies? Oder suggeriert uns dies vielleicht nur das *camera-obscura*-Modell, mit dessen Hilfe wir den naturalen Vorgang des Sehens beschreiben? Ist das *camera-obscura*-Modell also vielleicht gar nicht »die ganze Wahrheit«, sondern – wie das antike Sehstrahlenmodell oder Leonardos metaphorische Beschreibung des Auges als „Fenster des menschlichen Körpers"[15] – auch *nur* ein Modell mit Grenzen?

Für diesen Verdacht spricht einiges. Auch wenn das physiologisch beschreibbare Geschehen auf der Netzhaut gar nicht bestritten werden kann (und selbstverständlich auch nicht bestritten werden *soll*), erscheint es doch fraglich, ob in ihm aufgeht, was wir meinen, wenn wir uns mittels des Ausdrucks »sehen« auf Gegenstände oder Ereignisse innerhalb dessen beziehen, was man als den »visuellen Erfahrungsraum« oder auch als den »phänomenalen Gesichtsraum« des Menschen bezeichnen kann.[16] Offenkundig ist *dieser* Raum ja gänzlich anders strukturiert als *jedes* durch mechanische Widerspiegelung erzeugte Bild, sei es auf der Netzhaut, sei es in einer *camera obscura* oder auf einer Photographie. Und es ist der Raum, in dem wir wirklich Dinge im gewöhnlichen Sinne *sehen*, was man schon daran erkennen mag, daß er uns räumliche Verhältnisse *niemals* seitenverkehrt präsentiert wie das sogenannte objektive Netzhautbild. Seine Struktur ist gar nicht allein durch die Physik des Lichts erklärbar, denn sie verdankt sich über jene hinaus auch subjektiven Präformationen des Blicks: Ausrichtungen der Aufmerksamkeit und des Interesses des Blickenden, seiner psychischen und organischen Verfassung. Einfach gesagt: Müdigkeit oder Vigilanz beispielsweise lassen je Unterschiedliches erblicken, ebenso, wie der wissenschaftlich interessierte Blick in die Natur anderes gewahrt als der des romantischen Naturliebhabers. Abhängig vom Blick, *nicht* nur vom Sich-Zeigenden, treten im phänomenalen Gesichtsraum Einheiten, Gestaltbildungen, eben *sichtbare* Zusammenhänge hervor. Im psychoanalytisch interessanten Grenzfalle wird – das ist bekannt – das, was das Netzhautbild präsentiert, *gar nicht* wahrgenommen. Und dies alles in so weitgehendem Maße, daß man geradezu fragen möchte, ob es so etwas wie eine feststehende visuelle Identität der sichtbaren Welt überhaupt gibt.

Überdies ist von einer kognitiven Imprägnierung des visuellen Bewußtseins wohl generell auszugehen. Denn begriffliche Muster scheinen notwendig, um *im* je gegebenen Gesichtsbild muster*analoge* Stukturen dann auch bewußt zu erblicken. „Rezeption und Interpretation" durch begriffliche Muster lassen sich insofern als im bewußten Sehen stattfindende „Vorgänge nicht trennen". „Das Auge", schrieb Goodman in diesem Sinne, „beginnt immer schon erfahren seine Arbeit, es wird von seiner eigenen Vergangenheit und von alten und neuen Einflüsterungen des Ohrs, der Nase, der Zunge, der Finger, des Herzens und des Gehirns beherrscht. Es funktioniert nicht allein und als Instrument aus eigener Kraft, sondern als pflichtbewußtes Glied eines komplexen und kapriziösen Organismus. Nicht nur wie, sondern auch was es sieht, wird durch Bedürfnis und Vorurteil reguliert. Es wählt aus, verwirft, organisiert, unterscheidet, assoziiert, klassifiziert, konstruiert. Eher erfaßt und erzeugt es, als daß es etwas widerspiegelt."[17]

Was Goodman mit den zitierten Worten in Erinnerung ruft, war in den ersten Jahrzehnten des 19. Jahrhunderts, als das mechanistische Paradigma für viele an Plausibilität verloren hatte, eine weitverbreitete sehtheoretische Überzeugung. Zu einem solchen Plausibilitätsverlust war es unter anderem dadurch gekommen, daß Goethe und der Physiologe Johannes von Müller[18] am Beispiel der Wahrnehmung sogenannter »physiologischer Farben« die produktive Dimension des Sehens entdeckt hatten: Farben, die das Auge *ohne* den mechanischen Impuls eines optischen Außenreizes gewahrt, den das *camera-obscura*-Modell für jeglichen Seheindruck als notwendig erklärt. Man nimmt sie wahr, wenn man z. B. längere Zeit intensiv auf eine bestimmte Farbfläche schaut und dann mit dem Auge plötzlich auf eine weiße Fläche wandert. Dann bemerkt man, daß man auf einmal die Komplementärfarbe der eben betrachteten Farbe *sieht*. Das Auge bringt, was es sieht, hier offenbar selbst in produktiver Weise hervor, und zwar durchaus mit einer nachvollziehbaren Gesetzmäßigkeit, wie sie Goethe beispielsweise in seiner *Farbenlehre* untersuchte und beschrieb. Die Produktivität des Auges schien ihm dabei in diesem und in ähnlichen Fällen so evident, daß er sich – mit seinem diesbezüglichen Gewährsmann Johannes Evangelista Purkinje – sogar von einem „Eigenleben des Auges"[19] zu reden genötigt fand; davon, daß „in seiner eigentümlichen Reaktion gegen die Außenwelt" stets „das zugleich Fremde und Eigene"[20] zu unterscheiden sei. Was wir jeweils sehen, ist gewissermaßen Verschmelzungsprodukt von beidem, was Goethe damit erklärte, daß in jedem Sehakt „Gedächtnis, produktive Einbildungskraft, Begriff und Idee alles auf einmal im Spiel",[21] d. h. „in den Sinnesorganen selbst" bei der Formung des Gesichtsbildes „tätig"[22] seien.

Das 19. Jahrhundert war von der Idee einer Produktivität des Auges fasziniert und erörterte sie nicht nur in theoretischen Debatten, sondern machte sie sich, wie Jonathan Crary gezeigt hat, auch beim Bau und bei der Verwendung von optischen Geräten zunutze, die (wie Phenakistiskop und Stereoskop) das Auge veranlassen, Bewegungs- und Raumillusionen zu erzeugen, und die in der Mitte des Jahrhunderts zu massenhafter Verbreitung gelangten. Die sehtheoretischen Debatten, die in unserem Zusammenhang im Vordergrund stehen müssen, drehten sich darum, *erstens* in welchem Maße produktive, dem Eigenleben des Auges entspringende Momente in die Konstitution menschlicher Gesichtsbilder einfließen und *zweitens*, wie die produktive Dimension des Sehens angemessen zu beschreiben und zu erklären sei. Noch bei Hermann von Helmholtz, dessen physiologische „Optik [...] die zweite Hälfte des 19. Jahrhunderts dominierte",[23] wird Sehen so als ein teils eigen-, teils fremdbestimmter Prozeß verstanden, in dessen Zuge ein Betrachter ein visuelles Bewußtsein autonom hervorbringt. „Letztlich wird das Sehen" im Rahmen der eingehenden Diskussion, die es im Laufe des 19. Jahrhunderts erfährt, dabei geradezu „neu definiert als die Fähigkeit, von Sinneswahrnehmungen affiziert sein zu können, die" zwar vielfach, aber doch „nicht notwendigerweise einen Bezugspunkt in der äußeren Welt haben".[24]

Wie stark das Widerspiegelungsmodell eines *camera-obscura*-artigen Sehens im 19. Jahrhundert ins Wanken geriet, mag man daran ermessen, daß einige Autoren sogar so weit gingen, dem menschlichen Sehen eine innere Geschichtlichkeit zuzuschreiben. Im allgemeinsten Sinne besagt der Gedanke einer internen »Geschichtlichkeit des Sehens« dabei, daß Sehen nicht primär als mechanisches Widerspiegeln einer vorgegebenen visuellen Wirklichkeitsordnung, sondern im Grundzug vielmehr als ein „kulturell geprägter", historischen Wandlungen unterliegender „Vorgang" der „produktive[n] Verarbeitung" von „Wahrnehmungsdaten"[25] zu verstehen sei. Thesenartig wird er wohl zuerst in Wilhelm Riehls Schrift »Das landschaftliche Auge« von 1850 formuliert, wenn es dort heißt, „daß jede Generation in einem anderen Stile sieht".[26] Für die Kunstgeschichte hat ihn bekanntlich Wölfflin zuerst fruchtbar zu machen versucht, indem er von der Idee einer „Entwicklungsgeschichte des abendländischen Sehens" ausging, weil sich „Sichtbarkeit", wie er meinte, „für das Auge" stets nur unter gewissen, historisch wandelbaren Formen konstituiere. So konnte er die Kunstgeschichte als „allgemeine Seh- und Darstellungsgeschichte" konzipieren, die stilistische Wandlungen der Kunst von epochalen Veränderungen dominanter Sehformen als abhängig begreift.[27] Vor dem Hintergrund des mechanistischen Sehmodells muß dies nachgerade als absurd erscheinen.

Die Konstitution der sichtbaren Welt

Doch einen mechanistischen Begriff vom Sehen vertraten all diese Autoren eben nicht. Sofern sie jedoch das intellektuelle Klima des 19. Jahrhunderts bestimmten, ist es im Grunde keine Überraschung, daß auch die Künste und führende ihrer Theoretiker von einem solchen Verständnis des Sehens abrückten. Am nachdrücklichsten hat dies im späteren 19. Jahrhundert vielleicht der deutsche Kunsttheoretiker Konrad Fiedler getan, dessen Werk die entscheidenden Theoriemotive präludiert, die in der Moderne mindestens für diejenigen Künstler bedeutsam waren, die sich dem Programm einer Modernisierung des Blicks verschrieben.

Das „Sehen ist kein mechanischer Akt",[28] schrieb Konrad Fiedler; es ist in keiner Weise einer *camera-obscura*-artigen Bilderzeugung vergleichbar. Im Gegenteil; sehtheoretisch genau betrachtet, ist Keplers Paradigma geradezu irreführend, insofern es impliziert, daß eine *sich* auf der Netzhaut »abmalende« Welt instantan perfekte, in keiner Weise mehr verdeutlichungsbedürftige Gesichtsbilder liefere. Dies freilich ist für Fiedler eine zwar weitverbreitete, nichtsdestoweniger aber dogmatische Auffassung, die einer genauen Phänomenologie des Sehens nicht standhält. Diese kann nämlich einsichtig machen, daß die Menschen – was auch immer ihr Netzhautbild jeweils zeigen mag – innerhalb ihres visuellen Erfahrungsraumes normalerweise gar kein klares Bewußtsein von der anschaulichen Gestalt der Dinge haben. Denn kaum zu bestreiten ist, daß der Mensch „im gewöhnlichen Leben […] bei der Anschauung nur bis zu dem Punkte [beharrt], wo ihm das Einlenken in die Abstraktion" – Fiedler meint: die Identifikation des Gesehenen durch abstrakte Allgemeinbegriffe – „möglich wird. […] [J]ede Anschauung, die sich ihm aufdrängt, entschwindet ihm" deshalb „*als* Anschauung, sobald der Punkt erreicht ist, wo er mit seinem Begriffsvermögen gleichsam einhaken"[29] kann. Wir schauen nur hin, bis wir anhand von zwei, drei Merkmalen zur begrifflichen Identifikation gelangen. Wie dasjenige, was wir benennen und beschreiben können, tatsächlich *aussieht*, wissen wir gewöhnlich kaum. Denn die Anschauung ändert sich, ja entschwindet in jedem Moment. So bleibt das anschauliche Bewußtsein des Menschen von der visuellen Gestalt der Welt gewöhnlich weitgehend unentfaltet.

Das Irreführende des mechanistischen Sehmodells wird noch deutlicher, wenn man es mit der Wirklichkeit des Sehens konfrontiert und bemerkt, daß ein kameraartiges Sehen in einem isolierten Zeitschnitt dem menschlichen Sehen *gar keine* Anschauungsbilder liefert. „Experimente", die Fiedler noch nicht kennen konnte, haben vielmehr „gezeigt, daß das Auge nicht normal zu sehen vermag, ohne sich relativ zu dem, was es sieht, zu bewegen [...]. Das fixierte Auge" ist tatsächlich „blind."[30] Denn für ein fixiertes Auge neigen die fokussierten Wahrnehmungsgegenstände überraschenderweise dazu, „ziemlich plötzlich" aus dem Kontext der bewußten Wahrnehmung „zu verschwinden".[31] Es vermag *keinerlei* Gesichtsbild stabil zu halten. Zur Wirklichkeit des Sehens gehört vielmehr konstitutiv die Bewegtheit des Auges, das „Abtasten"[32] des jeweiligen visuellen Raums in einem zeitlichen Prozeß, welcher die Gebilde des phänomenalen Gesichtsfelds als Synthesisprodukt sukzessiver Augenbewegungen, als Überblendungs- und Verschmelzungsresultate mannigfacher Eindrücke, produktiv hervorbringt.

Dies hatte Fiedler ohne Kenntnis solcher Experimente nur auf Grund einer genauen Beobachtung des Sehaktes bemerkt, wenn er feststellte, daß eine jede Anschauung des Menschen durch ein „Nacheinander von Eindrücken",[33] genauer gesagt: durch eine Vielfalt von Impressionen einer zeitlichen Bewegung des Auges oder des Körpers im visuellen Erfahrungsraum, konstituiert werde. Das Auge ist – wenigstens in der Wirklichkeit des Sehens – also gar nicht der fixierte, gewissermaßen zeitenthobene Fixpunkt einer statischen Sehpyramide, sondern »schwingt« im variablen Rhythmus der Zeit, wie es Man Rays berühmtes Multiple zeigt.

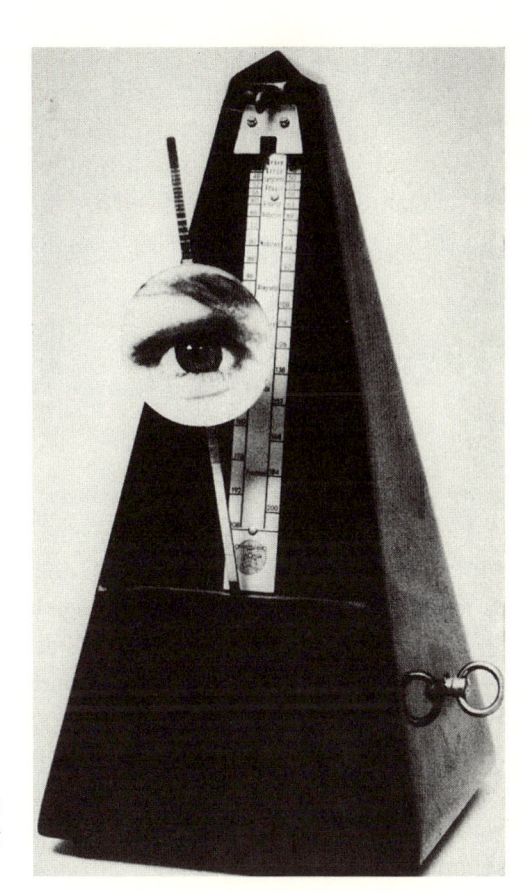

Abb. 1:
Man Ray:
Objet à détruire
(1923 ff.), später als
Indestructible Object
bezeichnet.[34]

Und dabei liefert es keineswegs ein definitives und in sich perfektes Anschauungsbild der sichtbaren Welt, das man als die *im Sehen gegebene visuelle Identität* eines Gegenstandes ansehen könnte. Was sich zeigt, ist vielmehr stets ein in sich abgeschattetes, von in der Zeit des Sehens veränderlichen Fokussierungen durchsetztes Sichtbarkeitsgebilde. Alles sieht – man scheut sich beinahe, solche Trivialitäten auszusprechen – in anderem Lichte und zu anderen Zeiten, aus veränderten Perspektiven, bei flüchtigem oder intensiviertem Hinsehen, stets anders aus und zeigt sich in individuellen Form- und Farbkonstellationen. Was wir wirklich wahrnehmen, sind so besehen „transitorische Gestalten"[35] des Sehens von temporaler Identität, die sich das Auge unter wechselnden Rahmenbedingungen immer wieder erarbeitet – und zwar je neu mit jeder räumlichen und zeitlichen Bewegung des Blicks. Und so muß man angesichts des temporalen Konstitutionscharakters aller visuellen Erfahrung wohl generell sagen, daß jegliche visuelle Ordnung, die wir kennen, „*mit dem Sehen* […] zugleich entspringt".[36]

Und eine jede solche Ordnung ist, wie man bemerkte, vielfach von »historischen Codes und Konventionen« des Sehens geprägt. Im späten 19. und frühen 20. Jahrhundert war dies eine durchaus geläufige, verbreitete Einsicht. Man sprach von „Sehformen"[37], „Sehkategorien"[38] bzw. von visuellen „Formeln" und „konventionellen Bildern", welche einen „Schematismus"[39] des Sehens bedingten, dessen geläufig gewordene Formen visuellen Interpretierens dasjenige bestimmten, was man für das unveränderliche Gesicht der Welt zu halten neigt. Auf sie, die als kulturell bedingte Komponenten der Wahrnehmung mit dem Bilderschatz einer Kultur überliefert werden, greift das Auge bei seinen Gestaltfindungen im dynamischen Feld des Sehens zurück, insofern der menschliche Blick nach ihrer Maßgabe zur Einheit der jeweiligen Form- und Gestaltwahrnehmung findet.

Dieser Gedanke wird verständlicher, wenn man sich klarlegt, welche Gemeinsamkeiten – aber auch welche Unterschiede – es zwischen den für das Sehen als konstitutiv behaupteten Sehkategorien und jenen Kategorien des Denkens gibt, von denen die tradierte Philosophie gesprochen hat. Unter »Kategorien« versteht man in der Philosophie gewöhnlich oberste Begriffe, mit deren Hilfe das menschliche Denken Ordnung, Struktur, in die Mannigfaltigkeit der individuellen Erfahrung hineinbringt. Kant hatte sie in diesem Sinne als „Begriffe von einem Gegenstande überhaupt" erklärt, „dadurch dessen Anschauung in Ansehung einer der logischen Funktionen zu Urteilen *als bestimmt angesehen* wird".[40] Kausalität, das Schema von »Ursache und Wirkung«, ist z. B. ein solcher kategorialer Grundbegriff. Denn er dient dazu, subjektiv in zeitlicher Folge wahrgenommene Anschauungen von Gegenständen im Raum *als* derart *bestimmt anzusehen*, daß wir ihre Relation in einem Urteil der logischen Form »wenn x, dann y« als objektiv gültig – in diesem Falle: als auf Grund von Verursachung in einer objektiven zeitlichen Folge stehend – denken können. Wir *betrachten* ihre Relation mit Hilfe dieses oder ähnlicher Begriffe so, damit wir eine objektiv bestimmte Erfahrungswelt denken können. Wie Kant und nach ihm viele neuzeitliche Philosophen argumentierten, gewinnen wir solche Grundbegriffe sowie die zugehörigen Ordnungsschemata, die wir dabei anwenden, nicht aus der Erfahrung, sondern tragen sie vielmehr an diese heran, indem wir alles nach ihrem Muster denken. So bringen wir durch ihre beständige Anwendung eine feste Struktur in unseren Erfahrungsraum hinein.

Nicht anders verhält es sich mit jenen Schemata, die man als »Sehkategorien« bezeichnete. Als Beispiele für solche „stetigen Grundformen" der Organisation des visuellen Erfahrungsraumes hatte etwa Daniel-Henry Kahnweiler „Kubus, Sphäre und Zylinder" genannt. „Die natürliche Körperwelt", schrieb er, „hat diese Formen nicht, noch regelmäßige Linien. Aber sie liegen fest verankert im Menschen. Sie sind Voraussetzungen für jedes körperliche Sehen", das feste Form und Gestalt nur gewahrt, wo es die jeweiligen, individuellen Seheindrücke im Lichte solcher Formen *als* (re-)identifizierbare Gestaltbildungen *ansieht*. So bilden sie „das feste Gerüst, auf das wir die aus Netzhautreizen und Erinnerungsbildern zusammengesetzten Erzeugnisse unserer Einbildungskraft auftragen",[41] weil Sichtbarkeit nur durch ihre organisierende Funktion überhaupt eine feste, gleichbleibende Kontur gewinnt, und insofern ist unsere „Kenntnis apriori dieser Formen […] die Voraussetzung, ohne die es für uns kein Sehen, keine Körperwelt gäbe."[42] Sie sind die Muster der Konstitution unserer sichtbaren Welt.

Natürlich billigen nicht alle Autoren, die von einer Prägung des Sehens durch sichtbarkeitskonstitutive »Sehformen« sprachen, diesen auch kategorialen Status im Sinne Kahnweilers zu, der sich an einem Kantischen Kategorienbegriff orientierte. Man kann wohl auch an jene schematischen Darstellungen denken, mit denen man zeigt, wie etwas, eine Sache, ein Tier, ein Menschentypus etc., im allgemeinen aussieht. Denn in ihnen drückt sich so etwas wie eine Wahrnehmungspraxis, d. h. eine kulturell und historisch durchaus variable Praxis, bestimmte Aspekte des visuellen Erscheinungsbildes einer Sache *als* signifikant *zu betrachten*, aus. Und über solche Schemata des Sehens läßt sich durchaus auch begrifflich Auskunft geben, was etwa geschieht, wenn wir über die (vermeintliche) visuelle Identität des Gesehenen sprechen und Merkmale nennen, die die durchschnittliche visuelle Erscheinungsform von etwas konstituieren. Anders als die Kantischen Kategorien des Denkens lassen sie sich nicht aus einem Prinzip ableiten oder auch nur annähernd vollständig aufzeigen. Zudem ist es auch nicht möglich, ihre universelle, überzeitliche Geltung auszuweisen, was Kant für die Kategorien des Denkens glaubte leisten zu können, indem er ihre konstitutive Funktion für jede *mögliche* Erfahrung erwies. Im Gegenteil; die theoretische Pointe, auf die viele Autoren seit dem späteren 19. Jahrhundert abzielten, bestand vielmehr gerade darin, daß man die sichtbarkeitskonstitutiven Grundformen als historisch variable, kulturell bedingte Präformationsmuster des Sehens dachte.

Einen ihrer Ursprünge haben sie gewiß in der Kunst, wie manche Autoren seit Konrad Fiedler dachten, der die „Bedeutung hervorragender Künstler" gerade darin sah, „daß sie mit den Mitteln ihrer Kunst dem erkennenden Bewußtsein des Menschen *Neues* zuführen", also das Bild der Welt „in den Köpfen der Menschen umgestalten".[43] Und der Maler und Kunsttheoretiker Reimer Jochims schrieb in vergleichbarer Weise, es sei „die jahrhundertelang wirkende Malerei der alten Meister mit ihrem Realismus und mit ihrer Formkraft, die uns die Vorstellung der sichtbaren Welt so gezeigt und eingeprägt hat",[44] daß wir in ihr die objektive Sichtbarkeitsgestalt der Welt wiederzuerkennen glauben. Doch wie und wo Präformationsmuster des

Sehens auch immer ihren Ursprung haben: Sie setzen sich in den Wahrnehmungsweisen der Menschen fest und sorgen dadurch zwar für ein stabiles, wenn auch gewöhnlich konventionelles Bild der sichtbaren Welt. Sie bestimmen so die „ausgetretenen Pfade des alltäglichen Sehens",[45] doch führen sie auch dazu, daß sich die meisten um ein intensiviertes Bewußtsein der visuellen Gestalt der Welt kaum mehr bemühen. So werden die einstmals visuell innovativen Fassungen von Sichtbarkeitsformen durch die Kunst im Laufe der Zeit zu „erstarrten visuellen Systemen", welche „die versteinerte Kruste über dem Magma der Wirklichkeit des Sehens"[46] bilden; – jedenfalls in der „Durchschnittsanschauung der Menge",[47] wie Fiedler abschätzig schreibt.

Propagandisten eines neuen Sehens

Solche Verkrustungen aufzubrechen, die „Arbeit des Sehens"[48] also über konventionalisierte Sichtweisen hinauszuführen, darin sah Fiedler die eigentliche Aufgabe aller Kunst, die – wie inzwischen deutlich geworden sein sollte – überhaupt nur vor dem Hintergrund eines nicht-mechanistischen Begriffs vom Sehen denkbar erscheint. In wichtigen Strömungen der künstlerischen Moderne wird sie zum expliziten Programm, so daß es nicht verwundert, daß der Maler Karl Otto Götz über Fiedlers Schriften sagen konnte, sie seien „für die Maler [s]einer Generation und die der älteren Klassiker der Moderne eine Offenbarung"[49] gewesen. Doch ob sie Fiedlers Schriften nun kannten oder nicht: Vielen von ihnen ging es, wie eingangs thesenartig behauptet wurde, entweder darum, mit den Mitteln der Kunst einem neuen, von den Verkrustungen eines konventionellen Sehens befreiten Sehen Ausdruck zu verleihen, oder darum, ein solches erneuertes Sehen – wie auch Fiedler propagierte – durch bildnerische Maßnahmen *im* Werk bzw. *mittels* des Werkes allererst zu erarbeiten.

Natürlich waren es zumeist den Künsten nahestehende Theoretiker, aber gelegentlich auch theoretisch ambitionierte Künstler, die diese doppelte Programmatik deutlich aussprachen. Das erstere, daß es der neuen Kunst darum gehe, einem Ende des 19. Jahrhunderts längst modernisierten Sehen nun auch endlich künstlerisch Rechnung zu tragen, betonte etwa Hermann Bahr, dem alle „Geschichte der Malerei […] immer" als „Geschichte des Sehens" galt, und der die grundstürzenden Veränderungen ihrer zeitgenössischen Erscheinungsformen deshalb damit erklärte, daß sie einem epochal veränderten Sehen zu genügen suche. „Die Technik" der Malerei, schrieb er in seinem Expressionismus-Buch des Jahres 1916, „verändert sich erst, wenn sich das Sehen verändert hat. Sie verändert sich nur, weil sich das Sehen verändert hat. Sie verändert sich, um den Veränderungen des Sehens nachzukommen", die wiederum auf veränderte „Beziehungen des Menschen zur Welt"[50] zurückzuführen seien. Und Veränderungen in der Beziehung des Menschen zur Welt, die auch sein Sehen tangierten, hatte es seit der Mitte des 19. Jahrhunderts in Fülle gegeben – nicht zuletzt auf Grund einer beispiellosen technischen Entwicklung.

Dies unterstrich Raoul Hausmann, der nicht nur ein führender Dadaist, sondern auch ein Seh- und Photographietheoretiker von Rang war. Wie Fiedler und andere bemerkte er, daß „das Auge und das naturalistische Sehen […] zwar mit durch die Malerei entwickelt" und geprägt wurden, „aber wir sehen heute (im Gegensatz zu früher) stärker, umfassender und schöpferischer, als wir die Wirklichkeit malerisch" mit tradierten Mitteln „wiedergeben können".[51] Die neue Kunst, meinte er, müsse dem entsprechen, so „ungewohnt und befremdlich" ihre Produkte, jedenfalls damals, der „gebräuchlichen Lebensform, mit der naturalistischen Auffassungsweise",[52] zunächst auch erscheinen mußten. Denn „[h]eute haben wir durch die Eisenbahn, das Flugzeug, den photographischen Apparat, die Röntgenstrahlen praktisch eine solche Unterscheidungsfähigkeit des optischen Bewußtseins erlangt, daß wir durch die mechanische Steigerung der naturalistischen Möglichkeiten frei geworden sind für eine neue optische Erkenntnis und damit für die Erweiterung des optischen Bewußtseins in einer schöpferischen Gestaltungsweise des Lebens".[53] Solchem intensivierten Sehen, das neue »schöpferische Gestaltungsweisen« erfordert, *kann* die »alte« Kunst in der Sicht vieler Propagandisten der Moderne nicht mehr genügen, weshalb es wenig früher bereits Malewitsch als „absurd" bezeichnete, *„unsere* Zeit in die alten Formen der Vergangenheit zu zwingen".[54] Diejenigen, die solche Formen noch ungebrochen verwendeten, erschienen ihm als ganz und gar unzeitgemäß: „Ihre Körper fliegen in Aeroplanen, doch sie kleiden Kunst und Leben in die alten Talare der Neros und Tizians."[55]

Bei diesen knappen Hinweisen auf Autoren, die von der neuen Kunst einem epochal erneuerten Sehen gerecht zu werden verlangten, kann man es hier belassen. Denn interessanter, weil nicht nur sehtheoretisch subtiler, sondern auch für das Verständnis der Kunst der Moderne weiterführender, sind diejenigen Positionen, die – wie Fiedler – annahmen, daß ein modernisiertes Sehen *im* Kunstwerk oder *mittels* desselben allererst erarbeitet werde. Als ein Mittel bzw. ein Instrument zur Modernisierung des Sehens im zweitgenannten Sinne wurde das Kunstwerk z. B. von Viktor Sklovskij, einem Vertreter des russischen Formalismus, bestimmt. In einem Text des Jahres 1917 geht auch er davon aus, daß die Kunst der Moderne *gegen* eine konventionalisierte Alltagswahrnehmung anarbeite, die gar kein intensiviertes Sehen kenne, sondern gleichsam »automatisch«, an Wiedererkennungsschemata orientiert ablaufe. „Vergegenwärtigen wir uns" nämlich „die allgemeinen Gesetze der Wahrnehmung, so sehen wir, daß zur Gewohnheit gewordene Handlungen automatisch ablaufen. Alle unsere Fertigkeiten beispielsweise verlagern sich in den Bereich des Unbewußt-Automatischen."[56] So auch unser Sehen der Dinge; „wir sehen sie" gewöhnlich gar „nicht, sondern erkennen sie an zwei, drei Merkmalen. Die Dinge ziehen eingewickelt an uns vorbei, wir identifizieren sie anhand ihrer Lage im Raum, sehen jedoch nur ihre Oberfläche. So wahrgenommen, vertrocknen die Dinge, zuerst in der Wahrnehmung, später dann auch in der Wiedergabe",[57] wenn wir in Bildern – wie etwa aller Kitsch – nur noch visuelle Klischees reproduzieren. Solche Automatisierung des Sehens trägt im Alltag unbestritten „zur größtmöglichen Ökonomie der Wahrnehmungskräfte"[58] bei. Doch der Kunst kann es gerade darum nicht gehen. Ihr „Ziel" ist es vielmehr, „ein Empfinden für die Dinge zu vermitteln, das sie uns sehen und nicht nur wiedererkennen läßt".[59] Denn dies sei das „Merkmal des Künstlerischen: Es wird bewußt geschaffen, um die Wahrnehmung dem Automatismus" des alltäglichen Sehens „zu entreißen; die Sehweise einer solchen Wahrnehmung wird zum Ziel des Künstlers, und »künstlich« wird" das Kunstwerk „so geschaffen, daß es die Wahrnehmung hemmt, sie möglichst verstärkt und verlängert".[60]

Dabei sah Sklovskij, daß die Kunst der Moderne „verschiedene Arten" kennt, „die Dinge dem Wahrnehmungsautomatismus zu entziehen", insbesondere die „Verfremdung",[61] bei der das *frappierend* fremdartige Erscheinungsbild dessen, was moderne Kunstwerke manchmal zeigen, als ein Mittel dient, das Sehen des Betrachters zu einer intensivierten Auseinandersetzung mit der Sichtbarkeit der Dinge zu motivieren. Diese Möglichkeit erprobten z. B. die italienischen Futuristen, die sich – neben anderen Zielen – auch *diesem* Ziel verschrieben. Denn das „Auge", notierte Umberto Boccioni in einem futuristischen Manifest, „muß sich seines Schleiers von Atavismus und Kultur entledigen, um endlich die Natur als einzige Kontrolle anzusehen und nicht das Museum",[62] in dem eine Gesellschaft ihr überkommenes visuelles Wissen verwahrt.

Indessen leistet ein Kunstwerk zur Modernisierung des Sehens bisweilen durchaus noch weit mehr. Es braucht dazu nicht nur bloßes Mittel zu sein; vielmehr ist es häufig der Ort, der solches Sehen inkarniert, an dem neue Sichtbarkeit entspringt. Dies jedenfalls meinte Konrad Fiedler, wenn er betonte, daß die künstlerische „Entwickelung des Sehprozesses"[63] von der formativen Arbeit des Sichtbar-*Machens* gar nicht ablösbar sei.

Dem Künstler, dachte Fiedler, geht es gar nicht primär um Intensivierung des Sehens durch das künstlerische Mittel der Verfremdung, und schon gar nicht zielt er darauf, einem epochal bereits modernisierten Sehen bloßen Ausdruck zu verleihen, wie Bahr und Hausmann annahmen. Er sieht auf naturaler Ebene in keinem Sinne »anders«, »besser« oder »moderner« als der Nicht-Künstler und bringt im Werk auf keine Weise eine bereits vorgängig durchgebildete Anschauung *bloß* zur Darstellung. Seine „Hand", heißt dies, führt im Werk nicht aus, „was im Geiste schon vorher hat fertiggebildet werden können, sondern […] der durch die Hand ausgeführte Prozeß" ist für Fiedler ein „Stadium"[64] der Entwicklung des Sehens selbst. Sie führt so verstanden nicht aus, „was das Auge schon getan hätte; es entsteht vielmehr etwas Neues", denn „die Hand nimmt die Weiterentwicklung dessen, was das Auge tut, gerade an dem Punkte auf und führt sie fort, wo das Auge selbst am Ende seines Tuns angelangt ist".[65] So arbeitet sie, subversiv gegen bestehende Sehkonventionen gerichtet, die Sichtbarkeit der Welt *im* Werk heraus.

In vielen bekannten, kontextisoliert freilich zuweilen aenigmatisch anmutenden Künstlerdicta klingt dieses Verständnis einer künstlerischen Modernisierung des Sehens an; beispielsweise in Paul Klees bekannter Bemerkung „Kunst gibt nicht das Sichtbare wieder, sondern macht sichtbar",[66] oder auch in Georges Braques Notiz „Man ahmt den Anblick nicht nach: der Anblick ist das Ergebnis."[67] Unabhängig von Fiedler ausgeführt und als Interpretament für das Geschehen in der Kunst der Moderne zuerst genutzt hat es Roger Fry, der die nachimpressionistische Malerei Frankreichs um 1910 im angelsächsischen Raum bekannt machte.

Fry zufolge geht es in dieser Malerei, wie auch Sklovskij unter anderen Prämissen betonte, vor allem darum, das Sehen zu einer „größeren Klarheit der Wahrnehmung"[68] zu führen, als sie im alltäglichen Sehen jemals erreichbar sei. „Mit einer bewundernswerten Ökonomie", schrieb er Sklovskijs Analysen des alltäglichen Sehens vergleichbar, „lernen wir, nur soviel zu sehen, wie für unsere Zwecke nötig ist; aber das ist in Wahrheit nur sehr wenig, gerade genug, um Objekte und Personen zu erkennen und zu identifizieren, die dann in unserem geistigen Verzeichnis katalogisiert und recht eigentlich nicht mehr gesehen werden."[69] So werden die Dinge gerade dann, wenn wir in begrifflicher Weltorientierung problemlos mit ihnen umgehen können, für uns „mehr oder weniger unsichtbar";[70] wir schauen nicht mehr hin, und was wir von ihrer sichtbaren Gestalt wissen und vielleicht in Bildern darstellen, bleibt gänzlich konventionell. Der Kunst hat er demgegenüber, wie Sklovskij, den Bruch mit solchen kulturell eingespielten, „akzeptierten Konventionen hinsichtlich des Aussehens der Dinge"[71] zugetraut, freilich auf ganz andere Weise. Denn er hielt das Kunstwerk für den Ursprungsort einer neuen, entkonventionalisierten Sichtbarkeit.

Dabei war ihm klar, daß solche neu eroberte Sichtbarkeit zunächst auf Unverständnis seitens des Publikums treffen müßte. Denn die „Spezialisierung des Sehens" unter begrifflichen Zwecken der Lebensorientierung geht nach Fry so weit, „daß gewöhnliche Menschen fast keine Vorstellung davon haben, wie die Dinge wirklich aussehen, so daß der einzige Maßstab, den die populäre Kritik an die Malerei anlegt, nämlich ob sie der Natur ähnlich sei",[72] sich gerade *nicht* an der Wirklichkeit visueller Erfahrung, sondern an vertrauten pikturalen Konventionen orientiert. „Die einzigen Dinge, die sie jemals wirklich *betrachtet* haben, sind andere Bilder", an denen sie entsprechend auch die »Wahrheit« künstlerischer Innovationsversuche bemessen; „in dem Augenblick, wo ein Künstler, der die Natur betrachtet hat, ihnen eine klare Schilderung von etwas gibt, das er eindeutig gesehen hat, empören sie sich" deshalb „auch schon heftig über seine Unwahrheit gegenüber dieser Natur."[73]

Ein Beispiel

Abb. 2: Paul Cézanne: *Früchte-Stilleben* (1879–1882)

Monet, den Fry als Beispiel anführt, weil er „ein Künstler" sei, „der Anerkennung vor allem wegen seiner erstaunlichen Fähigkeiten beanspruchen darf, bestimmte Aspekte der Natur wiederzugeben",[74] ist es so gegangen. Fry hätte aber auch Cézanne nennen können, der vielleicht radikaler noch als Monet um eine Befreiung von konventionalen Sicht- und entsprechenden bildlichen Darstellungsweisen – wie Merleau-Ponty sagte: um die Freilegung einer „primordiale[n] Welt"[75] jenseits der dem alltäglichen Sehen gegebenen – gerungen hat. »Wie ein Hund«, so wird berichtet, konnte er stundenlang vor dem Motiv hocken und schauen; nichts als schauen. Genau *dies* aber führte in manchen Bildern zu jenen perspektivischen »Unrichtigkeiten«, die die Zeitgenossen, gewöhnt an die Betrachtung zentralperspektivischer Bilder, an ihnen monierten. In einem Früchte-Stilleben, das er zwischen 1879 und 1882 gemalt hat, sind die meisten Früchte, die verkorkte Flasche, die Schüssel rechts hinten, aus jeweils anderer Perspektive gesehen.

Ein in sich homogener, zentralperspektivisch »korrekt« konstruierter Raum, wie er angeblich »sehgetreu«[76] sein soll, existiert hier gar nicht. Wird der Raum von Cézanne also etwa nicht »korrekt« gesehen? Oder falls er, wie man wohl vermuten muß, richtig gesehen wird: Wird er im Bild inkorrekt dargestellt?

Weder das eine noch das andere ist in Cézannes Bild der Fall. Im Gegenteil; eher ist zu sagen, daß sein Bild den homogenen Perspektivraum, den wir auf Bildern seiner angeblichen »Sehtreue« wegen zu erblicken erwarten, als konventionelle Vorstellung von der Verfassung unseres visuellen Erfahrungsraumes entlarvt. Denn tatsächlich beruht die verbreitete Vorstellung von der perspektivischen Homogeneität dieses Raumes darauf, daß wir – wie Fry zurecht sagte – nur höchst selten bewußt und intensiv in die Welt geschaut, sondern uns fast ausschließlich an Bildern eines *speziellen* Typs orientiert haben: an Bildern, bei denen der Künstler seinem Motiv distanziert gegenübersteht und – gemäß Albertis berühmter Metapher – von einem fixierten Standpunkt aus wie durch ein »offenes Fenster« („fenestra aperta"[77]) auf das Gesehene hinausschaut. Denn ein als perspektivisch »korrekt« geltendes Bild entsteht – so scheint es –, wenn der Künstler dasjenige, was er in einem fixierten Augenblick innerhalb eines fensterartigen, rechteckigen Ausschnittes sieht, nach mathematischen Gesetzen der Verkürzung auf der Bildfläche wiedergibt.

Abb. 3: Albrecht Dürer: *Der Zeichner* (1525)

Dürer zeigt diese Vorstellung vom Bild und seiner Entstehung in den Holzschnitten, die er seiner »Unterweisung der Messung« von 1525, einem Lehrbuch perspektivischer Darstellungsverfahren, beigeben hat. Hier überträgt ein Zeichner, der tatsächlich durch einen fensterartigen Rahmen auf sein Motiv blickt, mit Hilfe eines Gitterrasters dasjenige, was er im Bildfenster sieht, mathematisch genau auf sein Blatt und erzeugt damit jenen perspektivisch homogenen Bildraum, den wir bis heute häufig für den Maßstab jeder sehgetreuen bildlichen Darstellung halten.

Doch sehen wir die Welt tatsächlich je von einem festen Standpunkt aus wie durch ein solches – noch dazu zeitisoliertes – Fenster? Cézannes Stilleben bezweifelt das. Denn es nimmt das Betrachterauge in den gesehenen Raum *hinein*, bricht also mit der Prämisse vom distanzierten Blick durch ein Fenster. Sein Bild trägt der Tatsache Rechnung, daß der Betrachterblick dem gesehenen Raum nie distanziert gegenübersteht, sondern sich gewöhnlich vielmehr *in ihm* befindet, sich in der Zeit in diesem Raum bewegt, so daß sich der Blickpunkt des Betrachters permanent verschiebt. Eine fixierte, konstante Perspektive auf die Dinge haben wir ja nie, wenn wir uns in einem Raum befinden, so daß der Fall, den Dürer in seinem Holzschnitt illustriert, mindestens insofern »anormal« ist, als er den Blick des Künstlers gleichsam einfriert und suggeriert, er blicke im langwierigen Prozeß des Zeichnens stets von ein und demselben Blickpunkt durch ein und denselben Ausschnitt auf sein Motiv. Sein Blick ist gewiß durch den Anblick des nackten Körpers der Frau gebannt, und doch würde er *nichts* sehen, wäre sein Auge im Blicken erstarrt. Cézannes Bild dagegen versucht, der Wirklichkeit des Sehens im Raum gerecht zu werden und notiert die vielen Bahnen, auf denen sein Auge in der Zeit über das Motiv glitt. Sie sind ihm gewissermaßen inkarniert, so daß ein Betrachterblick, der sich Zeit läßt, ihnen innerhalb eines Bildraumes folgen kann, in den ihn Cézanne sozusagen hineinzieht. Denn es läßt sich, anders als ein zentralperspektivisches Bild, gar nicht in einem Moment

321

erfassen, sondern zwingt dem Betrachterauge eine selbst in sich zeitliche Bewegung auf, die – darin besteht das eigentlich Frappierende an diesem wie vielen anderen Bildern Cézannes – keineswegs willkürlich ist, sondern durch die innerbildlich konstruierte Multiperspektivität der Darstellung *motiviert*, ja geradezu gelenkt wird. So nötigt es den Betrachter zu einem neuen Sehen, zur Erfahrung einer veränderten, manchmal ungewohnten Sichtbarkeit der Dinge, die *im* Bild entspringt.

Indem dies *durch* das bildlich Sichtbare geschieht, stellt Cézanne auch die Angemessenheit der seit Alberti kaum jemals auf seine Gültigkeit hin befragten Identifikation der Bildfläche mit einem imaginären Fenster in Frage, durch welches man ungetrübt hindurchschauen kann, weil die pikturalen Flächenwerte hinter dem, was durch sie gezeigt wird, gewissermaßen unsichtbar werden. Für ihn geht es gar nicht primär darum, mittels der eingesetzten Flächenmittel (also Farben und Formen auf dem Bildträger) die Illusion eines offenen Durchblicks in die gezeigte Welt zu erzeugen. Vielmehr versteht er die Bildfläche im Laufe seiner Werkentwicklung mehr und mehr – mit Fiedlers Ausdrucksweise zu reden – als ein Geflecht von als „Erscheinungsfaktoren"[78] verwendeten Flächenmitteln, die durch ihr bildinternes Zusammenspiel für das Sehen *motivational* wirken sollen, weil sie das Auge des Betrachters veranlassen, ein (strukturelles) Äquivalent, man könnte auch sagen: ein Analogon dessen zu erzeugen, was der Maler gesehen hat oder zur Sichtbarkeit bringen will.

Deutlicher als auf dem oben gezeigten Früchte-Stilleben wird dieser motivationale Einsatz der Flächenmittel vielleicht in Cézannes späten Bildern der Montagne St. Victoire, in denen er den Betrachter nicht nur durch die ungewöhnliche (gemessen an den Konventionen eines zentralperspektivischen Bildaufbaus: »inkorrekte«) perspektivische Blickführung zu einem veränderten Sehen leitet.

Abb. 4: Paul Cézanne: *Montagne St. Victoire, vue des Lauves* (1904–1906)

Denn hier sucht er alle konventionellen bildnerischen Mittel zu vermeiden, die das Betrachterauge verleiten, anhand von zwei, drei Merkmalen vertraute Sichtbarkeit bloß begrifflich-identifikatorisch wiederzuerkennen. Dies geschieht, indem er das Bild in „Grenzrelationen von Farbflecken"[79] auflöst, die an keiner Stelle vertraute Muster der Repräsentation sichtbarer Welt wiedererkennen lassen, freilich durch die immanente „*Logik* eines" vom Betrachterauge zu lesenden „Farbtextes",[80] zu dem sich die Farbflecken in ihren differentiellen Beziehungen zusammenfügen, eine Sicht der Landschaft eröffnen. Um sie zu sehen, muß sich das Betrachterauge allerdings auf die interne Logik dieses Farbtextes einlassen. Denn das Bild zeigt nirgendwo für ein flüchtiges Sehen begrifflich benennbare Wirklichkeit. Wo wären auch auf ihm »ein Berg«, »ein Haus«, »ein Baum« in jenen Formen zu sehen, an denen wir all dies üblicherweise erkennen und bildlich darstellen? Das Bild zeigt all dies, noch mehr … und doch auch nichts. Das Bild – dies ist entscheidend – ist hier der Geburtsort von Sichtbarkeit; der einzige Ort, an dem man sie *so* erblicken kann. Und doch prägt das, was wir in ihm vielleicht visuell erfahren, auch unsere Sicht auf Wirklichkeit.

Cézannes Weg ist natürlich nur einer – wenn auch ein prominenter – der Wege, den die Kunst Ende des 19. Jahrhunderts zur Modernisierung eines nicht mechanistisch verstandenen Sehens beschritten hat. Zweifellos gibt es auch andere. Und zweifellos ist auch, daß die Kunst der Moderne nicht ausschließlich von dieser Programmatik bewegt wurde. Aber es handelt sich doch um eine entscheidende Programmatik, die – angesichts ihrer Unabschließbarkeit – dafür bürgt, daß die Moderne, allen postmodernen Unkenrufen zum Trotz, weder vollendet noch am Ende ist.

---

[1] Zu dieser Schwierigkeit sowie zu unterschiedlichen Impulsen und Programmen in der Kunst der Moderne vgl. vom Vf., *Moderne und Modernismus in der Kunsttheorie des 20. Jahrhunderts*, in: Allgemeine Zeitschrift für Philosophie 26.3 (2001), S. 199–210. Der vorliegende Beitrag ist ein Versuch, das in diesem Text unter dem gleichnamigen Zwischentitel nur Angedeutete breiter zu entfalten.

[2] Jonathan Crary, *Techniken des Betrachters*. Sehen und Moderne im 19. Jahrhundert, Dresden/Basel 1996, S. 101.

[3] Vgl. Platon, *Timaios*, 45 c, wo diese Synthese (in Schleiermachers Übersetzung) folgendermaßen beschrieben wird: „Umgibt nun des Tages Helle das den Augen Entströmende, dann vereinigt sich dem Ähnlichen das hervorströmende Ähnliche und bildet in der geraden Richtung der Sehkraft aus Verwandtem da *ein* Ganzes, wo das von innen Herausdringende dem sich entgegenstellt, was von außen her mit ihm zusammentrifft." Zur diesem Orte nicht näher diskutierbaren antiken Sehstrahlentheorie vgl. die – kontroversen – Darstellungen bei David C. Lindberg, *Auge und Licht im Mittelalter*, Frankfurt am Main 1987, und Gérard Simon, *Der Blick, das Sein und die Erscheinung in der antiken Optik*, München 1992.

[4] So Ralf Konersmann, *Kritik des Sehens*, Leipzig 1997, S. 15. Zur Geschichte der unterschiedlichen Begriffe vom Sehen in der europäischen Philosophiegeschichte vgl. auch Ralf Konersmann, Artikel »Sehen«, in: Historisches Wörterbuch der Philosophie, hg. von K. Gründer, Bd. 9, Basel 1996.

[5] Crary, a.a.O., S. 44.

[6] Ebd., S. 39.

[7] Simon, a.a.O., S. 19.

[8] Johannes Kepler, *Paralipomena ad Vitellionem* (1604), in: Ders., *Gesammelte Werke*, München 1938 ff., Bd. II: *Ad Vitellionem Paralipomena*, in deutscher Übersetzung unter dem Titel *Der Vorgang des Sehens* auszugsweise wieder abgedruckt in: Konersmann, Kritik des Sehens, a.a.O., S. 105–115, hier: S. 108.

[9] Simon, a.a.O., S. 19.

[10] Konrad Fiedler, *Schriften zur Kunst*, 2 Bde., hrsg. von G. Boehm, München ²1991, Bd. II, S. 51 und 62, hat diese Auffassung zurecht als ein gleichsam unumstößliches „Dogma" neuzeitlich-mechanistischer Sehtheorien bezeichnet.

[11] Vgl. George Berkeley, *Versuch über eine neue Theorie des Sehens*, hrsg. von W. Breidert, Hamburg 1987, auszugsweise auch in Ralf Konersmann, Kritik des Sehens, a.a.O., S. 131–156.

[12] Vgl. René Déscartes' *Dioptrique* von 1637 im Anhang seines *Discours de la méthode*, in: ders., *Œuvres complètes*, ed. Adam et Tannery, Bd. VI, Paris 1965.

[13] Immanuel Kant, *Anthropologie in pragmatischer Hinsicht*, in: Werkausgabe in zwölf Bänden, hg. von W.Weischedel, Bd. XII, Frankfurt/Main 1982, S. 449 und 451.

[14] Simon, S. 18.

[15] Leonardo da Vinci, *Malerei und Wissenschaft*, in: Konersmann, Kritik des Sehens, S. 97. Leonardos (an sich höchst interessante) Metapher braucht in diesem Kontext nicht weiter diskutiert zu werden, da sie in sehtheoretischer Hinsicht historisch kaum wirksam, jedenfalls nicht paradigmatisch wurde.

[16] Es soll nicht verschwiegen werden, daß es im Kontext neuerer seh- und bildtheoretischer Debatten natürlich auch die Gegenposition zur hier vertretenen Auffassung gibt. So meint beispielsweise Reinhard Brandt (*Die Wirklichkeit des Bildes. Sehen und Erkennen – Vom Spiegel zum Kunstbild*, München 1999), daß die hier betonte normalsprachliche Bezugnahme des Ausdrucks »sehen« auf Gegenstände des visuellen Erfahrungsraumes philosophisch überaus irreführend sei. So wendet er sich gegen die „falsche Meinung" (S. 62) einer „fehlgeleiteten Philosophie" (S. 77), daß wir „Gegenstände sehen" (S. 11 u.ö.) und – wie hier im Gegensatz dazu behauptet wird – alle visuelle Wahrnehmung immer schon „theoriebedingt" (S. 62) oder sonstwie symbolisch vermittelt sei. Denn Gegenstände werden nach Brandt auf der Basis des Gesehenen erkannt und erschlossen, wobei das Sehen als solches einen „Grundbestand an deutungsinvarianten Wahrnehmungsqualitäten" (S. 55) liefere, der noch keineswegs sprachlich oder in sonstiger Weise symbolisch vermittelt, sondern „*vor* aller Interpretation" (S. 57) gegeben sei. Dieser Brandtschen These liegt jedoch ein von bestimmten philosophischen Begründungsinteressen motivierter, epistemologisch gar nicht ausweisbarer Dogmatismus zugrunde. Zur Kritik an diesem Ansatz vgl. vom Vf., »*Iconic Turn*«. *Kritische Revisionen und einige Thesen zum gegenwärtigen Stand der Bildtheorie*, in: Philosophische Rundschau 49 (2002) S. 44–64, insb. S. 47 f.

[17] Nelson Goodman, *Sprachen der Kunst. Entwurf einer Symboltheorie*, Frankfurt/Main 1995, S. 19 f.

[18] Zum Werk Johannes von Müllers vgl. in neuerer Zeit vor allem die Beiträge in dem Sammelband M. Hagner / B. Wahrig-Schmidt (Hrsg.), *Johannes von Müller und die Philosophie*, Berlin 1992.

[19] Johann Wolfgang Goethe, *Das Sehen in subjektiver Hinsicht, von Purkinje*, in: Konersmann, Kritik des Sehens, a.a.O., S. 168–179, hier S. 179.
[20] Johann Wolfgang Goethe, a.a.O., S. 168.
[21] Ebd., S. 178.
[22] Ebd., S. 177.
[23] Crary, a.a.O., S. 94.
[24] Ebd., S. 97.
[25] Vgl. dazu vor allem Gottfried Boehm, *Sehen*. Hermeneutische Reflexionen, in: Internationale Zeitschrift für Philosophie 1 (1992), S. 58 ff., Zitat: 61 (wiederabgedruckt in: Konersmann, Kritik des Sehens, a.a.O., S. 272–297). Vgl. dazu thesenartig auch vom Vf., *Stichwort: Geschichtlichkeit des Auges*, in: Information Philosophie 3/1999, S. 37–39.
[26] Wilhelm Riehl, *Das landschaftliche Auge*, in: ders., Kulturstudien aus drei Jahrhunderten, ^{6}1903, S. 80.
[27] Heinrich Wölfflin, *Kunstgeschichtliche Grundbegriffe*. Das Problem der Stilentwicklung in der neueren Kunst, Darmstadt ^{12}1960, vgl. S. 5, 10, 25, 261, 266.
[28] Konrad Fiedler, a.a.O., Bd. II, S. 368. Für eine eingehendere Darstellung der Fiedlerschen Seh- und Kunsttheorie, als sie in diesem Zusammenhang möglich ist, vgl. vom Vf., *Die Überwindung der Schönheit. Konrad Fiedlers Kunstphilosophie*, in: Allgemeine Zeitschrift für Philosophie 18.3 (1993) S. 55–69, sowie ders., *Arbeit an Sichtbarkeit*, in: ders. (Hg.), *Auge und Hand. Konrad Fiedlers Kunsttheorie im Kontext*, München 1997, S. 9–24.
[29] Konrad Fiedler, a.a.O., Bd. I, S. 22. Hervorhebung im Zitat vom Vf., S. M.
[30] Goodman, a.a.O., S. 23 f.
[31] Ebd.
[32] Ebd.
[33] Fiedler, a.a.O., S. 364.
[34] Für eine überzeugende bild- und sehtheoretische Ausdeutung von Man Rays Arbeit vgl. Axel Müller, *Die ikonische Differenz. Das Kunstwerk als Augenblick*, München 1997, S. 218 ff.
[35] So von ganz ähnlichen Überlegungen her Reimer Jochims, *Kunst und Identität. Visuelle Erkenntnis als Lebens-Erfahrung*, Ostfildern 1996, S. 25.
[36] Bernhard Waldenfels, *Ordnungen des Sichtbaren*, in: Gottfried Boehm (Hrsg.), *Was ist ein Bild?*, München 1994, S. 241.
[37] Wölfflin, vgl. Anm. 27.
[38] Daniel-Henry Kahnweiler, *Der Weg zum Kubismus*, auszugsweise in: Charles Harrison / Paul Wood (Hrsg.), *Kunsttheorie im 20. Jahrhundert*, Ostfildern-Ruit 1998, S. 252.
[21] Konrad Fiedler, a.a.O., S. 154 und 157.
[39] Immanuel Kant, *Kritik der reinen Vernunft*, B 128. Hervorhebungen gegenüber dem Original verändert.
[40] Kahnweiler, a.a.O., S. 252.
[41] Ebd.
[42] Konrad Fiedler, a.a.O., Bd. II, S. 42, vgl. S. 88.
[43] Reimer Jochims, *Farbe Sehen*. Arbeitsnotizen 1973–1994, hrsg. von St. Majetschak, Düsseldorf/Bonn 1997, S. 58.
[44] Goodman, a.a.O., S. 20.

[45] Jochims, a.a.O., S. 53.
[46] Fiedler, a.a.O., Bd. II, S. 154.
[47] Ebd., S. 146.
[48] Karl Otto Götz, *Erinnerungen*, Bd. 1: 1914–1945, Aachen 1993, S. 211.
[49] Hermann Bahr, *Expressionismus*, auszugsweise in: Ch. Harrison/P. Wood (Hrsg.), a.a.O., S. 153.
[50] Raoul Hausmann, *Die neue Kunst*, auszugsweise in: Ch. Harrison/P. Wood (Hrsg.), a.a.O., S. 393.
[51] Raoul Hausmann, *Die neue Kunst*, a.a.O., S. 394.
[52] Ebd.
[53] Kasimir Malewitsch, *Vom Kubismus und Futurismus zum Suprematismus: Der neue Realismus in der Malerei*, in: Ch. Harrison/P. Wood (Hrsg.), a.a.O., S. 210.
[54] Ebd.
[55] Viktor Sklovskij, *Kunst als Verfahren*, in: Ch. Harrison/P. Wood (Hrsg.), a.a.O., S. 326.
[56] Ebd.
[57] Ebd.
[58] Ebd. Sklovskij nimmt an dieser Stelle Max Imdahls bekannt gewordene Unterscheidung zwischen einem »sehenden« und einem »wiedererkennenden Sehen« auf überraschende Weise vorweg. Vgl. dazu z.b. Max Imdahl, *Cézanne – Braque – Picasso. Zum Verhältnis zwischen Bildautonomie und Gegenstandssehen*, in: ders., *Reflexion, Theorie, Moderne*, hrsg. von Gottfried Boehm, Ges. Schriften Bd. III, Frankfurt / Main 1996, S. 304 ff. Zur Diskussion der ästhetischen und philosophischen Tragweite dieser Unterscheidung, die intrinsisch mit der hier diskutierten Problematik verbunden ist, jedoch an diesem Orte nicht eingehender erörtert werden kann, vgl. Bernhard Waldenfels, a.a.O., S. 234 f.
[59] Viktor Sklovskij, a.a.O., S. 327.
[60] Ebd., S. 326.
[61] Umberto Boccioni, *Die futuristische Malerei: Technisches Manifest*, in: Ch. Harrison/P. Wood (Hrsg.), a.a.O., S. 189.
[62] Fiedler, a.a.O., Bd. I, S. 168.
[63] Ebd., Bd. II, S. 120.
[64] Ebd., Bd. I, 165.
[65] Paul Klee, *Schöpferische Konfession*, in: ders., *Kunst-Lehre*, hrsg. von G. Regel, Leipzig ³1995, S. 60.
[66] Georges Braque, *Gedanken und Betrachtungen über die Malerei*, in: Ch. Harrison/P. Wood (Hrsg.), a.a.O., S. 253.
[67] Roger Fry, *Versuch über Ästhetik*, in: Ch. Harrison/P. Wood (Hrsg.), a.a.O., S. 105.
[68] Ebd.
[69] Ebd.
[70] Ebd., S. 106.
[71] Ebd., S. 105.

[72] Ebd., S. 105 f. Jahrzehnte später wird Nelson Goodman (a.a.O., S. 47) diesen Gedanken wieder aufnehmen, wenn er hinsichtlich des Problems eines künstlerischen »Naturalismus« konstatiert: „Daß ein Bild wie die Natur aussieht, bedeutet oft nur, daß es so aussieht, wie die Natur gewöhnlich gemalt wird."
[73] Fry, a.a.O., S. 106.
[74] Maurice Merleau-Ponty, *Der Zweifel Cézannes*, in: G. Boehm (Hrsg.), a.a.O., S. 44.
[75] Bis heute wird vielfach geltend gemacht, daß ein zentralperspektivischer Bildraum keineswegs eine besondere Darstellungskonvention sei, an die wir uns gewöhnt haben, sondern auf Grund seiner »Sehtreue« einen objektiven Maßstab für angemessene bildliche Darstellung ausmache. Dies bezweifelt nicht nur Cézanne durch die Praxis seiner Malerei. Vgl. dazu das Kapitel *Perspektive* bei Goodman, a.a.O., S. 21 ff.
[76] Leon Battista Alberti, *Drei Bücher über die Malerei*, hrsg. von H. Janitschek, Wien 1877, S. 78.
[77] Fiedler, a.a.O., S. 364, der diesen Ausdruck allerdings nicht im Blick auf Cézanne, sondern im Blick auf die Kunst und die theoretischen Schriften seines Freundes Adolf von Hildebrand benutzt.
[78] So schon Fritz Burger, *Cézanne und Hodler*, in: Ch. Harrison/P. Wood (Hrsg.), a.a.O., S. 132, der übrigens – als einer der wenigen – schon 1913 erkannte, daß Cézanne damit geradezu exemplarisch vollzieht, „was Fiedler von der Natur [genauer von der Art und Weise der Konstitution ihrer Sichtbarkeit im Kunstwerk, S. M.] sagt".
[79] So Gottfried Boehm, *Paul Cézanne. Montagne Sainte Victoire*, Frankfurt/Main 1988, S. 60, der eine genaue Analyse von Cézannes Verfahrensweise sowie ihrer seh- und bildtheoretischen Hintergründe vorlegt.

Marlene Schnelle-Schneyder

Die Stillen Bilder als Schule des Sehens

Die Entwicklung der Photographie im Kontext von Kunst und visueller Wahrnehmung

Seit vielen Jahrzehnten ist über Bilder und ihre Wirkung spekuliert worden. Das Auge, das Sehen und die Wahrnehmung wurden dabei oft genannt. Die Analyse der Ikonographie und Ikonologie, der Form und der Geschichte haben in der Kunst der Bilder wichtige Erkenntnisse zum Verständnis der Bilder vermittelt. Der unaufhaltsame Fortschritt der elektronischen Medien hat neue Fragen aufgeworfen, und die Spekulationen über die Rezeption von Bildern konnten sie nicht beantworten. Man hat uns vor der Bilderflut gewarnt, hat durch sie die Verflachung unserer geistigen Fähigkeiten prophezeit und einen Verlust der genuinen Realitätserfahrung bedauert, ohne sich für die Basis, die unsere visuelle Wahrnehmung bestimmt, zu interessieren.

Bis jetzt scheinen wir den Strom der Bilder gut überstanden zu haben. Hat das Laufband der Bilder, mit Sprache und Musik untermalt, das uns jeden Tag im eigenen Wohnzimmer heimsucht, nachhaltige Folgen in Bezug auf unsere Rezeption gehabt? Außer einigen wenigen Statistiken, die uns über die Speicherung des Gesehenen Aufschluss geben, haben wir darauf keine Antworten. Haben wir den Blick der anderen übernommen und meinen, es sei der eigene? Für die Medien ist auch diese Frage schwer zu beantworten, weil das nicht nur für die Wahrnehmung aus zweiter Hand gilt. „In der Wirklichkeit nehmen sich die Menschen diese Blicke des anderen oft an, als wäre es ihr eigener."[1] In dieser Hinsicht scheinen wir leicht verführbar zu sein. Wir sind geneigt, Trends zu folgen, sei es in der Politik, der Mode oder der Kunst. Detlef B. Linke greift hier die Photographie als Beispiel heraus, was man problemlos auf andere Kunstgattungen unter anderen Aspekten anwenden könnte: „Möglicherweise ist ein Teil der heute produzierten Bilderflut nicht nur ein Ausdruck einer inneren Imaginationsebbe, sondern eine von einer ästhetischen Theorie gedeckte Praxis, die sich gern dadurch rechtfertigen lässt, dass sie – salopp gesagt – die Kamera mal ein bisschen schief hält."[2]

Das Fehlen von Kunstkriterien oder einem „Kanon" hat auch im künstlerischen Bereich eine Fülle von Beliebigkeit entstehen lassen, die sich nicht mehr an der „Gültigkeit" orientieren kann. Sie flammt im Trend kurzfristig auf, um sich vom nächsten ablösen zu lassen. Das hat auch Folgen für die Wahrnehmung. Der Rezipient kann zum atemlosen Mitläufer werden oder sich auf Vorlieben zurückziehen. Routinierte Sammler entwickeln einen Sinn fürs Kommende, oder wenn sie bekannt genug sind, bestimmen sie die Entwicklung des Kunstmarktes. Die Kunst der Wahrnehmung in diesem Sinne heißt Flexibilität. Aber selbst auf Kunstmessen ist das Angebot von Bildern einigermaßen überschaubar. Malerei und Photographie hängen gleichwertig nebeneinander, und der Preis, der für die Bilder gefordert wird, ist oft im Gleichgewicht.

Wenn man über die Rezeption von Bildern redet, muss man zwischen den so genannten Stillen und den anderen unterscheiden. Bilder in Nachrichten, Reportagen, Features und TV-Filmen treten ja nicht als isolierte Bilder auf, sie sind in der Regel an Sprache und Musik gekoppelt und haben in diesem Zusammenhang nur eine untergeordnete Bedeutung. Ähnlich verhält es sich mit den Printmedien, besonders in den Zeitschriften, wo die Bilder meistens die Rolle der Illustration spielen. Da, wo die Stillen Bilder ihre Chance haben, zum Beispiel in Ausstellungen und Büchern, hält sich die Flut in Grenzen, obwohl die Photographie durch ihre Reproduzierbarkeit und Auflagenhöhe immer noch im Verdacht der Massenware steht.

Das Zeitalter der apparativen Medien

Als die Photographie 1839 als erstes apparatives Bildmedium auf den Plan trat, war die weitere Entwicklung noch nicht vorherzusehen. Mit der Apparategläubigkeit des neunzehnten Jahrhunderts wurde sie euphorisch als Abbildungs- und Dokumentationsmedium gefeiert. Was vor der Linse des Apparates existierte, wurde ja aufgezeichnet und fixiert. Ein Traum der Menschheit hatte sich erfüllt, die flüchtigen Augenblicke in Bildern festzuhalten und zur Verfügung zu haben. Wen störte es da schon, dass die ersten Daguerreotypien kleine, seitenverkehrte und farblose Unikate auf Kupferplatten waren, die nur aus einem bestimmten Blickwinkel zu erkennen waren? Selbst Alexander von Humboldt schwärmte von ihrer „unnachahmlichen Treue".[3] Nichts konnte den Siegeszug der Photographie aufhalten. Das nasse Kollodiumverfahren (1858) ermöglichte die Kurzzeitphotographie, und die Gelatinetrockenplatte machte die Photographie zum Massenmedium, das heute weltweit über 50 Milliarden Bilder jährlich produziert.

Mit der Daguerreotypie glaubte man den Zeichenstift aus der Hand legen zu können, ja, der Maler Delaroche ließ sich dazu hinreißen, den Tod der Malerei auszurufen. Er hatte übersehen, dass sich die Bildmittel der Malerei nicht auf die Daguerreotypie beschränken mussten und dass das neue Aufzeichnungsverfahren von einigen Malern als Herausforderung für neue Ansätze von Bildkonzepten aufgenommen und verarbeitet wurde.

Als sich die Begeisterung über die ersten Lichtbilder gelegt hatte und sich die Malerei – auch nach der neuen Erfindung – als sehr lebendig erwies, entstand eine neue Diskussion. Zweifel wurden laut, ob die Photographie überhaupt zur Kunst zu rechnen sei. Da hier die Photographie unter Beweiszwang stand, versuchte sie zunächst ihre „malerischen Eigenschaften" in den Vordergrund zu rücken, was nicht sehr überzeugend war. Man versuchte, die Photographie auf die Abbildungs- oder die Nachahmungsfunktion festzunageln. Dieser Versuch implizierte – ausgesprochen oder nicht – auch eine Festlegung und Eingrenzung auf ihre technischen Möglichkeiten. Es wurde weniger nach den Bildern und Konzepten der Photographen gefragt als nach den Gesetzen eines mechanischen, optischen Apparates, der besonders geeignet schien, die schon bekannte Perspektive und den Detailreichtum einer Gegebenheit in Bildern festzuhalten. Die Individualität des Photographen als Künstler wurde aberkannt, da die Mechanik des Apparates zwischen ihm und dem Motiv stand und die Genialität der künstlerischen Hand vermissen ließ.

Unter großen Strapazen und erheblichem Aufwand und Gepäck machten sich die ersten professionellen Berichterstatter auf Reisen und vermarkteten ihre photographischen Resultate bei der Rückkehr. Die Rezipienten genossen die Bildermappen ferner Länder, in die sie selber noch nicht reisen konnten und vertrauten den Reportern, die sich zum Beispiel als Kriegsphotographen dem Krimkrieg widmeten. Obwohl die meisten Szenen wegen der notwendigen langen Belichtungszeiten inszeniert werden mussten, und die meisten Bilder oft mehr idyllische Landschaftsszenen als Schrecken des Krieges darstellten, glaubte man an die Objektivität des Apparates.

Der fixierte Moment

Als die Kurzzeitphotographie neue Bildpotenziale ins Spiel brachte, irritierte die Rezipienten zunächst nur der Realitätsbezug. Es ist heute kaum mehr nachzuvollziehen, was die ersten Momentaufnahmen, das heißt, die ersten Aufnahmen, die eine fortlaufende Bewegung in einem zufälligen Moment anhielten, für eine Sensation auslösten. Das menschliche Auge erfasst eine Bewegung als ein Kontinuum, als einen ununterbrochenen Fluss von Bewegung. Wenn diese Bewegung plötzlich gestoppt und in ihrem Fluss angehalten wird, so teilt sie sich, sie wird willkürlich abgebrochen. Diese Arretierung im

Bild wurde durch die Momentphotographie erzeugt. Das Ereignis, eine belebte Straßenszene in einem kurzen Moment anzuhalten, ist in der Realität nicht denkbar und auch nicht zu vollziehen. Die Momentaufnahme repräsentiert geradezu den Gegensatz zu dem, was unsere menschliche Erfahrung von Bewegung betrifft.[4] Als die Photographie zum ersten Mal eine Fülle von Bewegungen in einer Straßenszene anhält, da eröffnen sich dem menschlichen Auge neue Seherlebnisse. Die Kamera enthüllt im festgehaltenen Moment Phänomene, die zwischen den Augenblicken liegen. Benjamin schreibt der Kamera die Sichtbarmachung des „Optisch-Unbewussten" zu. So wie die Psychoanalyse das „Triebhaft-Unbewusste" entdeckt hat, so haben die technischen Faktoren der Kamera einmal das Detail in der Vergrößerung in das Blickfeld gerückt und Bewegungsmomente, die dem visuellen Wahrnehmungsvermögen zu sehen nicht mehr möglich sind, durch ihre Belichtung von Sekundenbruchteilen sichtbar gemacht. Die technische Apparatur der Kamera entdeckt „eine andere Natur", sie entdeckt „neue Strukturbedingungen von Materie".[5] Die Kamera ist nicht mehr dem Auge, das Wirklichkeit wahrnimmt, verbunden, sondern sie ist in der Lage, Unsichtbares zu fixieren, es für das Auge sichtbar zu machen. Damit tritt die Photographie in eine neue Relation zur Abbildung von Realität. Benjamin hat diese Erkenntnisse 1923 veröffentlicht, ohne dass sie wesentlichen Einfluss auf die Rezeption oder die Analyse der Photographie hatten.

Die Analyse der Bewegung

Auch die Experimente, die der Photograph Eadweard Muybridge und der ehemalige Gouverneur von Kalifornien und Pferdezüchter Leland Stanford 1872 mit der Bewegungsdarstellung in Sequenzen starteten, haben in erster Linie die Sensation der Simulation von Bewegung in den Vordergrund gerückt. Die ersten Aufnahmen wurden 1872 auf der Union-Park-Rennbahn von Sacramento von dem Pferd *Occident* gemacht, das Stanford 1870 erworben hatte und das in kurzer Zeit zum besten Traber der Welt aufstieg. Nach einer Unterbrechung wurde die Arbeit 1878 in Palo Alto fortgesetzt. Dort stand ein Terrain zur Verfügung, auf dem Muybridge seine Experimente in großem Stil fortführen konnte. In einem Freilichtstudio in Palo Alto hatte er zunächst 12, später dann 24 Kameras aneinander gereiht, um Sequenzen von 12 bzw. 24 Bildern der Bewegung festzuhalten. Ihm war damit die Analyse der Bewegung gelungen. Als er die Bilder in einem Zoopraxiscope aneinander reihte, waren mit der Simulation der Bewegung die Bedingungen der Kinematographie entdeckt.[6] Die neue Bildorganisation der Bewegung, die Muybridge in Montagen realisierte und damit später in Philadelphia die Mehransichtigkeit einer Bewegung auf einem Blatt kreierte, hat die Rezipienten weniger beeindruckt. Man war zunächst nur an der Frage interessiert, ob die Bewegungsdarstellung den realen Positionen entsprechen konnte.

Wenige Maler haben die Anregungen aus diesen Bildern aufgenommen. Edgar Degas zum Beispiel hat die Bildpotenziale dieser Photographie mit seiner geübten und trainierten visuellen Wahrnehmung sehr schnell erkannt. Durch die Kurzzeitphotographie hat die Zufälligkeit, die ein genuines Mittel der Photographie ist, eine potenzierte Rolle gespielt. Die Bewegung oder der Anschnitt eines Bildelements haben eine neue, zufällige Position in der Bildorganisation kreiert. Edgar Degas hat diese neue Form einer „Nichtkomposition" in seinen Bildern verwendet und sich durch die Sequenzen von Muybridge inspirieren lassen. Es lassen sich viele Parallelen zwischen den Chronophotographien Etienne Jules Mareys und den Futuristen aufzeigen, die sich alle auf die Bewegungsdarstellung konzentrierten.[7]

Das „Neue Sehen"

Eine Konzentration theoretischer Reflexionen, die unter dem

Begriff des „Neuen Sehens" subsumiert werden können, tritt Ende der zwanziger und Anfang der dreißiger Jahre des zwanzigsten Jahrhunderts auf. Rudolf Arnheim, Alexander Rodtschenko, Laszlo Moholy-Nagy und Raoul Hausmann, um nur die wichtigsten von ihnen zu nennen, bemühten sich um eine Begründung einer speziellen photographischen Theorie, die sich ausführlich mit einer neuen Art zu sehen beschäftigt, für die sich die Kamera als Darstellungsmittel besonders zu bewähren scheint. Hier geht es nicht darum, die Kamera dem menschlichen Sehen anzupassen, sondern die spezifische Weise der Kamera zu „sehen", herauszustreichen. Die Photographie erhält durch diese Diskussion erhebliche Impulse. Man kann das in den Publikationen über die zwanziger und dreißiger Jahre nachvollziehen.

Laszlo Moholy-Nagy lehnt die Wertungen der Photographie als „Notierverfahren der Realität" oder „als Basis von Reproduktionsverfahren" ab. Er sieht in ihr ein beispielloses, optisches Ausdrucksmittel, „eine neue Art des Sehens", womit er in erster Linie die Gestaltung mit Licht und die Ausschöpfung aller technischen Mittel meint.[8]

Rodtschenko verwirft den Standpunkt des Apparates vom „Bauchnabel" aus, wie er es nennt, und plädiert für extreme Ansichten von unten nach oben und umgekehrt. Der Blickpunkt aus Augenhöhe und Bauchnabel sei von der Malerei, bis auf wenige Ausnahmen, in den vergangenen Jahrhunderten ausgeschöpft worden. Er weist darauf hin, dass die Photographie die Welt von allen Punkten abbilden kann und dass sie dazu erziehen kann, von allen Seiten zu sehen. Die neue Sehweise der Kamera steht im Mittelpunkt der Diskussion. Erst Raoul Hausmann und ganz besonders Rudolf Arnheim beschäftigen sich mit den Bedingungen unseres Sehens, um auf den Erkenntnissen dieser Untersuchungen die Grundlage für die oben gemachten Aussagen zu erarbeiten.

Rudolf Arnheim behandelt die Thematik sehr grundlegend, indem er Sehen und Wahrnehmung untersucht. Und zwar das Sehen der Wirklichkeit als Orientierungshilfe im gewöhnlichen Leben, das stark gebrauchsorientiert und selektiv ist. Für das Erfassen eines Kunstwerkes betont Arnheim aber die Notwendigkeit einer anderen Sehweise. Irritierende Bildeinstellungen können Aufmerksamkeit erwecken und zu Sehweisen leiten, die die Gewohnheiten eines normalen Sehens aufbrechen.[9]

Raoul Hausmann weitet diesen Ansatzpunkt auf die physiologischen Bedingungen aus. Er weist bereits 1932 auf das Sehen als eine Folge von Blickpunkten und deren Koordination im Bewusstsein hin: „in wirklichkeit sieht das menschliche auge in einer folge von blickpunkten, um die herum alles unscharf bleibt, die scheinbare schärfe aller raumteile wird nur durch das bewußtsein, also über die vorstellung hergestellt. mit der annahme wechselnder blickpunkte tritt eine ganz andere perspektive in wirkung, als die übliche."[10]

Der Vergleich: Menschliches Auge – Kameraauge, wird hier sehr nachdrücklich infrage gestellt. Die Künstler beschäftigen sich eben nicht nur mit dem Gegenstand und seiner Identifikation auf einer photographischen Abbildung, das heißt, sie versuchen nicht, von den bildspezifischen Mitteln abzusehen, sondern sie sprechen ihnen sogar eine Wirkung auf eine neue Sehweise der Realität zu.

Es existierte in dieser Zeit schon ein Bewusstsein, dass Photographien im normalen Sehprozess nicht adäquat erfasst werden können. Das heißt, dass wir unsere Wahrnehmung nicht automatisch umstellen, wenn wir sie sehen. Um den mechanischen Identifikationsprozess zu unterlaufen, haben die Künstler Irritationen in ihre Bilder eingebracht, um das normale Sehen mit Experimenten zu blockieren und die Aufmerksamkeit der Rezipienten zu aktivieren. Dazu wurden in der Folgezeit Collagen, Montagen, Fotogramme und Solarisationen als Bildmittel erprobt. Das „Neue Sehen" hat die Standpunkte aus dem Bauchnabel verdammt und stürzende Linien, Blickpunkte aus der Vogel- und Froschperspektive praktiziert. Licht und Schatten wurden eigenständige Bildelemente. In den fünfziger Jahren beherrschte die „subjektive Fotografie" die Szene, von der Otto Steinert sagte: „Die Qualität des Gestaltungsaktes entscheidet dann letztlich über die Formung der Fotografie zum Bild".[11]

Im Gegensatz zur Malerei standen bei der Photographie die Figur und der Gegenstand im zwanzigsten Jahrhundert nicht zur Disposition. Es gab keine Skrupel in Bezug auf ihre Darstellung. Das Problem stand schlicht nicht zur Debatte. Erst als in der Mitte des Jahrhunderts Maler das Medium entdeckten und es völlig unbefangen benutzten, befreite man sich teilweise vom industriellen Qualitätsmaßstab, und die Unschärfe, die der Engländer Emerson in den achtziger Jahren des neunzehnten Jahrhunderts eingeführt hatte, wurde als Mittel der Photographie wiederbelebt. Eine interessante und bedeutende Entwicklung war in der Bielefelder Schule zu beobachten. Mit Systematik wurden die Generativen Bildsysteme und die Strukturbildungsprozesse des Mediums in Forschung und Lehre untersucht, wobei seit 1975 die „Generative Fotografie" als eine „progressive technische Evolution verstanden"[12] wurde.

Einen entscheidenden Anteil an der Entwicklung der Photographie hat die Ausbildung an den Fachhochschulen, Universitäten, Gesamthochschulen, Medien- und Kunsthochschulen, die das Fach Photographie seit 1970 verstärkt als eigene Studienrichtung etablierten. Hier konnte der Dialog zwischen künstlerischer Ausdrucksform und praktischer Anwendung, zwischen kunstgeschichtlicher Bedeutung und technischer Entwicklung diskutiert und praktiziert werden, was den Erfolg des Mediums wesentlich beeinflusst hat. „Von dem ursprünglich dienenden und in erster Linie rein abbildenden Medium für illustrative und kommunikative Zwecke ist im Laufe der Zeit ein eigenständiges und unverzichtbares Mittel visueller Kommunikation und künstlerischer Gestaltung für publizistische, werbliche und wissenschaftliche Zwecke geworden."[13]

Das Jahrhundert der Moderne

Wie oben schon erwähnt, hat auch die Malerei sich neue Bildmittel zur Darstellung gesucht.

Speziell in Bildern lassen sich auf der zweidimensionalen Fläche mehrschichtige Sinnebenen verdichten, die in der Realität so nicht angeboten werden. Durch die Erfindung der Photographie konnten der Impressionismus und besonders Cézanne eine Entwicklung einleiten, die die Referenz auf eine außerbildliche Realität nicht mehr zum primären Thema erhob und malerische Mittel, zum Beispiel die Farbe, in ihrer Eigenwirkung vorrangig zur Geltung kommen ließ. Damit ging man weit über das übliche Maß der Irritation hinaus, weil der Rezipient darauf in keiner Weise vorbereitet war.

Fast ein Jahrhundert lang hat die Moderne das durchdekliniert. Die Mittel der Malerei, Farbe, Form und Fläche wurden thematisiert und sollten das bewusste Sehen aktivieren. Die Impressionisten lösten die Kontur des Gegenstandes auf und zerlegten mit ihren lockeren Strichen die homogenen Farbflächen. Der Kubismus klappte die Vielansichtigkeit eines Objekts in die Fläche, reduzierte die Farbe, montierte und collagierte. Kandinsky abstrahierte Farbe und Form und Linien vom außerbildlichen Gegenstand zugunsten ihrer autonomen und geistigen Ausdruckskraft. Mondrian und van Doesburg schließlich fanden zur konkreten Malerei, indem sie Fläche, Farbe und Form als autonom betrachteten und ihnen konkrete Materialität und Realität zugestanden, die keinen Verweis auf außerbildliche Gegenstände mehr anzeigten und nichts außer sich selbst bedeuten sollten. Der Expressionismus fiel hinter diese Entwicklung zurück, denn er benutzte Formen der außerbildlichen Wirklichkeit, denen er allerdings Farben zuordnete, die nicht mehr als Gegenstandsbezeichnung eingesetzt, sondern als „Fehlfarbe" bezeichnet wurden. Dabei evozierte der Dialog zwischen Farbe und Gegenstand eine eigene Bildwirkung.

Nach 1945 haben neben dem Tachismus, der den automatischen Gestus der Malerei in den Mittelpunkt stellte, der abstrakte Expressionismus aus den USA die Malerei beherrscht. Er hat fast alle Arten der Farb- und Formwirkung durchgespielt, die um die Fläche agierten, und sie auf die visuellen Wahrnehmungsstrategien abgestimmt.

In dieser nicht vollständigen Aufzählung hat Anfang des vergangenen Jahrhunderts Marcel Duchamp auf einer anderen Basis die Kunstwelt durcheinander geschüttelt. Mit dem Akt der Setzung der Readymades in ein Museum startete er eine Serie von Konzepten, die die traditionelle Kunst hinterfragten. Der Surrealismus, die Concept Art und die Pop Art waren die bekannten Nachfolger, die die Idee, nach gutem neuplatonischen Vorbild, in den Mittelpunkt stellten. Die Mimesis war nicht mehr aktuell, die menschliche Figur in der Darstellung nicht mehr gefragt. Diese Auseinandersetzung mit den Mitteln der Malerei und der Kunst hat auch die Wahrnehmung der traditionellen Kunst bereichert. Man entdeckte, dass auch die klassische Malerei parallel zum Inhalt auch die Mittel des Mediums sehr bewusst eingesetzt hat.

Picasso hat mit Braque den Kubismus maßgeblich geprägt, aber er nimmt im zwanzigsten Jahrhundert eine Sonderstellung ein. Er hat sich nicht starr an einen Ausdrucksstil gehalten, hat die Gattungen übersprungen und sich mit großem Erfolg der Skulptur und Keramik gewidmet. Er hat die Rezipienten mit seinen gemalten Figurenbildern mehr schockiert als es die abstrakten und konkreten Maler gekonnt haben. In den Porträts zerriss er den Zusammenhang eines Gesichtes und verteilte die einzelnen, durchaus erkennbaren Merkmale über das Bild. Gerade die Erkennbarkeit der verzerrten Fragmente und ihr fehlender Zusammenhang fordern die Rezipienten zu einer neuen Art der sinnlichen Anschauung heraus. Die Isolierung der Elemente, die Dialektik zwischen Identifikation und Verweigerung, kann der Betrachter in seinem Bewusstsein zusammenfügen, denn sie entsprechen dem Programm seiner physiologischen Wahrnehmungsstrategien, aber es wird ihm nicht über den automatischen Prozess der Identifikation gelingen. Zu viele Irritationen blockieren den normalen Wahrnehmungsweg und die Eigenart der künstlerischen Darstellung Picassos wird er nicht übersehen können.

Gegen Ende des Jahrhunderts wurde es schwierig, Bezeichnungen für alle neuen Entwicklungen zu finden, um sie nach guter Kunsthistorikermanier einem Stil zuzuordnen. Die „jungen Wilden" probten in den achtziger Jahren den Aufstand und öffneten die Fläche wieder für die Figur und den Gegenstand, die sich jedoch nicht auf die Abbildung konzentrierten. Aus der Fülle der Experimente fühlte man sich reif genug, die Mittel seiner Wahl einzusetzen und sich in der Malerei keinem Gebot mehr unterzuordnen.

Die irritierten Rezipienten

So interessant diese Entwicklung für den Kunstbetrieb war, so wenig nahm man Rücksicht auf die Rezipienten. Viele waren ja gewillt, auf Bilder einzugehen, sie verstehen zu wollen, aber sie standen blockiert vor den Werken, ohne dass sie sich dadurch zu neuen Sehweisen befreien konnten. Die Analyse von Bildern, das Entdecken ihrer Bildwirklichkeiten sind nicht gelehrt und gelernt worden. Schon im Kleinkindalter lernt man die Dinge in Bildern für sie selbst zu halten. Eine Bezugsperson, die mit einem Kind ein Bilderbuch anschaut, wird immer den Hinweis geben: „Das ist ein Ball" und nicht: „Das ist das Bild eines Balls". Die Sprache befähigt uns weiter, von den Dingen zu reden, ohne dass sie sichtbar sind. Diese hoch abstrakte Leistung entwickelt sich zum komplexen Sprachgebrauch und das Sehen wird auf dieser Ebene vom Begriff bestimmt. Das hat auch Folgen für die Bildrezeption gehabt. Wir können über Bilder reden, was nicht heißt, dass wir sie sehen können. Oder besser, dass wir sehen, was Künstler in ihnen angelegt haben. In der Regel haben Künstler ihren visuellen Wahrnehmungsprozess trainiert. Wenn es Hinweise auf eine außerbildliche Realität in ihren Bildern gibt, erhalten sie durch ihre Position, ihre Form und Farbe einen Bildsinn, der über das zu Identifizierende hinausweist. Wenn nun der handlungsorientierte Rezipient damit konfrontiert wird, wird sein untrainiertes „Auge" zunächst hilflos davorstehen. Ein Wissen um die Grundlagen seines visuellen Wahrnehmungsprozesses wird seine Intention, ein Kunstwerk in seinem „Mehrwert" zu verstehen, unterstützen können. Das heißt, dass neuronale Verbindungen angeregt werden müssen, die im alltäglichen Leben nicht aktiv sind. „Der Vorlauf und das Zurückbleiben von verschiedenen Hirnarealen in wechselhafter Weise muss im Zusammenspiel mit Leistungsanforderungen an das Gehirn gedeutet werden."[14]

Viele Betrachter fühlen sich auch heute noch vor abstrakten oder konkreten Bildern allein gelassen, wenn sie keine Anleitung zu dieser Form des Wahrnehmens erhalten. Sie wollen Gesehenes in einen Kontext einordnen und kategorisieren, weil ihre neuronalen Netzwerke sich auf der Basis solcher Übungen entwickelt haben. Wenn man die Reden der so genannten Führungen durch Kunstausstellungen verfolgt, kann man bemerken, wie auch die Interpreten in diesen Netzen gefangen sind, obwohl sie durch Studium und vielfaches Betrachten von Bildern eingeübt sein sollten.

Die Katalogtexte, die ja eigentlich der Vermittlung von „Kunstwollen" und Betrachtern verpflichtet sind, gefallen sich mit Erfolg in wissenschaftlich hoch interessanten Texten, die für den „normalen" Rezipienten wenig hilfreich sind. Wird der Kunstbetrieb also ein exklusiver Kreis von Künstlern und Experten? Ich denke, die Funktion der Kunst und speziell der Bilder, anschauliche Erkenntnisse zu evozieren, die der begriffliche Diskurs nicht bieten kann, wäre damit auf einen kleinen Kreis beschränkt. Unsere Neigung, in Bezug auf die Kunstinterpretation gleich in die oberen Etagen aufzusteigen, ohne die Basis zu berücksichtigen, verunsichert einen großen Teil der Betrachter in hohem Maße, weil sie glauben, zu einer adäquaten Wahrnehmung nicht fähig zu sein.

Darüber hat man sich schon früher Gedanken gemacht. In einer Diskussion fragt der Maler Anselm Kiefer: „... Für wen arbeiten wir?" und Enzo Cucchi antwortet ihm: „Die Künstler selbst verlangen sich gegenseitig."[15]

Kunst und visuelles Gehirn

Heute sind es interessanter Weise Wissenschaftler, die sich aus anderen Disziplinen zu Wort melden und die Kunst in eine neue Beziehung zur visuellen Wahrnehmung und damit zum Gehirn bringen. Man hat herausgefunden, dass die Gehirnfunktionen kein hierarchisches Prinzip verfolgen. Sie versuchen, auf der neuronalen Ebene die Grundlagen für die Wahrnehmung von Objekten zu finden. Man weiß, dass visuelle Informationen an verschiedenen Stellen parallel im Gehirn verarbeitet werden. Die Erkennung von Merkmalen der Objekte sind über das Gehirn verteilt und man will herausfinden, wie sie in der Synthese zu einer Repräsentation verbunden werden können. Das Bindungsproblem (binding) ist zur zentralen Frage beim Sehen geworden. Wie erkennen wir ein Objekt? Denn um ein Objekt zu erkennen, müssen wir das Gesehene interpretieren, es kategorial einordnen und in seinem Kontext verstehen, das heißt identifizieren. Erstaunlicherweise sind wir auch in der Lage, ziemlich ungünstige Voraussetzungen eines visuellen Angebotes umzusetzen. Wir haben daraus Strategien und Mechanismen entwickelt, die nicht ohne weiteres umzuschalten sind. Um ein künstlerisches Angebot zu erfassen, und ganz speziell Bilder, kann nur eine bewusste Intention die eingefahrenen Sehweisen blockieren.

Der Neurobiologe Semir Zeki unternimmt das Wagnis, eine Theorie der Ästhetik auf biologischer Basis zu umreißen. „All visual art is expressed through the brain and must therefore obey the laws of the brain, whether in conception, execution or appreciation and no theory of aesthetics that is not substantially based on the activity of the brain is ever likely to be complete, let alone profound."[16] Seine Behauptung basiert auf Erkenntnissen, die durch zahlreiche Untersuchungen begründet werden. Vieles, was über die Jahrhunderte an Spekulationen in der Literatur zu finden war, kann heute bestätigt oder aber bezweifelt werden. Durch die neuen bildgebenden Verfahren können heute neuronale Aktivitäten aufgezeichnet werden, die früher nur partiell bei Läsionen des Gehirns festgestellt werden konnten. Das Gehirn untersucht das Gehirn! Das Gehirn denkt über das Gehirn nach! Das sind neue und faszinierende Ansätze.

Zeki sieht Parallelen in der Fähigkeit, aus der Unübersichtlichkeit des sich ständig verändernden visuellen Angebots ein stabiles und konstantes Weltbild zu konstruieren oder ein künstlerisches Bild zu produzieren. Er sieht darin unter anderem die Parallele zwischen visueller Kunst und visuellem Gehirn. Beide konstruieren ein konstantes Bild aus einem sich ständig verändernden Angebot und einem sich ständig verändernden Beobachter, bzw. Künstler.

Selektion

Zunächst ist die alte Vorstellung der projizierten Bilder auf die Retina zu hinterfragen. Das heißt, die Retina ist nicht der Abschluss des Sehprozesses. Welchen „kleinen Mann" oder welche „kleine Frau" haben wir denn hinter der Netzhaut sitzen, die uns das einfallende Licht interpretieren und einordnen können? Der Mensch ist der Vielfalt des visuellen Angebotes nicht hilflos ausgeliefert. Im „normalen", visuellen Wahrnehmungsprozess fällt eine Fülle von Sehangeboten der Selektion des Sehens zum Opfer, um die Orientierung des Menschen in dieser Welt zu gewährleisten. Und trotzdem ist der Mensch in der Lage, Objekte zu identifizieren, ihre unterschiedliche

Oberflächenstruktur in einer optischen Anordnung zu unterscheiden, kurz, eine Welt zu sehen, die sich ihm optisch, in Abschattungen und Überlagerungen nur teilweise präsentiert. Unser Sehen ist von Konzentration, Selektion und Abstraktion geprägt und wir sehen über vieles hinweg. Zum Aufbau einer Struktur, zum Beispiel eines Gegenstandes, ist nun keineswegs jedes Detail notwendig, das heißt, wir nehmen in der Aktivität unseres Sehens zugleich eine Selektion und eine Auswahl vor, um daraus unser Gegenstandsbild zu erzeugen. Doch diese Verarbeitungsprozesse finden nicht im Auge statt. Der Mensch konstruiert in seinem Gehirn eine kognitive Welt, der er Bedeutung zuweist.

Vielleicht liegt die Faszination der Stillen Bilder für uns im Festhalten der Momente, dem Fixieren. Unsere visuelle Wahrnehmung hat viele Möglichkeiten, die der Fixierung hat sie nicht. Wir können zwar den Augenblick bitten, zu verweilen, weil er so schön ist, aber der nächste Moment wird ihn ablösen. Bilder hingegen können uns lehren, eine andere Art der Wahrnehmung einzuüben, um ihrem Sinngehalt zu entsprechen. Künstler scheinen uns da einen Schritt voraus zu sein. Schon Leonardo hat uns mit seinem Buch über die Malerei dazu einen beeindruckenden Beweis geliefert.

Der Mensch hat gelernt, an die Stelle von optischen Zeichen die Vorstellung einer geordneten Welt zu setzen. „Ein Ding als unveränderlich sehen, heißt, es auf dem höchsten Allgemeinniveau zu abstrahieren, und dieses Niveau eignet sich für alle die vielen praktischen Situationen, in denen das Sehen dazu dient, den physischen Umgang mit den Dingen zu überwachen."[17]

Mit dieser „Überwachung" haben wir gute Erfahrung gemacht. Warum sollten wir sie in Frage stellen? Man könnte natürlich auch fragen, ob wir sie überhaupt in Frage stellen müssen? Reicht die Komplexität unserer angeborenen und erworbenen Wahrnehmungsstrategien nicht auch für die künstlerischen Bilder aus? Ich denke, man muss diese Frage verneinen, weil die speziellen Eigenschaften und Qualitäten von Bildern nicht an diese angepasst sind. Künstlerische Bilder enthalten in der Regel eine eigene Bildwirklichkeit und weisen über das Gesehene hinaus. Um sie zu sehen und wahrzunehmen, müssen wir unsere eingefahrene Sehweise „umschalten", das heißt, wir müssen uns auf sie einlassen.

Die Zukunft der Stillen Bilder

Heute stehen Malerei und Photographie mit dem Rücken zur Wand und verteidigen ihre so genannten „Stillen Bilder", denen die elektronischen und digitalen Medien den Tod prophezeien. Diese Drohung ist der Malerei seit der Erfindung der Photographie geläufig, und sie hat ihre Lebendigkeit danach unter Beweis gestellt. Für die Photographie ist die Situation neu. Sie war so lange das „neue" Bildmedium, dass es ihr schwer fällt, einen frühen Tod zu akzeptieren. Aber auch sie kann gelassen reagieren. Die Diskussion um analog und digital in Bezug auf die Photographie wird sich nicht einig. Handelt es sich lediglich um die Bezeichnung des Mediums oder um die Herstellungsweise, bei denen die digitalen Chips die analogen Silberkörner ersetzen? Geht der Negativ-Positiv-Prozess zu Gunsten von Chip-Computern verloren? Die Möglichkeit der Manipulation, das heißt, der Bildbearbeitung dessen, was vor der Kamera existiert hat, ist so alt wie die Photographie selbst. Die „Dokumentation" der Wirklichkeit war in dieser Hinsicht schon immer in Frage zu stellen. Leider entspricht der Sehprozess nicht der Kameraaufzeichnung und die Neuronen weder den Silberkörnern noch den Pixeln. Für den Photographen, der sich der Kamera bedient, ist es also sehr wichtig, seine Arbeitsweise nicht mit seiner Wahrnehmung zu verwechseln, um der Transformation eines Bildes gerecht zu werden. Und so betont James J. Gibson: „Kein Maler oder Fotograf braucht sich besonders zu bemühen, dem Betrachter das Gefühl zu geben, als sähe er einen Ort, ein Objekt, eine Person oder ein Ereignis in Wirklichkeit. Das lohnt sich nicht. Der Versuch wird auf jeden

Fall zum Scheitern verurteilt sein."[18] Das bedeutet für den Photographen und den Rezipienten eine Herausforderung, sich auf die bildlichen Qualitäten einer Darstellung zu konzentrieren und die Unterschiede zu sehen, die er aus der umgebenden Umwelt extrahiert und die er in ein Bild transformiert. Auf der Seite der Rezipienten ist es ein Prozess der Zeit und der Konzentration, um sich in Bilder einzusehen. Bilder erfordern Zeit, wenn man ihre Qualitäten und Potenziale entdecken will. Wir müssen Bildern mit einer anderen Intention begegnen als der Wirklichkeit. Wir wissen, dass unsere visuelle Wahrnehmung selektiv und abstrahierend arbeitet. Wir wissen, dass unsere Stabilitätstendenz viele visuelle Daten unterdrückt, damit wir Abwehrmechanismen gegen die Überfülle haben. Wir wissen auch, dass diese automatischen Prozesse unsere Basis für das Verhältnis zur Umwelt konstant erhalten. Wenn wir wissen, dass unsere neuronalen Bedingungen so funktionieren, haben wir die Freiheit, den normalen Sehprozess durch Konzentration auf die Bilder partiell zu unterlaufen oder ihm zu widerstehen. Das will gelernt sein wie Lesen und Schreiben. Wir müssen den Widerstand unserer normalen visuellen Wahrnehmungsstrategien und Mechanismen überwinden.

Im Gegensatz zu den bewegten Bilderfolgen von Filmen, Videos und elektronischen Bildern bieten die so genannten Stillen Bilder als Schule des Sehens dafür die besten Voraussetzungen. Sie sind fixiert, begrenzt in ihren Dimensionen, und es besteht die Möglichkeit, mehrere verdichtete Sinnebenen auf ihren Flächen zu entdecken und sie wiederholt zu betrachten. Ein solches Angebot hat die Wirklichkeit nicht zu bieten. Die Beschränkung auf die Identifikation lässt den „Mehrwert" der Bilder kaum erahnen.

Das visuelle Gehirn

Die Arbeit des visuellen Gehirns lässt auch heute noch viele Fragen offen, aber ein beachtlicher Teil ist auch beantwortet.

Es ist ein interessanter Ansatz, in Bildern und visuellem Gehirn Parallelen zu suchen, und es kann hilfreich für die Rezeption und das Verständnis von Bildern sein. Wie sehen wir, was wir sehen? Bilder sind ein Angebot der Kunst, auf einer begrenzten Fläche eine eigene und vielleicht neue Bildwirklichkeit zu begreifen. In den letzten 25 Jahren ist man immerhin soweit gekommen, dass man von der Neurologie der abstrakten Kunst und der repräsentativen und narrativen Kunst sprechen kann.[19] In Bezug auf die Farbe weiß man, dass die abstrakten Bilder, von Mondrian und Malevich zum Beispiel, nur einen Teil des Bereichs im Neokortex aktivieren, der für Farbe zuständig ist, die nicht auf Objekte bezogen ist. Andere dagegen, die gegenständliche Objekte repräsentieren, aktivieren weitere Bereiche, in denen die Farbe Objekten zugeordnet wird und die Beziehung von Farbe und Objekt verstanden werden muss. Ähnliches findet bei der Wahrnehmung von Bewegung statt. Nun mag uns das auf den ersten Blick gegenüber kunstgeschichtlichen Interpretationen auf hoher Ebene etwas simpel erscheinen, aber vergessen wir nicht, dass auch sie von den Netzwerken unseres Gehirns produziert werden. Vielleicht erleichtert das Wissen um die Methoden unseres Sehprozesses die Übung im Umgang mit den künstlerischen Phänomenen, um ihre ganze Vielfalt zu sehen, zu entdecken und zu verstehen und nicht wie Justitia mit verbundenen Augen urteilen zu müssen.

---

[1] Detlef B. Linke, *Kunst und Gehirn. Die Eroberung des Unsichtbaren*, Reinbek bei Hamburg 2001. S 36.
[2] Ebenda S. 21.
[3] *In unnachahmlicher Treue. Photographie im 19. Jahrhundert – ihre Geschichte in den deutschsprachigen Ländern*, Ausstellungskatalog, Köln 1979.
[4] Marlene Schnelle-Schneyder, *Photographie und Wahrnehmung – am Beispiel der Bewegungsdarstellung im 19. Jahrhundert*, Marburg 1990. Speziell Kapitel VII–X.
[5] Walter Benjamin, *Das Kunstwerk im Zeitalter seiner technischen Reproduzierbarkeit. Drei Studien zur Kunstsoziologie*, 11. Aufl. Frankfurt am Main 1979, S. 36.

[6] Vgl. dazu die ausführlichen Darstellungen mit Bildern in Schnelle-Schneyder, *Photographie und Wahrnehmung*, a.a.O. (Anm. 4).
[7] Ebenda, Kap. IX.
[8] Laszlo Moholy-Nagy, *Malerei – Fotografie – Film*, Faksimile-Nachdruck nach der Ausgabe von 1927, Mainz 1967.
[9] Rudolf Arnheim: „Flächenbilder", in: *Theorie der Photographie II*, hg. von Wolfgang Kemp. München 1979.
[10] Raoul Hausmann, „Formdialektik der Fotografie (1932)", ebd.
[11] Otto Steinert: „Über die Gestaltungsmöglichkeiten der Fotografie", in: *Subjektive Fotografie – Bilder der fünfziger Jahre*. Katalog Museum Folkwang Essen 1984, S. 154 ff.
[12] Gottfried Jäger/ Karl Martin Holzhäuser, *Generative Fotografie*, Ravensburg 1975.
[13] Gottfried Jäger, „Fotografie an Hochschulen in Nordrhein-Westfalen", in: *Fotografie in NRW. Ein Handbuch*, hg. vom Kultursekretariat Nordrhein-Westfalen (Kulturhandbücher Nr.9), Essen 2002, S. 434.
[14] Linke a.a.O., S. 95.
[15] Jaqueline Burkhardt (Hg.), *Ein Gespräch. Una Discussione. Joseph Beuys, Jannis Kounellis, Anselm Kiefer, Enzo Cucchi*, Zürich 1986, S. 29.
[16] Semir Zeki, *Inner Vision. An Exploration of Art and the Brain*, Oxford 1999, S. 1.
[17] Rudolf Arnheim, *Anschauliches Denken. Zur Einheit von Bild und Begriff*, Köln 1977, S. 50.
[18] James J. Gibson, *Wahrnehmung und Umwelt – Der ökologische Ansatz in der visuellen Wahrnehmung*, München 1982, S. 303.
[19] Zeki a.a.O., S.205.

Eva Schürmann

So ist es, wie es uns erscheint

Philosophische Betrachtungen ästhetischer Ereignisse

Wahrnehmbare Wahrnehmung

Die Kunstwerke des Lichtinstallationskünstlers James Turrell zeigen Lichterscheinungen, anhand derer das eigene Wahrnehmen wahrnehmbar wird. Seine Arbeiten erzählen keine Geschichten und erscheinen nicht anhand von gegenständlichen Objekten, sondern konfrontieren uns mit undinglichen Phänomenen, die auf nichts verweisen und nichts anderes zeigen als sich selbst. Welchen Werktypus man auch nimmt, stets zeigt uns der Künstler Lichtphänomene, die das Erscheinen von Erscheinungen und ihre Wahrnehmung durch uns selbst zum Thema haben. Ob man das ‚Fast-Nichts' einer vagen Lichtimpression im Falle eines ‚dark space' wahrzunehmen versucht, oder den Wechsel von Räumlichkeit und Flächigkeit eines schwach leuchtenden Farbfeldes im Falle eines ‚sensing space' in den Blick nimmt, – alle Arbeiten sind nur erlebbar, wenn man die Augen aufmacht, um geduldig zu schauen, was sich zeigt, anstatt zu fragen, was es ist. Der Betrachter tritt ins Werk ein, um sich seiner Wahrnehmung bewusst zu werden. Ein fokussierender oder identifizierender Blick erreicht in den nebulösen Lichtfeldern überhaupt nichts; wer indessen schaut, wie sich die Erscheinungsqualitäten der Farben und Formen wandeln und entfalten, erlebt Wahrnehmung als Offensein für etwas Erscheinendes, dessen Erscheinen er gleichermaßen hervorbringt wie erfährt. Denn das künstlerische Phänomen kann sich erst zeigen und nach und nach die verschiedenen Weisen seines Vorkommens entfalten, wenn es wahrnehmend ver-wirklicht wird, wenn es also jemanden gibt, der es erschaut. Es ist die Wahrnehmung, die den Zugang darstellt zu den verschiedenen Seinsmöglichkeiten der Werke als Lichtraumkörper vor der Wand, als Raumtiefe dahinter oder als Fläche. Das Werk liegt nicht als sachliche Gegebenheit vor, sondern umgibt uns als räumliche und zeitliche Situation. Erst der Prozess der Wahrnehmung – etwa räumliche Annäherungen und Entfernungen, die Zeit der retinalen Eingewöhnung, die körperliche Befindlichkeit des Betrachters etc. – entfaltet die ästhetischen Phänomene in ihrer Veränderlichkeit. Das perspektivische Wesen der Wahrnehmung ist imstande, die wechselnden Erscheinungsweisen der Arbeiten zu realisieren.

Lichthafte, durchscheinende Farbe und farbiges, leuchtendes Licht erscheinen soweit wie überhaupt möglich an sich selbst, denn sie haften nicht sichtbaren Körpern als pastoses Farbpigment an, sondern schweben im Raum. Insofern sind die Arbeiten sich selbst und nichts anderes zeigende Phänomene. Allen Werken gemeinsam sind fließende, allmähliche, übergängige Vorkommensformen. Ihr Charakter ist genuin zeitlich, sie tauchen auf oder verschwinden wieder, erscheinen vorübergehend und widersprüchlich. An dem Gegensatz von Sein und Schein vorbei erweisen sie sich so als Identitätsphänomene von Werkfaktum und Werkwirkung. Sie entfalten optische Präsenz, ohne physisch greifbar zu sein.

Auge, Licht und Phänomen werden im Turrellschen Kunstwerk als voneinander untrennbare Bedingungen des sinnlichen Wahrnehmungsgeschehens erlebbar.

Begegnung von Ich und Welt

Mit diesen Eigenschaften bietet die Kunst Turrells ästhetische Erfahrungen an, die das Zentrum unseres Wirklichkeitsbezuges betreffen. Jede Wirklichkeit ist in erscheinender Weise gegeben und in wahrnehmender Weise zu erleben. Ohne Wahrnehmung keine Welt. Insofern wird in der Kunstwerkerfahrung ein philosophisch komplexes Prinzip buchstäblich anschaulich erhellt.

Und doch sind damit mehr Fragen gestellt als beantwortet: Wie verhält sich das Wahrgenommene zum Erscheinenden? Worin unterscheiden sich Wahrnehmungen von Illusionen? Wie können wir auf dem Wege der Wahrnehmung zu Wirklichkeitserkenntnissen gelangen, die mit Recht Gültigkeit für sich beanspruchen können? *Was* ist es, das erscheint? Wie verhält sich das Zeigen zum Sein? Diese Fragen sind deshalb so grundlegend und heikel, weil sie unser Verhältnis zur Welt, nämlich das Verhältnis von Bewusstsein und Gegenstand betreffen.

Der französische Philosoph Maurice Merleau-Ponty hat dieses Verhältnis eingehend untersucht. Ich möchte im folgenden einige seiner Überlegungen vorstellen. Ich nehme bewusst gewisse Vereinfachungen in Kauf, denn es geht mir um eine Anwendung seiner Ideen auf die ästhetische Erfahrung der Werke Turrells.

Die Welt ist das, was wir wahrnehmen, schrieb Merleau-Ponty 1945 in seinem Buch *Phänomenologie der Wahrnehmung*. Er wurde damit im Anschluss an Husserl zum Begründer der Phänomenologie in Frankreich. Phänomenologie ist eine Strömung der Philosophie des 20. Jahrhunderts, die in Abgrenzung zum phänomenfernen Rationalismus der Geschichte nach einer gültigen Beschreibung der Weise sucht, wie wir die erscheinende Welt sinnlich erfahren.

Merleau-Ponty beschreibt Wahrnehmung als die Bewegung einer Begegnung von Ich und Welt. Das heisst als eine Bewegung, ohne die es die Welt für uns nicht gäbe.

In diesem erweiterten Sinn bedeutet Wahrnehmung nicht nur das sinnliche Erfahren eines umgrenzten Gegenstandes, sondern ein Vermögen, welches das produktive und konstruktive

Prinzip jeder Welterzeugung ist. Dieser zentrale Prinzipien-Charakter kommt sonst nur noch der Sprache zu. Die Sprache muss in vergleichbarer Weise als konstitutives Prinzip von welterschließender Kraft betrachtet werden.

Die Pointe des Merleau-Pontyschen Ansatzes besteht nun darin, dass die beiden Seiten der Begegnung, das wahrnehmende Ich und die erscheinende Welt, als Bewegungen verstanden werden, die einander wechselseitig bedingen und veranlassen. Das heißt, weder erscheint die Welt als mit sich selbst identisches Faktum, noch kann der Mensch sie subjektiv und willkürlich konstruieren. Vielmehr findet das, was uns als Welt begegnet, im Zwischenraum zwischen Wahrnehmendem und Wahrgenommenen, zwischen Subjekt und Objekt statt. Während traditionellerweise Subjekt und Objekt als zwei von einander getrennte und trennbare Gegensätze verstanden wurden, versteht Merleau-Ponty sie als die zwei Seiten eines integralen Bedingungsgefüges. Der Prozess der Begegnung einander wechselseitig motivierender und bedingender Wahrnehmungen und Erscheinungen tritt an die Stelle einer traditionell gedachten Subjekt-Objekt-Relation.

Das Bewusstsein ist nach Merleau-Ponty „bewirkendes Hervorbringen der Welt."[1] Auf dem Wege spezifisch motivierter Aufmerksamkeitsleistungen bringt es hervor, was es wahrnimmt, Merleau-Ponty spricht in diesem Zusammenhang auch von „Wahrnehmungssyntax".

Wahrnehmend realisiert sich das phänomenal Gegebene zur Bewusstseinswirklichkeit. Die Wahrnehmung enthält als Realisationsmodus der Erscheinung ebensosehr die Wirklichkeit des Erscheinenden wie die des Bewusstseins.

Das klingt einfacher und symmetrischer als es ist. Tatsächlich handelt es sich beim Ich-Weltbezug um ein je und je unterschiedlich gewichtetes Bedingungsverhältnis von symbolisch vermittelten Sichtweisen und Erscheinungsarten. Wenn etwas sich jemandem als etwas zeigt, und dieser es als etwas wahrnimmt, handelt es sich dabei nicht um schlichte Abbildungsverhältnisse. Die Wahrnehmung ist eine individuell strukturierte und strukturierende Sichtweise. Der Gegenstand indessen ‚ersucht' um Aufmerksamkeit und das wahrnehmende Bewusstsein sieht sich veranlasst, darauf zu antworten, indem es etwas auswählt. Es tut dies aber in einer unvorhersehbar individuellen Weise. Das Verhältnis ist nicht eindeutig determiniert. Wie ein Wahrnehmender auf den Aufforderungscharakter des Erscheinenden anwortet, ist kulturell, individuell und historisch hochgradig flexibel.

Die Verklammerung der beiden Felder des wahrnehmenden Bewusstseins und des erscheinenden Gegenstandes ist die Sphäre des Leiblichen. Mit seinem Leib steht der Wahrnehmende von jeher inmitten dessen, was er wahrnimmt. Das schöpferische Wesen der Wahrnehmung liegt nach Merleau-Ponty darin begründet, dass es in den lebendigen Zusammenhang eines erlebenden und sich entwickelnden, verkörperten Bewusstseins fällt. Das wahrnehmende Subjekt „ist weder ein von einer Qualität Kenntnis nehmender Denker noch ein träges Milieu, das von einer solchen affiziert wird, sondern ein Vermögen, das mit jedem Existenzmilieu ineins entspringt und mit ihm sich synchronisiert".[2] Wahrnehmen ist dementsprechend eine Tätigkeit, die die ganze Existenz betrifft. Die Vergangenheit hat in Form von Erfahrungen eine das Bewusstsein prägende Funktion. Ebenso ist die Zukunft präsent in Form von Erwartungen, Hoffnungen und Befürchtungen, die unsere Wahrnehmungen mitgestalten. Erfahrungen und Erwartungen färben eine aktuelle Wahrnehmung gleichsam ein. Die Wahrnehmung kann die Erscheinungen nicht „jenseits jeder Erfahrung überraschen", wie das Licht sie „der Dunkelheit entreißt, wo sie zuvor schon existierten".[3] Vielmehr entscheiden Erfahrung und Erwartung als Horizontfaktoren über das mit, was überhaupt wahrgenommen werden kann.

Schon das erste Bemerken eines Gegenstandes gestalte sich nicht, so Merleau-Ponty, „wie das Licht eines Scheinwerfers, der die Gegenstände in stets derselben Weise beleuchtet", sondern sei „Wirkursache des von ihm zur Erscheinung Gebrachten".[4] Mit anderen Worten ist bereits das Bemerken eine produktive und nicht bloß rezeptive Tätigkeit. Doch zugleich ist es der Gegenstand, der unsere Aufmerksamkeit seinerseits erregt.

Das wahrnehmende Ich ist also zugleich aktiv und passiv, ebenso wie der wahrgenommene Gegenstand dies beides zugleich ist. Wahrnehmung gestaltet sich Merleau-Ponty zufolge als Zugleich von spontaner Hervorbringung und rezeptivem Ergriffenwerden.

Derartige Koinzidenzen nennt er ‚integrierte Strukturen'. „Sobald man es mit integrierten Strukturen zu tun hat, merkt man, dass die Bedingungen nicht so sehr das Bedingte erklären, sondern ihm vielmehr Gelegenheit geben, sich einzuschalten."[5] In der Wahrnehmung realisiert sich ein Subjekt-Objekt-Verhältnis, besser ist zu reden von einem Verhältnis des Wahrnehmenden und des Erscheinenden, in dem sich Ich und Welt gegenseitig bedingen. Als aufmerksames wählt das Bewusstsein aus, als motiviertes wird es vom Phänomen erregt, als responsives antwortet es auf das, was sich zeigt: „Empfindender und Empfundenes sind nicht zwei äußerlich einander gegenüberstehende Terme, und die Empfindung nicht Invasion des Sinnlichen in den Empfindenden. [...] vielmehr paart sich mein Blick mit [dem Gesehenen] und in diesem Austausch [...] ist keine Rede davon, dass das eine wirkte und das andere litte."[6]

Jede Weltwahrnehmung ereignet sich also vor dem Horizont und unter den Bedingungen bestimmter Interessen und Hinsichten, einer persönlichen Geschichte, der allgemeinen historischen Situation einer Epoche, der leiblichen Konstitution, der Geschlechtlichkeit, des persönlichen Temperamentes, der genetischen Veranlagung, der nationalen Mentalität, der Erfahrungen, der Herkunft, der Bildung sowie der Beeinflussung durch eine Reihe sozialer, gesellschaftlicher und materieller Faktoren.

Zugleich erscheint der Gegenstand seinerseits notwendig vor einem bestimmten Hintergrund und in gewissen Relationen. Alles, was erscheint, zeigt sich ‚als etwas'. Dass dieses ‚etwas' nicht notwendig identisch ist mit der Sache selbst, betrifft das schwierigste Problem der Wahrnehmungsthematik: das der Illusion. Wie kann ich wissen, ob das, was erscheint, auch so ist, wie es mir erscheint? Hier taucht eine unter Umständen abgründige Differenz zwischen dem Erscheinen und dem Sein auf, ein theoretisch unlösbares Problem.

Differenz von Erscheinen und Sein

Wenn die Wahrheit der Wahrnehmung eine Allianz von Ich und Welt darstellt, wird sie mit jedem Ich und jeder Allianz anders ausfallen, sie ist also mehrwertig und uneindeutig. Auch die Wirklichkeit des Phänomens ist kein mit sich selbst identisches Faktum, sondern ein Entwicklungsverlauf sich wandelnder Präsenzen. Der Aufschluss, den die Wahrnehmung über die Wirklichkeit geben kann, ist unter Umständen trügerisch, weil die Dinge die Eigenschaft haben, zu einem bestimmten Zeitpunkt anders auszusehen als früher oder später und aus einer bestimmten Perspektive anders als von einer anderen. Sie sind also raumzeitlich hochgradig variabel. Die Wahrheit der Wahrnehmung fällt bezüglich ihres reellen Momentes auf die Seite des Objektes, das sich notwendig ‚in einem gewissen Lichte' zeigt, und bezüglich ihres bewusstseinsimmanenten Momentes auf die Seite des Subjektes, das notwendig unter den Bedingungen der genannten Horizontfaktoren wahrnimmt. Da aber Objekt und Subjekt in der Wahrnehmung ineins fallen, kann zwischen dem, *wie* etwas erscheint, und dem, *was* es ist, nicht mehr eindeutig unterschieden werden. Durch diese beiderseitige Bedingtheit werden die erscheinenden Dinge zu Erscheinungs-Wirklichkeiten und zu Wahrnehmungs-Tatsachen. Merleau-

Ponty spricht vom „Übergang des Erscheinenden zum Realen".[7]

In ihrem Angewiesensein auf Erscheinungen ist die Wahrnehmung aber irrtumsanfällig und illusions-gefährdet, weil Erscheinungen mitunter verhüllende Bedeutung haben und nur Teilansichten dessen zeigen, was ist.

Das Fruchtbare an der Konfrontation des Merleau-Pontyschen Denkens mit der Kunst Turrells besteht nun darin, dass diese Gedanken, die theoretisch offene Fragen darstellen, in der ästhetischen Erfahrung anschaulicher Realfall werden. Realfall ist ein Kunstwerk dann, wenn es ist, was es zeigt. Im Werk kann zwischen Darstellung und Dargestelltem nicht mehr unterschieden werden. Indem ein Kunstwerk selbst ist, was es darstellt, konkretisiert es sich als Realfall seines Erscheinens. Erscheinen und Sein fallen zusammen und können noch nicht einmal mehr heuristisch getrennt werden.

Die Illusionsproblematik stellt sich von daher in der ästhetischen Erfahrung anders dar als in der Philosophie, die Unlösbarkeit des Problems wird dort gleichsam spielerisch aufgelöst.

Erfahrung von Sinn im Sinnlichen

Alle Werktypen der Kunst Turrells konfrontieren den Betrachter mit der Faktizität ihres Erscheinens bei gleichzeitiger Ungewissheit darüber, was sie physisch sind. Bei den Arbeiten der Gruppe der ‚dark spaces' fragt man sich längere Zeit, ob man tatsächlich etwas sieht oder es sich nur einbildet. Bei einem ‚projection piece' (vgl. Abb. 1) scheint das Werk einmal ausgedehnt *vor* der Wand zu schweben, dann wieder flächig *auf* der Wand zu sein. Ein ‚sensing space' hat die Möglichkeit, als flächiges Farbfeld ebenso wie als Raumtiefe zu erscheinen. Ähnliche Umschlageffekte von Raum und Fläche erzielen auch seine druckgraphischen Arbeiten (vgl. Abb. 2). Im Akt der Anschauung haben die Kunstwerke also mehrere Möglichkeiten, in Erscheinung zu treten. Das, was sie sind oder nicht sind, ist veranlasst durch die Bewegungen des Wahrnehmens und Erscheinens.

Abb. 1:
Afrum Photo 1980
(by courtesy of Michael Bond)

Ob man nun aber eine ausdehnungslose Projektion als Volumen oder einen Lichtraum als Fläche wahrnimmt – die authentische Wahrnehmungserfahrung als bloßen Irrtum herabzusetzen, verfehlt deren Wohlbegründetheit und Unvermeidbarkeit – Merleau-Ponty würde sagen ihre ‚Motiviertheit'. Das Wissen um die Dreidimensionalität beispielsweise eines ‚sensing space' verhindert keineswegs seine Wahrnehmbarkeit als Zweidimensionalität. Die Weise eines jeden Kunstwerks überhaupt zu sein und vorzukommen, ist zutiefst mehrwertig. Sein zeitliches Umschlagen von einer Erscheinungsweise in die andere erweist sich als Entfaltung seiner Möglichkeiten. *Möglichkeit* wird hier zu einer Dimension, die nicht ein bloßes Sein-Können bedeutet, sondern eine Kraft und ein Vermögen, auf verschiedene Weise in Erscheinung zu treten.

Abb. 2: Alta. Druckgraphik 1989/90 (Photo: Götz Rüdiger Gramm)

Wider besseren Wissens, das man – um die von Josef Albers geprägten Begriffe zu verwenden – im Falle eines ‚sensing space' vom Faktum, dem „factual fact", des Raumes erlangt hat, stellt sich bei größerer Distanz zum Werk erneut seine Erscheinungswirklichkeit, das „actual fact", als farbige Fläche ein. Die faktische – d. h. physikalisch messbare – Tatsächlichkeit kollidiert mit der uneindeutigen Wahrnehmungstatsache. Diese ist mit den Worten Turrells „überzeugend ebenso wie auflösbar".[8]
Das Werk erscheint als Zugleich von Raum und Fläche, denn beide Informationen über sein So-Sein sind im Akt der Anschauung einzuholen – beide sind Tatsachen der Wahrneh-

mung, beide sind „perceptual (f-)acts". An die Stelle der Dichotomie von actual fact und factual fact tritt die übergreifende Einheit von perceptual (f-)acts, denn die Werke haben sowohl Tatsachen- wie auch Erscheinungscharakter. Perceptual (f-)acts sind Wahrnehmungen, die aufgrund ihres Erscheinens Tatsächlichkeit bekommen.

Ich habe an anderer Stelle vorgeschlagen, im Falle Turrells deswegen nicht von Illusionen, sondern von Virtualität zu sprechen.[9] Mit Virtualität meine ich sowohl die gestaltende und hervorbringende Kraft des Wahrnehmungsvorgangs wie auch die Potenz des Werkes, auf verschiedene Weise in Erscheinung zu treten. Sie zeigen, dass es anders erscheinen kann, als es ist. Und sie zeigen, dass es so ist, wie es erscheint. Hält man nämlich nur die Wahrnehmung des Raumes für die Wahrheit des Werkes und die der Fläche dagegen für eine bloße Sinnestäuschung oder Illusion, verkennt man die unwiderlegbare und stets wieder einholbare Evidenz der Flächenwahrnehmung. Für das Verständnis dessen, was das Werk überhaupt *ist*, also welche Identität und Vorkommensweise es wesentlich hat, stellt es aber eine vereinseitigende Wahl dar, nur das Raum-Sein für das aktuelle Sein des Werkes zu halten, sein Vermögen, als Fläche zu erscheinen, hingegen als Täuschung herabzusetzen.

Wenn eine Illusion etwas ist, das physisch nicht da ist, so ist von der Flächenwahrnehmung doch zumindest zu sagen, dass sie aktuell da ist. Sie ist sinnlich anwesend, ohne dass man sie physisch dingfest machen könnte. Turrell erklärt dazu: „Meine Illusion ist keine trompe-l'oeil-Illusion, eigentlich ist es überhaupt keine Illusion. Wenn man von einer gewissen Entfernung eine Oberfläche wahrnimmt und beim Näherkommen das Licht im Raum sieht, ist man mit der Tatsache konfrontiert, dass man etwas sieht, was wirklich da ist. Der Raum verweist nicht auf etwas, was nicht wirklich ist. Das Licht lenkt die Aufmerksamkeit auf etwas, was da ist. Wenn man Oberflächen oder Ränder sieht, dann weil sie wirklich da sind."[10]

Das Mögliche wird wirklich und das Wirkliche ungewiss. Als immer wieder einholbare Evidenzerfahrung lösen die ästhetischen Phänomene spielerisch und anschaulich die theoretische Aporie der Ununterscheidbarkeit von Illusion und Wahrnehmung auf. Anstatt von Illusion zu reden, sollten deshalb die verschiedenen Erscheinens-Möglichkeiten des Werkes als Momente seiner Seins-Entfaltung begriffen werden, die zugleich Entfaltungen des Wahrnehmungsvorgangs sind. Der Begriff Illusion suggeriert eine Eindeutigkeit von Wahrheit und Irrtum, die angesichts der Vieldeutigkeit der Erscheinungswirklichkeit unangemessen ist.

Denn beide – Wahrnehmungstätigkeit und Erscheinungsvielfalt – sind nicht in ihrer Komplexität verstanden, wenn man sie durch den alten Dualismus von Schein und Sein zu fassen sucht. Wenn man annimmt, schreibt Merleau-Ponty, „dass es unmöglich ist, zu sehen, was nicht ist, [...] definiert man das Sehen durch den Sinneseindruck. Man verfehlt den ursprünglichen Bezug der Motivierung und setzt an seine Stelle den von Zeichen und Bezeichnetem".[11] Sehen und Wahrnehmen bedeutet aber keineswegs, eine eindeutige Konstellation von Bezeichnendem und Bezeichnetem zu dechiffrieren, sondern stellt eine spezifische Entfaltung des dem Sinnlichen eignenden Sinns dar.

Ein sinnlich verkörperter Sinn ist eine realpräsente Gegebenheit, die Erkenntnisse ermöglicht. Die Sinnerfahrung liegt im Erleben der Wahrnehmung als Prinzip unseres Umgangs mit der erscheinenden Wirklichkeit. Erfahrung von Sinn im Sinnlichen meint, Prinzipielles anhand von Konkretem kennenzulernen. Erkenntnisrelevant ist diese Sinnerfahrung deswegen, weil sie über die Kunstbetrachtung hinaus unseren Zugang zur Welt-Wirklichkeit erhellt. Die ästhetische Erfahrung des Erscheinens der Erscheinung und des Wahrnehmens der eigenen Wahrnehmung macht Sinnangebote, die ein besseres Verständnis des Ich-Welt-Verhältnisses ermöglichen.

Dieses Verständnis bricht mit der traditionellen Rede von einem Subjekt und einem Objekt. So wie auch die ästhetischen Erfahrungsangebote der Arbeiten Turrells damit brechen. Da mutete es denn wie eine – freilich unbeabsichtigte – Beschreibung eines Lichtraumes von Turrell an, wenn Merleau-Ponty schreibt, es ginge nicht mehr darum, vom Raum oder vom Licht zu sprechen, sondern „den Raum und das Licht sprechen zu lassen".[12] Raum bedeutet, dass die Welt eben nicht einem unkörperlichen Ich vorliegt, sondern dass sie es umgibt und es als Modus seines Vorhandenseins einkreist. Raum und Licht in den Werken Turrells umgeben den Betrachter in einer unverfügbaren, aber der Wahrnehmung erschließbaren Weise.

1 Merleau-Ponty, Maurice: *Das Sichtbare und das Unsichtbare*. München 1986, S. 20. (abgekürzt: SU).
2 Merleau-Ponty: *Phänomenologie der Wahrnehmung*. Berlin 1966, S. 249. (abgekürzt: PhW).
3 SU, S. 20.
4 PhW, S. 47.
5 SU, S. 39.
6 PhW, S. 251.
7 SU, S. 39.
8 „convincing as well as dissoluble." In: Craig Adcock: *James Turrell – The art of light and space*. Los Angeles/Berkeley 1990, S. 12.
9 Vgl. Schürmann, Eva: *Erscheinen und Wahrnehmen. Eine vergleichende Studie zur Kunst von James Turrell und der Philosophie Merleau-Pontys*. München 2000. S. 79 ff.
10 Turrell zit. nach dem Katalog *Four light installations*: „My illusion is definitivly not a trompe-l'oeil-illusion, in fact it is not an illusion at all. When you perceive a surface from a distance and move closer to see […] the light in that space […], you are faced with the fact that something is actually there. But no illusion exists because the space doesn't allude to something that it is not. The light draws attention only to what it is. When you see surfaces or borders, they are really there." Seattle 1982, S. 18 (meine Übersetzung).
11 PhW, S. 305.
12 Merleau-Ponty: *Das Auge und der Geist. Philosophische Essays*. Hamburg 1984, S. 31.

Annette Tietenberg

Das uneingelöste Versprechen einer unmittelbaren Wahrnehmung

oder Wie die Minimal Art in Verruf geriet

„What you see is what you see."

Frank Stella[1]

„Es ist nicht gesagt, dass der Künstler seine Kunst selbst versteht. Seine Wahrnehmung ist nicht besser und nicht schlechter als die anderer Leute."

Sol LeWitt[2]

Es begann, wie so oft in der Kunst, mit einer Offenbarung. Eines Nachts im Jahr 1952 oder 1953, so schildert der amerikanische Künstler Tony Smith, der später wegen seiner kubischen Stahlskulpturen bekannt werden sollte, sei er mit dem Wagen einen noch nicht vollständig fertiggestellten Abschnitt einer Schnellstraße, der New Jersey Turnpike, entlang gefahren. „Die Nacht war dunkel", erinnert er sich, „und es gab da keine Beleuchtung, keine Fahrbahn- oder Seitenmarkierungen, keine Leitplanken, überhaupt nichts außer dem dunklen Asphalt. (…) Die Straße und ein großer Teil der Landschaft war künstlich, und doch konnte man es nicht als ein Kunstwerk bezeichnen. Andererseits gaben sie mir etwas, was die Kunst mir nie gegeben hatte. Zuerst wusste ich nicht, was es war, aber die Wirkung war, dass es mich von vielen meiner Ansichten über

Kunst befreite. Es schien, dass es da eine Wirklichkeit gab, für die die Kunst keinen Ausdruck hatte. Dieses Erlebnis auf der Autobahn war etwas, das klar vorgezeichnet, aber nicht gesellschaftlich anerkannt war. Ich dachte bei mir, es sollte klar sein, dass das das Ende der Kunst ist."[3] Mit seinem Bericht, der sich einer Reihe literarischer Topoi wie der Reise ins Ungewisse, der Konfrontation mit den Mächten der Finsternis und dem Zustand zwischen Lenken und Gelenktwerden bedient, schuf Tony Smith eine Gründungslegende der Minimal Art. Überliefert wurde sie von einem der entschiedensten Gegner dieser Kunstrichtung. Michael Fried zitierte die Passage 1967 in seinem legendären Aufsatz „Art and Objecthood"[4] und sorgte auf diese Weise dafür, dass Smiths nächtliches Abenteuer nicht nur eine Randnotiz des New Yorker Kunstbetriebs der sechziger Jahre des 20. Jahrhunderts blieb, sondern als symptomatisch für eine Fehlentwicklung der Kunst eingestuft wurde.[5]

Fried konnte Smiths Geschichte nicht anders denn als aggressiven Angriff auf die traditionellen Werte der Kunst lesen. Statt sich mit dem eingerahmten, nach allen Seiten begrenzten Tafelbild zu begnügen und das komplexe Verhältnis von konkreter Objekthaftigkeit und Illusionsraum in der Malerei zu reflektieren, leitete hier ein Künstler Erfahrung schlicht vom motorisierten Fahren in dunkler Nacht ab. Diese Profanierung erzürnte Michael Fried. Und so behauptete er, Smith habe den Kopf verloren und sich der Situation gedankenlos unterworfen. Während er, im Inneren eines Wagens sitzend, die unmarkierte, unbeleuchtete, nahezu unstrukturierte Autobahn entlangraste, sei er nicht mehr Herr seiner Sinne gewesen. Die Erfahrung habe sich daher „als etwas von außen an ihn Gerichtetes präsentiert, ihn sub-jektiviert".[6]

Michael Frieds Text liest sich mitunter wie eine seitenlange Verlustmeldung. Was er vermisst, sind die kanonisierten Merkmale der europäischen Kunst: die Anzeichen des Ringens eines Künstler um Transzendenz, Wahrhaftigkeit und Repräsentation von Welt. Darin stimmt Fried durchaus mit dem Philosophen Richard Wollheim überein, der, freilich ohne es zu wollen, der Minimal Art zu ihrem Namen verholfen hat.[7] Mit Blick auf die Literatur und Kunst des 20. Jahrhunderts, insbesondere die Werke von Stéphane Mallarmé, Marcel Duchamp und Robert Rauschenberg, konstatierte Wollheim 1965 eine wachsende Akzeptanz für eine Kategorie von Objekten mit „minimalem Kunstgehalt"; diese Objekte seien entweder in sich selbst undifferenziert, oder sie wiesen zwar eine Differenzierung auf, jedoch eine, die nicht vom Künstler herrühre, sondern von einer Quelle außerhalb der Kunst, etwa der Natur oder der Massenfabrikation. Donald Judds Quader aus galvanisiertem Eisen, Carl Andres Bodenplatten aus Zink, Blei oder Kupfer, Sol LeWitts weiße Gitterstrukturen, Dan Flavins Leuchtstoffröhren und Robert Morris' „L-Beams" aus farbbeschichtetem Sperrholz subsumiert Fried – im Gegensatz zu seinem Mentor Clement Greenberg[8] – jedoch nicht unter die zum Stilbegriff mutierte Wortkombination Minimal Art. Statt dessen spricht er von *literalist art*, was behelfsweise als „buchstäbliche Kunst" ins Deutsche übertragen worden ist.

Schon die Formulierung *literalist* art belegt, dass wieder einmal, wie so häufig in der Geschichte der modernen Kunst, ein Kritiker, der eine Kunstbewegung aus tiefster Überzeugung ablehnte, deren Programmatik als erster in vollem Umfang erfasste. Denn der Neologismus *literalist art*, zu dessen Erfindung Fried höchstwahrscheinlich durch die Lektüre von Donald Judds Aufsatz „Specific Objects" angeregt wurde,[9] legt die Vermutung nahe, diese besondere Ausprägung der Kunst der sechziger Jahre verlange nach einer bestimmten Form der Rezeption: jener unmittelbarer Wahrnehmung. Analog zum Terminus *sensus litteralis*, der in der Hermeneutik den buchstäblichen Sinn bezeichnet und einen mittelbaren oder bildlichen Sinn ausschließt, evoziert die Wortschöpfung *literalist art* die Vorstellung von einer referenzlosen Kunst, die – frei von jeglicher Symbolik, Textgrundlage und Genealogie – nichts darstellt als sich selbst. Eine solche Kunst müsste demnach unmittelbar auf den Betrachter einwirken, sich unverstellt offenbaren. Und eben dies war es, was Künstler wie Donald Judd, Robert Morris und Carl Andre demonstrativ einklagten: eine Kunst, die sich nicht in die Stilabfolge der Kunstgeschichte eingliedern ließ, die mit den Traditionen europäischer Kunst brach, die auf einen Illusionsraum verzichtete, die nicht der Kontemplation bedurfte und der weder mit Hilfe ikonographischer noch mittels ikonologischer Methodik beizukommen war, da sie sich allein in der Unmittelbarkeit der Anschauung erschließe.

Weshalb aber widmete sich Michael Fried, ein Kritiker, der den Rezeptionsweisen von Kunst bis dato nur wenig Beachtung geschenkt hatte, gerade zu diesem Zeitpunkt einem Modell von Kunst, das sich auf die Unmittelbarkeit einer reinen Form von Wahrnehmung kaprizierte? Wer „Art and Objecthood" liest, muss zu dem Schluss kommen, dass Fried diese Wendung keineswegs freiwillig vollzogen hat. Vielmehr waren es die in industrieller Fertigungsweise hergestellten Objekte von Tony Smith, Donald Judd und Carl Andre, die ihn in Aufruhr versetzt und dazu veranlasst haben, die Grenzen seiner analytischen Methode, die einer selbstreflexiven modernistischen Malerei korrespondierte, zu erkennen und die Haltung, die er seit Jahrzehnten der Kunst gegenüber eingenommen hatte, erbittert zu verteidigen. Anders ausgedrückt: Fried sah sich genötigt, in einem eskalierenden Konflikt Stellung zu beziehen – „in einem Krieg, der trotz der expliziten Ablehnung der modernen Malerei und Skulptur durch die Literalisten eigentlich keine Angelegenheit von Programmen und Ideologien ist, sondern eine Frage des Erfahrens, der Überzeugung und der Anschauungsweise."[10] Denn während Barbara Rose die Minimal Art allein wegen ihres stereometrischen Formenrepertoires verdächtigte, „a negative art of denial und renunciation"[11] zu sein und Clement Greenberg, der einflussreiche Großkritiker des Modernismus, angesichts der Inflation von Gittern, Kuben und seriellen Strukturen in den New Yorker Galerien über „Good Design"[12] sowie den „look of non-art"[13] spottete, sah sich Michael Fried aufgrund der ihn nachhaltig irritierenden Beziehung zwischen Ort, Kunstwerk und Betrachter dazu veranlasst, der *literalist art* öffentlich den Prozess zu machen. Als besonders skandalös empfand er dabei die seltsame Mischung aus Distanziertheit und Aufdringlichkeit, mit der ihm die Objekte, die ihn zuweilen um Längen überragten, im Ausstellungsraum begegneten. Fried kam es so vor, als nähmen die metallisch glänzenden Kuben die Stelle von Personen ein, die darauf warteten, mit ihm in einen Dialog einzutreten. Diese hohlen Stellvertreter oder statuarischen „Ersatz-Personen"[14] hielten den Abstand nicht ein, der üblicherweise zwischen dem Betrachter und einem Kunstwerk bestand. Sie suggerierten eine bis dahin unbekannte Form von Intimität. Es empörte Fried, dass „jeder Betrachter des literalistischen Kunstwerks von ihm bzw. in ihm mit einer Situation konfrontiert wird, die er als die seine erlebt, das heißt, dass in einem wichtigen Sinn das Werk für ihn allein existiert, selbst wenn er in dem gegebenen Moment tatsächlich nicht mit dem Werk allein sein sollte."[15] Folglich geißelte er den verdeckten Anthropomorphismus, die effekthascherische Theatralität und die Entfaltung der Wahrnehmung in der Zeit als Korruption, als Degeneration, ja als Perversion der Kunst. Paradoxerweise trug sein Protest entscheidend dazu bei, dass ein zentraler Aspekt der *literalist art*, die alle anderen Kritikerinnen und Kritiker weiterhin Minimal Art nennen sollten,[16] erkannt und diskutiert wurde: das neu zu definierende Verhältnis von Objekt, Ausstellungsraum und wahrnehmendem Subjekt.

Auch wenn der Schock, den die Objekte von Judd, Morris oder Andre in den sechziger Jahren ausgelöst haben müssen, heute nur schwer nachvollziehbar ist, so lässt sich doch nicht leugnen, dass diese in vielfacher Hinsicht mit den Darstellungs- und Wahrnehmungskonventionen der traditionellen Skulptur gebrochen haben: kein Sockel trennt sie von dem sie umgebenden Raum, keine Spur zeugt von der Hand ihrer Schöpfer, ihre der Geometrie entliehenen Formen gehen nicht auf die Erfindung von begnadeten Künstlern zurück, und sie bestehen oftmals aus alltäglichen, industriell hergestellten und weiterverarbeiteten Materialien wie Plexiglas, Aluminium oder Styropor.

„Ein Kunstwerk, das sich im Unterschied zu allem anderen als Kunstwerk behauptet, schließt zunächst also alles andere aus und teilt die Welt ein in sich selbst und den übrig bleibenden *unmarked space*",[17] behauptet der Soziologe Niklas Luhmann in Anlehnung an die Logik von George Spencer Brown. Eben diese Grenze zwischen einem *marked space* und einem *unmarked space* aber ist bei Objekten, die unter dem Label Minimal Art firmieren, zunächst nicht so einfach auszumachen. Was Fried – wie die meisten Kritiker, die der Minimal Art Reduktionismus vorwarfen – allerdings ignorierte, war, dass die Objekte durchaus eine unsichtbare Grenze markieren, die Kunst von Nicht-Kunst trennt: sie lenken die Aufmerksamkeit auf den Kontext ihrer Präsentation. In den Verdacht, Kunst zu sein, geraten sie nämlich nur, sofern sie im *marked space* des Kunstbetriebs, seien es Museen, Ausstellungsräume oder Galerien, Unterschlupf finden. Die Charakteristika eines solchen *marked space*, die weißen Wände, die Lichtinszenierung und die scheinbare Neutralität des Ortes, signalisieren dem Besucher, dass in einem derartigen Raum spezifische Anforderungen an seine Wahrnehmung gestellt werden. Ausstellungsräume sind demnach gebaute Tautologien: Labore, in denen die Besucher sich dazu aufgefordert fühlen, ihre Wahrnehmung wahrzunehmen.

Der in Boston lebende, irische Schriftsteller, Künstler und Kritiker Brian O'Doherty, der die Experimente der Minimal Art aufmerksam verfolgt hatte und aufgrund dessen zu dem Schluss gekommen war, dass nicht länger die Bildfläche, sondern der Ausstellungsraum zum Ort der Transformation geworden sei, fasste seine Erkenntnisse 1976 in der Schrift *Inside the White Cube* zusammen.[18] Er konstatierte: „Das Bild eines weißen, idealen Raumes entsteht, das mehr als jedes einzelne Gemälde als *das* archetypische Bild der Kunst des 20. Jahrhunderts gelten darf."[19] Weiter heißt es: „Alles, was in diesem Raum erscheint, bewirkt, dass Wahrnehmung angehalten wird und dass bei der Verzögerung die ästhetischen Erwartungen des Betrachters projiziert und sichtbar werden."[20] Wie aber reagiert die Minimal Art auf einen solchen Kultraum der „angehaltenen Wahrnehmung"? Zunächst einmal mit einer paradoxen Intervention. Denn ausgerechnet die statischen, monumentalen Hohlkörper, die streng den Gesetzen der Geometrie gehorchen, versetzen den Betrachter – und damit seine Wahrnehmung – in Bewegung. Zumindest im Idealfall und sofern der Betrachter sich gemäß den Intentionen der Künstler verhält. Robert Morris, Donald Judd und Carl Andre sind sich darin einig, dass der Betrachter um die von ihnen mit Bedacht platzierten Objekte herumgehen sollte. In ihren Schriften und Interviews entwerfen sie allesamt das Bild von einem Rezipienten, der sich dem Objekt langsam nähert, es umrundet und in verschiedenen Ansichten erfasst. Nur so kann er wahrnehmen, wie sich die Gestalt des festen Körpers, die er wiederzuerkennen glaubt und als Würfel, Kubus oder Tetraeder zu identifizieren weiß, verändert, je nachdem, welchen Standpunkt er einnimmt. Was hier zur Disposition steht, sind also weniger Idee, Form und Materialität eines einzelnen Kunstwerks; es sind vielmehr die Bedingungen, unter denen es wahrgenommen wird, ja die Bedingungen der Möglichkeit von Wahrnehmung selbst. Das cartesianische Denken, das von einer prinzipiellen Trennung zwischen passiver Materie und aktivem Geist ausgeht, wird in der Begegnung eines beliebigen Betrachters mit einem möglichst simplen, in seiner Grundstruktur leicht zu identifizierenden Parallelepiped, im Zusammenspiel von Subjekt und Objekt empirisch widerlegt. Im Akt der Wahrnehmung offenbart sich, in welchem Maße die Gestalt eines nach allseits bekannten mathematischen Regeln konstruierten Kubus einzig und allein von der Perspektive des jeweiligen Betrachters abhängt. Nimmt das Subjekt eine andere Position im Raum ein, so verändert sich korrelativ die Gestalt des Anschauungsobjekts. Man könnte auch sagen, im Akt der Wahrnehmung konstruiert ein Körper die Gestalt eines anderen Körpers.

In einer phänomenologisch orientierten Auslegung hat Rosalind Krauss die Ablehnung des Apriori seitens der Minimal Art unter dem Aspekt des gegenwärtigen Werdens betrachtet und mit Maurice Merleau-Ponty als eine Form der Wahrnehmung bezeichnet, „die mir keine Wahrheiten gibt, wie die Geometrie, sondern Gegenwärtiges."[21] Krauss interpretiert Judds Kuben so, als entspreche der Sehvorgang, den Judds Objekte auslösen, Merleau-Pontys Textmodell von Leiblichkeit. Die Minimal Art mache anschaulich, dass Wahrnehmung kein intellektueller Akt sei, sondern „die unendliche Summe einer unbestimmten Folge von perspektivischen Ansichten, in jeder von denen der Gegenstand gegeben ist, aber in keiner von denen er vollständig gegeben ist."[22] Die Verbreitung dieser Lesart, der eine gewisse Plausibilität nicht abzusprechen ist, trug erheblich dazu bei, dass die Minimal Art in den nachfolgenden Jahren immer wieder ins Zwielicht der Kunstkritik geriet, wenn auch aus anderen Gründen als jenen, die Michael Fried vorgebracht hat. Nun wurde der Minimal Art unterstellt, sie sei subjektorientiert, aber aufgrund ihrer phänomenologischen Ausrichtung nicht in der Lage, den sozialen, historischen und geschlechtsspezifischen Voraussetzungen von Identitätsbildung Rechnung zu tragen. Sie halte an einer Ideologie des „reinen Sehens" fest, erkläre Wahrnehmung zu einer anthropologischen Konstante, und ihre Vorliebe für Gegenwärtigkeit – *presence*, wie Robert Morris es formulierte[23] – deute darauf hin, dass diese Kunstrichtung Allgemeingültigkeit für sich beanspruche und unabhängig von Ort, Zeit und Kontext zu existieren vorgebe. Mit anderen Worten: gerade die Voraussetzungslosigkeit der Kunst, nach der Judd, Morris und Andre strebten und die ebenso in Frieds Wortschöpfung *literalist art* wie in der Propagierung einer „unmittelbaren Wahrnehmung" in verschiedenen Künstlerschriften ihren Niederschlag fand, wurde als Argument gegen die Minimal Art ins Feld geführt.

Bleibt die Frage: Hat sich das Versprechen, eine Unmittelbarkeit der Wahrnehmung in der Kunst zu erreichen, je erfüllt? Der ideale Betrachter, den Judd, Morris und Andre in ihren Texten beschreiben, nähert sich, wie zuvor erwähnt, den Objekten im Ausstellungsraum, in dem er sie umkreist, sie mal aus der Ferne, mal aus der Nähe betrachtet, sie mit allen Sinnen körperlich erfährt. „Ich glaube, alle meine Arbeiten erfordern zu einem gewissen Grad einen an ihnen entlang- und um sie herumgehenden Betrachter", hat Carl Andre einmal gesagt und hinzugefügt: „Ich will also auf keinen Fall den Eindruck vermitteln, dass alle meine Sachen zum Begehen gedacht sind. Bei denen, die sich offensichtlich dazu eignen, ist es das wichtigste, dass man in der Mitte stehen kann. Das ist bei meiner 3,6-mal-3,6-Meter-Stahlskulptur der Fall. Man kann in der Mitte stehen und gerade nach vorn schauen, und man sieht die Skulptur überhaupt nicht, weil die untere Grenze des Sichtfeldes jenseits der äußeren Kante der Skulptur liegt. Man kann also mitten in der Arbeit stehen und sie überhaupt nicht sehen – und das ist vollkommen in Ordnung. Die meisten Leute sehen sie nicht, wenn sie in einen Raum kommen und sich umsehen."[24]

Carl Andres quadratische Platten aus Stahl, Aluminium, Zink, Blei oder Kupfer, die als Verdopplung und Vergrößerung ihrer eigenen Gestalt wiederum in Form eines Quadrats auf dem Boden eines Ausstellungsraumes ausgelegt werden, provozieren demnach ein Übersehen, das erst dann von einem Hinsehen abgelöst wird, wenn Körpergefühl und Hörsinn Signale empfangen und den Blick auf den Boden lenken. Erst der Klang, den die Absätze der Schuhe auf dem Metall erzeugen, erst die Unnachgiebigkeit des Untergrunds, dessen Härte in die Glieder fährt, schärft den Sehsinn solchermaßen, dass auch er sich der Bodenskulptur[25] zuwendet. Beiläufiges Mustern weicht gerichteter Aufmerksamkeit. Doch auch diese gipfelt in „Nicht-Sehen". Wie Carl Andre anschaulich beschreibt, erkennt der Betrachter, der inmitten der Bodenskulptur steht, ihre räumlichen Grenzen nicht mehr. Er wagt sich vor auf ein ihm bekanntes Terrain, betritt ein Quadrat von fest umrissener Form – und findet sich plötzlich wieder im entgrenzten Raum, inmitten eines Moduls der Unendlichkeit. Der Chronologie eines solchen Wahrnehmungsvorgangs entsprechend folgt Sehen auf Übersehen, Nicht-Sehen auf Sehen.

und aus der Perspektive der sich allmählich formierenden Frauenbewegung als moralisch verwerflich, weil sie sich auf ein scheinbar so unpolitisches Feld wie die subjektive Wahrnehmung beschränkt habe, so wurde nun die Klage laut, die Minimal Art sei der Massenware, dem Fetisch des Kapitalismus, verfallen und obendrein technikverliebt. Eines ist sicher: die Minimal Art befasst sich mit Serialität und der Reproduzierbarkeit von Objekten. Allerdings auf sehr unterschiedliche Weise. Wo Sol LeWitt sämtliche Variationen von kubischen Formen wuchern lässt, um die Obsession hinter der Ökonomie der mathematischen Sprache aufleuchten zu lassen, da greifen Carl Andre und Donald Judd auf das Know-how von Fachbetrieben zurück, die in der Lage sind, eine große Anzahl von Metallplatten in gleichbleibender Qualität und Größe zu produzieren. Was aber bedeutet es für unsere Wahrnehmung, dass Objekte, die auf solche Weise hergestellt wurden, Einzug in den Ausstellungsraum gehalten haben? Ist der Akt der Wahrnehmung schon deshalb beliebig oft wiederholbar, weil das Anschauungsobjekt als Teil einer Serienfabrikation es ist? Oder offenbart sich nicht gerade in der Konfrontation von materiell reproduzierbarem Objekt und körpergebundenem Subjekt die Einmaligkeit jedes Wahrnehmungsaktes?

Woher wissen wir überhaupt, dass es der Minimal Art nicht nur um die Beschaffenheit der Objekte, sondern um die Reflexion ihrer Wahrnehmungsbedingungen geht? Schlicht und einfach durch den Kontext. Wenn der Ausstellungsraum eine gebaute Tautologie ist, ein Ort, der erfunden wurde, damit wir unsere Wahrnehmung wahrnehmen, dann wiederholen die kubischen Objekte der Minimal Art den *White Cube* noch einmal modellhaft. Die spiegelnden Kuben, die eine Leere umschließen, die Behälter, die keinerlei Inhalt haben, die reproduzierbaren Körper, die keine Spuren von Zeitlichkeit tragen, die Zeichen, die nichts repräsentieren als sich selbst, verdoppeln den tautologischen Raum der Kunst. Indem sie sich auf eine miniaturisierte Fassung des *White Cube*, auf eine Wiederholung der gesellschaftlich sanktionierten Strukturen der Kunst beschränkt, bekennt sich die Minimal Art zugleich zu ihrer Historizität. Denn statt sich von der Geschichte der europäischen Kunst zu verabschieden, wie ihre Protagonisten Mitte der sechziger Jahre großspurig behauptet hatten, wendet sich die Minimal Art einem blinden Fleck der Kunstkritik und der Kunstgeschichtsschreibung zu: dem Dilemma, dass ein Kunstwerk nur insofern existiert, als es in den *marked space* der Kunst – als Original in die Ausstellungs- und Verkaufsräume sowie in reproduzierter Form in die Kunstzeitschriften – vorzudringen vermag. Und lässt sich allen Ernstes behaupten, diese Entdeckung Judds, Morris' und Andres sei völlig voraussetzungslos erfolgt? Wohl kaum. Um es mit den Worten von Brian O'Doherty zu sagen: „Wir öffnen die Tür und sehen eine etwas heruntergekommene Figur, mit einem Gesicht wie der Tod und doch voller Güte. Immer wieder sind wir überrascht, dass da Marcel Duchamp vor uns steht, aber er ist es, und er ist schon drinnen, bevor wir es merken, und nach seinem Besuch, der nie sehr lange dauert, ist das Haus nicht mehr so, wie es früher war."[29] In den sechziger Jahren war Marcel Duchamp bei den in New York lebenden Künstlern häufig zu Gast – und zwar im wörtlichen wie im metaphorischen Sinne. Nach einer Karenzzeit von knapp fünfzig Jahren zeigten seine Ready-mades, die zuvor nur einigen wenigen Eingeweihten bekannt gewesen waren, endlich Wirkung. Denn in der Hochphase von Pop Art und Minimal Art sprach sich innerhalb der amerikanischen Kunstszene allmählich herum, dass Marcel Duchamp 1917 ein waghalsiges Experiment in Gang gesetzt hatte, um die Regeln, nach denen das Spiel der institutionalisierten Kunst funktioniert, zu konterkarieren. Duchamp reichte „Fountain", einen von ihm mit dem Pseudonym „R. Mutt" signierten Gebrauchsgegenstand, ein Urinoir, das in Massenproduktion hergestellt worden war, zur Jahresausstellung der „Society of Independent Artists Inc." ein. Mit dieser Geste reagierte er auf die ungeschriebenen Gesetze des Ausstellungsraums, der als Kultstätte der Ästhetik all jene Dinge, die er vor Alterung, Schmutz und Gebrauch schützen soll, schon allein aufgrund ihrer dortigen Präsenz in den Status der Kunst erhebt.[30]

Dazu bemerkt Brian O'Doherty: „In den späten 60er- und 70er-Jahren hatten Auge und Betrachter einiges miteinander zu verhandeln. Minimal Art verlangte oft nach anderen Wahrnehmungsweisen als der rein visuellen. Was sich da scheinbar selbstverständlich dem Auge darbot, musste doch erst überprüft werden – wofür sonst legte man auf die Dreidimensionalität der Bildwerke Wert? Wahrnehmung erfolgte in zwei Zeitschüben: Zuerst nahm das Auge von dem Objekt wie einem Gemälde Besitz, und dann führte der Körper das Auge um das Werk herum. Dies bewirkte ein feedback zwischen der Bestätigung der Erwartung und der bis dahin latent gebliebenen körperlichen Empfindung. Auge und Betrachter verschmelzen dabei nicht miteinander, sondern arbeiten aus gegebenem Anlaß zusammen. (...) Das Auge setzte den Körper in Bewegung, um von ihm Informationen zu erhalten – der Körper wurde zum Datensammler."[26] Der Wahrnehmungsprozess führt demzufolge zu widersprüchlichen Ergebnissen: Die klar umrissene Form des Objekts, die der Rezipient als einfaches geometrisches Konstrukt wiederzuerkennen glaubt, und die erfahrene Form, die sich – abhängig von der Orientierung im Raum – permanent verändert, sind nicht miteinander in Einklang zu bringen. Wahrnehmung stellt sich erkenntnistheoretisch dar als unabschließbarer Prozess, als Wechselspiel einer im Prinzip unendlichen Zahl unterschiedlicher Perspektiven, Klänge und Körperempfindungen. Dabei werden die Erwartungen des Betrachters wieder und wieder enttäuscht, das Vertrauen in die Zuverlässigkeit der eigenen Sinnesdaten gerät ins Wanken; Wissen, Sehen, Fühlen, Hören haben keine gemeinsame Grundlage mehr. Den Akt der Wahrnehmung kann man mithin nicht als das sukzessive Erschließen eines Gegenstandes mittels kooperierender Sinneseindrücke bezeichnen, sondern allenfalls als ein Sich-Einrichten im Fragmentarischen, Unvereinbaren und Kontingenten. Wo Wahrnehmung derart auf sich selbst zurückgeworfen wird, wo das Auge nicht ohne Ohr, nicht ohne den Sinn für die Dimension eines Raumes, nicht ohne den sich bewegenden Körper agiert, wo der „Akt des Kohärent-Werdens"[27] im Mittelpunkt des künstlerischen wie des rezeptionsästhetischen Interesses steht, kann von unmittelbarer Wahrnehmung allerdings kaum mehr die Rede sein. Diese Art der Wahrnehmung bedarf vielmehr des Vergleichs erinnerter und aktueller Sinneseindrücke. Die Erfahrung von Gegenwart, die Wahrnehmung des Hier und Jetzt, ist nur insofern relevant als sie von den Erfahrungen in der Vergangenheit abweicht. Als unmittelbar erscheint Wahrnehmung somit nur im spontanen Verbund, gleichsam im synthetisierenden Rückgriff auf jenen Prozess der wechselseitigen Irritation der Sinne, aus dem sie hervorgeht.

Was aber ist dann von dem Vorwurf zu halten, die Minimal Art sei aufgrund ihrer Fixiertheit auf Unmittelbarkeit und Gegenwärtigkeit blind geworden gegenüber der Geschichte, dem sozialen Kontext und den Institutionen der Kunst? Ein Blick auf die verwendeten Materialien dürfte genügen, um sich vom Gegenteil zu überzeugen. Wie keine andere Kunstform hat die Minimal Art sich einem zentralen gesellschaftlichen, ökonomischen und politischen Thema des 20. Jahrhunderts zugewandt: der industriellen Serienproduktion. Indem sie dem *marked space* der Kunst Objekte aus Aluminium, Plexiglas und galvanisiertem Stahl implantierte, die offensichtlich aus einem arbeitsteiligen Herstellungsprozess hervorgegangen waren, verabschiedete sie sich ohne jede Sentimentalität von der anachronistischen Vorstellung, die Kunst sei eine Schutzzone selbstbestimmten Handelns, ein Bollwerk gegen entfremdete Arbeit und ein letzter Hort der harmonischen Einheit von Idee und handwerklicher Umsetzung.[28] Allein der Perfektionsgrad der Ausführung – die glatten Oberflächen, die millimetergenau auf Stoß gesetzten Kanten, die ohne sichtbare Abweichungen zigfach reproduzierbaren Seitenwände der Kuben – lässt keinen Zweifel aufkommen, dass hier nicht etwa ein genialischer Künstler Hand angelegt hat, sondern eine gesteuerte Maschine tätig gewesen ist.

Galt die Minimal Art Kritikerinnen und Kritikern in Zeiten des Vietnamkrieges, in der Hochphase der Studentenproteste

Indem die Minimal Art zum Paradigma des Ready-mades zurückkehrte, tauchte sie unwiderruflich ein in die Geschichte der europäischen Kunst, wenngleich in der Absicht, endgültig mit ihren Regeln und Vorschriften zu brechen. Eben diese ambivalente Situation hat Hal Foster als „historische Crux" der Minimal Art analysiert: einerseits führt sie formalistisch eine Avantgarde-Strategie fort und zelebriert die auratische Unberührbarkeit von Kunstwerken, andererseits zeigt sie auf, in welchem Maße die Avantgarde bereits selbst zu einer Institution geworden ist.[31]

Es dürfte deutlich geworden sein, dass die weit verbreitete Meinung, die Minimal Art sei reduktionistisch, ausschließlich subjektorientiert und an gesellschaftlichen Prozessen nicht weiter interessiert, auf einer extrem verkürzten Sicht ihrer Funktionsweise basiert. Denn immerhin ist die Minimal Art, die in den letzten vierzig Jahren diffamiert wurde wie keine andere Kunstrichtung – je nach ideologischer Ausrichtung der Autorinnen und Autoren[32] wurde ihr unterstellt, sie sei reaktionär, theoriefixiert, körperfeindlich, orthodox, rigide, technizistisch, dogmatisch, puristisch, totalitär, chauvinistisch oder das Ergebnis einer maskulinen Rhetorik der Macht –, der Institution Kunst über die Verkörperung einer Wahrnehmungssituation auf die Schliche gekommen. Lange bevor die „institutionenkritische Kunst" zum vorherrschenden Paradigma zeitgenössischer Kunst wurde und neue Ausschlussprinzipien generierte, hat sich die Minimal Art dem Ausstellungsraum, der „Vorhölle zwischen Atelier und Wohnzimmer"[33] zugewandt. Sie hat den *White Cube* gezwungen, seine Eigengesetzlichkeit preiszugeben, und demonstriert, dass der Ausstellungsraum die Funktion einer „Countersignature"[34] erfüllt.

Bleibt die Frage, warum die Minimal Art auf eine derart massive Front von Ablehnung, Empörung und Verdammnis gestoßen ist. Hierzu lässt sich, etwas ketzerisch, folgende These formulieren: weil die Minimal Art einen möglichen Weg aufgezeigt hat, um der Institutionalisierung der Kunst zu entkommen. Zum einen hat ihre „Abwendung von der Objektorientierung des Formalismus und Hinwendung zur Subjektorientierung der Phänomenologie"[35] zur Folge, dass der Fetischcharakter des originären Kunstwerks in Gefahr gerät, da dieses ja nurmehr als ein maschinell erzeugtes Anschauungsobjekt, als ein Angebot zur Wahrnehmung zu verstehen ist. Zum anderen kann sie weder mit den angestammten Methoden der werkfixierten Kunstgeschichte – Stilkritik, Ikonographie und Ikonologie – noch mit erzählerischen, psychologischen oder politisch aufklärerischen Mitteln interpretiert werden. Sie verlangt vielmehr nach einem Subjekt, das sich auf seine Wahrnehmung konzentriert und sich sprachlos einer Erfahrung hingibt. Was aber aus Sicht von Kunsthistorikern und Kritikern, die, ob sie es wollen oder nicht, das System der Kunst repräsentieren, noch schwerer wiegt, ist die weitgehende Unabhängigkeit von der Institution Kunst, die aus der Abkehr von einer objekthaften Kunst und aus der Hinwendung zu einer sich in der Zeit entfaltenden Wahrnehmung der Wahrnehmung resultieren könnte. So entzieht sich die Minimal Art bewusst ihrer medialen Verbreitung und Verwertung, indem sie situative Konstellationen generiert, die Wahrnehmung als eine körper- und zeitbezogene Form der Erfahrung wahrnehmbar machen. Ein solcher nicht wiederholbarer Wahrnehmungsprozess ist, im Gegensatz zu einem in Serienproduktion hergestellten Objekt, weder fotografisch festzuhalten noch in Zeitschriften reproduzierbar. Zwar benötigt die Minimal Art noch Ausstellungsräume, um wirksam werden zu können. Wie aber sieht es mit dem Betrachter aus, der, nachdem er die Parameter seiner Wahrnehmung im überschaubaren Experimentierfeld der eingezäunten Kunst überprüft hat, den *marked space* wieder verlässt? Warum sollte er nicht in der Lage sein, die einmal gewonnene Fähigkeit, Wahrnehmung wahrzunehmen, auch im *unmarked space* einzusetzen?

Erinnern wir uns daran, welch massive Abwehrreaktionen Tony Smiths anfangs zitierte Geschichte bei Michael Fried hervorgerufen hat. Fried, dessen Autorität als Kunsthistoriker und

Kunstkritiker darauf beruhte, statische Bilder kommentieren, mit klar definierten Begriffen operieren und seinen Standpunkt formulieren zu können, indem er in regelmäßigen Abständen einen Blick in den Rückspiegel der Kunstgeschichte warf, war eine Form der Wahrnehmung suspekt, die ihre eigene Kontingenz zelebrierte. Regelrecht aus der Fassung aber brachte ihn erst Smiths emphatischer Bericht über eine „Erfahrung der Endlosigkeit, der Unerschöpflichkeit."[36] Dieses Erweckungserlebnis hatte Tony Smith ausgerechnet im *unmarked space*: sein Körper raste eine unmarkierte Straße entlang, er sah nur das, was die Lichtkegel seiner Autoscheinwerfer flüchtig erhellten, und die schemenhafte, unbegrenzte, von den Spuren der Industrialisierung gezeichnete Landschaft, die er zu fokussieren versuchte, glitt in Sekundenschnelle an ihm vorüber. In dieser Situation konzentrierte er sich nurmehr auf die Wahrnehmung seiner Wahrnehmung und er erfuhr, was in der Minimal Art angelegt zu sein scheint und was das Potenzial besitzt, die Grenzen der Institution Kunst zu sprengen: das Transzendieren des Alltäglichen.

---

[1] Bruce Glaser, Questions to Stella and Judd, in: Gregory Battcock (Hg.), *Minimal Art. A Critical Anthology,* Berkeley/Los Angeles/London 1995 (1968), S. 148–164, hier S. 158.

[2] Sol LeWitt, *Sätze über begriffliche Kunst* (Sentences on Conceptual Art, 1967), Ausst. Kat. Kunsthalle Bern, Bern 1972, o.P.

[3] Samuel Wagstaff, „Talking with Tony Smith" (1966). Zitiert nach: Gregor Stemmrich (Hg.), *Minimal Art. Eine kritische Retrospektive,* Dresden/Basel 1995, S. 350.

[4] In: Artforum, Summer 1967, vol. 5, No. 10, S. 12–23. Wiederabdruck in: Battcock, a.a.O., S. 116–147. Auf deutsch in: Stemmrich, 1995, S. 334–374.

[5] Gilles Deleuze interpretiert diese Geschichte auf andere Weise: „Das ist eine Monade mit ihrem privilegierten Gebiet." Gilles Deleuze, *Die Falte. Leibniz und der Barock,* Frankfurt am Main 1995 (1988), S. 202.

[6] Zitiert nach Stemmrich, a.a.O., S. 352. Fried schreibt im Original „makes him a subject". Fried, in: a.a.O., 1995, S. 135.

[7] Richard Wollheim, „Minimal Art", in: Arts Magazine, January 1965, vol. 39, No. 4, S. 26–32. Wiederabdruck in: ders., *On Art and the Mind,* London/Cambridge 1974, S. 101–111.

[8] Clement Greenberg, „Recentness of Sculpture" (1967). Wiederabdruck in: Battcock, a.a.O., S. 180–186.
[9] Judd benutzt in seinem 1964 verfassten Aufsatz „Specific Objects" den Ausdruck „literal space". Vgl. Donald Judd, „Specific Objects", in: Arts Yearbook, 1965, vol. 8, S. 74–82. Wiederabdruck in: ders., *Complete writings* 1975–1986, Eindhoven 1987, S. 115–124, hier S. 121.
[10] Fried, zitiert nach: Stemmrich, a.a.O., S. 354.
[11] Barbara Rose, „ABC Art", in: Art in America, October–November 1965, vol. 53, No. 5, S. 57–69. Wiederabdruck in: Battcock, a.a.O., S. 274–297, hier S. 296.
[12] Greenberg, in: Battcock, a.a.O., S. 186.
[13] ebd., S. 182.
[14] Fried, zitiert nach Stemmrich, 1995, S. 364.
[15] ebd., S. 359.
[16] Künstler wie Donald Judd, Sol LeWitt und Dan Flavin haben sich vehement gegen die Subsumierung ihres Werks unter den Stilbegriff „Minimal Art" ausgesprochen, doch, wie immer in solchen Fällen, ohne Erfolg. Mitte der sechziger Jahre versuchten Barbara Rose, Lucy Lippard und Mel Bochner vergeblich Bezeichnungen wie „ABC Art", „Primary Structures" und „Serial Art" zu etablieren.
[17] Niklas Luhmann, Die Kunst der Gesellschaft, Frankfurt am Main 1995, S. 61.
[18] Brian O'Doherty, Inside the White Cube. The Ideology of the Gallery Space (1976), Santa Monica/San Francisco 1986. Auf deutsch unter dem Titel In der weißen Zelle, hrsg. v. Wolfgang Kemp, Berlin 1996.
[19] O'Doherty, zitiert nach Kemp, 1996, S. 9.
[20] ebd., S. 165.
[21] Zitiert nach Rosalind Krauss, Allusion und Illusion bei Donald Judd (1966), in: Stemmrich, a.a.O., S. 228–238, hier S. 233.
[22] ebd., S. 233.
[23] Robert Morris, Notes on Sculpture (1966), Wiederabdruck in: Battcock, a.a.O., S. 222–235.
[24] Phyllis Tuchman, Ein Interview mit Carl Andre (1970), in: Stemmrich, a.a.O., S. 141–161, hier S. 149.
[25] Im Gegensatz zu Donald Judd operieren Robert Morris und Carl Andre weiterhin mit dem Begriff „Sculpture".
[26] O'Doherty, zitiert nach Kemp, a.a.O., S. 61/62.
[27] Krauss, a.a.O., S. 492.
[28] Dan Flavin verzichtete zur Gänze darauf, ein Objekt zu entwerfen und griff auf die Massenware Leuchtstoffröhre zurück.
[29] O'Doherty, zitiert nach Kemp, 1996, S. 71.
[30] Aus eben diesem Grund kann die Minimal Art auch auf einen weiteren Sockel verzichten.
[31] Vgl. Hal Foster, Die Crux des Minimalismus (1986), in: Veit Loers (Hg.), Shapes and Positions, Klagenfurt 1993, S. 149–167.
[32] Exemplarisch seien hier Richard Armstrong, Anna Chave, Thomas Crow, Jutta Held, Robert Pincus-Witten, Stephan Schmidt-Wulffen und Anne Swartz erwähnt.
[33] O'Doherty, zitiert nach Kemp, a.a.O., S. 84.

[34] Nach Jacques Derrida stellt die „Countersignature" ein Pendant zur Unterschrift des Autors dar: „There need to be a social ‚community' that says this thing has been done – we don't even know by whom, we don't know what it means – however, we are going to put it in a museum or in some archive; we are going to consider it as a work of art. Without that political and social countersignature it would not be a work of art; there wouldn't be a signature. In my opinion, the signature doesn't exist before the countersignature, which relies on society, conventions, institutions, process of legitimization." Peter Brunette/David Wills, „The spatial Arts: An Interview with Jacques Derrida", in: dies. (Hg.), *Deconstruction and the Visual Arts. Art, Media, Architecture,* Cambridge 1994, S. 18.

[35] Foster, a.a.O., S. 161.

[36] Fried, zitiert nach Stemmrich, a.a.O., S. 362.

Biobibliographische Angaben

Bast, Alfred, geb. 1948. Von 1969 bis 1975 Studium an der Akademie der bildenden Künste in Stuttgart. Seither freischaffender Künstler mit internationaler Ausstellungstätigkeit, Performances und projektbezogenen Lehrtätigkeiten. 2002 Gründung des Kunst Kloster *art research e.V.* Vorträge über Wahrnehmung und Kreativität, Kunst und Spiritualität. Seminare zu Zeichnen und Stille, Komposition und Goldener Schnitt. Veröffentlichungen u. a.: *Lichtgrund*, Katalogbuch, hg. von den Städtischen Museen Heilbronn 1995; *Morgengedanken und Zeichnungen*, Stuttgart 2001.

Anschrift: Frauenhof, 73453 Abtsgmünd-Hohenstadt.
E-Mail: alfred.bast@uumail.de

Böhme, Gernot, geb. 1937. Studium der Mathematik, Physik und Philosophie, Promotion Hamburg 1965, Habilitation München 1972. 1970–1977 Wissenschaftlicher Mitarbeiter des Max-Planck-Instituts zur Erforschung der Lebensbedingungen der wissenschaftlich-technischen Welt in Starnberg. 1977–2002 Professor für Philosophie an der TU Darmstadt. Forschungsschwerpunkte: Klassische Philosophie, besonders Platon und Kant; Wissenschaftsforschung; Theorie der Zeit; Naturphilosophie; Ästhetik; Ethik; Technische Zivilisation; Philosophische Anthropologie; Goethe. Veröffentlichungen u. a.: *Ethik im Kontext*, 2. Aufl. 1998; *Anthropologie in pragmatischer Hinsicht*, 4. Aufl. 1994; *Für eine ökologische Naturästhetik*, 3. Aufl. 1999; *Atmosphäre. Essays zur neuen Ästhetik*, 3. Aufl. 2000; *Anmutungen. Über das Atmosphärische*, 1998; *Theorie des Bildes,* 1999; *Aisthetik. Vorlesungen über Ästhetik als allgemeine Wahrnehmungslehre*, 2001; *Die Natur vor uns. Naturphilosophie in pragmatischer Hinsicht*, 2002.

Anschrift: Fachbereich Philosophie, Residenzschloß, 64283 Darmstadt.
E-Mail: G.Boehme@phil.tu-darmstadt.de

Fischer, Hans-Joachim, Prof. Dr. phil., Dipl.-Päd., geb. 1949. Studium für das Lehramt an Grund- und Hauptschulen 1971–1974. Promotion im Fach Erziehungswissenschaft 1980 über das Thema „Kritische Pädagogik und Kritisch-rationale Pädagogik". 1979–1987 Wissenschaftlicher Mitarbeiter im Fach Allgemeine Pädagogik an der Universität Siegen. 1988-1997 Grundschullehrer in Wiesbaden. Seit 1997 Professor für Erziehungswissenschaft an der Pädagogischen Hochschule Ludwigsburg. Mitherausgeber der Zeitschrift *Sache-Wort-Zahl*. Vorsitzender des Grundschulverbands Baden-Württemberg . Veröffentlichungen u. a.: *Grundschule – Vermittlungsschule zwischen Kind und Welt,* Bad Heilbrunn 2002.

Anschrift: Türmle 54, 75031 Eppingen-Kleingartach
E-Mail: hnspaed@aol.com

Fuchs, Thomas, PD Dr. med. Dr. phil., geb. 1958. Studium der Medizin, Philosophie und Geschichte an der Universität München, Promotion in Medizingeschichte. Ausbildung zum Facharzt für Psychiatrie und Psychotherapie, seit 1997 Oberarzt an der Psychiatrischen Universitätsklinik Heidelberg. 1999 Habilitation in Psychiatrie und Promotion in Philosophie. Forschungsschwerpunkte auf dem Gebiet der phänomenologischen Anthropologie, Psychopathologie und Psychotherapie. Veröffentlichungen u. a.: *Die Mechanisierung des Herzens* (1992); *Leib, Raum, Person. Entwurf einer phänomenologischen Anthropologie* (2000); *Zeit-Diagnosen. Psychiatrisch-philosophische Essays* (2002).

Anschrift: Gaisbergstr. 51, 69115 Heidelberg
E-Mail: Thomas_Fuchs@med.uni-heidelberg.de

Albrecht Grözinger, Prof. Dr. theol., geb. 1949. Studium der Evangelischen Theologie in Tübingen und Mainz. 1978 Promotion zum Dr. theol. 1986 Habilitation für das Fach Praktische Theologie. Ernennung zum Universitätsprofessor. Lehrtätigkeit an den Universitäten Mainz, Heidelberg und Basel. Pfarrer der evangelischen Landeskirche in Württemberg. Von 1993 bis 1997 Lehrstuhl für Praktische Theologie an der Kirchlichen Hochschule Wuppertal. Seit April 1997 Ordinarius für Praktische Theologie an der Universität Basel. Veröffentlichungen u. a.: *Praktische Theologie und Ästhetik*, 1991; *Praktische Theologie als Kunst der Wahrnehmung*, 1995; *Die Kirche – ist sie noch zu retten? Anstiftungen zum Christentum in postmoderner Gesellschaft*, 2000; *Kirche im Zeitalter der Globalisierung*, 2002.

Anschrift: Thiersteinerrain 134, CH-4059 Basel.
E-Mail: Albrecht.Groezinger@unibas

Michael Hauskeller, Dr. phil. habil., geb. 1964. Studium der Philosophie, englischen und deutschen Literatur in Bonn. Promotion 1994 in Darmstadt, Habilitation in Philosophie 2001, danach Privatdozent. Seit Januar 2003 Research Fellow an der University of Exeter in Südengland. Gegenwärtige Forschungsschwerpunkte: Ethik und Ästhetik, Philosophie des Common Sense. Veröffentlichungen u. a.: Geschichte der Ethik: *Antike,* München 1997; *Geschichte der Ethik: Mittelalter,* München 1999; *Auf der Suche nach dem Guten,* Zug/Kusterdingen 1999; *Versuch über die Grundlagen der Moral,* München 2001.

Anschrift: 96 Park Road, Exeter EX1 2 HT, England.
E-Mail: michael@hauskeller.de

Michael Huppertz, Dr. phil., Dipl.-Soz., studierte Philosophie, Soziologie und Medizin. Arzt für Psychiatrie/Psychotherapie. Arbeitsschwerpunkt im Bereich der Psychiatrie und philosophischen Anthropologie. Veröffentlichungen u. a.: *Schizophrene Krisen*, Bern 2000.

Anschrift: Im Klingen 20 a, 64665 Alsbach-Hähnlein.
E-Mail: mihup@web.de

Rudolf zur Lippe, Prof. Dr. phil, Dipl. rer. pol., geb. 1937. Tätigkeit am Theater, in der Malerei, als Lektor. Schüler von Karlfried Graf Dürckheim. Venia legendi für Sozialphilosophie und Aesthetik. Professuren in Frankfurt/M, Oldenburg, Witten (Philosophie der Lebensformen). Wissenschaftskolleg zu Berlin. Herausgabe der Zeitschrift POIESIS. Initiator der *Karl Jaspers Vorlesungen zu Fragen der Zeit* und des *Forums der Kulturen zu Fragen der Zeit.* Veröffentlichungen u. a.: *Naturbeherrschung am Menschen*, 2 Bde. 1974; *Am eigenen Leibe. Zur Ökonomie des Lebens*, 1978; *Sinnenbewusstsein*, 1987, [2]2000; *Freiheit die wir meinen*, 1991; *Neue Betrachtung der Wirklichkeit – Wahnsystem Realität*, 1997.

Anschrift: Dovestr. 13, 10587 Berlin.

Stefan Majetschak, Prof. Dr., geb. 1960, Promotion 1989 und Habilitation 1998 an der Universität Bonn, lehrt seit 2000 Philosophie mit dem Schwerpunkt Ästhetik und Kunsttheorie an der Kunsthochschule in der Universität Kassel. Bücher und Aufsätze zu Themen der Sprachphilosophie, Ästhetik und Gegenwartskunst sowie zur „klassischen deutschen Philosophie". Veröffentlichungen u. a.: *Die Logik des Absoluten. Spekulation und Zeitlichkeit in der Philosophie Hegels* (1992), [Hrsg.] *Auge und Hand. Konrad Fiedlers Kunsttheorie im Kontext* (1997), [Hrsg.] *Raimer Jochims, Farbe Sehen. Arbeitsnotizen 1973–1994* (1998), *Ludwig Wittgensteins Denkweg* (2000).

Anschrift: Universität Kassel, FB 20, Menzelstr. 13–15, 34121 Kassel.
E-Mail: stefan.majetschak@uni-kassel.de

Mins Minssen, Dr. rer. nat., geb. 1940. Promotion 1970 in Konstanz mit biochemischem Thema. 1970–1972 an der Universität von Wisconsin Projekte für das National Institute of Health und die American Cancer Society. 1975–2001 am Institut für die Pädagogik der Naturwissenschaften an der Universität Kiel über Verbindungen zwischen Phänomenologie, Ästhetik von Naturvorgängen und Naturwissenschaftsdidaktik. Veröffentlichungen u. a.: *Der sinnliche Stoff,* 1986; (Zus. mit Popp und Vos) *Strukturbildende Prozesse,* 1989; (Zus. mit Krieger, Bäuerle, Pilipczuk und Hagen), *Äolsharfen*, 1997.

Anschrift: Scharnhorststr. 2, 24105 Kiel.

Horst Rumpf, Univ-Prof. (Emeritus) Dr. phil., geb. 1930. Studierte Germanistik, Geschichte, Theologie und Pädagogik. Promotion 1957. Von 1971 bis 1975 ordentlicher Professor für Erziehungswissenschaft an der Universität Innsbruck, danach bis zur Emeritierung 1996 in Frankfurt am Main. Außerdem seit 1992 Honorarprofessor an der Hochschule für Musik und Darstellende Kunst. Veröffentlichungen u. a.: *Unterricht und Identität. Perspektiven für ein humanes Lernen*, 3. Aufl. München 1986; *Die übergangene Sinnlichkeit. 3 Kapitel über die Schule*, 3. Aufl. Weinheim/München 1994; (zus. Mit E.M. Kranich und P. Buck) *Welche Art von Wissen braucht der Lehrer? Ein Einspruch gegen landläufige Praxis*, Stuttgart 2000.

Anschrift: Ostpreußenstr. 12, 64297 Darmstadt.

Marlene Schnelle-Schneyder, Ausbildung als Photographin und anschließendes Studium an der Staatlichen Höheren Fachschule für Photographie Köln (Dipl.-Ing.). 1955–1958 Werbephotographin bei der Fa. Max Braun in Frankfurt am Main. Ab 1958 freiberufliche Photographin. Lehrtätigkeit in der Erwachsenenbildung. Studium der Kunstwissenschaft, Publizistik, Philosophie und Anglistik an der FU Berlin und an der Ruhr-Universität Bochum. 1988 Promotion. Lehraufträge an der FH Düsseldorf, an der FH Dortmund und am Institut für Film und Fernsehen der Ruhr-Universität Bochum. Ausstellungen und zahlreiche Publikationen zur Theorie und Geschichte der Photographie, der visuellen Wahrnehmung, Malerei, Architektur, Kunst und Semiotik. Veröffentlichungen u. a.: *Sehen und Photographieren – Von der Ästhetik zum Bild*, Heidelberg 2003.

Anschrift: Schattbachstr. 17, 44801 Bochum.
E-Mail: SchneyderM@aol.com

Eva Schürmann, Dr. phil., geb. 1967. Studierte Philosophie, Kunstgeschichte und Komparatistik an der Ruhruniversität in Bochum (1987–1994). Studienaufenthalte in Paris, Cambridge und Bologna. Magister 1994 über Spinozas Ethik. Promotion 1998 über Merleau-Ponty und James Turrell. Seit 1995 Lehrtätigkeiten an verschiedenen Akademien und Universitäten, u. a. an der Folkwang Hochschule Essen und der Akademie für Gestaltung in Münster. Seit Oktober 2000 Wissenschaftliche Mitarbeiterin am Institut für Philosophie der TU Darmstadt. Zur Zeit Arbeit an einer Habilitation. Veröffentlichungen u. a.: *Erscheinen und Wahrnehmen. Eine vergleichende Studie zur Kunst von James Turrell und der Philosophie Merleau-Pontys*, München 2000.

Anschrift: Technische Universität Darmstadt, Institut für Philosophie, Residenzschloß, 64283 Darmstadt.
E-Mail: Schuermann@phil.tu-darmstadt.de

Gert Selle, Prof. em., geb. 1933. Kunstpädagoge, Kulturhistoriker und Essayist. Von 1960 bis 1967 Kunsterzieher in Frankfurt am Main, danach bis 1972 Dozent bzw. Fachhochschullehrer in Darmstadt. Von 1973 bis 1980 Lehrstuhlinhaber für das Fach Kunst an der PH Niedersachsen in Braunschweig, von 1981 bis 1999 Professor für Theorie, Didaktik und Praxis der ästhetischen Erziehung an der Universität Oldenburg. Veröffentlichungen u. a.: *Gebrauch der Sinne*, Reinbek 1988; *Das ästhetische Projekt*, Unna 1992; *Die eigenen vier Wände. Zur verborgenen Geschichte des Wohnens*, Frankfurt am Main/New York 1993; *Geschichte des Design in Deutschland*, Frankfurt am Main/New York 1994; *Beiseite gesprochen. Über Kultur, Kunst, Design und Pädagogik*, Frankfurt am Main 2000; *Innen und Außen. Wohnen als Daseinsentwurf zwischen Einschließung und erzwungener Öffnung*, Wien 2002.

Anschrift: Kekuléstr. 2, 64287 Darmstadt.

Jean-Paul Thibaud, geb. 1960. Studium der Soziologie (Magister 1985) und Stadtplanung (Magister 1987) in Grenoble, Frankreich. Promotion 1992. 1991–1993 Dozent für Soziologie an der Universität Grenoble. Seit 1993 forscht er im Rahmen des CNRS, dem Nationalen Zentrum für Wissenschaftliche Forschung, am Centre de Recherche sur l'Espace Sonore et l'Environment Urbain (CRESSON), dessen Wissenschaftlicher Koordinator er ist. Veröffentlichungen u. a.: *Ambiances en débats*, Grenoble 2003; *L'espace urbain en méthodes*. Sous la direction de J.P. Thibaud et M. Grosjean, Editions Parenthèses, Marseille, 2001; *Regards en action. Ethnométhodologie de l'espace public*. Textes choisis et présentés par Jean-Paul Thibaud, Grenoble 2002.

Anschrift: 8 bis rue Pegoud, F-38100 Grenoble.
E-Mail: Jean-Paul.Thibaud@grenoble.archi.fr

Annette Tietenberg, MA, geb. 1964. Studium der Kunstgeschichte und Neueren deutschen Philologie in Bonn und Berlin. Seit 1991 als Dozentin, Kuratorin und Kritikerin tätig. 1996-2001 Wissenschaftliche Mitarbeiterin an der Hochschule der Künste Berlin. Lehrbeauftragte an den Universitäten Frankfurt und Marburg und der Akademie der Bildenden Künste in Nürnberg. 2001 Kuratorin der Ausstellung „Frankfurter Kreuz. Transformationen des Alltäglichen in der zeitgenössischen Kunst" in der Frankfurter Schirn Kunsthalle. Veröffentlichungen u. a.: (Hg.) *Das Kunstwerk als Geschichtsdokument, München* 1999; (Hg.) *Frankfurter Kreuz. Transformationen des Alltäglichen in der zeitgenössischen Kunst*, Ostfildern/Ruit 2001; *Konstruktion des Weiblichen. Eva Hesse: ein Künstlerinnenmythos des 20. Jahrhunderts* (erscheint demnächst).

Anschrift: Am weißen Rain 23, 64646 Heppenheim.
E-Mail: wagner@tietenberg.hp.shuttle.de

Henk Verhoog, Dr., geb. 1938. Studierte Biologie an der Universität Amsterdam (1959–1967). Dozent für philosophische und ethische Aspekte der Biologie an der Universität Leiden (Institut für Theoretische Biologie) von 1968–1999. 1980 Promotion in Philosophie mit einer Dissertation über „Science and the social responsibility of natural scientists". Mitglied verschiedener staatlicher Ethikkommissionen (Tierversuche, Biotechnologie). Forschung und Veröffentlichungen auf dem Gebiete der Tierethik, Umweltethik und Alternativen der Wissenschaft. Seit 1999 Mitarbeiter am Louis Bolk Institut in Driebergen (NL) für Ethik und Ökologische Landwirtschaft. Koordinator der niederländischen Abteilung vom International Forum for Genetic Engineering (Ifgene). Veröffentlichungen u. a.: „The Concept of Intrinsic Value and Transgenic Animals", in: Journal of Agricultural and Environmental Ethics 5/2 (1992); „Genetic Modification of Animals: Should Science and Ethics Be Integrated?", in: The Monist 79/2 (1996); „Morality and the 'Naturalness' of Transgenic Animals", in: Animal Issues 2/2 (1998).

Anschrift: Louis Bolk Institut, Hoofdstraat 24, NL-3972 LA Driebergen.
E-Mail: h.verhoog@louisbolk.nl

Die Graue Edition

SFG-Servicecenter
Fachverlage GmbH
D – 72127 Kusterdingen

Herausgegeben von Prof. Dr. Walter Sauer und
Dr. Dietmar Lauermann in Zusammenarbeit mit der
Prof. Dr. Alfred Schmid-Stiftung, Zug/Schweiz.

Eine Auswahl aus den Büchern der Grauen Edition

Michael Hauskeller: Auf der Suche nach dem Guten.
Wege und Abwege der Ethik
238 Seiten, ISBN 3-906336-24-7

Jens Soentgen: Splitter und Scherben.
Essays zur Phänomenologie des Unscheinbaren
256 Seiten, ISBN 3-906336-21-2

Franz Vonessen: Signaturen des Kosmos.
Welterfahrung in Mythen, Märchen und Träumen
383 Seiten, 12 Abbildungen, ISBN 3-906336-10-7

Franz Vonessen: Die Herrschaft des Leviathan.
Sieg und Selbstzerstörung des Fortschritts
Neuausgabe, 488 Seiten, ISBN 3-906336-99-9

Alfred Schmid: Traktat über das Licht.
Eine gnostische Schau
283 Seiten, ISBN 3-906336-00-X

Walter Sauer / Dietmar Lauermann (Hrsg.):
Grenzen des Intellekts – Herausforderung durch den Geist.
Ein Lesebuch
258 Seiten, ISBN 3-906336-02-6

Die Graue Edition

SFG-Servicecenter
Fachverlage GmbH
D – 72127 Kusterdingen

Gernot Böhme: Die Natur vor uns.
Naturphilosophie in pragmatischer Hinsicht
305 Seiten, 38 Abbildungen, ISBN 3-906336-33-6

G. Altner / G. Böhme / H. Ott (Hrsg.):
Natur erkennen und anerkennen.
Über ethikrelevante Wissenszugänge zur Natur
304 Seiten, ISBN 3-906336-29-8

Walter Sauer (Hrsg.): Verlassene Wege zur Natur.
Impulse für eine Neubesinnung. Ein Lesebuch
394 Seiten, ISBN 3-906336-09-3

H.-P. Dürr / F.-A. Popp / W. Schommers (Hrsg.):
Elemente des Lebens.
Naturwissenschaftliche Zugänge –
Philosophische Positionen
395 Seiten, 39 Abbildungen, ISBN 3-906336-28-X

Wolfram Schommers: Formen des Kosmos.
Physikalische und philosophische Facetten
der Wirklichkeit
396 Seiten, 16 Abbildungen, ISBN 3-906336-34-4

Jürgen Dahl: Bitteres Lachen im grünen Bereich.
Essays und Glossen eines Skeptikers
316 Seiten, ISBN 3-906336-32-8

Thomas Fuchs: Zeit-Diagnosen.
Philosophisch-psychiatrische Essays
349 Seiten, 33 Abbildungen, ISBN 3-906336-35-2